합격할 만큼만 공부하자!
단기합격의 비법서

7일 완성

생활스포츠 지도사 필기 2급
전체무료강의

교재 인증 닉네임 작성란

직업상점

머리말 preface
Hungry Sports

　매년 스포츠지도사 시험을 준비하는 분들이 많아지는 한편 문제의 수준도 매년 높아지고 있습니다.

　2022년 기준 2급 스포츠지도사 시험에 약 3만 8천여명이 응시하였으며 필기 시험에서 합격률은 44% 밖에 되지 않았고 약 2만명 정도는 실기도 보지 못한 채 불합격하게 되었습니다.

　그 원인을 분석한 결과 첫째로 응시자 대부분이 체육을 전공하지 않은 일반인으로 시험 준비에 어려움이 있었다는 점, 둘째로 "문제은행식"의 출제가 아니다 보니 새로운 유형의 문제에 대처가 어려웠다는 점과 마지막 셋째, 대부분의 수험생이 시험을 실제적으로 준비하는 기간이 매우 짧았다는 점입니다.

　따라서 이 책은 '체육을 전공하지 않았던 사람이라도 단시간 준비하여 합격하는 것'을 목표로 만들어졌습니다. 전공 서적에 있는 모든 내용을 담는 것이 아니라 기출문제 중에서도 가장 핵심적이고 중요한 내용만 편집하고 정리하였습니다. 부족한 내용 설명은 Youtube 강의를 무료로 제공하여 이해를 더욱 쉽게 하였습니다. 더불어 '실전모의고사'를 통해서 학습한 내용을 튼튼히 하고 최신 출제 경향에 맞는 새로운 유형의 문제를 배치하여 모르는 문제라도 실제 시험에서 당황하지 않고 어떻게 대처해야 하는지까지 알려드리도록 할 것입니다.

　현직 체육 교사로서 가지고 있는 다양한 정보와 노하우를 담으려고 노력하였습니다. 핵심만 담으려 보니 다소 부족한 부분이 있을 수도 있지만 '단시간에 합격'이라는 목표 아래 여러분에서 느끼실 공부의 난이도나 학습량을 끊임없이 고려하여 가장 짧은 시간에 가장 효율적으로 준비하실 수 있도록 교재와 강의를 구성하였습니다. 저와 함께 가장 효율적이고 합리적으로 준비하셔서 스포츠지도사 시험에 꼭 합격하시길 바라겠습니다. 감사합니다.

한현근 올림

시험정보 information
Hungry Sports

 스포츠지도사란

학교·직장·지역사회 또는 체육단체 등에서 체육을 지도할 수 있도록 국민체육진흥법에 따라 해당 자격을 취득한 사람을 말한다. 자격등급으로는 전문(1,2급), 생활(1,2급), 장애인(1,2급), 유소년, 노인으로 구분되어 있고 자격종목으로는 동·하계를 구분하여 약 65개의 스포츠 종목으로 구성되어 있다. 응시자는 자신에게 맞는 자격 등급과 종목을 선택하여 3단계 과정(필기-실기 및 구술-연수)을 모두 합격하면 문화체육관광부장관명의 자격증을 취득할 수 있다.

 자격제도 구분

전문	생활	장애인	노인	유소년	건강운동관리사
1급	1급	1급	단일등급	단일등급	단일등급
2급	2급	2급			

1. 생활, 장애인, 노인, 유소년 스포츠지도사 자격은 만 18세 이상이면 누구나 응시가 가능하다.
2. 전문 스포츠지도사는 해당 종목에 4년 이상의 경기경력이나 체육분야 학사가 있어야 응시가 가능하다.
3. 하나의 자격을 취득한 뒤 다른 자격을 추가 취득할 경우에는 자신이 취득한 등급과 종목에 따라 필기나 실기 및 구술 과정이 면제가 되는 부분이 있으므로 미리 확인하는 것이 좋다.
- 전문 자격의 경우 별도의 시험 과정으로 필기와 실기 시험이 다른 자격과 상호 면제되지 않는다.
   ※ 단 필기시험 문제는 2021년도부터 전문/생활 구분하지않고 통합되어 출제된다.
- 생활, 노인, 유소년, 장애인의 경우 하나의 자격 취득 후에는 상호 필기시험이 면제된다.
   ※ 단 생활, 노인, 유소년을 먼저 취득 후 장애인을 취득하는 경우 "특수체육론" 1과목을 응시하여야 한다.

시험과정 안내

필기
1. 국민체육진흥공단 주관
2. 4월 말~5월 초 시행
3. 필기과목 7개 중 5개 선택
   - 과목별 40점 이상 획득
   - 전 과목 평균 60점 이상 획득

⇒

실기 및 구술
1. 종목별 협회 및 단체에서 주관
2. 6월~7월 중 실시
3. 필기합격자에 한해 실시
4. 실기와 구술 각각 70점 이상 획득

⇒

장애인
1. 연수운영기관(대학교)에서 주관
2. 8월~10월 중 시행(주중, 주말)
3. 연수과정 100분의 90이상 출석

유의사항

1. 동일한 자격등급에 한하여 연간 1인 1종목만 취득이 가능하다.(동·하계 중복 응시 불가)
2. 2024년도까지 필기 합격 후 실기 신청 단계에서 종목 변경이 가능하였으나 2025년도부터 불가하게 변경되었다.
   ※ 예시: "2급 생활 축구"로 필기 합격 후 실기 신청 시 "2급 생활 보디빌딩"으로 변경하는 경우
3. 필기시험에 합격한 사람은 다음 해 필기 시험이 1회 면제된다. (실기시험에 2회 응시 가능)
4. 필기 및 실기-구술 시험의 합격자는 합격한 해의 12월 31일부터 3년 이내에 연수를 이수하여야 한다.

체육지도자연수원
홈페이지

시험정보 내용은 체육지도자연수원에서 발췌하였습니다.
시험 운영 정책에 따라 변경될 수 있으며 정확하고 자세한 내용은 홈페이지를 참고하시길 바랍니다.

시험정보 information
Hungry Sports

필기시험 안내

1. 종별구분 : 2급 전문/생활, 유소년, 장애인, 노인 스포츠지도사
2. 시험일정
    가. 매년 4월말 ~5월초 토요일 (2026년 시험 계획은 1월~2월 중 체육지도자 연수원에서 시행 공고함)
    나. 2025년도 시험일 : 2025.4.26.(토)
    - 원서접수 및 수수료 납부 기간
        • 2급 전문 : 2025. 3. 20.(목) ~3.24.(월)
        • 2급 생활/유소년/장애인/노인 : 2025. 3. 27.(목) ~3. 31.(월)
3. 시험응시요령
    가. 시험시간 : 10 : 00~11 : 40 (100분간 쉬는 시간없이 진행)
    나. 입실시간 : 08 : 30~09 : 30
    다. 시험장소 : 원서접수 시 선택하며 고사장별 선착순 마감
    라. 시험과목
    - 필수과목 : 유아체육론, 특수체육론, 노인체육론 등 3개 과목
    - 선택과목: 스포츠사회학, 스포츠교육학, 스포츠심리학, 한국체육사, 운동생리학, 운동역학
                  스포츠윤리 등 7개 과목

2급 전문/생활스포츠지도사	5개 과목 선택(선택과목 7개 중 5개 선택)
유소년, 장애인, 노인스포츠지도사	5개 과목 선택(필수과목 1개와 선택과목 중 4개 선택)

    마. 유의사항
    - 필수준비물 : 수험표(직접출력), 신분증, 검정색 컴퓨터용 수성사인펜
    - 신분증 허용범위 : 주민등록증(주민등록증발급확인서), 운전면허증(경찰청장 발급), 여권(유효기간 내), 장애인등록증(복지카드), 공무원증, 국가유공자증, 외국인등록증 체육지도자 자격증(전자증명서 포함), 모바일 운전면허증, 모바일 공무원증 중 택1

🏃 자주묻는 질문

Q1) 화장실 이용이 가능한가요?
　　A: 시험시간 중에는 화장실 출입이 불가하고 종료 시까지 퇴실할 수 없음
　　※ '시험포기각서' 제출 후 퇴실한 응시자는 재입실 불가 및 당해시험 무효(0점) 처리

Q2) 시험지를 가져갈 수 있나요?
　　A: 시험종료 후 퇴실 시 문제지는 본인이 지참할 수 있음

Q3) 시험실에 시계가 있나요? 개인 시계를 가져갈 수 있나요?
　　A: 보통 시계가 있으나 구비되어 있지 않을 수 있으므로 개인용 시계를 준비하여야 함
　　※ 손목시계 등 개인용 시계는 시각만 확인할 수 있는 단순한 것을 사용하여야 하며, 스마트워치 등 데이터 저장 또는 송·수신기능이 있는 일체의 기기 착용을 금함

Q4) 휴대전화 및 전자기기 휴대가 가능한가요?
　　A: 시험 시작 후 통신기기 및 전자기기는 일절 휴대할 수 없음. 해당기기를 휴대하고 있다가 적발될 경우 부정행위자로 처리될 수 있음에 유의
　　※ 휴대전화 등 통신기기 및 전자기기 일체는 전원 OFF하여 시험위원 지시에 따라 보관해야 함

Q5) 필기 과목 중 쉬운 과목이 어떤 과목인가요?
　　A: 매년 출제되는 경향과 난이도가 달라 특별히 쉬운 과목은 따로 없음. 자신이 점수를 잘 받을 수 있는 과목을 선택하는 것이 필요하며 뒷부분 [과목선택요령]을 참고하면 좋음

Q6) 필기 및 실기 합격률은 어떻게 되나요?
　　A: 필기는 평균 40%, 실기는 종목마다 차이가 크지만 평균적으로 60%~70% 정도 유지함

Q7) 기출문제는 어디서 받을 수 있나요?
　　A: 체육지도자연수원-기출문제 자료실에서 다운로드 가능하며 헝그리스포츠 네이버 카페에서는 연도별로 정리된 기출문제와 정답을 한번에 다운로드 가능함

학습가이드 guide
Hungry Sports

- 본 교재는 단기간에 집중적으로 학습하고 싶은 학습자를 위하여 제작된 수험서입니다.
- 교재는 최대한 부연 설명없이 핵심만 간략하게 정리되어있습니다. 꼭 강의와 함께 공부하는 것을 추천드립니다.

 7일 완성 요일별 학습플랜

토	일	월	화	수	목	금
· 학습가이드 정독 · 5개 과목 기초 학습 (강의수강 및 형성평가풀이)	· 최근 3개년 기출문제 풀기 · 오답 확인(교재 및 기출해설 강의 참고) · 과목별 복습				· 실전모의고사 -시험시간 100분 -OMR 카드 작성	· 마무리 정리 · 출제예상문제 확인

- 위 학습플랜은 필기 시험 일주일 전부터 시작한다는 가정으로 작성되었습니다.
- 필기합격을 위해서는 최소 7일 이상 시간이 필요하며 시간적 여유가 충분한 경우에는 미리 공부를 시작하는 것이 합격에 더 가까워질 수 있습니다.
- 이론 강의는 최소 2회 이상 청취하는 것을 추천드리며 3회차부터는 배속을 높이거나 부족한 과목 위주로 들어도 좋습니다.
- 과목별 공부가 끝난 뒤에는 가장 뒷 부분의 형성평가를 풀어야 합니다. 가장 핵심적인 내용을 ○, × 문제로 풀어보면서 학습한 내용을 다시 복습할 수 있습니다.
- 과목별 공부가 끝나면 기출문제를 풀어보면서 공부한 내용을 적어보고 오답을 정리하면서 부족한 부분을 확인하고 채워나갑니다.
- 실전모의고사는 실제 시험처럼 100분의 시간을 두고 교재에 동봉된 OMR 카드를 함께 작성하면서 푸는 것이 좋습니다.
- 시험 전날과 당일에는 그동안 공부했던 내용을 마무리 정리를 하면서 시험 직전에 올라오는 출제예상문제도 한번 보고 가는 것을 추천드립니다.
- 스포츠지도사 시험 특성상 전혀 새로운 유형이나 생소한 내용의 문제가 출제될 수 있습니다. 이때 당황하지 않고 알고 있는 문제 위주로 차근히 풀어내도 충분히 합격할 수 있습니다.

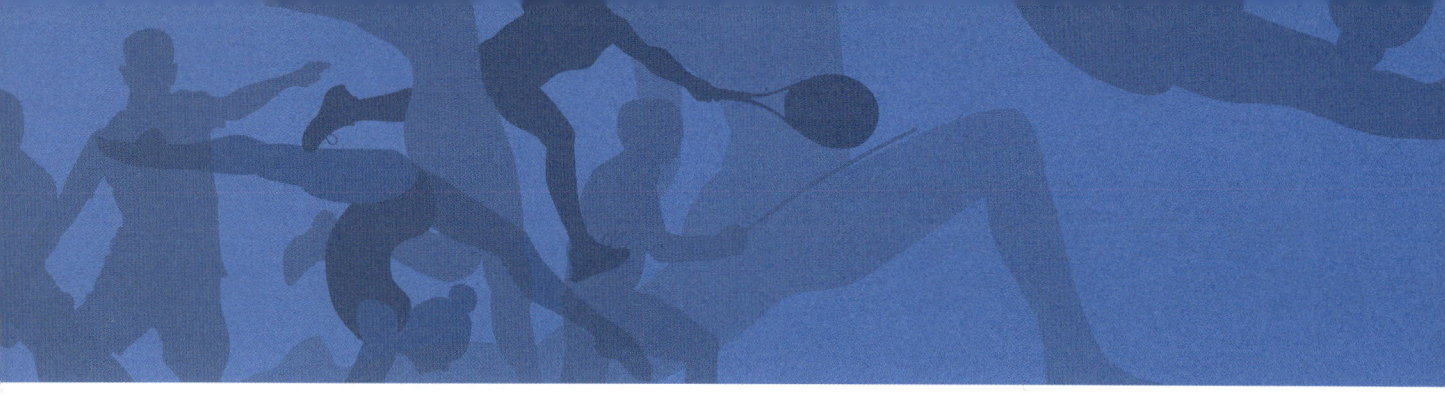

필기준비과정

과목선택
① 필기시험은 7개 과목 중 5개 과목을 선택하여 응시합니다.
  - 스포츠사회학, 스포츠교육학, 스포츠심리학, 한국체육사, 운동생리학, 운동역학, 스포츠윤리
  - 노인·유소년·장애인 스포츠지도사는 위 과목 중 4개와 필수과목 1개를 응시합니다.
② 본 교재의 「과목선택요령」을 참고하면 수월합니다.

⇩

이론강의
① 헝그리스포츠는 기본과목 7개에 대하여 무료 이론강의를 제공합니다.
② 각각의 이론강의는 2~3시간 분량으로 구성되어 있습니다.
③ 유튜브를 통해 언제 어디서나 편하게 학습하실 수 있습니다.

⇩

형성평가
① 각 단원 마지막에는 공부한 내용을 점검할 수 있는 O.X 문제가 있습니다.
② 교재에 직접 답을 적지 않고 다른 종이에 옮겨 적으면 여러번 풀어 볼 수 있습니다.
③ 따로 해설을 제공하지 않으니 틀린 부분은 교재와 강의를 다시 풀어보거나 카페 질문 게시판이나 인증회원 자료실에서 오답표를 확인합니다.

⇩

기출문제
① 스포츠지도사 시험은 '문제은행식'이 아니지만 기출문제를 토대로 문제가 출제되기 때문에 기출문제를 공부하는 것은 필수입니다.
② 최근 3개년 기출문제를 수월하게 풀 수 있는 정도가 되면 당해 시험도 합격할 확률이 높습니다.
③ 연도별 기출문제는 체육지도자연수원에서 무료로 다운로드 할 수 있으며 출력하여 여러번 풀어보는 것이 좋습니다.
④ 헝그리스포츠 유튜브에서 기출문제 해설 강의도 보실 수 있습니다.

⇩

모의고사
① 어느정도 학습이 된 상태에서는 실전과 유사한 환경에서 모의고사를 풀어보는 것이 좋습니다.
② 실제 시험 시간처럼 100분을 맞춰놓고 OMR 카드를 작성하면서 시간배분이나 마킹하는 법을 연습합니다.
③ 모의고사는 본 교재에 1회분이 포함되어있으며 3개년 이전의 기출문제를 모의고사처럼 풀어보는 것도 좋은 방법입니다.

⇩

마무리
① 여기까지 준비과정이 끝나신 분들은 더 새로운 내용을 공부하기보다는 그동안 공부했던 내용 위주로 잘 정리하고 복습하는 것이 좋습니다.
② 모의고사를 풀어보면서 실제 시험에서 발생할 수 있는 문제(시간배분, 마킹실수, 모르는 문제 해결하기)들은 꼭 미리 연습해봐야 합니다.
③ 시험 당일의 컨디션도 중요하기에 건강관리에 유념하시길 바랍니다.

과목 선택 요령 choice
Hungry Sports

과목 선택 시 원칙

1. 잘 알고 있는 과목이나 자신이 있는 과목을 선택하는 것이 가장 중요합니다.
2. 최근 3개년 기출문제 또는 최소 전년도 기출문제 점수가 좋은 과목으로 선택하는 것이 좋습니다.
3. 과목 선택 시 아래 '과목별 특징'과 '선택에 대한 조언'을 참고하시면 도움이 되겠습니다.

과목별 특징

과목	항목	내용
스포츠 사회학	공부 난이도	처음 과목을 접하거나 혼자 공부하시는 분들이라도 수월하게 공부를 하실 수 있습니다. 중·고등학교 일반사회과목에서 배웠던 내용이 스포츠와 연관되어 출제됩니다.
	문제 난이도	매년 난이도는 '중' 수준으로 꾸준히 안정적으로 출제되었습니다. 영역별로 핵심 이론이 자주 나오고 단순 지식·이해 수준의 문제도 가끔 출제됩니다.
	특징	'공부한 만큼 점수가 나오는 과목', 어느 정도 암기 필요함
스포츠 교육학	공부 난이도	처음 과목을 접하면 다소 생소할 수는 있지만 이해가 어려운 편은 아닙니다. 스포츠지도사에게 필요한 학문적, 실제적 지식을 얻을 수 있어서 좋습니다.
	문제 난이도	매년 난이도가 조금씩 상승하여 '중상' 정도입니다. 과거 교육학 위주의 문제에서 최근 생활체육 관련 제도나 법까지 출제가 되면서 학습해야 하는 범위가 늘었습니다.
	특징	'스포츠지도사 시험의 기본 과목 느낌", 어느 정도 암기 필요
스포츠 심리학	공부 난이도	대부분은 처음 접하는 과목으로 사용하는 용어 또한 번역의 한계로 다소 어렵게 느껴지는 편입니다. 혼자 독학하기에 어려우며 강의와 함께 해야 고득점이 가능합니다.
	문제 난이도	문제의 난이도 '중상'입니다. 과목을 배웠던 사람 기준에는 문제가 쉬운 편이나 공부를 하지 않은 일반인은 풀 수 없는 문제가 대부분입니다.
	특징	'혼자 하기 어려운 과목', 암기해야하는 양이 많음
한국 체육사	공부 난이도	사실을 공부하기 때문에 이해보다는 암기가 주로 필요합니다. 다만 생각보다 암기해야 되는 양은 많지 않아 암기력이 부족하더라도 도전 할 수 있습니다.
	문제 난이도	난이도는 '중하'입니다. 간혹 지엽적인 문제가 나오긴 하나 대체로 어렵지 않게 나오는 편이며 암기는 필수이지만 상식적으로 풀 수 있는 문제도 나옵니다.
	특징	'단기간에 점수 올리기 좋은 과목', 암기해야 될 양이 생각보다 많지 않음

운동 생리학	공부 난이도	처음 과목을 접하는 사람은 다소 어려울 수 있습니다. 기본적인 암기도 필요하지만 전반적인 이해가 중요한 과목입니다.
	문제 난이도	매년 난이도는 '중상' 정도로 꾸준히 출제가 되는 편입니다. 쉬운 문제와 어려운 문제가 고루 출제가 되는 편입니다.
	특징	'보디빌딩을 준비한다면 구술준비에 많은 도움', 어느 정도의 암기와 이해가 필요함
운동 역학	공부 난이도	물리나 역학을 배웠던 사람은 수월하겠으나 과목을 처음 접하는 사람은 접근하기에 매우 어렵게 느껴지는 과목입니다. 암기보다는 이해가 더 중요한 편입니다.
	문제 난이도	공부 난이도에 비해 문제는 '중하' 정도로 쉽게 나오는 편입니다. 자신이 이해력이 있는 편이라면 의외로 단시간 공부해도 고득점 맞을 수 있는 과목입니다.
	특징	'다소 어려워 보이나 문제는 쉽게 나옴', 잘 선택하지 않는 과목, 기술지도에 도움이 됨
스포츠 윤리	공부 난이도	처음 과목을 접하거나 혼자 공부를 하더라도 충분히 가능하나 학문적 특성 상 완벽히 이해를 하고 문제를 풀기엔 어려움이 있습니다. 적절한 이해와 암기가 병행되야 합니다.
	문제 난이도	문제 자체의 난이도는 '중하'입니다. 체육철학 고유의 핵심 문제가 매년 출제가 되기에 이를 기본으로 준비한다면 의외로 공부 대비 중간 이상의 점수를 받기 쉽습니다.
	특징	'잘 모르겠는데 의외로 좋은 점수', 항상 나오는 문제만 맞춰도 과락 해결

🏃 선택에 대한 조언

1. 전공자의 경우에는 평소 잘 아는 과목이나 관심이 있는 과목을 선택해도 좋습니다.
2. 전년도 기출문제나 예전 기출문제를 연습삼아 풀어보고 점수가 잘 나온 과목으로 선택해도 좋습니다.
3. 대부분의 수험생은 자신이 배운 교육과정 위주로 선택하는 경향이 있습니다.
    - 문과 계열: 인문 위주의 과목(사회학, 교육학, 심리학, 체육사, 스포츠윤리)
    - 이과 계열: 자연 위주의 과목(생리학, 역학)
4. 가장 많이 선택하는 5개 과목(카페 자체 설문조사 결과)
    - 스포츠사회학, 스포츠교육학, 스포츠심리학, 한국체육사, 스포츠윤리
       ☞ 운동생리학, 운동역학은 비교적 선택하는 수험생이 적음
5. 보디빌딩 종목 응시자의 경우 위 5개 과목 중 1개 대신 "운동생리학"을 넣는 편임
    ☞ 보디빌딩 구술 시험에서 생리학 관련 내용이 많이 출제됨
6. 합격자 피드백에 의하면 "한국체육사","스포츠윤리" 과목이 시간과 노력 대비 점수가 잘 나왔다는 응답을 받았음.

합격을 위한 노하우 knowhow
Hungry Sports

☑ 전략적으로 시험공부를 하자!

같은 시험을 치더라도 전략을 미리 세워놓고 준비한 사람과 무작정 준비한 사람의 결과는 다릅니다.
스포츠지도사 시험이 처음 나왔던 때에는 기본적인 상식만 갖고 있으면 필기 시험은 누구나 합격을 하던 시험이었습니다. 하지만 자격제도가 개선되면서 시험의 난이도가 점점 상승하였으며 현재는 필기 합격률이 40 ~ 50%로 둘 중에 한명은 떨어지는 시험이 되었습니다. 이 어려운 시험을 합격하기 위한 가장 좋은 전략은 '기출문제'입니다.
문제의 출제 및 난이도 조절은 시험범위 내에서 기출문제와의 연계율로 결정을 합니다. 그렇기에 어려운 내용, 다양한 내용을 공부해서 합격하려 하기보다는 기출되었던 핵심내용 위주로 간결하게 공부를 해야 합격할 확률이 높습니다. 목표는 "최근 출제된 3개년의 기출문제를 무리없이 이해하고 풀 수 있는 것"입니다. 현재 문제출제양상은 기출문제와 60%의 연계율을 보이기 때문에 기출문제만 잘 이해하고 가도 충분히 합격에 필요한 점수를 획득할 수 있습니다.

☑ 기출문제를 모의고사처럼 활용하자!

이론 학습이 완료되고 최근 3개년 기출문제를 무리없이 이해하고 풀 수 있는 능력까지 최소 7일 정도 소요됩니다. '7일완성 스포츠지도사' 교재는 이 학습량을 맞추기 위해 만들어졌습니다. 직장인 기준 하루 3 ~ 4시간씩 준비하여 이론학습과 최근 3개년 문제를 풀었을 때 7일 정도가 소요됩니다. "7일이면 충분하다" 라기보다는 "7일은 공부해야된다"가 더 적절하겠습니다. 사실 이 시점에서 시험을 치렀을 때 이미 충분히 합격할 수 있는 실력입니다. 다만 실제 시험에서는 자신이 가지고 있는 실력을 100% 발휘하기가 어렵기 때문에 실제 시험에 대한 대비가 필요합니다. 100분이라는 생각보다 짧은 시간에 5개 과목을 시간배분을 하여 문제를 풀어내야 하기에 시험 현장에서 느끼는 긴장감이 만만하지 않을 겁니다. 따라서 이때부터는 실제 시험처럼 시간을 두고 문제를 풀어내는 연습을 해야합니다. 최근 3개년 문제는 이미 풀어봤기에 답이 기억나면서 효과적이지 못합니다. 이때 풀면 좋을 것은 "최근 3개년 이전의 문제나 각종 사설모의고사"입니다. 2026년도에 시험을 볼 경우 2021, 2022년에 출제된 문제를 풀어 보거나 또는 시중에 나와있는 다양한 모의고사를 풀어 보는 것이 실전 감각을 올리는데 도움이 됩니다.

☑ 신체적·정신적 컨디션을 관리하자!

별 것 아닌 시험 같은데도 신체적으로나 정신적으로 주는 스트레스가 꽤 상당합니다. 하지만 또 이런 긴장감이 단조로운 삶에 활력과 도전감을 준다고 생각하면 좋은 것 같아 보이기도 합니다. 짧게는 일주일이나 며칠 전부터 공부를 하는 사람부터 길게는 몇 년째 시험을 보는 사람까지 이 시험을 준비하는 사람들은 워낙 경우가 다양합니다. 그럴 때 간혹 밤을 새워 공부를 하시는 분들이나 시험 긴장감에 스트레스가 극도로 올라가는 분들을 많이 봅니다. 우리가 공부하면서 깨달은 것 하나는 무엇보다 '건강'이 중요하고 '나'가 중요하다는 사실입니다. 좋은 컨디션으로 시험을 치루는 것도 시험합격에 도움을 주는 전략입니다. 항상 몸 건강, 마음 건강 챙기면서 적절한 긴장감을 즐기며 시험에 임하시기를 바라겠습니다.

☑ ○, △, × 표시를 활용하자!

시험을 아직 치르지 않으신 분들은 모르시겠지만 실제로 시험을 치르면 '시간이 매우 부족하다는 것'을 깨닫게 됩니다. 5개 과목의 20문제를 100분에 풀어낸다는 건 1문제를 1분안에 풀고 마킹을 해야한다는 뜻입니다. 쉬운 문제의 경우 금방 답을 찾고 마킹을 할 수 있지만 어려운 문제를 고민하다 보면 시간이 부족합니다. 결국 나중에 보면 풀지 못하고 넘어간 문제나 헷갈렸던 문제를 다시 풀어볼 시간이 거의 없습니다. 그럴 때 거의 찍게 되는데 이럴 때 도움이 되는 전략이 시험문제를 풀면서 내가 생각했던 과정을 문제에 적어 놓는 겁니다. 문제를 풀면서 답만 찾아 체크를 하는 것이 아니라 항상 보기를 읽어가며 확실히 맞거나 틀린 문항, 애매한 문항, 모르는 문항을 체크해나가면 마지막에 문제를 검토할 때 불필요하게 문제를 다시 읽는 시간을 줄일 수 있습니다. ①, ②, ③, ④ 보기에도 확실히 맞거나 틀린 문항에는 ○, X 표시를, 애매한 문항은 △를 합니다. 문제를 풀고 답을 정할 때에도 확실히 맞춘 것 같은 문제는 ○, 다시 한번 봐야되는 문제는 △, 다시봐도 모를 것 같은 문제는 X를 하여 남은 시간에는 △ 표시한 문항 위주로 검토해야 합니다.

☑ 마지막에 10점을 올릴 수 있는 방법!

스포츠지도사 시험이 좋은 점은 객관식 4지 선다라는 점입니다. 일단 아무것도 모르는 상태에서 문제를 찍어 맞출 수 있는 확률이 25%나 됩니다. 문항분포가 비슷하다라고 가정할 때 한 번호로 문제를 찍더라도 최소 4개는 맞출 수 있다는 의미가 되겠습니다. 실제 문항 분포는 대부분의 국가 수준의 시험과 마찬가지로 비슷하게 출제가 됩니다. 정확히 5 - 5 - 5 - 5개의 구조는 아니지만 한 문항이 3개 이하 이거나 7개 이상인 경우는 극히 드뭅니다. 이를 적절히 잘 사용하면 마지막 순간에 10점을 올릴 수 있습니다. 위의 ○, △, X와 함께 써야 확률이 올라가는 방법입니다. 시험을 보기 전 문제지 오른쪽 상단에 1번부터 4번까지 적어두고 문제를 풀면서 표시를 한 문제의 경우 개수를 작성해둡니다. 한 과목 문제 풀이가 끝나면 △ 표시 위주로 문제를 다시 풀어보며 답을 마킹합니다. 이때 중요한 건 △ 표시 문제의 답을 완벽히 찾았으면 ○로 바꾸고 문항분포에 표시하지만 답에 확신이 없다면 표시하지 않습니다. 그 과정까지 마친 다음 X 표시한 문제를 해결합니다. 시간이 남을 경우에는 풀어도 좋지만 대개 시간이 부족하여 찍는 경우가 발생합니다. 이럴 때에는 문항분포를 확인하여 적은 문항 번호를 고르는 것이 확률이 훨씬 높습니다. X 표시한 문제의 1 ~ 4번 보기에 ○, △, X까지 표시되어 있다면 찍어서 맞출 확률이 굉장히 많이 올라갑니다. 어차피 찍어야 하는 문제이기에 조금이나마 확률을 높이는 선택을 하는 것이 효과적이지요.

목차 contents
Hungry Sports

▷ **PREFACE** 머리말 ·· 003

▷ **INFORMATION** 시험정보 ·· 004

▷ **GUIDE** 학습가이드 ·· 008

▷ **CHOICE** 과목 선택 요령 ··· 010

▷ **KNOWHOW** 합격을 위한 노하우 ······································ 012

▷ **THEORY** 핵심 이론 ·· 017

❶ 스포츠사회학 ··· 018
❷ 스포츠교육학 ··· 042
❸ 스포츠심리학 ··· 069
❹ 한국체육사 ··· 098
❺ 운동생리학 ··· 118
❻ 운동역학 ·· 143
❼ 스포츠윤리 ··· 166

▹ **EXAMINATION** 실전 모의고사 ··· 187
① 스포츠사회학 ·· 188
② 스포츠교육학 ·· 192
③ 스포츠심리학 ·· 197
④ 한국체육사 ··· 201
⑤ 운동생리학 ··· 206
⑥ 운동역학 ·· 211
⑦ 스포츠윤리 ··· 215

▹ **ANSWER & COMMENTARY** 실전 모의고사 정답 & 해설 ··································· 221
❶ 스포츠사회학 ·· 222
❷ 스포츠교육학 ·· 223
❸ 스포츠심리학 ·· 224
❹ 한국체육사 ··· 225
❺ 운동생리학 ··· 226
❻ 운동역학 ·· 227
❼ 스포츠윤리 ··· 228

▹ **REFERENCES** 참고문헌 ·· 231

스포츠지도사 2급 필기

01
핵심 이론

01 PART 스포츠사회학

1. 스포츠사회학의 이해

1) 스포츠사회학의 의미

① 스포츠사회학의 정의 '25 '21 '19

정의	사회학의 하위 분야로서 스포츠 현장의 사회구조와 사회과정을 설명하고 스포츠의 통찰과 분석을 통해 인간 행동을 예측하고 이해하고자 하는 학문

② 스포츠사회학의 주요 이론 '25 '23 '22 '21 '20 '19

구분	설명
구조기능주의 이론	사회는 상호의존적으로 연결되어있고 각자의 기능을 수행하며 사회의 통합 및 존속에 기여함 단점 : 현상의 긍정적인 측면을 주로 주장하여 사회적 갈등의 의미를 간과함 예 "사회적 규범을 따르지 않은 것은 잘못된 행동이며 합의를 어긴 일이야"
갈등이론	사회현상의 여러 문제점들은 이익이나 권력과 같은 것에 대한 경쟁과 갈등으로 나타남 단점 : 현상의 부정적인 측면과 경제적인 부분만 강조함 예 "기득권이 부와 권력을 가지고 있고 선수를 혹독하게 착취하는 것이 문제야"
비판이론	사회현상을 보다 명확하게 규명하고 평가 및 비판하여 변화시키려 하는 이론 단점 : 이상적인 면만 강조하여 실제 생활환경의 영향을 반영하지 못함 예 "어떤 요인으로 일어났는지 분석하고 우리가 그 해결방법을 찾아 보는 것이 중요해"
상징적 상호작용론	사회구조보다 행위자의 행동과 상황을 해석하고 의미를 이해하려는 이론 단점 : 사회구조와 같은 거시적인 문제를 다루려 하지 않음 예 "선수의 생각과 그 상황에 따라 일탈이 아닐 수도 있는거야"

③ 스포츠사회학의 연구영역 '25 '20 '19

연구규모	해석방법	대표 이론 종류	주요 관심사
거시적 영역	객관적	구조기능이론, 갈등이론, 비판이론	법, 정치, 건축, 기술, 언어, 경제, 교육
	주관적	문화연구이론	문화, 규범, 가치
미시적 영역	객관적	교환이론, 행동이론	인간의 행동유형, 사회적 움직임
	주관적	상징적 상호작용, 현상학, 민속방법론	사회적으로 구성된 다양한 사회현상

• 연구방법
  - 질적연구: 참여관찰법, 심층면담법 등 현상에 대해서 보다 구체적이고 정성적으로 자료를 수집하고 해석하는 연구 방법
  - 양적연구: 주로 설문지 등을 이용하여 현상을 계량화하고 통계적으로 분석하여 가설을 검증하고 사회 법칙을 발견하는 연구 방법

⑤ 근대스포츠의 특징 '25 '23

세속화	평등화	전문화	합리화	관료화	수량화	기록화
개인의 성취 오락적 측면	기회는 동일 동등한 조건	직업적 선수 포지션 구분	합리적 규칙 합리적 수정	고도 체계화 국제적 운영	측정이 가능 점수화	기록의 경쟁 도전적 정신

2) 스포츠의 사회적 기능

① 스포츠의 사회적 기능 '24 '20 '19 '18

구분	해석방법	설명
순기능	사회정서	개인의 욕구불만, 갈등, 긴장을 발산하여 정서를 순화하는 기능을 함
	사회화	신념, 가치, 규범 등 사회의 중요한 가치를 스포츠를 통해 배울 수 있게 함
	사회통합	올림픽, 월드컵 등 다양한 사람이 하나로 통합되는 경험을 제공함
역기능	신체소외	스포츠의 상업화 등으로 신체가 승리를 위한 도구로 전락
	상업주의	스포츠를 문화로 여기지 않고 하나의 상품이나 돈벌이로 취급
	사회통제	국민의 정치, 경제에 대한 관심을 스포츠로 분산시켜 사회를 통제하려 함 ▶ 1980년대 우리나라의 3S 정책(Sex, Screen, Sports)
	성차별	스포츠는 남성의 전유물이라는 고정관념과 성차별을 야기
	국수주의	스포츠가 맹목적이고 유해한 국가 자존심을 육성시킬 수 있음

② 파슨즈(T. Parsons)의 구조기능주의 이론 AGIL 모형 '24 '22 '21

구분	설명
적응 (Adaptation)	스포츠에 참가하면서 현실에 대한 적합한 사고, 감정, 행동양식을 학습시켜 사회 구성원으로서 적응할 수 있도록 도움을 주고 사회활동에 참여할 수 있게 함
목표성취 (Goal attainment)	스포츠를 통해 자신의 목표를 성취하는 과정에서 성공에는 노력이 따른다는 것과 보상을 받기 위해선 노력과 더불어 규정을 준수하는 정당함도 필요하다는 것을 배움
통합 (Integration)	스포츠를 직접하거나 또는 관람하면서 자신이 속한 팀, 지역, 나라 등에 대하여 소속감과 일체감을 느끼고 통합을 이룰 수 있음
체제유지 (Latent pattern maintenance)	전체 사회의 규범과 가치를 개인에게 학습·내면화 시키고 높은 성취감으로 생산성을 증대시켜 청소년으로 하여금 성인의 역할을 학습하고 생존할 수 있는 잠재력을 길러줌

③ 스포츠 육성 정책 모형 '25 '24

구분	설명
피라미드 모형	밑에서부터 쌓아 올려가는 형태로 생활체육에서 훌륭한 선수가 나옴
낙수효과 모형	위에서부터 내려오는 형태로 엘리트 체육부터 육성 후 아래로 전파
선순환 모형	상호통합적인 접근방식으로 어떤 것부터든 서로 좋은 영향을 줌

2. 스포츠와 정치

1) 스포츠와 정치의 결합

① 정치가 스포츠에 개입하는 목적 '24 '21

내용	예시	내용	예시
공공질서 보호	안전관련 법 제정	지배적인 정치 이데올로기 확산	올림픽 순위 거양
지역사회나 국가의 명성고취	올림픽 유치	정체성과 소속감 증진	지역 스포츠 활성화
시민들의 건강 및 체력유지	건강관련 정책 운영	정치지도자와 정부에 대한 지지	지역 체육 시설 확충
국가 및 지역사회 경제발전 도모	각종정책 지원	교육현장의 양성평등	양성평등법안(Title IX)

② 에티즌(D. Eitzen)과 세이지(G. Sage)의 스포츠의 정치적특성 '24 '23 '22 '20

구분	설명
긴장관계	스포츠 무대는 정치와 밀접하게 연관되어 있으며 일종의 정치적 표현의 장으로 활용되어 스포츠로 인해 상대 국가와의 긴장 관계를 유발할 수 있음 ▶ 월드컵 경기 상대국과의 갈등
대표성	스포츠와 관련된 문화들은 조직에 충성심을 유지 및 강화하는 역할을 함 ▶ 경기 전 국가 연주, 구호, 응원가 등
권력투쟁	선수, 구단, 국가는 스포츠에서 불평등하게 배분된 권력을 획득하고자 노력함 ▶ 국가별 선수 귀화, 구단 선수 트레이드, 선수의 연봉협상 등
보수성	스포츠의 보수적인 성향은 규칙이나 관습을 쉽게 바꾸려 하지 않고 현존하는 질서를 유지하려함
상호의존성	국가는 스포츠를 국위선양으로 활용하며 국가는 이에 대한 보상을 제공함 ▶ 국제대회 포상금, 스포츠 선수의 연금제도, 병역 혜택 등

③ 정치가 스포츠를 이용하는 방법 '25 '22 '20 '19 '18

구분	설명
상징	스포츠의 특정 개념을 체계화하고 상징성을 찾아내 감정적 애착심을 형성함 ▶ 대한민국을 상징하는 축구선수 손흥민, 국가대표 유니폼에 그려진 국기
동일화	자신과 타인이 혼동된 상태로 다른 대상에게 감정을 이입하거나 동화된 상태(제2의 상징 과정) ▶ 김연아 선수가 금메달을 따지 못하자 함께 슬퍼하고 분노하는 국민
조작	여러 수단과 방법을 통해 인위적으로 사실을 꾸미거나 관심을 돌리는 행위 ▶ 경제나 사회적 상황에 대한 불만을 올림픽을 이용하여 돌리는 경우

2) 스포츠와 국내,제 정치

① 정치에서 스포츠가 갖는 역할 '24 '23 '19

구분	설명
외교적 도구	국가와 다른 국가 간의 관계에서 직접적인 외교적 활동 대신 스포츠를 통한 승인과 거부를 통해 간접적으로 교류 또는 단절을 표출함 ▶1971년 미국과 중국의 탁구를 매개로 한 외교 사례
이데올로기 및 체제 선전	승패를 가리는 스포츠의 특성을 활용하여 특정 정치체제의 입지강화 및 우월성을 입증 ▶1936년 베를린 올림픽은 독일의 정치체제 선전으로 이용되었음
국위선양	운동선수와 국가는 동일시 됨을 활용하여 세계적으로 자연스럽게 명성을 떨칠 수 있도록 함
국제 이해 및 평화	스포츠를 통한 국가 간 상호 작용을 통해 국제 이해 및 친선 및 평화라는 긍정적인 공헌을 할 수 있음
외교적 항의	특정 국가에 대한 외교적 항의는 통상적, 정치적 피해를 입을 수 있지만 스포츠를 통한 간접적 항의는 목적을 달성할 수 있음 ▶1938년 남아공이 실시한 인종차별정책(아파르트헤이트)은 많은 항의와 비판을 받음
갈등 및 전쟁의 촉매	스포츠에서의 특정 상황 때문에 집단 간 또는 국가 간 갈등이 심화되고 심할 경우 전쟁의 촉매가 될 수도 있음

② 그 외 국제 정치적 사건들 '22 '21 '20

구분	설명
1938 아파르트헤이트	1. 남아공이 실시한 인종차별정책으로 흑인과 백인을 분리하여 거주, 교육, 취업 등에서 제한함 2. 1994년 넬슨 만델라의 당선으로 공식적으로 정책이 철폐됨
1969 축구전쟁	1. 온두라스와 엘살바도르의 나라 간의 갈등 구조 2. 제9회 멕시코 월드컵 지역 예선 경기로 두 나라가 과열되면서 전쟁 발발
1972 검은구월단사건	1. 1972년 뮌헨 올림픽 당시 팔레스타인 테러단체 '검은9월단'이 선수촌을 침입 2. 이스라엘 선수 인질 납치 및 살해, 선수와 코치 등 12명 사망
1985 헤이젤 참사	1. 벨기에의 헤이젤 경기장에서 유러피언컵 경기(리버풀 대 유벤투스) 2. 다소 낙후된 경기장에서 서포터 간의 다툼이 일어났고 벽이 무너지면서 39명 사망
1980, 84, 88 올림픽	1. 80년 모스크바, 84년 LA 올림픽에서 상대 진영의 국가들이 보이콧 선언 2. 88년 서울올림픽에서 공산주의-민주주의 국가의 참여로 냉전시대 종식의 분위기

3. 스포츠와 경제

1) 상업주의와 스포츠

① 현대 스포츠 발전에 영향을 미친 3가지 중요 요소

산업화	도시화	교통과 통신의 발달
대량생산기술의 발달로 스포츠 장비의 발전과 표준화가 이루어짐	도시로 인구가 집중되면서 노동 시간 이후 여가의 방편으로 스포츠가 발전함	교통의 발달로 스포츠 활동이 널리 가능해졌고 정보가 빠르게 공유됨

② 코클리의 스포츠와 상업주의 '25 '24 '23 '22 '21 '20 '19 '18

- **스포츠와 상업주의의 발생 조건**
  - 시장경제의 형성, 관중이 밀집된 지역, 경제적 여유가 있는 계층, 막대한 양의 자본, 소비가 장려되는 문화
- **상업주의 심화에 따른 스포츠의 변화**

목적의 변화	1. 인간의 내면적 성취를 추구하는 아마추어리즘보다 이윤을 추구하는 프로페셔널리즘을 추구함 2. 스포츠 관중 흥미 촉발요인 3가지: 결과의 불확실성, 경기의 재정적 보상, 선수의 탁월한 기량
구조의 변화	1. 대부분의 경우 상업주의는 스포츠의 구조에 큰 영향력을 미치지는 않았음 2. 새로운 형태로 변형되었다기보다는 관중의 위락형태에 따라 기본적 골격 내에서 조금씩 바뀜 (경기시간대 조정, 광고삽입시간 조정, 대진표 조정, 흥미를 돋우는 규칙 개정, 연예인 해설 등) 3. 규칙 변화의 4가지 원칙: 속도감있는 진행, 득점체계 다양화, 휴식시간 부여, 종목에 따른 변화
내용의 변화	1. 상업주의는 스포츠의 내용 변화에 큰 영향을 미치며 스포츠의 비본질적 요소를 더 중시하게 함 2. 관객은 스포츠의 고도화된 규칙이나 내용을 잘 모르고 경기 외적 가치(승리, 득점)만을 추구함 3. 특히 심미적 가치(동작의 아름다움, 완성도)보다 영웅적 가치(위험적 요소, 외적 스타일 등)를 더 높게 평가하는 경향이 있음 (다만 스포츠 고유 팬에게는 여전히 심미적 가치는 중요한 가치임)
조직의 변화	1. 상업주의는 스포츠 경기가 기획되고 조직되는 방식에 큰 영향력을 주었음 2. 경기가 주로 매체나 구단주, 협회에 의해 지원되기에 일종의 '쇼'의 형태를 보이게 됨 3. 개·폐회식, 치어리더, 경품추첨, 연예인 행사 등 단지 흥미와 이익을 창출하기 위해 운영됨

③ 프로스포츠 제도의 순기능과 역기능 '22 '21 '19

순기능	1. 스트레스 해소의 기회 제공 2. 아마추어선수의 진로 개척 3. 다양한 경제적 활동 촉진 4. 대중에게 동료 의식을 갖게 함 5. 스포츠의 저변 확대 및 인식 제고
역기능	1. 아마추어리즘 퇴조 및 본질 왜곡 2. 스포츠 도박 문제 3. 지나친 상업화

④ 프로스포츠의 여러 가지 제도들 '23 '22 '19

보류조항	소속 선수가 자유계약으로 풀리기 전까지 독점적으로 협상할 권리
최저연봉	일반 선수나 후보 선수들의 생계를 보장하기 위하여 구단이 주어야하는 최저금액
샐러리캡	한 팀 선수들의 연봉 총액이 일정 금액을 넘지 못하게 하는 제도로 부자구단의 선수독점 방지
트레이드	특정 구단들끼리 필요와 합의에 의해 선수를 교환하는 것
드래프트	리그소속 팀 간 균형을 위해 전년도 전적의 역순으로 선수 선택권을 부여하는 제도
자유계약	계약기간 활동이 끝난 선수가 다른 팀과 자유롭게 협상 및 계약을 맺어 이적하는 제도
웨이버 조항	소속선수와의 계약을 포기하려는 제도로 다른 구단에게 양도함(일종의 선수방출수단)

2) 스포츠 메가이벤트의 경제

① 스포츠 메가이벤트(올림픽)의 순기능과 역기능 '25

순기능	경제적 효과, 국가 이미지 제고, 국가 교류증가, 기반시설 확충, 시민의식 향상
역기능	경제적 손실, 사회결집력 약화, 부정적 외부효과, 무리한 투자, 기회비용 손실

4. 스포츠와 교육

1) 스포츠의 교육적 순기능 및 역기능 '25 '24 '23 '22 '21 '20 '18

순기능	전인교육	학업능력의 촉진, 사회화 촉진, 정서의 순화
	사회통합	학교 내 통합, 학교와 지역 사회 통합
	사회선도	여학생 인식 제고 및 여권신장, 평생체육 연계, 장애인의 삶의 질 향상
역기능	교육목표의 결핍	승리지상주의, 참여기회의 제한, 성차별 내재화
	부정행위 조장	스포츠 상업화, 성과와 학업에 대한 편법과 관행, 선수 일탈 및 부정행위
	편협한 인간 육성	독재적 코칭, 비인간적 훈련, 비과학적 훈련

2) 한국의 학원스포츠를 찬성 및 반대하는 입장 '22 '18

찬성하는 입장	반대하는 입장
학생의 참여도와 흥미 증진	학생들의 학업활동 방해
자긍심, 책임감, 적응력을 길러줌	의존성, 순종하는 태도 등 수행에만 집중
체력 증진 및 흥미 유발	과도한 신체활동 강요와 신체 소외 문제
애교심과 협동심 유발	교육목표와 관련없는 피상적인 애교심 유발
학부모 및 지역사회 후원 증진	교육프로그램의 후원을 낭비
사회적으로 능력을 인정하는 기회제공	개인적 부담이 되거나 또는 일종의 특권으로 인식
학원스포츠 정상화 정책	
학생선수의 최저학력제, 학교운동부 운영 투명화, 학생선수의 인권보호	

5. 스포츠와 미디어

1) 스포츠와 미디어의 이해

① 대중전달이론 '25 '23 '22 '21 '19

개인차 이론	개인은 각자의 독특한 심리적 욕구를 만족시키기 위해 대중매체를 이용한다는 이론	인지적 욕구	정보, 지식, 이해 등
		정의적 욕구	미적 감각, 즐거움 등
		통합적 욕구	신뢰, 확신, 지위, 가족이나 친구와 교류
		도피적 욕구	긴장완화 및 사회역할로부터의 도피
사회범주 이론	동일한 대중매체에 대해 다르게 반응하는 여러 하위집단(범주)이 있다는 이론	사회적 범주	연령, 성, 사회계층, 교육수준, 결혼여부 등
사회관계 이론	개인을 둘러싼 비공식적 사회관계(중요타자)가 개인의 대중매체 소비에 영향을 미친다는 이론	중요타자	부모, 친구, 선생님
		영향요인	중요타자의 수, 중요타자가 얼마나 스포츠를 하는지, 중요타자와 얼마나 상호작용 하는지 등
문화규범 이론	개인의 선택이 아니라 대중매체가 현존의 사상이나 가치를 선택적으로 제시한다는 이론	예 스포츠 소비는 가치 있는 여가활동이다	

② 맥루한(M. Mcluhan)의 미디어 이론 '22 '20

매체의 특징(정의성)과 수용자의 태도(감각참여성, 감각몰입성)에 따라 구분	
스포츠 매체 : 스포츠와 관련된 정보를 대중에게 전달하는 매체	
핫 스포츠 매체	쿨 스포츠 매체
높은 정의성, 낮은 감각 참여 및 감각 몰입	낮은 정의성, 높은 감각 참여 및 높은 몰입
전달되는 메시지가 논리적이고 계획적임	전달되는 메시지가 비논리적이고 즉흥적임
충만되고 짜임새 있는 스포츠 메시지 전달	현장성 있고 복합적인 스포츠 메시지 전달
스포츠 지식이나 정보 등을 얻기 쉬움	흥미와 오락성이 있고 집단심리 작용 가능
신문, 잡지, 라디오	TV, 인터넷 방송, 영화
매체 스포츠 : 매체를 통하여 대중에게 전달되는 스포츠 정보	
핫 매체 스포츠	쿨 매체 스포츠
높은 정의성, 낮은 감각 참여 및 감각 몰입	낮은 정의성, 높은 감각 참여 및 높은 몰입
낮은 확산 정도, 느린 속도, 단선형	높은 확산 정도, 빠른 속도, 복선형
육상, 체조, 태권도, 야구 등	농구, 축구, 핸드볼, 럭비 등

2) 스포츠와 미디어의 상호관계

① 미디어와 이데올로기 내용등 '24 '23 '21 '20 '18

스포츠미디어가 강화하는 이데올로기		자본주의 심화, 젠더 갈등 심화(성차별, 외모), 민족주의 심화, 영웅화
미디어 저널리즘		옐로저널리즘(선정적이고 자극적인 보도방식), 팩저널리즘(단조롭고 정형화된 보도방식), 하이에나 저널리즘(약자를 노골적으로 공격), 뉴저널리즘(새로운 보도방식)
스포츠 중계권	보편적 접근권 (보편적 시청권)	주요 스포츠 이벤트를 많은 시청자에게 보편적으로 서비스를 제공해야 된다는 개념 예 올림픽, 월드컵 경기의 지상파 3사 방송
	독점 계약권	방송권을 특정 방송사나 플랫폼이 단독 계약하여 중계하는 방법 예 유럽 축구 경기의 OTT 플랫폼 단독 중계

② 스포츠와 미디어의 상호관계 '25 '22 '18

스포츠가 미디어에 미친 영향	미디어 콘텐츠 제공	스포츠는 다양한 장르에 걸쳐 인기가 있고 또 흥행성을 가지고 있어 좋은 미디어 수익원이 됨
	미디어 보급의 확대	대중의 관심이 많아지자 스포츠를 접하기 위하여 신문, 라디오, 방송 등 다양한 미디어가 보급됨
	미디어 기술의 발전	보다 생생한 스포츠 중계를 위해 다양한 촬영기법 등이 개발 및 적용이 됨
미디어가 스포츠에 미친 영향	스포츠 인구 증가	직접 참가하지 못해도 미디어를 통해 스포츠를 관람 할 수 있게 되면서 스포츠 인구가 증가함
	스포츠 상품화	스포츠의 미디어 중계는 곧 상품성을 의미하는데 이 때문에 인기종목 위주로 편성되면서 불균형을 초래함
	스포츠 규칙 변경	스포츠를 통해 많은 수익을 얻고자 스포츠의 여러가지 규칙을 변경함 ▶ 농구(전후반-쿼터제), 배구(랠리포인트제), 골프(매치-스트로크 변화)
	스포츠 용구 변화	방송에 적합하도록 스포츠 용구(공, 유니폼) 등을 변경함
	경기 일정 변경	높은 시청률을 위해 황금시간대에 경기를 배치하거나 리그 마지막 경기를 결승전처럼 구성하기도 함
	스포츠 기술 발달	다양한 미디어 자료는 팀 전술이나 기술 능력 향상에 활용할 수 있음

6. 스포츠와 사회계급/계층

1) 사회계층의 이해

① 계층과 계급에 대한 이해 '25 '23 '19 '18

	계급과 계층에 대한 사회학적 분석	
카를 마르크스의 사회 계급론	생산수단의 소유 여부에 따라 계급이 구별되며 이 때문에 사회적 불평등이 존재 ▶ 자본가 대 노동자의 대립 및 갈등 (운동선수는 노동자로 분류)	
막스 베버의 사회 계급론	생산수단만이 아니라 재산, 신분, 권력 등 다양한 요인에 의해 계급이 결정 ▶ 사회적 자원의 소유 → 생활 기회 → 생활양식 → 계급형성	
	생활기회	특정 개인의 기대 수명이나 삶의 본질(수명, 결혼, 신체상태)
	생활양식	특정 개인의 생활 방식으로 취미, 여가, 직업 등
부르디외의 계급론	인간은 특정 사고 행동 체계(아비투스)를 바탕으로 행동하는데 이런 사회문화적 요소가 계급을 결정한다는 주장 ※ 문화자본의 종류 1) 경제자본: 화폐나 소유권의 제도화된 형태로 즉각 전환 가능한 자본 2) 문화자본: 체화된 문화자본(어학, 스포츠 등 오랫동안 지속되는 정신과 신체의 형태) 　　　　　　객관화된 문화자본(그림, 책, 사전, 악기 등 문화상품의 형태) 　　　　　　제도화된 문화자본(자격증, 졸업장 등 교육적 성취로 객관화된 자본) 3) 사회관계자본: 혈연, 학연 등 상호면식이나 인정이 제도화된 관계	
라이트의 사회계급이론	3가지 통제력(투자나 화폐자본, 물리적 생산 수단, 노동력에 통제) 소유에 따라 자본가와 노동자로 나눌 수 있음	
베블렌의 유한계급론	개인은 사회적 지위·위세·명예에 근간이 되는 소비 형태를 부각시켜 다른 사람들로부터 인정을 받고 과시하고자 행동함 예 상류 계층이 골프나 승마 등을 즐기는 것은 자신의 지위나 재력을 과시하려는 행동 ※ 베블렌 효과(Veblen Effect): 가격이 오르는데도 허영심이나 과시욕으로 수요가 줄지 않는 현상	

② 스포츠계층이 갖는 특징 '25 '24 '23

사회성	고래성(역사성)	보편성(편재성)	다양성	영향성
사회의 다른 측면과 항상 관련이 있다	일반 사회의 불평등 역사와 유사하다	스포츠계층은 언제 어디서나 나타난다	서로 다른 계층구조가 다양하게 나타난다	계층의 위계가 삶에 영향을 미친다
보수의 분배는 사회적 규범에 의해	역사에 따라 달라지는 운동선수의 지위 모습	종목 간 인기 종목 종목 내 급의 구분	스포츠에서도 계층의 형태가 다양하다	부여된 권력이나 재산이 다시 영향을 줌

2) 스포츠와 계층이동

① 기든스(A. Giddens)의 사회계층 이동 '25 '24 '22 '20 '19

구분		내용	설명	예시
방향	수평이동	계층적 지위가 변하지 않는 이동		주전선수가 다른 팀 주전 선수로 이적
	수직이동	계층적 지위가 상·하로 변하는 이동		• 상승: 2군 소속 선수가 1군으로 승격 • 하강: 1부 리그 팀이 2부 리그로 강등
	수평·수직이동	계층적 지위가 수평적·수직적 변화를 수반함		대부분의 계층 이동이 이에 속함
시간	세대 내 이동	어떤 개인의 일생에서 생겨나는 계층적 지위의 변화로 흔히 경력이동이라 부름		선수로 활동하다 감독으로 전환하는 것
	세대 간 이동	한 세대에서 다음 세대로 넘어가는 과정에서 일어나는 지위의 변화		운동선수가 부모보다 좋은 조건으로 성공하는 것
이동 주체	개인이동	개인의 능력과 노력에 따라 사회적으로 이동하는 것		스포츠를 통한 대부분의 사회이동
	집단이동	유사한 집단이 특정한 계기를 통하여 단체로 이동하는 것		운동선수의 계층적 지위가 프로스포츠의 출범과 인기로 많은 부와 명성을 축적하여 지위가 높게 평가되는 경우

3) 사회계층과 스포츠 참가

① 투민(M. Tumin)의 스포츠계층 형성과정 '22 '21 '20 '18

단계	설명과 예시		
지위 분화	구성원이 각자 역할을 맡는 단계 ▶ A선수가 축구 프로 구단에 수비수로 입단함	지위분화의 4가지 조건	
		지위의 명확한 구분	책임과 권한 부여
		효과적 수행 가능	적절한 보상 체계
서열화	개인의 특징에 따라 임무를 분화하는 단계 ▶ 능력을 인정받고 팀공헌도가 높아 주전으로 활동함	지위의 서열화 기준	
		운동기능 및 능력	개인적 특성
		사회적 역할	팀 공헌도
평가	개인의 가치나 유용성에 대해 평가하는 단계 ▶ 경기에서 좋은 모습을 보여주어 많은 인기를 얻음	평가적 판단의 종류	
		권위	명예와 공경 (감독이나 코치 등)
		호감	특정 역할의 모델, 위광과 호감
		인기	대중의 주목 정도
보수 부여	필요한 보수가 적절히 배분되는 단계 ▶ 많은 성과 보너스를 받고 다음 연봉이 크게 향상됨	보수의 종류	
		상금이나 상품 등의 재화나 용역	
		팀 내 권한 또는 선수선발 및 기용 권한	
		타인으로 받는 인기나 명성	

7. 스포츠와 사회화

1) 스포츠사회화의 의미와 과정

① 스포츠사회화 이론 '25 '24 '23 '22 '21 '19 '18

사회학습이론	사회화는 개인적 특징, 주요 타자(타인), 사회화 상황(환경)에 따라 일어난다는 이론		
	사회화를 일으키는 3가지 방법	강화	상과 벌을 통해 긍정적 행동은 증가시키고 부정적 행동은 감소시켜 사회적 역할의 습득과 수행에 도움을 줌
		코칭	사회화 주관자(부모, 지도자)의 도움을 받아 스포츠 활동에 필요한 기술이나 문화 등을 직접 배우는 방법
		관찰학습	다른 사람의 행동이나 기술을 관찰하고 습득하여 내면화하고 다음 적절한 시기에 이를 행동으로 나타내는 방법
역할이론	사회라는 무대에서 끊임없이 스스로 경험하고 다른 구성원과 상호작용하면서 개인의 역할을 학습해나가는 존재		
준거집단이론	인간은 자발적으로 어떤 집단이나 타인을 자신의 행동 기준에 대한 준거로 삼고 영향을 주고 받음		
	3가지 준거집단	규범집단	규범을 설정하고 가치관을 형성시키는 집단(가족)
		비교집단	특정 역할 수행의 기술적 의미를 제시해주는 역할 모형 집단
		청중집단	특별히 주목은 받지 않으나 그들의 가치에 맞게 행동하는 집단

② 케년(Kenyon)의 참가 유형 '23 '20 '18

행동적	1차적 참여	스포츠에 직접 참여하는 것		주전선수, 후보선수 등
	2차적 참여	생산자	직접 생산자	지도자, 심판, 건강 관리원 등
			간접 생산자	기업가, 기자, 아나운서, 미화원, 경비원 등
		소비자	직접 소비자	경기장에서 직접 관람하는 팬
			간접 소비자	간접적으로 경기를 관람하거나 정보를 얻는 팬
인지적	학교, 사회기관, 매스컴을 통해 정보(역사, 규칙, 기술, 전술, 선수 등)를 수용			
정의적	특정선수나 팀 또는 경기에 대해 감정적 태도나 성향을 표출하는 것			

③ 사회화 과정 단계 '25 '24 '22 '21 '20 '19 '18

스포츠로의 사회화 (스포츠 참가)	스포츠 참여를 시작하고 지속하는 단계 ▶ 개입요소에 따라 개입정도와 형태결정	
	개입요소	내적만족(즐거움), 외적만족(보상), 사회적, 부정적, 정체감
	개입정도	시간(얼마나 할지), 노력(열심히 할지), 투자의 자발성(스스로 할지)
	개입형태	행동적 참여, 인지적 참여, 정의적 참여
스포츠를 통한 사회화 (참가의 결과)	스포츠 참가에 의한 결과나 성과를 얻는 단계 ▶ 개인의 가치나 태도 및 참가 정도 등에 영향을 미침	
스포츠로부터의 탈사회화 (참가의 중단)	스포츠를 중도에 포기하거나 그만두는 단계 ▶ 운동 기량 부족, 싫증, 부상, 불안감, 연령의 증가 등의 이유	
스포츠로의 재사회화 (스포츠 복귀)	스포츠를 포기했던 개인이 새로운 스포츠 직업이나 환경을 갖는 것 ▶ 환경 변화, 취업, 정서, 역할 사회화, 인간관계 영향 등의 이유	

④ 스포츠 사회화의 전이 요소 '23

참여의 정도	참여의 자발성	사회화 관계의 본질성	사회화의 위신과 위력	개인적 사회적 특성
얼마나 오래 자주 참여하는 가?	자발적이고 자유의지가 있는가?	수단적 관계인가? 본질적 관계인가?	영향력이 있는 사람인가?	개인의 성격 계층, 인종 등

8. 스포츠와 일탈

1) 스포츠일탈의 이해

① 일탈의 개념 '24 '23 '20

일탈	사람들의 생각이나 행동이 사회에서의 용인되는 정상적 범위를 벗어난 상태
긍정적 일탈 (규범에 과잉동조)	규범지향적이고 어떤 방향에서는 사회가 지향해야 할 바람직한 행동유형으로 인정받기도 하나 일반적으로 생각하는 기준에서 벗어나기 때문에 일탈에 포함함 ▶ 무패행진을 계속하는 권투선수, 운동중독, 무리한 과훈련 등
부정적 일탈 (규범에 과소동조)	반규범적으로 규범을 무시하고 거부하는 유형으로 본래의 목적이나 영역에서 벗어나 어긋난 행동을 하는 것을 의미하지만 일부의 경우 사회에 개혁과 변화를 유발하는 역할도 한다는 순기능이 있음 ▶ 금지약물복용, 승부조작, 음주, 스포츠 폭력 등
스포츠 일탈의 규정이 어려운 이유	1. 스포츠 일탈은 규범에 대한 거부와 더불어 무비판적 수용도 포함함 2. 스포츠에서 허용되는 행동이 다른 영역에서는 일탈이 될 수도 있음 3. 급격한 과학기술의 발전을 스포츠 규범이 따라가지 못하는 경우에 규정이 어려움

② 일탈의 순기능과 역기능 '23

순기능	1. 스포츠 일탈은 규범의 존재를 재확인시켜주어 규범에의 동조를 강화시킴 2. 부분적인 스포츠 일탈은 잠재된 공격성을 해소시키며 사회적 안전판의 역할을 함 　☞ 아이스하키에서 허용된 주먹다짐(보호장구를 착용하고 맨주먹으로) 3. 사회에 개혁과 창의성을 가져다 주는 역할을 함
역기능	1. 스포츠 일탈은 스포츠 사회의 질서 및 예측 가능성을 위협하고 긴장과 불안을 조성함 2. 스포츠 참가자에 대해 사회화 과정의 부정적인 영향을 미칠 수 있음

③ 일탈을 바라 보는 이론적 관점 '25 '24 '23 '21 '20 '19 '18

기능론		일탈 행동의 원인을 사회 성원의 규범위반에 중점을 두고 사회적 합의와 통합이 깨진 것으로 간주함
갈등론		생산수단의 소유에 따라 지배계급과 피지배계급으로 나뉘며 부의 불평등으로 인해 피지배계급(노동자-운동선수)의 일탈 행동을 야기함
문화전달론		사회성원이 일탈행동을 하는 것은 특정한 문화환경과 상호작용에 의해 주위의 일탈적 문화양식을 습득하였기 때문이라고 주장
사회통제론		일탈이 일어나지 않게 통제하는 요소를 나누어 문제를 설명 내적 통제(개인의 신념) ⇔ 외적통제(사회적 보상과 처벌)
상징적 상호 작용론	낙인론	행위가 발생하는 상황과 여건에 따라 일탈 행동이 규정되는데 일탈을 규정짓는 것이 문제가 되며 일탈이라고 낙인을 찍어서 일탈이 된 것
	차별교제론	다른 사람과의 상호작용으로 일탈을 학습함. 사회적 일탈 행동도 사회화 과정을 통해 형성되는데 개인이 속한 사회에 따라 달라짐

④ 코클리(J. Coakley)의 스포츠 윤리 규범 '22 '21 '19

과잉동조 4가지 유형	몰입규범	경기에 헌신해야된다는 생각
	구분짓기규범	선수로서 나는 남들과 달라야 하며 탁월성을 추구해야 된다는 생각
	인내규범	선수로서 어떤 위험과 고통을 감수해야하며 경기를 인내해야 된다는 생각
	가능성규범(도전규범)	성공을 위한 장애물도 용납하지 않고 불가능은 아무것도 아니라는 생각

⑤ 집합행동 이론 '23 '21 '20

전염이론	인간은 이성적이고 합리적인 존재이나 집단 상황에서는 타인의 영향을 받아 전염되듯이 비이성적인 행동을 한다는 이론 ※ 최초의 행위자에 대한 설명이 어려움
수렴이론	인간마다 가지고 있는 고유의 본성이 집단이라는 익명성이 보장되는 상황에서 발현된다는 이론으로 자신에 본성에 수렴이 되는 상태
규범생성이론	특정 상황에서의 집합행동 또한 일종의 규범으로 보고 이것을 지키고자 동조한다는 이론 (조용한 군중, 과잉동조, 과소동조)
부가가치이론	집합 행동이 일어나기까지 일정한 형태의 조건이나 계기 등 순서에 따라 단계가 일어난다는 이론 순서 : 구조요인-구조긴장-신념의 일반화-촉진 및 촉발-참여-통제

2) 스포츠일탈의 유형

① 머튼(K. Merton)의 아노미 이론 '25 '22 '21 '18

머튼의 아노미 이론			스포츠 일탈 현상의 원인과 과정을 잘 설명해주는 이론으로 스포츠 상황에서 목표와 수단이 일치하지 않을 때 개인이 이를 해소하는 방법으로 5가지를 설명
아노미 상태			무규범 상태를 의미하며 너무 다양한 규범이 모든 구성원에게 행사되지 못하여 모순과 갈등이 발생하는 상태이며 즉 목표와 수단의 괴리를 의미함
구분	목적	수단	내용
동조	O	O	수단과 방법을 수용. 허용되는 규칙 안에서 승리추구 ▶ 전략적인 시간 끌기, 파울 작전 등의 비윤리적 일탈행위
혁신 (개혁)	O	×	목표를 이루기 위해 불법적인 수단과 방법을 가리지 않음 ▶ 불법스카우트, 뇌물수수, 금지약물복용, 경기장폭력, 승부조작
의례 주의	×	O	참여에 의의를 두고 최선을 다하지 않는 행동 ▶ 승패에 집착 안 함, 노력하지 않음, 목표행동을 포기한 일탈행위
도피 주의	×	×	목표설정과 수단이나 방법 모두 거부하며 스트레스를 해소함 ▶ 운동을 포기, 스포츠의 경쟁성이나 폭력성을 거부, 일종의 일탈
반역 (반항)	O	O	자신만의 수단이나 방법을 동원하여 새로운 목표 달성 ▶ 적극적인 사회 및 스포츠 변화 주장, 스포츠자체의 구조적 변화

② 스미스의 경기장 내 신체폭력유형 '24

단순한 신체접촉 수준	스포츠에 존재하는 규칙에 준하여 행해지는 모든 신체접촉 예 태클, 보디체크 등
불명확한 폭력 수준 (경계폭력)	스포츠의 공식적인 규칙에는 위배되지만 일반적으로 용인되는 수준 예 야구의 빈볼, 하키의 주먹 싸움
준범죄적 폭력 수준 (유사범죄)	스포츠의 공식적인 규칙과 비공식적 규범 모두 위반하는 수준 예 일반적인 난투극, 권투 종목에서의 하체 공격
범죄적 폭력 수준	스포츠에서 일어날 수 없는 위험하고 극단적인 행위 위험하고 극단적인 공격행동

9. 미래사회의 스포츠

1) 스포츠 변화에 영향을 미치는 요인

① 미래스포츠의 변화와 전망 '25 '24 '21

테크놀로지 발전	1. 기술의 발전을 통해 운동 관련 기능이나 능력을 발전시킴 2. '기술도핑'이라는 문제점이 스포츠 본질을 훼손할 수 있음
통신 및 전자 매체 발전	1. 미디어의 발달은 스포츠 발전에 큰 영향을 미침 2. 미디어를 통한 특정 이데올로기 전파라는 우려도 존재
조직화 및 합리화	1. 기술 및 경기력의 합리적 평가를 위한 구조의 조직화 2. 조직화 및 합리화로 본질적 재미보다는 극적인 재미요소를 추구
상업화 및 소비성향 변화	1. 스포츠가 상업화되면서 내적 요인보다 외적 측면을 추구 2. 소비주의적 성격을 통해 더 많은 수익을 창출하고 소비를 부추김
다양한 문화적 배경의 융합	1. 세계화의 가속화에 따라 다양한 문화가 적절히 서로 융합됨 2. 스포츠가 다양한 인종과 만나면 새로운 모습의 스포츠로 변형

2) 스포츠 세계화 '25 '24 '23 '22 '21 '20 '19 '18

① 스포츠세계화의 특징

특징	1. 국가 간의 경계가 약화됨(시간과 공간의 압축) 2. 스포츠의 불평등 문제가 야기됨(빈익빈부익부 현상, 서구스포츠 중심) 3. 표준화된 스포츠 상품과 스포츠 문화를 소비하게 함

② 스포츠세계화의 원인

제국주의	식민지 대상 국가의 국민 동화를 위한 목적으로 스포츠를 사용함
	※코먼웰스 게임: 영연방 국가들 간의 개최되는 스포츠 메가이벤트
	   - 나라들 간의 통합에 기여한다는 장점
	   - 제국주의와 식민지배를 용이하게 하고 옹호한다는 단점

민족주의	스포츠 경기의 특성상 국가라는 공동체 의식을 강화할 수 있음
종교전파	종교의 선교 활동으로써 스포츠를 효과적인 도구로 사용함
기술발달	미디어, 교통, 통신의 발달을 통해 스포츠의 세계화를 발전시킴

③ 스포츠세계화의 결과

신자유주의 확대		스포츠의 상업화와 밀접하게 관련되어 스포츠 문화에 자본이 영향을 크게 미치게 됨 (우수선수 영입, 스폰서십, 중계권 등 여러 문제) ▶ 스포츠 시장에서 빈익빈 부익부의 양극화 문제 초래
스포츠 노동이주 유형	유목민	- 종목의 특성에 따라 국가 간 이동이 발생하는 경우 - 개인의 취향에 의해 선택하는 경우도 흔히 발생함
	정착민	- 경제적 보상 외 다른 여러 요인에 의해 정착하는 형태 - 보다 나은 사회적 환경이나 교육환경에서 거주하려고 함
	개척자	- 금전적인 보상이 노동 이주의 최고의 가치가 아님 - 새로운 곳으로의 이주를 추구하며 이주 국가와 친밀한 관계 형성
	귀향민	- 해외로 이주하였다가 다시 귀향하는 형태 - 해외 경험을 바탕으로 자국으로 복귀할 수 있음
	용병	- 경제적 보상 요인을 최우선 가치로 추구 - 더 나은 경제적 보상 시에는 다시 이주 가능
기타 개념	글로컬 라이제이션 (세방화)	글로벌(global)과 로컬(local)의 합성어 ▶ 세계화와 지역화가 동시에 진행되는 것을 의미함 동질화되고 표준화된 문화가 확산되면서 동시에 지역 및 국가의 특성도 함께 강화되는 것을 의미함

형성평가

01. 스포츠 선수의 일탈 행동을 기득권의 불평등한 권력 소유에서 원인을 찾는 것은 '구조기능주의'이다. ⭕ ❌

02. 스포츠사회학의 연구영역 중 거시적 영역을 객관적으로 해석하는 연구방법에는 문화연구이론이 있다. ⭕ ❌

03. '상징적 상호작용론'은 사회적인 제도보다 현상이 일어난 상황이나 개인의 상태를 연구하는 것에 더 관심을 둔다. ⭕ ❌

04. 운동 문화의 구분 중 놀이가 게임과 스포츠보다 좀 더 자유성과 쾌락성을 추구하는 특징이 있다. ⭕ ❌

05. 스포츠의 사회적 순기능 중 하나는 올림픽이나 월드컵 같은 행사로 여러 사람이 하나가 되는 통합적인 경험을 주는 것이다. ⭕ ❌

06. 구조기능주의 학자 파슨즈 AGIL 모형의 개념은 크게 '적응, 목표성취, 통합, 상호의존'으로 구분된다. ⭕ ❌

07. 에티즌은 스포츠가 정치적 특성을 갖는다고 하였는데 그 중 스포츠의 문화가 조직에 충성심을 유지 및 강화하는 역할을 하는 것을 '대표성'이라고 명명했다. ⭕ ❌

08. 정치가 스포츠를 이용하는 방법 중 '동일화'는 스포츠의 상징성을 찾아내 감정적 애착심을 형성하는 것을 의미한다. ⭕ ❌

09. 정치와 관련된 스포츠 사건 중 주목할 만한 것은 냉전체제의 심화로 상대진영 국가의 올림픽 행사에 참여하지 않은 것으로 1980년 모스크바, 1984년 LA 올림픽이 그 예이다. ⭕ ❌

10. 스포츠가 상업화되면서 여러 변화의 모습을 가져왔으며 이 중 득점방식이나 광고 등과 관련한 규칙의 변경은 스포츠의 구조적 변화의 한 요소이다. ⭕ ❌

11. 프로스포츠의 여러 가지 제도 중 샐러리캡은 한 팀 선수들의 연봉 총액이 일정 금액을 넘지 못하게 하는 것으로 부자구단의 선수독점을 막는 효과가 있다. ⭕ ❌

12. 올림픽이나 월드컵 같은 메가이벤트를 유치하면 국가 이미지 제고, 국가 교류 증가, 시설 확장, 시민 의식 향상 등 순기능만 존재하여 무조건 유치를 추진해야 한다. ⭕ ❌

13. 스포츠는 교육적으로 순기능과 역기능을 모두 가지고 있는데 역기능에는 승리지상주의가 심화되고 참여 기회가 제한 되는 등의 교육목표가 결핍된다는 특징이 있다. ⭕ ❌

14. 우리나라의 학원 스포츠는 운동에만 집중하게 하여 학업활동을 방해하고 과도한 신체 활동 강요의 문제점이 있었다. 이에 대한 대안 정책 중 대표적인 것은 학생선수의 최저학력제가 있다. ⭕ ❌

15. 스포츠 미디어 이론에서 개인차 이론은 개인마다 자신의 심리적 욕구를 만족시키기 위해 대중매체를 이용한다고 주장하는데 심리적 욕구는 '심동적, 인지적, 정의적, 통합적' 욕구가 있다. ⭕ ❌

16. 맥루한의 미디어 이론에서 낮은 감각의 참여와 몰입을 갖고 높은 정의적 특징이 있는 매체는 '쿨 스포츠 매체'이다. ⭕ ❌

17. 스포츠 미디어는 여러 이데올로기를 심화시키는데 대표적으로 자본주의, 젠더 갈등, 민족주의 등이 있다. ⭕ ❌

18. 스포츠가 미디어에 미친 영향 중 하나는 많은 수익을 내고자 관련된 여러 규칙을 변경한 것이다. ⭕ ❌

19. 투민의 스포츠계층이 갖는 5가지 특징은 사회성, 고래성, 보편성, 다양성, 영향성이다.
20. 투민의 스포츠계층 형성과정에서 개인의 가치나 유용성에 대해 권위, 호감, 인기 등을 주는 것은 '보수부여'의 단계이다.
21. 상류층의 스포츠 참가 특징 중 하나는 시간적, 경제적 여유가 많아 직접 하는 것보다 관람을 더 선호한다.
22. 사회계층의 이동은 시간적 기준에 따라 세대 내 이동과 세대 간 이동으로 나뉘며 선수 활동 후 감독으로 전환하는 것은 세대 내 이동에 속한다.
23. 스포츠사회화 이론 중 사회학습 이론은 개인과 타자, 상황에 따라 사회화가 이루어지며 이때 강화와 코칭, 관찰학습의 방법으로 이루어 진다고 하였다.
24. 스포츠에 행동적으로 참가하는 것은 두 가지로 나뉘는데 1차적 참여는 직접 참여하는 것, 2차적 참여는 선수로서 참여하지 않지만 경기에 직·간접적으로 참여하는 것을 의미한다.
25. 사회화 과정 중 스포츠로의 사회화는 스포츠 참가에 의한 결과나 성과를 얻는 단계를 의미한다.
26. 인간은 이성적이고 합리적인 존재이나 집단 상황에서는 타인의 영향을 받아 비이성적인 행동을 한다는 이론은 전염이론이다.
27. 머튼의 아노미 이론 중 참여에 의의를 두고 최선을 다하지 않는 행동은 수단은 일치하지만 목적이 일치하지 않을 때 일어나는 행동 유형이다.
28. 코클리의 과잉동조 4가지 중 경기에 헌신해야 된다는 생각은 '인내규범'에 속한다.
29. 투민이 제시한 스포츠계층의 특성에 따르면 인기종목과 비인기종목이 생기는 것을 사회성이라고 부른다.
30. 스나이더가 제시한 스포츠 사회화의 전이 요소 중 개인적 특성은 사회화에 큰 영향을 끼치지 않는다.

1	2	3	4	5	6	7	8	9	10	11	12	13	14	15
×	×	○	○	○	×	○	×	○	○	○	×	○	○	×
16	17	18	19	20	21	22	23	24	25	26	27	28	29	30
×	○	×	○	×	×	○	○	○	×	○	○	×	×	×

01 PART 핵심 기출문제 풀어보기

01 스포츠사회학의 주요 연구영역에 관한 설명으로 적절하지 않은 것은? (2025-1번)

① 스포츠 기능 향상의 심리적 기전을 연구한다.
② 스포츠 맥락에서 인간의 행위와 상호작용 현상을 연구한다.
③ 스포츠 사회 내 규범, 신념, 이데올로기 환경의 변화를 연구한다.
④ 스포츠 집단의 유형, 특성, 기능, 구조, 변화 과정을 연구한다.

해 - 과목별로 정의나 목적을 묻는 문제가 가끔 출제됩니다. 문제를 꼼꼼히 읽어보면 어렵지 않게 답을 고를 수 있습니다.
- 스포츠 기능 향상과 관련된 심리적 기전을 연구하는 것은 스포츠사회학이 아니라, 스포츠심리학에 대한 설명입니다.

02 <보기>의 내용과 관련이 깊은 사회학 이론은? (2022-6번)

- 미시적 관점의 이론이다.
- 인간은 사회제도나 규칙에 대해 능동적으로 사고하고 의미를 부여하며 행동한다.
- 스포츠 팀의 주장은 리더십이 필요하기 때문에 점차 그 역할에 맞는 리더십을 발휘한다.

① 갈등이론   ② 교환이론
③ 상징적 상호작용론 ④ 기능주의이론

해 사회학의 연구 이론을 구분하는 문제는 매년 약 1문제 정도 꾸준히 출제됩니다. 따라서 각각의 이론이 어떤 의미를 지니는지 잘 이해하고 구분할 수 있어야 합니다. 사회학 이론은 여러 가지가 있으나, 크게 두 가지 관점으로 나눌 수 있습니다.
- 거시적 관점: 사회 전반적인 문제를 다루며, 구조기능론·갈등론·비판이론 등이 여기에 해당합니다.
- 미시적 관점: 개인의 행동이나 집단 간 상호작용을 분석하며, 대표적으로 상징적 상호작용론이 있습니다.

03 <보기>에서 설명하는 스포츠사회학 이론은? (2023-20번)

- 일상에서 특정 물건을 소비하는 것은 자신의 계급 위치를 상징화하는 행위이다.
- 자원과 시간의 소비가 요구되는 스포츠에 참여하는 것은 계급 표식 행위이다.
- 고가의 스포츠용품, 골프 회원권 등의 과시적 소비 양상이 나타난다.

① 갈등이론   ② 구조기능이론
③ 비판이론   ④ 상징적 상호작용론

해 사회학 이론 구분 중에는 난도가 높은 문제가 출제되기도 합니다. 제시된 보기의 내용은 소비 형태와 상징적 과정을 통해 자신의 계급을 과시하는 것으로, 이는 비판이론에 가장 가깝지만 갈등론으로도 해석될 수 있습니다. 그러나 최초에는 상징적 상호작용론이 정답으로 안내되었고, 이후 이의 제기 결과 모든 선택지가 정답으로 인정되었습니다. 이처럼 문제 오류가 발생하면, 간혹 정답이 변경되기도 합니다.

04 <보기>의 내용에 해당하는 거트만(A. Guttmann)이 제시한 근대스포츠의 특징은? (2025-15번)

ㄱ. 인종·성별과 관계없이 누구나 스포츠에 참여할 기회를 동등하게 부여받는다.
ㄴ. 현대 축구가 발전하면서 점차 수비수, 미드필더, 공격수 등의 포지션이 다양화되었다.
ㄷ. 현대스포츠 참여자는 신에 대한 숭배가 아니라 기분 전환과 오락, 이익과 보상을 추구한다.
ㄹ. 국제스포츠연맹은 규칙 제정, 기록 공인, 국제대회 운영 및 관리, 종목 진흥 등의 역할을 담당한다.

	ㄱ	ㄴ	ㄷ	ㄹ
①	합리화	평등성	세속화	관료화
②	합리화	수량화	전문화	세속화
③	평등성	관료화	세속화	전문화
④	평등성	전문화	세속화	관료화

정답 01 ① 02 ③ 03 모두정답 04 ④

해 스포츠의 특징을 구분하고 정의한 학자는 많습니다. 지금까지는 놀이·게임·스포츠의 구분 비교가 주로 출제되었으나, 2023년부터는 구트만의 근대 스포츠 특징 7가지 분류가 자주 출제되고 있습니다. 이는 고전적이지만 중요한 내용이므로 반드시 숙지해야 합니다. 제시된 보기에서 ㄱ은 평등화, ㄴ은 전문화, ㄷ은 세속화, ㄹ은 관료화의 특징에 해당합니다. 또한, 스포츠의 특징과 관련하여 매킨토시의 스포츠 분류 방법도 출제 가능성이 있습니다.

05 <보기>에서 스티븐스(C.Stevenson)과 닉슨(J.Nixon)이 구조기능주의 관점으로 설명한 스포츠의 사회적 기능 중 옳은 것만을 모두 고른 것은?

(2024-3번)

> ㄱ. 사회·정서적 기능
> ㄴ. 사회갈등 유발 기능
> ㄷ. 사회 통합 기능
> ㄹ. 사회계층 이동 기능

① ㄱ, ㄴ ② ㄱ, ㄷ
③ ㄴ, ㄹ ④ ㄱ, ㄷ, ㄹ

해 스티븐슨과 닉슨이 제시한 스포츠의 구조기능주의적 기능에는 사회 정서적 기능, 사회화 기능, 사회적 통합(연대) 기능, 정치적 기능, 사회 계층 이동 기능이 있습니다. 반면 사회 갈등 유발 기능은 구조기능주의 관점에서 벗어난 설명입니다.

06 <보기>에서 스포츠의 사회적 기능을 설명한 파슨즈(T. Parsons) AGIL 모형의 구성요소는?

(2022-1번)

> • 스포츠는 사회구성원에게 현실에 적합한 사고, 감정, 행동양식 등을 학습할 수 있는 장을 마련해준다.
> • 스포츠는 개인의 체력 및 건강증진을 도모하여 효율적으로 사회활동에 참여할 수 있게 한다.

① 적응 ② 목표성취
③ 사회통합 ④ 체제유지 및 관리

해 - 스포츠사회학에서는 반드시 스포츠사회학자가 아니더라도, 학문적 연구의 근간이 될 수 있는 대표적인 사회학자들의 이론이 출제되기도 합니다. 대표적인 학자로는 뒤르켐, 베버, 마르크스, 머튼 등이 있으며, 파슨즈의 AGIL 모형도 그중 하나입니다.
- AGIL은 사회가 유기적으로 존속되기 위해 필요한 4가지 기능을 의미하며 각각 적응(A), 목표성취(G), 통합(I), 체제유지(L)를 의미합니다. 하나의 사회에 구성원이 될 수 있게 사고, 감정, 행동양식 등을 학습하는 장을 마련하며 사회활동에 참여할 수 있게 하는 기능은 '적응' 기능에 해당합니다.

07 <보기>는 스포츠사회학 수업에서 교수와 학생의 대화이다. ㉠, ㉡에 들어갈 내용으로 적절한 것은?

(2025-14번)

> 학생 1: 최근 테니스와 마라톤이 인기를 끌고 있는데, 사람들이 왜 이런 스포츠에 열광하는지 다양한 사례를 심층적으로 알아 보려면 어떤 연구 방법이 좋은가요?
> 교수: 참여관찰, 심층면담 등으로 자료를 수집하고 해석적인 절차에 따라 원인을 파악하는 (㉠) 방법이 적합해요.
> 학생 2: 그러면 스포츠 육성 모델에는 어떤 것이 있나요?
> 교수: 국가별로 다양한 스포츠육성정책을 시행하고 있는데, 그릭스*에 따르면, 스포츠 선진국은 엘리트 스포츠의 성과가 일반 시민의 스포츠 참가를 촉진하고, 그렇게 형성된 자원 속에서 다시 우수한 엘리트 선수가 탄생하여 국가이미지향상에 기여하는 (㉡)을 구축하고 있다고 해요.
> * J. Grix(2016)

	㉠	㉡
①	질적 연구	선순환 모델
②	양적 연구	선순환 모델
③	질적 연구	피라미드 모델
④	양적 연구	피라미드 모델

해 - 먼저 연구방법은 크게 질적연구와 양적연구로 나눌 수 있습니다. 질적연구는 현상의 의미를 자세하게 해석하려고 하며 양적연구는 수량화, 객관화하고자 합니다. 보기의 참여관찰과 심층면담은 질적연구에 대표적인 방법들입니다.
- 그릭스의 스포츠육성정책은 크게 3가지로 구분되는데 어떤 것을 먼저 추구하는가에 따라 엘리트 스포츠를 먼저 강조하는 '낙수효과', 생활체육을 먼저 발전시키는 '피라미드', 두 가지를 상호 발전시키는 '선순환'으로 나눌 수 있습니다.

정답 05 ④ 06 ① 07 ①

08. 에티즌(D. Eitzen)과 세이지(G. Sage)가 제시한 스포츠의 정치적 속성이 아닌 것은?
(2022-2번)

① 보수성 ② 대표성
③ 권력투쟁 ④ 상호배타성

해 에티즌과 세이지가 제시한 스포츠의 정치적 특성은 거의 매년 출제되는 중요한 문제입니다. 먼저 이 다섯 가지 특성을 반드시 외워 두어야 합니다. 순서는 정해져 있지 않지만, 기억하기 쉽게 긴장 관계 → 대표성 → 권력 투쟁 → 보수성 → 상호의존성 순으로 암기하면 좋습니다. 각각의 의미를 정확히 이해해야 하며, 특히 보수성은 돈이나 물질을 제공하는 '보수(報酬)'가 아니라, 전통을 지키려는 '보수(保守)'를 뜻합니다.

09. <보기>의 사례에 해당하는 정치가 스포츠를 이용하는 방법으로 가장 적절한 것은?
(2025-18번)

> 스포츠는 정치인에게 권력을 강화하는 수단이 되기도 한다. 12.12 군사쿠데타와 5.18 민주화운동을 거치며, 당시 사회는 극도의 불안감과 정권에 대한 불신이 극에 달했다. 정권은 언론을 통제하고 정치적 발언을 통제하려 했지만, 뜻대로 되지 않았다. 그래서 국민의 관심을 돌리고 정권을 유지하기 위해 프로스포츠를 장려했다.
> 출처: M사, 시사교양(2005.6.)

① 상징 ② 조작
③ 동일화 ④ 전문화

해 정치가 스포츠를 이용하는 방법은 에티즌과 세이지의 스포츠 정치적 특성 다음으로 정치 파트에서 가장 자주 출제되는 내용입니다. 주요 방법은 다음과 같습니다.
- 상징(Symbol) : 스포츠 속 특정 개념을 체계화하여 의미를 부여하는 것. (예 국기, 국가, 올림픽 성화 등)
- 동일화(Identification) : 국민이 선수나 팀에 감정을 이입하고 자신을 일치시키는 것. (예 국가대표 경기에서 국민이 함께 환호하는 모습)
- 조작(Manipulation) : 정치적 목적을 위해 사실을 인위적으로 꾸미거나 대중의 관심을 다른 곳으로 돌리는 것. (예 정권 비판 여론을 스포츠 이벤트로 분산)

10. 국제사회에서 발생한 스포츠 사건에 관한 설명으로 옳은 것은?
(2022-10번)

① 남아프리카 공화국은 아파르트헤이트(apartheid)로 인해 국제대회 참여가 거부되었다.
② 구소련의 아프가니스탄 침공을 이유로 1984년 LA올림픽경기대회에 많은 자유 진영 국가가 불참하였다.
③ 2018년 평창동계올림픽경기대회에서 메달 획득을 위해 여자 아이스하키 남북 단일팀이 결성되었다.
④ 1936년 베를린올림픽경기대회에서 검은구월단 무장단체가 선수촌에 침입하여 이스라엘 선수를 살해하였다.

해 스포츠사회학이 역사 과목은 아니지만, 역사적으로 중요한 사회·정치적 사건들은 알고 있어야 합니다. 특히 1938년 남아공에서 실시된 아파르트헤이트는 역사적으로 많은 항의와 비판을 받은 인종차별 정책으로 알려져 있습니다.
② 1980년 모스크바 올림픽에는 자유 진영 국가가 불참하였고, 1984년 LA 올림픽에는 보복으로 공산 진영 국가가 불참하였습니다.
③ 메달 획득을 위하여 단일팀을 결성한 것은 아닙니다.
④ 검은 구월단 사건은 1972년 뮌헨 올림픽에서 일어났습니다.

11. <보기>에서 코클리(J. Coakley)의 상업주의에 따른 스포츠의 변화에 관한 설명으로 옳은 것을 모두 고른 것은?
(2023-2번)

> ㉠ 스포츠 조직의 변화: 스포츠 조직은 경품 추첨, 연예인의 시구와 같은 의전행사에 관심을 갖게 되었다.
> ㉡ 스포츠 구조의 변화: 스포츠의 심미적 가치보다 영웅적 가치를 중시하게 되었다.
> ㉢ 스포츠 목적의 변화: 아마추어리즘보다 흥행에 입각한 프로페셔널리즘을 추구하게 되었다.
> ㉣ 스포츠 내용의 변화: 프로 농구의 경우, 전·후반제에서 쿼터제로 변경되었다.

① ㉠, ㉡ ② ㉠, ㉢
③ ㉡, ㉢, ㉣ ④ ㉠, ㉢, ㉣

정답 08 ④ 09 ② 10 ① 11 ②

해 여러 스포츠사회학자 중 코클리는 스포츠와 경제 파트에서 자주 출제되는 학자입니다. 특히 상업주의 심화에 따른 스포츠 변화는 거의 매년 출제되는 주요 내용입니다. 크게 목적, 구조, 내용, 조직의 차원에서 각각 어떻게 변화하였는지를 알아야 합니다.
- 목적에서는 참가 자체에서 의미를 찾는 아마추어리즘에서 이윤과 보상을 추구하는 프로페셔널리즘으로 변화하였습니다.
- 구조에서는 기본적인 스포츠의 골격 안에서 관중의 오락을 위하여 조금씩 변형되었습니다.
- 내용에서는 스포츠의 고도화된 규칙과 그것을 극복하며 즐기는 본질적인 요소보다 단순한 득점이나 승리를 강조하는 비본질적 요소가 부각되었습니다.
- 조직에서는 스포츠 행사가 하나의 '경기'라기보다는 관중을 위한 일종의 '쇼' 형태로 구성되고 있습니다.

따라서 보기에서 ㄴ의 설명은 스포츠 내용의 변화, ㄹ의 설명은 구조의 변화에 해당합니다.

12 코클리(J. Coakley)가 제시한 상업주의와 관련된 스포츠 규칙 변화에 따른 결과로 옳지 않은 것은?

(2023-2번)

① 극적인 요소가 늘어났다.
② 득점이 감소하게 되었다.
③ 상업 광고 시간이 늘어났다.
④ 경기의 진행 속도가 빨라졌다.

해 관중 흥미 촉발 요인 3가지, 규칙 변화의 4가지 원칙 등 학자들이 제시한 고유 개념은 문제로 출제되기 좋습니다. 상업주의와 관련하여 스포츠 구조 내에서도 규칙 변화가 일어났는데, 이는 관중의 흥미를 끌기 위해 극적인 요소가 가미되고 빠른 진행 속도와 다양한 득점 체계가 도입된 것입니다. 최근 필리핀 농구 리그에서 도입된 4점슛 제도 또한 그 대표적인 예로 볼 수 있습니다.

13 <보기>에서 설명하는 프로스포츠의 제도는?

(2023-9번)

- 프로스포츠 구단이 소속 선수와의 계약을 해지하고 다른 구단에게 해당 선수를 양도받을 의향이 있는지 공개적으로 묻는 제도이다.
- 기량이 떨어지거나 심각한 부상을 당한 선수를 방출하는 수단으로 이용하고 있다.

① 보류 조항(reserve clause)
② 웨이버 조항(waiver rule)
③ 선수대리인(agent)
④ 자유계약(free agent)

해 여러 가지 프로스포츠 제도는 가끔씩 출제되는 문제입니다. 프로스포츠를 자주 시청하거나 잘 알고 있는 경우에는 어렵지 않게 이해할 수 있는 용어들이지만, 그렇지 않은 경우에는 각각의 제도가 무엇을 의미하는지 정확히 알고 있어야 합니다. 예를 들어, 구단이 소속 선수와의 계약을 해지하면서 다른 팀이 그 선수를 영입할 수 있는 기회를 제공하는 제도를 '웨이버 조항'이라고 합니다.

14 스포츠의 교육적 역기능에 해당하는 것은? (2024-15번)

① 정서 순화
② 사회 선도
③ 사회화 촉진
④ 승리지상주의

해 내용 자체는 어렵지 않지만 거의 매년 출제되는 문제입니다. 그 이유는 스포츠와 교육 파트에서 출제할 만한 내용이 많지 않기 때문입니다. 더구나 스포츠교육학과 스포츠윤리에서도 '교육'과 관련된 내용을 다루고 있어 일부 겹치는 부분이 있기 때문에, 교육 파트에서는 주로 스포츠의 교육적 기능과 학원스포츠에 대한 입장 정도만 출제됩니다.

이 문제의 경우, 내용을 잘 몰라도 지문을 읽으면 충분히 답을 유추할 수 있습니다. 예를 들어, 정서순화·사회선도·사회화 촉진은 긍정적인 기능을 나타내고, 승리지상주의는 부정적인 표현임을 쉽게 파악할 수 있습니다.

정답 12 ② 13 ② 14 ④

15. 학원엘리트스포츠를 지지하는 입장이 아닌 것은?
(2022-5번)

① 애교심을 강화시킬 수 있다.
② 학교의 자원 및 교육시설을 독점할 수 있다.
③ 지위 창출의 수단, 사회이동의 기제로 작용할 수 있다.
④ 사회에서 요구되는 책임감, 성취감, 적응력 등을 배양시킬 수 있다.

해 스포츠와 교육 단원에서는 가끔 출제되는 문제가 있습니다. 이 파트의 문제들은 대부분 문제를 꼼꼼히 읽고 합리적으로 추론하면 풀 수 있는 유형이 많습니다. 학교의 자원 및 교육 시설을 학원 엘리트 스포츠(학교운동부)가 독점하는 것은, 이를 긍정적으로 지지하는 입장으로 보기 어렵습니다.

16. <보기>의 사례에 해당하는 버렐(S. Birrell)과 로이(J. Loy)의 미디어스포츠 수용자의 욕구 유형으로 가장 적절한 것은?
(2025-3번)

> • NBA 팀의 정보를 얻으려고 인터넷 검색을 한다.
> • 스포츠뉴스를 시청하며 이정후 선수가 속한 팀의 경기 결과와 리그 순위를 확인한다.

① 인지적 욕구 ② 도피적 욕구
③ 소비적 욕구 ④ 심동적 욕구

해 스포츠와 미디어 파트에서는 보통 2문제 정도가 꾸준히 출제됩니다. 다른 단원에 비해 범위가 크지 않아 비교적 공부하기 수월한 편입니다. 주요 출제 영역은 대중전달이론, 맥루한의 미디어 이론, 그리고 일반적인 미디어 관련 내용입니다. 특히 대중전달이론에서는 개인차 이론이 가장 많이 출제됩니다. 이 이론은 개인이 가진 심리적 욕구를 충족하기 위해 미디어를 소비한다는 관점이며, 욕구를 인지·정의·통합·도피의 네 가지로 구분합니다. 보기에서 정보나 지식을 얻는 행동은 인지적 욕구에 해당합니다.

17. 맥루한(M. McLuhan)의 매체이론에 관한 설명으로 옳지 않은 것은?
(2022-19번)

① 핫(hot) 미디어 스포츠는 관람자의 감각 참여성이 낮다.
② 쿨(cool) 미디어 스포츠는 관람자의 감각 몰입성이 높다.
③ 핫(hot) 미디어 스포츠는 경기 진행 속도가 빠르다.
④ 쿨(cool) 미디어 스포츠는 메시지의 정의성이 낮다.

해
- 맥루한은 미디어를 연구한 학자로, 미디어를 핫 미디어(Hot Media)와 쿨 미디어(Cool Media)로 구분하였습니다. 그의 연구는 스포츠 미디어 연구의 기초가 되었으며, 이에 따라 스포츠를 방영하는 매체를 핫과 쿨로 나눌 수 있을 뿐 아니라, 미디어를 통해 방영되는 스포츠 종목 자체도 메시지의 특징에 따라 핫 스포츠와 쿨 스포츠로 구분할 수 있게 되었습니다.
- 이론에서 핫(Hot)은 메시지가 정돈된 느낌을 주며 정의성이 높고 감각 참여성·몰입성이 낮은 특징을 가집니다. 반대로 쿨(Cool)은 메시지가 박진감 있게 전달되는 느낌을 주며 정의성이 낮고 감각 참여성·몰입성이 높은 특징을 보입니다.
- 핫 미디어 스포츠에는 육상, 체조, 태권도, 야구 등이 있으며, 이러한 경기는 진행 속도가 상대적으로 느린 특징을 가집니다.

18. <보기>의 ㉠, ㉡에 해당하는 용어가 바르게 연결된 것은?
(2023-8번)

> • (㉠) : 국민의 관심이 높은 스포츠 경기를 무료 혹은 저렴한 비용으로 시청할 수 있는 권리를 말한다.
> • (㉡) : 선수 개인의 사생활을 중심으로 대중을 자극하고 호기심에 호소하는 흥미 위주의 스포츠 관련 보도를 지칭한다.

	㉠	㉡
①	독점 중계권	뉴 저널리즘(new journalism)
②	보편적 접근권	옐로 저널리즘(yellow journalism)
③	독점 중계권	옐로 저널리즘(yellow journalism)
④	보편적 접근권	뉴 저널리즘(new journalism)

정답 15 ② 16 ① 17 ③ 18 ②

해 미디어 단원에서는 중계권과 중계 방식(저널리즘)이 자주 함께 출제됩니다. 최근 출제 경향을 보면, 이 문제처럼 하나의 문제에서 여러 개념을 동시에 묻는 복합형 문제가 많아지고 있습니다.
보기에 제시된 설명은 '보편적 접근권'과 '옐로 저널리즘'에 해당합니다.
- 보편적 접근권은 국민이 누구나 주요 스포츠 경기를 시청할 수 있도록 보장하는 권리입니다.
- 옐로 저널리즘은 선정적이고 자극적인 보도 방식을 의미합니다.
추가로 알아둘 개념은 다음과 같습니다.
- 독점 중계권: 특정 방송사가 단독 계약을 통해 스포츠 경기를 중계하는 권리입니다.
- 뉴 저널리즘: 기존 보도 방식과 차별화된 새로운 보도 기법을 의미합니다.

19. <보기>에서 대중매체가 스포츠에 미치는 영향에 해당되는 것만을 모두 고른 것은?
(2022-16번)

㉠ 대중매체의 기술이 발전한다.
㉡ 스포츠 인구가 증가한다.
㉢ 새로운 스포츠 종목이 창출된다.
㉣ 미디어 콘텐츠를 제공한다.
㉤ 경기규칙과 경기일정이 변경된다.
㉥ 스포츠 용구가 변화한다.

① ㉠, ㉡, ㉢
② ㉠, ㉢, ㉣
③ ㉡, ㉢, ㉣, ㉤
④ ㉡, ㉢, ㉤, ㉥

해 가끔 출제되는 문제로, 대중매체와 스포츠가 상호 어떤 영향을 주고받았는지를 묻는 유형입니다. 처음 보면 다소 헷갈릴 수 있으나, 핵심은 "변화의 주체가 누구인가?"를 구분하는 것입니다. 보기의 설명 중 대중매체의 기술 발전(㉠), 새로운 미디어 콘텐츠 생성(㉣)은 미디어의 변화에 해당하기에 제외해야 합니다.

20. <보기>에서 ㄱ에 해당하는 투민(M. Tumin)의 계층 특성과 ㄴ에 해당하는 베블런(T. Veblen)의 이론은?
(2025-6번)

ㄱ. 민철이는 취미로 골프를 시작하려 했지만, 골프 장비가 비싸서 포기했다. 결국 민철이는 초기 비용이 적게 드는 배드민턴을 하기로 했다. 반면, 부유한 집안에서 자란 준형이는 어렸을 때부터 부모님을 따라 자연스럽게 골프를 접할 수 있었고, 현재도 일주일에 한 번은 골프를 하고 있다.
ㄴ. 선영이는 요트에 흥미가 없지만 주변 지인들에게 자신의 경제력을 자랑하려고 요트를 구매했다. 선영이는 지인들과 요트를 함께 즐기면서 자연스럽게 자신의 부를 드러낸다.

	㉠	㉡
①	영향성	자본론
②	영향성	유한계급론
③	역사성	자본론
④	역사성	유한계급론

해 사회적 계층과 차별을 연구한 투민은 스포츠사회학의 계층 연구에 큰 초석이 되었습니다. 특히 스포츠 계층이 갖는 특징은 최근 3개년 연속으로 출제되고 있습니다.
투민이 제시한 스포츠 계층의 특징은 다섯 가지로 사회성, 역사성, 보편성, 다양성, 영향성이 있습니다. 보기의 내용은 삶의 계층적 지위가 스포츠 경험에까지 영향을 미치는 것으로, 이는 '영향성'에 해당합니다. 또한, ㄴ의 설명처럼 자신의 지위나 재력을 과시하려는 행동은 베블렌의 『유한계급론』과 관련된 개념입니다.

정답 19 ④ 20 ②

21. 스포츠에서 나타나는 사회계층 이동에 대한 설명으로 옳지 않은 것은? (2024-7번)

① 스포츠는 계층 이동을 위한 수단으로 활용된다.
② 사회계층의 이동은 사회적 상황과 개인적 상황을 반영한다.
③ 사회 지위나 보상 체계에 차이가 뚜렷하게 발생하는 계층 이동은 '수직 이동'이다.
④ 사회계층의 이동 유형은 이동 방향에 따라 '세대 내 이동', '세대 간 이동'으로 구분한다.

해 기든스의 사회계층 이동 유형은 자주 출제되는 문제 중 하나입니다. 내용 자체는 어렵지 않지만 실제 문제를 풀 때는 용어가 다소 헷갈릴 수 있으므로 잘 정리해둘 필요가 있습니다.
- 방향: 수평 이동인가, 수직 이동인가
- 시간: 세대 내 이동인가, 세대 간 이동인가
- 이동 주체: 개인인가, 집단인가

특히, 세대 내 이동과 세대 간 이동은 '이동 주체'가 아닌 '시간'에 따른 분류 방법임을 유의해야 합니다.

22. <보기>에서 설명하는 투민(M. Tumin)의 스포츠 계층 형성 과정은? (2022-8번)

- 스포츠 종목에서 요구되는 우수한 운동수행 능력을 갖추어야 한다.
- 뛰어난 경기력뿐만 아니라 탁월한 개인적 특성을 갖추어야 한다.
- 스포츠 팀 구성원으로 자신의 능력이 팀 승리에 미치는 영향력이 커야 한다.

① 평가
② 지위의 분화
③ 보수부여
④ 지위의 서열화

해 투민이 제시한 개념 중 계층이 형성되는 과정에 대한 설명입니다. 이 내용은 2022년 이전까지는 거의 매년 출제되다가 최근에는 잠시 출제되지 않았지만, 조만간 다시 출제될 가능성이 높습니다.
계층 형성 과정의 순서는 다음과 같습니다.
- 지위의 분화: 사회 내에서 역할이 나뉘는 단계
- 서열화: 역할 안에서 개인의 능력을 발휘하는 단계
- 평가: 발휘한 능력에 대해 판단하는 단계
- 보수 부여: 평가의 정도에 따라 보수가 주어지는 단계

따라서 보기에서 개인적 능력에 따라 역할 수행을 하는 모습은 바로 '서열화' 단계에 해당합니다.

23. 레오나르드(W. Leonard)의 사회학습이론에서 <보기>의 설명과 관련된 사회화 기제는? (2022-8번)

- 새로운 운동기능과 반응이 학습된다.
- 학습자에게 동기를 부여할 수 있게 된다.
- 지도자가 적합하다고 생각하는 새로운 지식을 알게 된다.

① 강화
② 코칭
③ 보상
④ 관찰학습

해 스포츠 사회화를 설명하는 이론은 대표적으로 사회학습이론, 역할이론, 준거집단 이론이 있으며, 그중 가장 많이 출제되는 것은 레오나르드의 사회학습이론입니다. 한 사회의 구성원으로 사회화되는 과정에서 강화, 코칭, 관찰학습이 이루어집니다.
보기에 제시된 설명은 이 중 코칭에 해당합니다.
- 강화: 상과 벌을 통해 긍정적 행동을 증가시키는 방법
- 코칭: 지도자나 중요한 타인의 지도를 통해 학습이 일어나는 방법
- 관찰학습: 직접 행동하지 않아도 다른 사람의 행동을 관찰하는 것만으로 학습이 이루어지는 방법

정답 21 ④ 22 ④ 23 ②

24. <보기>의 사례에 해당하는 스포츠사회화 과정이 바르게 연결된 것은? (2022-8번)

> ㄱ. 소영이는 '골때리는 그녀'라는 TV 프로그램을 보고 축구에 매력을 느껴 축구클럽에 가입하게 되었다.
> ㄴ. 소영이는 축구에 흥미를 잃어 축구클럽을 탈퇴하였고, 6개월이 지났을 무렵, 친구의 권유로 테니스클럽에 가입하게 되었다.
> ㄷ. 소영이는 테니스 활동을 하며 테니스 규칙, 기술, 매너 등을 잘숙지한 테니스 동호인이 되었다.
> ㄹ. 소영이는 무릎과 팔꿈치 부상이 잦아지면서 결국 좋아하는 테니스를 그만두게 되었다.

	ㄱ	ㄴ	ㄷ	ㄹ
①	스포츠로의 재사회화	스포츠로의 사회화	스포츠를 통한 사회화	스포츠 탈사회화
②	스포츠로의 재사회화	스포츠를 통한 사회화	스포츠로의 사회화	스포츠 탈사회화
③	스포츠로의 사회화	스포츠를 통한 사회화	스포츠로의 재사회화	스포츠 탈사회화
④	스포츠로의 사회화	스포츠로의 재사회화	스포츠를 통한 사회화	스포츠 탈사회화

[해] 스포츠 사회화 과정은 거의 매년 출제되는 중요한 내용입니다. 출제 빈도에 비해 난이도는 그리 높지 않으며, 보기를 자세히 살펴보면 충분히 구분할 수 있습니다.
 - 축구 클럽에 처음 가입하는 것 → 스포츠로의 사회화
 - 활동을 하면서 무엇인가를 느끼고 배우는 것 → 스포츠를 통한 사회화
 - 스포츠를 그만두는 것 → 탈사회화
 - 다시 스포츠로 진입하는 것 → 재사회화

25. <보기>에서 설명하는 스포츠 일탈과 관련된 이론은? (2024-8번)

> • 스포츠 일탈을 상호작용론 관점으로 설명한다.
> • 일탈 규범을 내면화하는 사회화 과정이 존재한다.
> • 다른 사람과 상호작용을 통해 스포츠 일탈 행동을 학습한다.

① 문화규범 이론 ② 차별교제 이론
③ 개인차 이론   ④ 아노미 이론

[해] 일탈은 사회학에서 중요한 연구 영역 중 하나이며, 이를 바라보는 관점의 차이가 매우 중요합니다. 크게 기능론, 갈등론, 상징적 상호작용론으로 구분할 수 있습니다.
 - 기능론적 관점 → 문화전달론, 사회통제론, 아노미 이론
 - 상징적 상호작용론 → 낙인론, 차별교제론
보기에 제시된 설명은 다른 사람과의 상호작용을 통해 학습이 이루어진다는 내용이므로, 이는 차별교제 이론에 해당합니다.

26. <보기>의 밑줄 친 ㉠, ㉡을 설명하는 집합행동 이론이 바르게 연결된 것은? (2023-14번)

> • 이 코치: 어제 축구 봤어? 경기 도중 관중폭력이 발생 했잖아
> • 김 코치: ㉠ 나는 그 경기를 경기장에서 직접 봤는데 관중들의 야유 소리가 점점 커지면서 관중 폭력이 일어났어
> • 이 코치: ㉡ 맞아! 그 경기 이전에 이미 관중의 인종차별 사건이 있었잖아. 만약 인종차별이 먼저 발생하지 않았다면, 어제 경기에서 그런 관중폭력은 없었을 거야

	㉠	㉡
①	전염이론	규범생성이론
②	수렴이론	부가가치이론
③	전염이론	부가가치이론
④	수렴이론	규범생성이론

[해] 집합행동이 일어나는 원인과 과정을 설명하는 이론은 크게 전염이론, 수렴이론, 규범생성이론, 부가가치이론으로 나눌 수 있습니다.
 - 전염이론 : 특정 행동이 전염되듯 퍼져나가는 것으로, 관중들의 야유 소리가 점점 커지면서 관중 폭력으로 이어지는 경우에 해당합니다.
 - 부가가치이론 : 집합행동이 발생하기 위해서는 일정한 조건이나 단계가 필요하다고 보며, 특정 사건이 없었다면 폭력 행동도 일어나지 않았을 것이라는 설명에 해당합니다.
 - 수렴이론 : 익명성이 보장된 상황에서 개인이 억눌렀던 특정 행동을 드러낸다고 설명합니다.
 - 규범생성이론 : 집합행동 속에서 나타나는 특정 행동도 결국 집단 내에서 새롭게 형성된 규범에 동조하는 것이라고 설명합니다.

정답 24 ④ 25 ② 26 ③

27. 다음 ㉠~㉢에서 코클리(J. Coakley)가 제시한 일탈적 과잉동조를 유발하는 스포츠 윤리규범의 유형과 특징으로 옳은 것만을 모두 고른 것은? (2022-18번)

	유형	특징
㉠	구분짓기규범	다른 선수와 구별되기 위해 탁월성을 추구해야 한다.
㉡	인내규범	위험을 받아들이고 고통 속에서도 경기에 참여해야 한다.
㉢	몰입규범	경기에 헌신해야 하며 이를 그들의 삶에서 우선 순위에 두어야 한다.
㉣	도전규범	스포츠에서 성공을 위해 장애를 극복하고 역경을 헤쳐 나가야 한다.

① ㉠, ㉡
② ㉡, ㉢
③ ㉠, ㉢, ㉣
④ ㉠, ㉡, ㉢, ㉣

해 일탈의 종류에는 규범을 따르지 않는 과소동조도 있지만, 규범을 지나치게 따르는 과잉동조도 있습니다. 과잉동조 역시 정상의 기준을 넘어서는 행위이기 때문에 일탈로 볼 수 있습니다. 코클리는 이러한 과잉동조를 크게 4가지 유형으로 나누어 설명하고 있습니다. 보기의 유형과 특징이 모두 올바르게 제시되어 있으므로, 문제를 풀 때는 그대로 학습하는 느낌으로 접근하면 충분합니다.

28. <보기>의 사례에 해당하는 머튼(R. Merton)의 일탈 행동 유형은? (2025-11번)

> ㄱ. 승리지상주의에 염증을 느껴 선수 생활을 포기하는 경우
> ㄴ. 프로스포츠 선수가 경기력 향상을 목적으로 불법 약물을 복용한 경우
> ㄷ. 스포츠 경기 참가에 의의를 두지만, 경기 성적을 중시하지 않는 경우

	ㄱ	ㄴ	ㄷ
①	도피주의	혁신주의	의례주의
②	도피주의	동조주의	의례주의
③	반역주의	도피주의	혁신주의
④	반역주의	동조주의	혁신주의

해 머튼의 아노미 이론은 사회학에서 규범이 제대로 작동하지 않을 때 나타나는 상태를 설명하는 대표적인 이론입니다. 이 이론은 크게 5가지 유형으로 구분되며, 목적과 수단의 일치 여부에 따라 스포츠 상황에서 일어나는 다양한 행동을 분류할 수 있습니다.
우선, 규범 안에서 승리를 추구하는 동조형, 단순히 참여에만 의의를 두는 의례주의형, 그리고 참여 자체를 거부하는 도피주의형으로 나눌 수 있습니다. 그 외에 혁신형과 반역형이 있는데, 혁신형은 목표를 이루기 위해 불법적인 수단이나 방법을 사용하는 것이고, 반역형은 새로운 수단과 방법으로 목표를 달성하려는 것을 의미합니다.
- ㄱ: 선수 생활을 포기하는 것은 도피주의형
- ㄴ: 불법적인 수단을 사용하는 것은 혁신주의형
- ㄷ: 참여에만 의의를 두는 것은 의례주의형

29. <보기>에서 스포츠 세계화의 동인으로 옳은 것만을 모두 고른 것은? (2022-16번)

> ㄱ. 민족주의   ㄴ. 제국주의 확대
> ㄷ. 종교 전파   ㄹ. 과학기술의 발전
> ㅁ. 인종차별의 심화

① ㄱ, ㄴ, ㄷ
② ㄴ, ㄷ, ㅁ
③ ㄱ, ㄴ, ㄷ, ㄹ
④ ㄱ, ㄷ, ㄹ, ㅁ

해 마지막 9단원에서는 보통 1~2문제가 출제되며, 내용이 많지 않다 보니 자주 출제되는 개념이 정해져 있습니다. 특히 스포츠 세계화가 일어나는 4가지 원인은 자주 출제되므로 어떤 것이 있고, 각각 무엇을 의미하는지 반드시 알고 있어야 합니다.
보기에서 제시된 인종차별의 심화는 스포츠 세계화의 동인으로 보기 어렵기 때문에 제외해야 합니다.

정답 27 ④ 28 ① 29 ③

30 <보기>의 ㄱ에 해당하는 로버트슨(R. Robertson)이 제시한 스포츠 세계화의 결과와 ㄴ에 해당하는 매기(J. Magee)와 서덴(J. Sugden)이 제시한 스포츠 노동 이주 유형으로 가장 적절한 것은? [2025-10번]

> ㄱ. A 스포츠 업체는 글로벌 브랜드 정체성을 유지하면서 뉴질랜드 럭비 대표팀인 올 블랙스(All Blacks)의 경기 전 의식으로 잘 알려진 마오리족의 하카(haka)댄스를 광고에 포함함으로써 지역 문화를 브랜드 메시지에 자연스럽게 녹여냈다.
> ㄴ. 축구 선수 B는 현재 베트남의 C팀에서 활동 중이다. 그의 관심은 오로지 더 높은 연봉을 제시하는 팀으로 이적하는 것이다. 베트남의 문화를 즐긴다거나 사람과의 관계를 맺는 것에는 관심이 없다. 그는 언제든 떠날 준비를 하고 있다. 이전에 활동했던 중국의 D팀, 사우디의 E팀이 위치한 지역에 오래 머무른 적도 없다.

	ㄱ	ㄴ
①	세방화 (glocalization)	용병형 (mercenaries)
②	세방화 (glocalization)	개척자형 (pioneers)
③	국제적 고립 (global isolation)	용병형 (mercenaries)
④	국제적 고립 (global isolation)	개척자형 (pioneers)

해 스포츠 세계화에 따라 나타난 결과로는 신자유주의의 확대, 스포츠 노동 이주의 증가, 그리고 세계화와 지역화가 함께 일어나는 세방화(glocalization)가 있습니다. 스포츠 노동 이주의 경우, 특징에 따라 다음과 같이 5가지 유형으로 나눌 수 있습니다.
  - 유목민형 : 여러 국가를 떠돌아다니며 활동하는 형태
  - 정착형 : 노동만 하고 되돌아오는 것이 아니라 해당 국가에 정착하는 형태
  - 개척형 : 새로운 시장을 개척하는 형태
  - 순환형 : 외국으로 나갔다가 다시 본국으로 돌아오는 형태
  - 용병형 : 경제적 요건, 특히 높은 연봉만을 추구하는 형태
보기의 축구 선수의 경우, 오로지 높은 연봉만을 추구하기 때문에 5가지 유형 중 용병형에 해당합니다.

정답 30 ①

스포츠교육학

1. 스포츠교육의 배경과 개념

1) 스포츠교육의 개념

| 개념 | 스포츠를 지도하는 활동으로서 삶 속에서 스포츠를 체험하고 문화 활동으로 즐길 수 있도록 가르치고 전수하는 것 |

- **좁은 의미** : 단순히 스포츠를 가르치는 것
- **넓은 의미** : 다양한 신체 활동의 방법과 지식, 문화를 함께 가르치는 것

2) 스포츠교육의 역사 '21 '18

스포츠 교육(체육교육)은 시대와 지역별로 다양하게 발전되어왔으며 과거에는 주로 군사훈련 등의 목적으로 행해지다 17~18세기에 근대 학교 설립과 더불어 공식적인 교육으로 발전함

시기		내용
19세기 초중반		• 대부분 체조의 형태(독일, 스웨덴, 덴마크, 미국 등) • 강건한 기독교 주의(Muscular Christianity): 개신교와 스포츠의 공생 • 성차별적 요소 존재: 이상적인 남성, 여성의 모습 중 스포츠는 남성다운 모습에 가까움
19세기 후~ 20세기 초		• 신(新)체육: 신체를 통한 교육 • 놀이, 게임, 레크리에이션의 의미가 부각됨
20세기 중반	1940 ~ 1960	• 휴먼 무브먼트(human movement)와 움직임교육 (체육 학문화 운동의 모티브) ▶ 기존의 종목 중심의 교육에서 보편적 움직임 원리에 대한 교육 추구
	1960 ~ 1970	• 인간중심의 스포츠교육(체육교육) • 경쟁 지양 및 열린 교육 추구(자아추구, 인성발달, 자기표현, 정서함양) ※ 체육 학문화 운동(the disciplinary movement) 1960년대 중반 ▶ 미국을 시작으로 경험중심의 교육과정을 비판하며 학문중심의 교육과정을 채택한 운동. 기존의 "신체의 교육"이나 "신체를 통한 교육"에서 "운동생리학, 운동역학" 같은 학문으로의 변화
20세기 후반	1970 이후	• 놀이교육 강조 • 시든탑(Daryl Siedentop)의 "스포츠교육모형": 스포츠의 기능, 지식, 태도를 종합적으로 가르쳐 건전한 스포츠 문화를 향유하는 사람으로 성장
	1990 이후	• 신체운동학(kinesiology)으로의 발전 • 신체활동을 교육내용으로 포함하면서 스포츠 교육의 목적과 내용이 확장됨

3) 스포츠 교육의 성격

신체의 교육	건강, 체력, 운동기능 등과 같은 "신체적인 것"을 가르치는 교육
신체를 통한 교육	신체활동을 통해 지적·정서적·사회적 발달을 도모하는 교육

4) 스포츠 교육에서 추구하는 가치 '23 '21 '20 '18

신체적 가치(심동적)	인지적 가치(인지적)	정의적 가치(정의적)
건강 및 체력적 요소 스포츠 기능 등	학업 성적, 지적기능 문해력과 수리력 등	심리적 건강, 사회적 기술 도덕적 인격 등
예 근력, 지구력, 드리블, 슛	예 규칙, 경기전략, 감상능력	예 자신감, 끈기 스포츠맨십, 배려
반사-기초-지각-신체-숙련-소통	지식-이해-적용-분석-종합-평가	감수-반응-가치-조직-인격

2. 스포츠교육의 정책과 제도

1) 스포츠교육의 영역 분류 '22 '18

구분	학교체육	생활체육	전문체육
정의	학교 현장에서 청소년들을 대상으로 이루어지는 체육 활동	지역 사회에서 일반인들을 대상으로 이루어지는 체육 활동	학교 또는 실업팀 등에서 전문 선수를 대상으로 이루어지는 활동
내용	체육교사(초등학교 체육전담, 중등학교 체육 스포츠 강사) 역할, 학교스포츠클럽 활동개념	여러 국민체육진흥정책 관련 (바우처 제도. 국민체력100, 스마일100, 행복나눔스포츠교실)	전문체육 지도자 학생선수 학습권 보장제도

3. 스포츠교육의 참여자 이해론

1) 스포츠교육 지도자 구분 '21 '18

구분	학교체육		생활체육	전문체육
	체육교사	스포츠강사	생활스포츠지도사	전문스포츠지도사
개념	학교 현장에서 정규 체육 및 방과후 체육을 지도		사회 현장에서 일반인을 대상으로 체육을 지도	학교, 직장, 국가대표 등 엘리트 스포츠를 지도
역할	신체와 정신의 조화로운 발달을 통한 전인의 양성		일반인들에게 운동을 통한 행복과 삶의 질 향상 안내	특정 스포츠의 전문적인 지식과 기능 지도

2) 스포츠교육 지도자 특징 '23

수업결과에 큰 영향을 미치는 5가지 요인	명확한 과제제시, 지도자의 열정, 프로그램의 다양성, 과제 지향적 운영, 수업 내용 강조

3) 스포츠교육 학습자 특징 '22 '21

구분	특징	스포츠 프로그램 구성방법
유아기	신체의 구조와 기능이 가장 빠르게 발달	놀이 중심의 다양한 신체 활동 구성 (서기, 걷기, 뛰기, 던지기 등의 기초기능)
아동기	신체 기능 및 지적 호기심과 탐구심이 왕성해지고 행동이나 말이 성숙해짐, 기본적 사회관계 형성	다양한 경험과 올바른 생활습관 형성 (달리기, 뜀뛰기, 체조, 춤과 리듬 활동)
청소년기	신체·심리·사회적 성숙의 시기로 2차 성징이 시작 인격 및 태도가 형성됨, 운동 기능 습득, 또래친구	질적·양적 측면을 고려한 동적 신체활동구성 (개인 및 단체스포츠, 수영, 등산, 야영 등)
성인기	가장 활발한 사회 활동, 신체적 건강 유지, 사교활동, 사회적 안정 추구 등	성인병 예방에 도움이 되는 활동 구성 (조깅, 웨이트 등 유산소 및 무산소 운동)
노년기	사회적 활동 감소, 체력 저하, 운동 기능 감퇴, 감각 퇴화	건강이나 체력 수준에 알맞은 운동구성 (걷기, 산책, 체조, 등산 및 레크리에이션 등)

4. 스포츠교육의 프로그램론

1) 학교체육 프로그램 개발 및 실천 '25 '21 '19 '18

구분	명칭		내용
여러가지 학교체육종류	교과활동		일반적인 정규수업을 말하며 국가교육과정에 근거하여 운영
	비교과활동		정규수업 외에 학교에서 행해지는 다양한 활동들을 말함 예 창의적 체험활동(자율, 동아리, 봉사, 진로)
	스포츠클럽	교육과정 내	중학교에서 실시되는 일종의 스포츠 수업으로 학생들은 주당 1시간씩 선택한 스포츠를 배움
		교육과정 외	수업 시간 외(등교전, 점심시간, 방과후)를 활용하여 학생들이 자율적으로 구성하여 운영하고 활동함
방과후 프로그램 개발 방법			1. 구체적이고 체계적인 지도 계획 수립 2. 창의·인성을 지향하는 학습 환경의 조성 3. 통합적이고 효율적인 교수 학습 환경 구성 4. 학교 내·외적인 환경을 고려한 프로그램 개발
스포츠 강사의 역할			1. 학교스포츠클럽 및 방과후 체육 활동을 지도함 2. 초등학교 정과 체육 수업(교과활동)의 진행 보조도 가능 3. 학교스포츠클럽 리그 및 토너먼트 경기 기획 및 개발 운영 4. 학생들에게 체육 수업에 대한 흥미 유발 및 즐거운 경험을 제공함

2) 생활체육 프로그램 개발 및 실천 '25 '22 '21 '19

구분	내용
프로그램 개발 시 유의점	1. 목표, 내용, 장소, 예산, 시간, 홍보 등을 고려해야 한다 2. 예산 등의 필요 경비를 예측하여 책정한다 3. 참여자의 근접성을 고려하여 프로그램을 결정한다 4. 시대에 적합한 홍보 방법으로 프로그램을 홍보한다
목표 설정 시 고려사항	1. 목표는 달성 여부를 검토할 수 있도록 기술해야 한다 2. 목표는 프로그램 전개 시의 일관된 지침의 역할을 한다 3. 프로그램을 통해 달성하고자 하는 상태 및 운동 능력을 명시한다 4. 프로그램을 구성하는 스포츠 활동 내용을 구체적·세부적으로 진술한다
일반인 대상 지도 활동 시	1. 건강한 삶의 영위 수단으로서 스포츠의 중요성을 이해시킨다 2. 움직임 개념, 전략, 전술의 이해 및 활동과 충분한 기회를 제공한다 3. 다른 사람에 대한 존중과 함께하는 협동의 중요성을 느낄 수 있도록 한다

3) 전문체육 프로그램 개발 및 실천 '25 '22

1	선수에게 필요한 기술 파악	어떤 전략이나 기술이 필요하고 지도해야 하는지 고려
2	선수 이해	선수의 발달 단계 및 선수의 환경적 요소 파악
3	상황 분석	주변 상황(선수, 공간, 기자재, 보조자)에 대한 분석
4	우선순위 결정 및 목표설정	중요한 것부터 리스트를 정하고 단·중·장기 목표도 설정
5	지도방법 선택	효과적이고 효율적인 기능 및 태도 전달 방법 선택
6	연습계획 수립	일일 지도 계획 및 시즌 계획을 통해 체계적 지도

5. 스포츠교육의 지도방법론

1) 스포츠지도를 위한 모스턴(M.Moston)의 수업 스타일 '25 '24 '23 '21 '20 '19 '18

분류		A	B	C	D	E	F	G	H	I	J	K
명칭		지시	연습	상호학습	자기점검	포괄	유도발견	수렴발견	확산생산	자기설계	자기주도	자기학습
클러스터		모사(모방) 중심 클러스터(기존 지식의 재생산)					창조 중심 클러스터(새로운 지식을 생산)					
대전제		교수학습은 지도자와 학습자의 연속되는 의사결정의 과정										
수업 결정[1]	전	T	T	T	T	T	T	T	T	T	L	L
	중	T	L	Ld	L	L	TL	L	L	L	-	L
	후	T	T	Lo	L	L	TL	LT	LT	L	L	L

※ 발견역치는 E와 F 사이

지시형	1. 교사가 지시한 과제를 학습자가 정확히 수행하는 것이 목적 2. 교사가 모든 결정을 하고 학생은 그 결정에 반응하는 관계
연습형	1. 과제를 학습자가 개별적으로 연습하고 교사는 피드백을 제공 2. 과제활동 중 결정군 9가지 의사결정을 학생에게 이전 (개별화의 시작)
상호학습	1. 학생은 짝을 이루어 수행자(Ld)와 관찰자(Lo)로 피드백을 주고 받으며 연습 2. 교사는 학생이 활용할 기준을 관찰자(Lo)에게 제공하고 관찰자와 상호작용
자기점검	1. 학생은 같은 과제를 스스로 수행하고 교사가 준 평가기준으로 스스로 점검 2. 교사는 학생의 능력과 독립성을 존중해주면서 학습을 지원하고 피드백
포괄	1. 학생은 같은 과제이지만 자신의 난이도에 맞게 수행하고 스스로 평가함 2. 교사는 관찰하면서 의사결정에 대한 피드백과 가치중립적 피드백 제공
유도발견	1. 교사는 계열적이고 논리적으로 질문을 설계하고 학생들을 유도 2. 학생들은 교사의 주어진 질문에 미리 정해져 있는 해답을 발견
수렴발견	1. 교사는 질문을 계획하고 구성하여 한 번에 학생에게 제공함 2. 학생은 논리적 사고를 동원하여 문제에 대한 한 가지 해답을 발견
확산생산	1. 교사는 학습자에게 특정 문제와 주제를 주고 감환 과정을 위한 기준도 제시 2. 학생은 특정 문제에 대한 다양한 설계·해답·반응을 발견함
자기설계	1. 학습자 스스로 프로그램을 설계 및 개발하고 학습 행동을 함 2. 교사는 학습자가 학습 주제를 결정하기 위해 교과 내용을 선정해 줌
자기주도	1. 학습자 스스로 프로그램을 설계 및 개발하고 학습 행동을 함 2. 교사는 학습자의 요청이 있을 때에만 교수학습에 참여하며 지원 활동을 함
자기학습	1. 학습자 스스로 교사나 학습자의 역할을 하면서 자기 자신을 가르침

모스턴의 철학적 아이디어

패러다임	1. 대비접근 → 비대비접근 2. 개인적인 지식 체계 → 보편적인 지식 체계 3. 일관성 없는 용어 활용 → 일관성 있는 용어 활용
발달효과	인지적 영역, 정의적 영역, 사회적 영역, 신체적 영역, 도덕적 영역
피드백 종류	가치적(긍정-부정), 교정적(실수규명-수정지시), 중립적(사실의 기술), 불분명한(오해의 소지)
인지과정 (S-D-M-R)	자극(S)	교사의 질문, 수행과제제시, 문제 상황 발생 등이 자극이 됨
	인지적 불일치(D)	자극이 인지적 부조화를 유발하고 알고자하는 욕구가 생김
	사색(M)	인지적 불일치를 해결하고자 구체적으로 사고하는 과정(비교, 분석, 구성)
	반응(R)	사색의 결과가 기억, 발견, 창조 등의 형태로 나타나는 과정

[1]수업 결정군 종류 : 수업 전 - 계획 및 선정, 수업 중 - 연습 및 난이도, 수업 후 - 관찰 및 평가
((용어 설명 : T(Teacher) - 교사, L(Learner) - 학습자(Lo: 관찰자(개인교사)/Ld: 학습자(수행학생)※

2) 스포츠지도를 위한 링크(J. Rink)의 교수전략 '25 '23

구분	내용
적극적 수업 (상호작용 교수)	1. 전체를 대상으로 과제를 가르치고 학생들의 연습이 이루어지는 가장 일반적인 수업 모습 2. 지시형 또는 연습형 스타일과 유사하며 교사 중심의 수업 전략 중 하나이다.
과제식 수업 (스테이션 교수)	1. 두 가지 이상의 과제가 각기 다른 장소에서 동시에 진행되는 수업의 형태 2. 지정된 구역별로 정해진 과제를 연습 후 일정 시간이 지나면 다른 스테이션으로 옮겨간다.
질문식 수업 (인지 교수)	1. 과제가 학생들에게 질문의 형태로 제시되며 학생들은 스스로 탐색하여 문제를 해결함 2. 다양한 수업 방식과 혼용하여 사용하며 학습자의 문제해결능력에 초점을 맞춘다.
동료 수업 (또래 교수)	1. 교사의 교수 기능을 학생에게 이양하는 형태로 상호학습형 스타일, 동료교수모형과 유사 2. 수행하는 학생은 개별화된 학습을 촉진하고 가르치는 학생은 가르치면서 배운다.
협동 수업	1. 서로 다른 능력을 가진 학생이 하나의 모둠을 만들고 하나의 목표를 위해 협력하는 형태 2. 개인의 능력 뿐만 아니라 사회적인 능력 발달에 효과적이며 다양한 방식이 존재한다.
자기지도식 학습 (자기 교수)	1. 교사없이 학생 스스로 학습과제를 연습해나가는 형태의 교수 학습 형태 2. 교사는 학습에 필요한 내용을 사전에 준비하여 학생들에게 제공하고 스스로 학습을 지원함
팀 티칭 (협력 교수)	1. 두 명 이상의 교사가 협력하여 학생들을 가르치는 교수 전략 2. 기능, 흥미, 성별의 차이에 효과적이지만 실제 교수 학습 환경 구성에 다소 어려움이 있음

3) 스포츠지도를 위한 메츨러(M. Metzler)의 수업 모형 '25 '24 '23 '22 '21 '20 '19 '18

명칭	주제	학습영역 우선순위	학습 선호도
직접교수	교사가 수업의 리더 역할	심동-인지-정의	회피, 경쟁, 의존
개별화지도	수업진도는 학생이 결정한다 (가능한 빨리, 필요한만큼 천천히)	심동-인지-정의	회피, 경쟁, 의존
협동학습	서로를 위해 서로 함께 배우기	정의,인지-심동 정의,심동-인지	참여, 협력, 경쟁, 독립 ※ 팀내 협력, 팀간 경쟁
스포츠교육	유능하고 박식하며 열정적인 스포츠인으로 성장하기	모든 영역의 고른 발달 선수: 심동-인지-정의 코치: 인지-정의-심동 팀원: 정의-인지-심동	협력, 경쟁, 독립 ※ 팀내 협력, 팀간 경쟁
동료교수	나는 너를, 너는 나를 가르친다	개인교사: 인지-정의-심동 학생역할: 심동-인지-정의	개인교사-참여, 협력, 독립 학생역할-참여, 협력, 의존
탐구수업	문제해결자로서의 학습자	인지-심동-정의 (인지-정의-심동)	참여, 협력, 독립
전술게임	이해중심 게임 지도	인지-심동-정의	회피, 경쟁, 의존
개인적·사회적 책임감 지도	통합, 전이, 권한 부여 및 교사와 학생의 관계	총체적인 발달 도모	모든 학생을 포괄 (참여, 협력, 독립으로)

• 수업통제 및 포괄성(수업 주도성 프로파일)

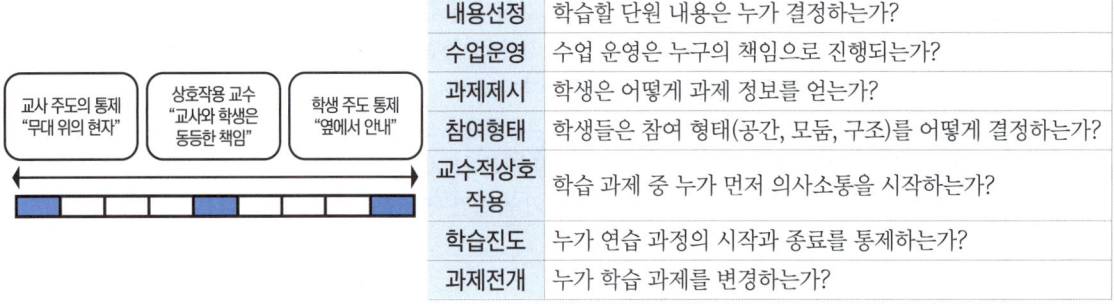

내용선정	학습할 단원 내용은 누가 결정하는가?
수업운영	수업 운영은 누구의 책임으로 진행되는가?
과제제시	학생은 어떻게 과제 정보를 얻는가?
참여형태	학생들은 참여 형태(공간, 모둠, 구조)를 어떻게 결정하는가?
교수적상호 작용	학습 과제 중 누가 먼저 의사소통을 시작하는가?
학습진도	누가 연습 과정의 시작과 종료를 통제하는가?
과제전개	누가 학습 과제를 변경하는가?

① 직접교수 모형 **"교사가 수업의 리더 역할"**

특징	프로파일			
		직접적	상호작용적	간접적
1. 교사가 주도적으로 수업을 조직하고 운영하는 방법 2. 높은 비율의 학습참여와 자원의 효율적인 활용 가능 3. 명확한 학습 목표 및 과제를 제시하는 것이 장점 4. 교사의 많은 관찰이 가능하고 많은 피드백이 일어남 5. 학습영역우선순위: 심동-인지-정의 6. 학생학습선호도: 회피적, 경쟁적, 의존적	내용선정	1		
	수업운영	1		
	과제제시	1		
	참여형태	1		
	상호작용	1		
	학습진도		2	9
	과제전개	1		

직접교수모형의 6단계	전시과제복습	이전 수업 내용을 간단히 복습하는 단계
	새로운 과제 제시	새롭게 배울 내용(개념, 지식, 기능)을 설명이나 시범을 통해 제시
	초기 과제연습	제시된 과제를 연습하는 단계(목표는 80%의 성공률)
	피드백 및 교정	과제연습 사이마다 피드백을 주거나 동작을 교정해주는 단계
	독자적인 연습	스스로 연습하고 진도를 결정함(목표는 90%의 독자적인 성공률)
	본시 학습 복습	배운 내용을 복습하며 이 핵심내용은 전시과제 복습으로 반복됨

② 개별화 지도 모형 **"수업진도는 학생이 결정(가능한 빨리 필요한만큼 천천히)"**

특징	프로파일			
		직접적	상호작용적	간접적
1. 교사가 구성한 계열적 학습 과제를 학생이 배워나감 2. 학생은 과제 안에서 스스로 진도를 조절하면서 배움 3. 학생의 발달 요구 사항 　- 학생은 학습지를 이해할 수 있어야 함 　- 학생은 과제 수행 기준에 도달할 책무성이 있음 　- 학생은 어려움에 직면할 때 도움을 요청해야함 4. 학습영역우선순위: 심동-인지-정의 5. 학생학습선호도: 회피적, 경쟁적, 의존적	내용선정	1		
	수업운영		6	
	과제제시	1		
	참여형태		7	
	상호작용		5	
	학습진도			9
	과제전개		8	

③ 협동학습 모형 **"서로를 위해 서로 함께 배우기"**

특징	프로파일			
		직접적	상호작용적	간접적
1. 문제해결과 학습을 위하여 상호 간 협력하는 수업 2. 학업성취와 더불어 사회적인 기술을 배울 수 있음 3. 3가지 기초 개념 　- 팀보상, 개인 책무성, 평등한 기회 제공 4. 학습영역우선순위(정의적 영역을 우선한다) 　- 인지적 과제: 정의-인지-심동 　- 심동적 과제: 정의-심동-인지 5. 학생학습선호도: 참여적, 협력적, 경쟁적, 독립적	내용선정	1		
	수업운영	2		8
	과제제시			8
	참여형태		6	9
	상호작용		6	9
	학습진도	1		9
	과제전개	1		9

협동학습의 종류	학생팀성취배분 (STAD)	1. 모든 팀원의 점수의 합이 팀점수가 되는 형태 2. 팀 점수만 발표되며 이후 다시 학습하며 협동을 유발함
	팀게임토너먼트 (TGT)	1. 전체적인 형태는 STAD와 유사하나 각 팀의 같은 등수끼리 경쟁 2. 운동기능이 낮은 학생이라도 자신의 팀에 공헌할 수 있음
	직소모형 (Jigsaw)	1. 팀별로 한명씩 과제 전문가가 되어서 자신의 팀원을 알려줌 2. 서로 알려주는 과정에서 인지적-정의적 발달까지 함께 도모함
	팀보조수업 (TAI)	1. 교사는 팀에게 수행 기준과 계열적인 학습 과제를 제시 2. 학생은 혼자 또는 함께 과제를 연습하면서 서로 도움을 주고 받음
	집단연구 (GI)	1. 교사는 팀에게 과제를 할당하며 미리 평가기준(루브릭)을 안내함 2. 학습과정에서 협동하고 학습결과를 다른 팀과 공유할 수 있음

④ 스포츠교육 모형 **"유능하고 박식하며 열정적인 스포츠인으로 성장하기"**

특징	프로파일						
		직접적		상호작용적		간접적	
1. 스포츠리그를 운영하면서 다양한 역할과 구조를 경험	내용선정	1			5		
2. 모든 학생은 선수이면서 두 가지 이상의 역할을 배움	수업운영		2			6	
3. 3가지 주요 목적	과제제시		2				8
- 유능한 스포츠인, 박식한 스포츠인, 열정적인 스포츠인	참여형태						8
4. 학습영역우선순위	상호작용		2				8
- 선수 역할 수행: 심동-인지-정의	학습진도						9
- 코치 역할 수행: 인지-정의-심동							
- 팀원 역할 수행: 정의-인지-심동	과제전개						8
5. 학생학습선호도: 협력적, 경쟁적, 독립적							

주요특성 6가지		
	시즌	장시간의 기간(20시간 이상)으로 운영을 권장하며 시즌이라는 용어를 사용
	팀소속	전체 시즌 기간 동안 한 팀의 일원으로서 수업에 참여함
	공식경기	교사는 기본 구조를 제공하고 학생은 경기 운영 방법이나 규칙을 결정함
	결승전 행사	다양한 형태(리그, 토너먼트)로 시즌이 끝날 때에는 결승전 행사를 실시함
	기록 보존	많은 경기는 수많은 기록을 양산하며 이는 평가자료, 흥미유발의 소재가 된다
	축제화	공식 경기를 비롯한 다양한 활동은 일종의 축제의 성격을 지닌다

⑤ 동료교수 모형 **"나는 너를 너는 나를 가르친다"**

특징	프로파일						
		직접적		상호작용적		간접적	
1. 학생들은 서로 짝을 이루어 교사와 학습자의 역할을 번갈아 수행함	내용선정	1					
2. 과제에 신체적으로 참여하는 것은 반으로 줄지만 인지적 참여를 통해 과제 수행의 효율성 증가	수업운영		2				
3. 교사는 개인교사(학생)에게 역할안내와 과제활동지를 제공하고 학습자(학생)와는 직접 상호작용하지 않음	과제제시	1					
	참여형태	1					
4. 학습영역우선순위	상호작용	1			5		
- 개인교사: 인지-정의-심동	학습진도						9
- 학습자: 심동-인지-정의	과제전개	1					
5. 학생학습선호도							
- 개인교사: 참여적, 협력적, 독립적							
- 학습자: 참여적, 협력적, 의존적							

⑥ 탐구수업 모형 **"문제 해결자로서의 학습자"**

특징	프로파일						
		직접적		상호작용적		간접적	
1. 교사는 설명하거나 시범을 보이지 않고 질문을 활용	내용선정	1					
2. 학생은 생각한 뒤 움직여 보면서 스스로 문제를 해결	수업운영			3			
3. 학생들의 사고력과 문제해결력, 탐구력 향상에 도움	과제제시	1					
4. 학습영역우선순위: 인지-심동-정의	참여형태						8
5. 학생학습선호도: 참여적, 협력적, 독립적	상호작용				5		
	학습진도		2				9
	과제전개	1					

문제해결과정 5단계		
	문제의 규명	교사는 학생이 배워야할 개념에 대해 명확하게 한다
	문제의 제시	교사는 학습 과제를 학생이 생각할 수 있도록 질문한다
	문제 유도 설명	교사는 학생에게 단서, 피드백, 보조 질문을 하며 관찰한다
	최종 해답 규명	교사는 학생의 사고를 정교화하며 최종 해답을 찾도록 한다
	발표 및 분석	학생은 자신이 찾은 해답을 발표하고 교사와 다른 학생은 분석한다

⑦ 전술게임 모형 "이해중심 게임지도"

특징	프로파일			
		직접적	상호작용적	간접적
1. 전체 게임의 맥락 속에서 전술적 지식과 기능을 숙달 2. 모의 활동은 "대표성"과 "과장성"이 있어야함 　- 대표성: 게임의 특징을 잘 살려내었는가 　- 과장성: 전술기능을 효율적으로 발달시킬 수 있는가 3. 게임 전술의 전이 가능성에 따른 게임 분류(알몬드) 　- 침범형: 농구, 하키, 풋볼, 라크로스, 넷볼, 축구 　- 네트/벽면형: 배드민턴, 탁구, 배구, 스쿼시 　- 필드형: 야구, 크리켓, 킥볼, 소프트볼 　- 표적형: 당구, 볼링, 골프, 크로켓 4. 학습영역우선순위: 인지-심동-정의 5. 학생학습선호도: 회피적, 경쟁적, 의존적	내용선정	1		
	수업운영	1		
	과제제시	2		
	참여형태	2		
	상호작용		4	
	학습진도			7
	과제전개	1		

여러 가지 연습방식	스테이션 연습	과제 또는 난이도 별로 공간을 분리하여 각 센터를 순회하는 형태
	기능-상황연습	특정 기능을 반복 연습하거나 경기와 유사한 상황에서의 적용 연습
	리드-업 게임	정식 게임을 단순화한 형태로 한 두가지 경기 기능에 초점을 맞춤
	변형 게임	전략 이해를 위하여 여러 가지 방법으로 게임을 변형하여 연습
	스크리미지	게임 진행 도중 "티칭 모멘트" 발생 시 정지시킬 수 있는 형태의 게임

이해중심수업 6단계	게임 소개	수행될 게임의 분류와 개관을 간단히 소개함
	게임 이해	게임의 역사와 전통을 설명하고 흥미를 진작시킴
	전술 이해	경기 상황에서 주요 전술 문제를 제시함
	의사 결정	전술 지식과 기능을 적용하기 위한 유사 게임을 실시
	기술 연습	유사 게임을 통해 얻은 지식을 기능 수행에 결합
	실제 게임	전술 및 기능의 결합을 통하여 능숙한 수행 완성

게임수행 평가도구 (GPAI)

1. 여러 유형의 게임에 적용하여 전술적 지식을 평가할 수 있는 기법
2. 7가지 요소 (경기마다 적용되는 요소가 상이함)
　- 돌아오기, 적응하기, 의사결정하기, 기술수행하기, 보조하기, 커버하기, 가드/마크하기
3. 최고의 GPAI 점수는 부정적인 수행보다 긍정적인 수행이 많을 때 나타남
　☞ 좋은 게임 수행이란 실수를 줄여나가며 긍정적인 전술적 수행을 늘려 나가는 것
4. 게임참여 점수와 게임수행 점수의 계산방법

구분	의사결정하기		기술실행		보조하기	
	적절	부적절	효율적	비효율적	적절	부적절
헝그리	×××	×′	××××	×	××	-
스포츠	××××××	××	××××	××××	×××	××

구분	게임참여점수	게임수행점수
헝그리	3+1+4+1+2+0=11점	의사결정: 3÷(3+1)×100 = 75 기술실행: 4÷(4+1)×100 = 80 보조하기: 2÷(2+0)×100 = 100 ∴ 게임수행점수 (75+80+100)/3= 85
스포츠	6+2+4+4+3+2=21점	의사결정: 6÷(6+2)×100 = 75 기술실행: 4÷(4+4)×100 = 50 보조하기: 3÷(3+2)×100 = 60 ∴ 게임수행점수 (67+67+60)/3= 65

⑧ 개인적 사회적 책임감 지도 모형   **"통합, 전이, 권한부여와 교사와 학생 관계"**

특징	프로파일						
		직접적		상호작용적		간접적	
1. 수업을 통해 신체활동과 책임감을 함께 기르도록 함 2. 스포츠 활동을 통해 개인적·사회적 책임감을 진취함 3. 다른 모형과 혼용하여 사용될 수 있으며 학생의 책임감 발달이 목표일 때 이 모형이 이용됨 4. 학습영역우선순위: 총체적인 도모(수업에 따라 다름) 5. 학생학습선호도: 모두를 포괄 → 참여, 협력, 독립	내용선정	1					
	수업운영			3		7	
	과제제시	1					
	참여형태			3			
	상호작용				5		
	학습진도			3			
	과제전개			3			

책임감 수준 발달단계	0단계	무책임	참여의 의지가 없고 다른 사람들을 방해하려는 시도를 하는 수준
	1단계	타인 존중	다른 사람을 방해하지 않고 참여하며 자기 통제가 조금씩 보임
	2단계	참여와 노력	스스로 동기를 부여하며 자발적인 참여를 하는 단계
	3단계	자기방향 설정	교사의 감독없이도 과제를 완수할 수 있으며 부정적인 외부영향에 대응
	4단계	돌봄과 배려	경청하고 대응하며 거드름 피우지 않고 도움, 타인의 요구와 감정 인정
	5단계	전이	지역 사회에서 타인을 가르치거나 집에서 스스로 프로그램 실천하는 단계

4) 스포츠지도를 위한 교수기법

(1) 계획 단계(준비 및 설계)

① 수업계획 및 개요 '25, '23

	맥락, 내용, 학습목표, 관리구조, 평가, 지도자와 학습자의 역할 및 임무에 대한 전반적인 구상
체육수업 지도원리	개별성(개인차를 고려), 자발성(학습자 스스로 할 수 있는 기회제공), 적합성(발달단계와 수준에 맞는 내용) 통합성(다양한 프로그램의 총체적 체험), 효율성(학습목표를 달성하기 위한 가장 효율적인 수업)

② 교사의 지식 분류 '24 '21 '20 '18

메츨러 '20	명제적 지식	구두나 문서로 표현할 수 있는 지식 ≒ 알고 있다 예 발달단계에 적합한 교육과정 및 수업에 대한 개념 지식
	절차적 지식	실제 수업에서 전·중·후에 사용할 수 있는 지식 ≒ 쓸 수 있다 예 발달단계에 적합한 수업 지도 계획안을 작성할 수 있는 지식
	상황적 지식	특수한 상황에서 적절한 의사 결정을 하는 지식 ≒ 적절히 변형할 수 있다 예 발달단계에 부적합한 학습활동을 변형할 수 있는 방법에 대한 지식
슐만 '24 '21 '18	내용지식	가르칠 교과내용에 대한 지식
	지도방법지식	모든 교과에 적용되는 지도법에 대한 지식
	내용교수법지식	교과나 주제를 누구에게 어떻게 지도하는 방법에 대한 지식
	교육과정지식	발달 단계에 적합한 내용이나 프로그램에 대한 지식
	교육환경지식	수업 환경에 영향을 미치는 지식
	학습자와 학습자 특성 지식	수업에 영향을 미치는 학습자에 관한 지식
	교육목적 지식	목적, 내용, 및 교육 시스템의 구조에 관한 지식

③ 지도 계획안 작성 방법(메츨러) '24 '22 '21 '19

수업맥락 기술	시간이나 수업 시수, 장소, 차시 등 총체적 제시
학습목표	학습목표(심동,인지,정의)를 수업 전 구체적으로 제시
시간 및 공간	시간 배분과 공간 사용 방법에 대해 설명
학습활동 목록	실행할 과제와 내용 및 방법을 순서대로 기술
과제 제시	난이도 선정, 이해도 점검, 흥미 유발의 질문 활용
평가	사전에 미리 서술하고 관리 및 절차상의 고려사항 확인

④ 학습목표 진술 방법 '23

타일러 (Tyler)	우리 몸의 3대 영양소를 안다 　　조건　　　　　행동	1. 교수 목표는 학습자의 행동으로 진술한다 2. 학습자의 행동은 그 행동의 내용도 함께 진술함 3. 기대되는 학습자 행동은 충분히 세분화되어야 한다
메이거 (Mager)	운동장 100M 트랙을 16초 이내에 뛴다 　　조건　　　　수락기준　　행동	1. 운동수행에 필요한 상황과 조건 2. 성취행동이 평가되는 설정된 운동수행 기준 3. 학습자에게 기대되는 성취행동

⑤ 운동기능의 유형과 내용발달 '25 '23 '22 '21 '19

젠타일 분류	개방기능	환경과 움직임에 대한 변화가 존재하는 기능 - 팀 스포츠의 개인 기능(축구 드리블, 야구 배팅)
	폐쇄기능	환경과 움직임에 대한 변화가 없는 기능 - 골프, 사격, 양궁 등
링크의 분류	시작형 과제	기초적인 수준에서 학습하도록 소개하고 안내
	확대형 과제	간단하고 쉬운 과제에서 복잡하고 어려운 과제로 발전 -과제 내: 기능을 간단한 수행에서 복잡한 수행으로 발전 예 제자리 → 움직이며 -과제 간: 한 과제에서 관련성이 있는 다른 과제로 이동 예 언더핸드 → 오버핸드
	세련형 과제	수행의 질적 능력 향상에 초점을 두고 폼이나 느낌을 강조 예 최대한 부드럽게 착지해라, 좀 더 빠르게 스윙해라 등
	응용형 과제	실제와 유사한 상황에서 사용될 수 있도록 조직
	과제연습방법	부분연습(역순연쇄), 환경변화(장비, 규칙, 공간, 인원, 목적), 기능의 결합, 반응확대

⑥ 움직임 기능에 따른 분류 방법 '24 '19

구분	비이동	이동	물체 조작	도구 조작	전략적 움직임	표현 및 해석적
특징	공간이동 × 물체, 도구사용 ×	공간이동 ○ 물체, 도구사용 ×	공간이동 ○ 물체사용 ○	공간이동 ○ 물체, 도구사용 ○	역동적인 상황	생각, 주제 표현
예시	한발로 균형잡기	한발로 뛰기	공, 후프 받기	라켓으로 치기	축구 공격	무용

⑦ 안전한 학습환경 구성 방법 '22 '21

체육 활동 지도 시 수업의 성공 여부는 학습 목표 달성에 있지만 학습자의 안전 또한 매우 중요함	
1. 수업의 시작과 끝을 알리는 신호를 설정함	5. 안전한 수업 운영 절차를 명확하게 전달
2. 규칙과 절차를 지속적으로 강조해야함	6. 새로운 과제나 게임의 시작 시 적극적 관찰
3. 기대행동과 수행기준을 반복적으로 명시함	7. 위험한 행동 발생 시 즉각 중단 및 피드백
4. 활동 전 안전문제를 예측하고 교구를 배치함	

(2) 실행 단계(전달-연습-교정 및 관리)

① 과제 제시 방법 '25 '20 '19

언어적 전달	전체 대상 많은 양을 설명할 때 좋음, 이해할 수 있는 어휘 사용(은유, 비유, 예시) 언어의 전달만으로는 한계 존재(이해 여부, 초보자)
시범 활용	정확하고 실제성 있는 시범을 보이는 것이 효과적, 시각적 효과가 큼 학습자 시범을 활용해도 좋음
매체 활용	이동식 칠판부터 각종 비디오 기기나 IT매체 활용 말이나 행동으로 전달하기 어려운 전략, 지식, 원리 등

② 주의집중전략 '18

주의집중 전략	1. 방해요인 통제 : 교사는 해를 마주 봐야 함 2. 주의집중 신호와 절차 확립 : 사전에 약속된 신호 활용 및 절차 연습 3. 지도자 가까이 집합 및 설명 : 사용하는 기구로부터 멀리 떨어짐 4. 간략한 과제 제시 : 간단할 땐 개별적으로, 복잡할 땐 전체 집합

③ 연습 중 지도자 행동 분류 '25 '20

직접기여 행동	지도행동	운동과제를 직접 가르치는 행동 예 설명, 시범, 관찰, 연습, 도움, 피드백 등
	운영행동	교수학습 환경을 조성하는 행동 예 환경정리, 팀 구성, 부정행동 제지
간접기여 행동		학습과 관련은 있지만 수업에 직접 기여하지않는 행동 예 부상자 처리, 과제 외 토론, 개인용변 해결과 물 마시기, 심판 활동
비기여 행동		수업 내용에 기여할 가능성이 전혀 없는 행동 예 소방연습, 전달 방송, 외부 손님과의 대화

④ 연습 중 지도자 행동 '25 '22 '20 '19

질문	회고적 질문	기억 수준의 대답으로 단답형의 질문 예 지난번 배웠던 높이뛰기 방법 이름이 기억나니?
	집중적 (수렴)	경험했던 내용의 분석 및 통합이 필요한 질문 예 높이뛰기의 공중자세에서 팔을 어디에 두어야 할까?
	분산적 (확산)	경험하지 않았던 내용의 문제해결에 필요한 질문 예 발구름을 한 발로만 하는 규칙이 없어진다면 어떻게 될까?
	가치적 질문	선택, 태도, 의견 등을 표현하는데 필요한 질문 예 높이뛰기의 마지막 시도라면 높이를 내 한계보다 올려야 할까?
단서	학습에 도움이 되는 정보	1. 단서: 학습에 도움이 되는 정보를 의미함 2. 구체적이면서 간결하게 제시하고 이해하기 쉬운 용어를 사용해야함 ※ 요약단서: 복잡한 과제 특징을 한 단어로 조직(다리를 쭉!) ※ 조작단서: 학습자의 신체를 올바른 자세로 조작해주어 정보를 제공하는 것

피드백	피드백 전략	1. 많이 제공하고 구체적이며 즉각적인 것이 좋음 2. 긍정적 피드백, 언어와 비언어를 결합한 피드백, 노력에 대한 피드백				
	정보출처	내재적 피드백	내가 느끼는 감각	제공시기	즉각적 피드백	수행 직후 제공
		외재적 피드백	내게 주어진 정보		지연된 피드백	시간이 지난 후
	제공방식	언어적 피드백	언어 형태로 전달	대상특성	개별적 피드백	학습자 한명에게
		비언어 피드백	박수, 표정, 손짓		집단적 피드백	구분된 집단에게
	평가방식	긍정적 피드백	결과에 만족	교정특성	교정적 피드백	수행 개선 방법
		부정적 피드백	결과에 불만족	핵심내용	일반적 피드백	기능과 관련없음
		중립적 피드백	표현이 불문명		구체적 피드백	기능과 관련있음

⑤ 학습자 관리기법 '25 '21 '20 '19 '18

행동수정 기본원칙	구체성(구체적으로 설명), 수반성(행동의 결과 암시), 단계성(한 단계씩 천천히) 일관성(같은 행동에 같은 반응), 현재성(시급한 것부터 먼저)
학습자 관리 기술	1. 적절한 행동-강화: 수업규칙을 분명히 하고 긍정적인 분위기에서 긍정적 상호작용 2. 부적절한 행동-처벌: 부적절 행동에 대해선 무시하거나 언어적으로 간단히 제지함 ※ 구체적이고 효과적인 벌 삭제훈련(안했을 때 보상), 적극적 연습(잘 할 때까지), 보상손실(좋은 것을 상실), 퇴장
행동수정 전략	1. 행동공표: 공식 행동에 대한 공식적인 성명 2. 행동계약: 공식 행동의 정의와 보상에 대해 학생도 참여 3. 바람직한 행동 게임: 좋은 행동을 한 경우에 강화를 주는 방법 4. 토큰 기법(대용 보상): 좋은 행동에 대한 대가를 다양한 보상과 바꿀 수 있게 함
효과적인 교수행동 (Ornstein&Levin)	신호간섭, 접근통제, 긴장완화, 상규적 행동 지원, 유혹적 대상 제거, 비정한 제거
예방적 수업 전략 (Kounin)	상황파악, 동시적 처리, 유연한 수업, 여세 유지, 집단 경각, 학생의 책무성
활동 관리 방법 (Kounin)	동시적 처리, 학습활동 침해, 탈선, 중도포기와 전환회귀 방지, 과잉설명, 세분화

(3) 평가 단계(관찰-평가-수정)

① 실제학습시간(Academic Learning Time) '24 '20 '19

실제학습시간 (ALT)	수업시간 중 학습자가 "적절한 난이도"의 학습과제에 "성공적"으로 참여한 실제 시간		
	실제학습시간 = 전체수업시간 - (수업운영시간+이동 및 대기시간+비과제 행동시간)		
	향상 방안	1. 상규적 활동은 매번 알려주지 않고 사전에 약속하고 루틴화하기(물마시기, 화장실가기) 2. 수업의 운영 시간 줄이기(활동 미리 안내, 짧은 출석확인, 주의집중 신호 만들기)	

② 교수기능 연습 방법 '24 '20

종류	1인 연습법	동료교수	축소수업	반성적 교수	현장 교수	실제교수
설명	거울, 녹음, 녹화 등 매체활용 연습	대상 학생 × 교수기능 연습	대상 학생 ○ 교수기능 연습	소집단 구성 수업 실시 후 모두 함께 토의	내용지도 및 운영방법 연습	실제 수업 전 마지막 연습
현장 개선연구	1. 동료나 연구자의 도움을 받아 자신의 수업을 지속적이고 반성적으로 탐구하며 개선하는 것 2. 연구절차: 문제 파악 - 개선계획 - 실행 - 관찰 3. 연구특징: 역동성, 연속성, 집단성					

6. 스포츠교육의 평가론

1) 평가의 이론적 측면

① 평가의 목적 및 효과 '20

1. 교수 학습의 효과성 판단	5. 학습자 역량 판단을 통한 이수 과정 선택 도움
2. 학습자의 운동수행 참여 및 향상 동기 촉진	6. 교육과정 및 프로그램의 적합성과 적절성 확인
3. 학습자의 학습상태와 학습지도에 관한 정보제공	7. 학습 진행 상태 점검과 지도활동 조정
4. 학습지도 및 관리운영의 효율성을 위한 집단편성	

② 평가관련 용어 구분 '19

측정	특정 기준으로 양을 측정하는 것(수치를 부여함), 가치가 배제됨
사정	의사결정을 위하여 다양한 자료를 수집·해석·활용하는 과정
검사	사실이나 상태 또는 성분을 조사하여 옳고 그름과 낫고 못함을 판단
평가	포괄적인 개념으로 대상(교육과정, 교수활동, 환경)에 대해 가치를 판단

③ 평가기능에 따른 분류 '25 '22 '19

진단평가	학습자의 초기 상태(학습수준 및 발달사항)를 파악해 지도전략을 수립
형성평가	수업 과정 중 학습자의 학습 상황을 판단하기 위해 하는 평가
총괄평가	일정한 과정이 끝난 뒤 학습 목표의 달성도를 판단하기 위해 하는 평가

④ 평가기준에 따른 분류 '21

준거지향	절대평가, 교육목표나 학습내용의 숙달수준을 평가하는데 초점을 두는 검사
규준지향	상대평가, 학습자들의 개인차를 변별하는데 초점을 두는 검사
자기지향	내적동기를 높이고자 학습자 스스로 자신의 성취수준을 평가하는 것

⑤ 평가의 양호도 종류 '23

		측정하고자 하는 것을 정확하고 적합하게 측정하는가
타당도	내용 타당도	검사문항이 측정하려는 내용 전체를 얼마나 대표할 수 있는가 예 스포츠지도사 2급 구술 시험에서 출제자가 낸 문제가 해당 종목의 지식을 모두 대표할 수 있는지를 판단함
	준거 타당도	측정결과가 준거가 되는 다른 도구와 얼마나 관련이 있는가 예 심폐기능 측정을 위해 연구실에서 실시하는 트레드밀 검사를 대신하여 실시한 오래달리기 검사의 상관 정도
	구인 타당도	특성을 정의하였을 때 구성요인이 특성을 잘 측정하는가 예 드리블, 슛, 패스, 리프팅을 축구 기능 검사의 구인으로 구성하였을 때 리프팅이 축구 기능과 상관이 적다면 리프팅은 구인타당도가 떨어짐
신뢰도		측정하고자 하는 것을 오차없이 얼마나 정확하게 측정하는가
	검사-재검사	동일한 검사를 동일한 집단이 간격을 두고 두 번 실시하여 상관도를 비교하는 방법 단점: 두 검사의 간격에 따라 문제가 발생, 검사를 두 번 해야함
	동형검사	비교적 동질적인 두 검사를 만들어 동일 집단에게 실시한 뒤 두 결과의 상관도를 비교하는 방법 단점: 완벽하게 동일한 두 검사를 만들기 어려움
	내적일관성 검사	한번의 검사로 신뢰도를 계산할 수 있는 방법 예 반분신뢰도, Cronbach α
		반분신뢰도검사 | 한번 시행한 검사를 두 개로 나누어 두 결과의 상관도를 비교하는 방법
객관도		측정하고자 하는 사람의 주관을 얼마나 배제하는가 1. 객관도란 평가자간 신뢰도로도 불리우며 두 명 이상의 평가자 점수의 일치 여부를 판단 2. 체육 실기 검사에서 객관도는 매우 중요하기에 객관도가 보장된 평가를 실시해야함

2) 평가의 실천적 측면

① 전통적 평가와 대안적 평가

전통적 평가	기존의 평가(지필검사, 실기검사)는 주로 학습자의 지식 습득 여부와 같은 결과에만 중점을 두면서 학습자가 어떻게 지식을 구성하고 성장시키는지 확인하기 어려운 단점이 존재 예 지필평가(객관식, 주관식)	
대안적 평가	기존의 전통적 평가 방법의 단점을 대치할 수 있는 평가방법을 모두 지칭하는 말	
	수행 평가	일종의 대안적 평가로 일회성으로 결과만을 측정하는 것이 아니라 학습과제를 수행하는 과정을 평가하거나 확장하여 실제 상황에서의 구현 정도를 평가함 예 실제평가(참평가), 서술형, 논술형, 구술시험, 실기시험, 포트폴리오 등

② 여러 가지 평가기법 '24 '22 '19 '18

체크리스트	- 특정 기준을 나열한 목록에 (예/아니오) 와 같이 충족 여부를 체크하는 평가 기법 - 사용하기에 편리하고 신속하게 확인이 가능, 양적·질적 요소도 측정 가능
평정척도	- 특정 기준에 따라 평가하며 주로 등급이나 점수로 표현함 (만족/보통/불만족) - 질적 질문에 양적 답을 할 수 있음(점수화), 편리하며 불연속 행동의 관찰 가능
루브릭	- 수행수준을 특정 기준에 따라 먼저 나누고 세부영역별로 이를 달성했는지 평가 - 학습자에게 일종의 피드백 정보 제공 효과, 자기주도적 학습이 가능함
학습자일지	- 학습자의 진행 및 학습 내용을 상세히 기록하는 자기 기록 방법 - 어떤 활동 후에 개인이 느낀 경험이나 생각을 기록하는데 유용함
포트폴리오	- 학습자의 발달과정을 지속적으로 평가할 수 있도록 모아놓은 자료집 - 자신의 학습 성과와 능력을 증명할 수 있는 자료를 모으고 성장 과정을 정리함
면접과 질문지	- 학습자에게 직접 물어보는 평가 방법으로 좋은 평가가 될 수 있음 - 질문의 구성 및 평가 방식에 대해 세심한 노력을 기울여야함

③ 다양한 관찰법 '25 '23

전통적	직접관찰	교수 활동의 전문가가 직관적으로 관찰하고 판단함
	일화기록법	모든 사건이나 행동을 이야기처럼 순서대로 기록함
	평정척도법	현상을 관찰하면서 질적 또는 양적으로 판단하여 분류함
체계적	사건기록법	개별 사건(피드백, 설명, 상호작용)등을 누가기록하는 방법
	지속시간기록법	행동을 사건이 아닌 시간 단위로 측정하는 방법
	동간기록법	단시간 관찰 후 그 기간 동안의 대표 행동을 정하여 기록함
	시간표집법	일정 시간 간격으로 특정 행동 참여하는 학생 수를 셈 - 플라체크

7. 스포츠교육자의 전문적 성장

스포츠 교육 전문인 성장	형식적	제도화된 교육으로 성적, 학위 또는 자격증을 취득하는 것을 의미
	무형식적	공식화된 교육기관 밖에서 행해지는 조직적인 학습 기회(세미나, 워크숍)
	비형식적	일상적인 경험으로부터 얻는 배움의 형식(선수지도, 멘토링, 대화)

8. 스포츠 관련 법과 제도

	법률(국회법)	시행령(대통령)	시행규칙(장관)
국민체육진흥법 '25 '24 '23 '22 '21 '20 '19 '18	국민체육진흥법	국민체육진흥법 시행령	국민체육진흥법 시행규칙
학교체육진흥법 '24 '23 '22 '21 '20 '19 '18	학교체육진흥법	학교체육진흥법 시행령	학교체육진흥법 시행규칙
스포츠기본법 '23 '22	스포츠기본법	스포츠기본법 시행령	
체육시설 설치이용법 '22	체육시설법	체육시설법 시행령	체육시설법 시행규칙
생활체육진흥법 '25	생활체육진흥법	생활체육진흥법 시행령	

tip

1. 스포츠 관련 제도와 법령은 수시 개정되므로 QR코드를 통해 네이버 카페에서 확인 가능합니다.
2. 21년 이전에는 '학교체육진흥법'과 '국민체육진흥법'에서 1~2문제 이상 고루 출제가 되었습니다.
3. 22년에는 학교체육진흥법, 국민체육진흥법, 스포츠기본법, 체육시설법에서 출제가 되었습니다.
4. 23년에는 학교체육진흥법, 국민체육진흥법의 스포츠윤리센터, 스포츠기본법이 출제되었습니다.
5. 24년에는 학교체육진흥법, 국민체육진흥법에서 문제가 출제되었습니다.
6. 25년에는 생활체육진흥법, 국민체육진흥법 시행령에서 문제가 출제되었습니다.
7. 체육관련법 내용 총 정리 파일은 네이버 카페에서 교재 인증 후 다운로드 할 수 있습니다.

형성평가

01. 스포츠교육의 개념 중 다양한 신체 활동의 방법과 지식, 문화를 가르치는 것은 좁은 의미의 스포츠 교육에 속한다.

02. 20세기 중반 휴먼무브먼트와 움직임 교육의 중요성이 강조되면서 체육 학문화 운동의 모티브가 되었다.

03. 신체를 통한 교육은 건강, 체력, 운동기능과 같은 신체적인 것을 가르치는 교육을 의미한다.

04. 스포츠 교육의 영역 중 전문체육은 어렸을 때부터 전문적으로 스포츠를 배운 사람이 학교의 학생들이나 일반 사회인들의 체육을 지도하는 것을 의미한다.

05. 성인기 스포츠 학습자의 특징은 가장 활발한 사회 활동을 하며 스포츠에 많이 참여한다는 것과 성인병의 위험에 대해서 예방에 도움이 되는 조깅과 같은 유산소 운동이나 근력 운동 같은 무산소 운동을 구성해야 한다는 것이다.

06. 슐만이 제시한 교사가 가져야 할 지식 중 모든 교과에 적용되는 지도법에 대한 지식은 '지도방법 지식'을 말한다

07. 생활체육 프로그램 개발 시 움직임 개념이나 전략, 전술을 이해하고 충분히 경험할 수 있는 기회를 제공해야한다.

08. 마튼스의 전문체육 프로그램 지도개발 6단계 중 1단계는 먼저 선수에게 필요한 기술을 파악하는 것이다.

09. 모스턴이 제시한 수업 스타일에서 학생에게 "과제 중 결정군"을 처음 이양하는 것은 연습형 스타일이다.

10. 수업모형 중 개별화지도 모형은 수업의 진도는 학생이 결정하며 가능한 빨리 진도를 나가되 필요한 만큼 천천히 가르치는 것이 수업의 주제이다.

11. 수업모형 중 탐구수업모형의 문제해결과정 5단계는 문제 제시-문제 규명-유도 설명-해답 규명-분석이다.

12. 수업모형 중 개인적 사회적 책임감 지도 모형에서 교사의 감독없이 과제 완수가 가능하고 부정적 외부 영향에 대응이 가능한 수준은 '참여와 노력'의 수준이다.

13. 지정된 구역별로 정해진 주제나 내용을 연습하고 일정 시간이 지나면 밀어내기식으로 이동하면서 학습하는 것을 '하나로 수업'이라고 부른다.

14. 지도 계획안 작성 시 시간이나 수업 시수, 장소, 차시 등을 총체적으로 작성하는 것을 수업맥락기술이라고 한다.

15. 링크의 발달 단계에 따른 스포츠 기술 분류는 시작형 과제, 확대형 과제, 세련형 과제, 응용형 과제가 있다.

16. 주의집중 전략 중 하나는 설명을 할 때 지도자 가까이에서 듣도록 하며 항상 사용하는 기구를 손에 가지고 있도록 해야 좋다.

17. 지도자가 학습자에게 과제를 제시할 때는 언어적 전달이나 시범의 활용 또는 매체를 활용 할 수 있다.

18. 학습자 연습 중 지도자의 행동으로 운동과제를 직접 가르치는 행동은 직접기여 행동이며 교수학습 환경을 조성하는 행동은 간접기여 행동이다. ○ ×
19. 부적절한 행동을 감소시키기 위하여 처벌의 방법을 사용할 수 있으며 특정 부적절한 행동을 하지 않았을 때 보상하여 부적절한 행동을 하지 않도록 하는 것을 삭제훈련이라고 한다. ○ ×
20. 행동수정 전략 중 수정이 필요한 행동 절차를 미리 알리는 것을 행동계약이라 부르며 관련 사항을 학습자와 상호 약속하는 것을 행동공표라고 부른다. ○ ×
21. 교수기능의 연습 방법 중 동료교수와 축소수업의 공통점은 간단한 교수 기능을 연습한다는 점이며 차이점은 수업에 대상이 되는 학습자가 있는가에 차이가 있다. ○ ×
22. 평가 양호도에는 타당도, 신뢰도, 객관도가 있는데 측정하고자 하는 사람의 주관을 배제한 정도를 신뢰도라고 한다. ○ ×
23. 타당도에는 내용 타당도, 준거 타당도, 구인 타당도가 있으며 이 중 측정결과가 준거가 될만한 다른 평가와 얼마나 관련이 있는가를 보는 것이 준거 타당도이다. ○ ×
24. 평가 기능에 따라 진단평가, 형성평가, 총괄평가로 나뉘며 학습자의 초기 상태를 전체적으로 파악해 지도전략을 수입하는 방법을 총괄 평가라고 부른다. ○ ×
25. 수행평가란 평가와 학습을 별개로 나누지 않고 수행하는 과정에서 나타나는 모습을 보고 평가하는 방식이다. ○ ×
26. 다양한 평가 기법 중 면접법은 질문자의 편견이나 생각이 결과에 영향을 줄 수 있기 때문에 질문의 구성이나 평가 방식에 대해 세심한 노력을 기울여야 한다. ○ ×
27. 탐구수업모형에서 추구하는 가치의 우선순위는 인지적 - 심동적 - 정의적 가치의 순이다. ○ ×
28. 학습과제를 발생순서에 반대되는 순서에 따라 가르치는 지도방법을 "역순연쇄"라고 한다. ○ ×
29. 수업 과정의 체계적 관찰법 중 개별 사건을 누가기록하는 방법은 "일화기록법"이다. ○ ×
30. 신뢰도의 검사 방법 중 동형 신뢰도 검사 방법은 비교적 동질적인 두 검사를 만들어 두 집단에게 실시를 한다. ○ ×

1	2	3	4	5	6	7	8	9	10	11	12	13	14	15
×	○	×	×	○	○	○	○	○	○	×	×	×	○	○
16	17	18	19	20	21	22	23	24	25	26	27	28	29	30
×	○	×	○	×	○	×	○	×	○	○	○	○	×	×

02 PART 핵심 기출문제 풀어보기

01 <보기>의 ㉠, ㉡에 해당하는 용어가 바르게 연결된 것은? (2021-3번)

> 1960년대 중반 미국을 중심으로 전개된 (㉠)은 스포츠교육학이 체육학의 하위학문 분야로 성장하는데 촉매제 역할을 하였다. 결국 신체 활동을 지도할 때 학문을 기반으로 한 (㉡)지식을 스포츠 참여자에게 가르쳐야 한다는 주장이 본격적으로 제기되기 시작했다.

	㉠	㉡
①	체육 학문화 운동	이론적
②	체육 학문화 운동	경험적
③	체육 과학화 운동	경험적
④	체육 과학화 운동	이론적

해 스포츠교육학에서는 정의나 역사를 묻는 문제는 자주 출제되지 않는 편입니다.
1단원 '스포츠교육의 배경과 개념'에서는 주로 '신체의 교육'과 '신체를 통한 교육'의 구분, 그리고 심동적 가치·인지적 가치·정의적 가치의 구분을 이해할 수 있어야 합니다.
제시된 보기는 체육의 학문화 운동을 설명하는 내용입니다.

02 스포츠 참여자 평가에서 심동적(psychomotor) 영역에 해당하는 것은? (2023-16번)

① 몰입 ② 심폐지구력
③ 협동심 ④ 경기 규칙 이해

해 체육 수업을 통해 가르칠 수 있는 주요 영역은 세 가지입니다. 먼저 심동적 영역은 신체적 능력이나 스포츠 기술을 다룹니다. 두 번째는 인지적 영역으로, 스포츠 역사·규칙 이해·전술 이해 등과 관련이 있습니다. 마지막으로 정의적 영역은 인내, 몰입, 협동심, 자존감, 솔선수범과 같은 가치를 의미합니다.
기본적으로 이 세 가지를 구분할 수 있어야 하며, 조금 더 어렵게 출제될 경우에는 세부 단계까지 출제될 수도 있습니다.

03 스포츠기본법(시행 2022.2.11.)의 용어 정의에 관한 설명으로 옳지 않은 것은? (2022-1번)

① '학교스포츠'란 건강과 체력 증진을 위하여 행하는 자발적이고 일상적인 스포츠 활동을 말한다.
② '스포츠산업'이란 스포츠와 관련된 재화와 서비스를 통하여 부가가치를 창출하는 산업을 말한다.
③ '장애인스포츠'란 장애인이 참여하는 스포츠 활동(생활스포츠와 전문 스포츠를 포함한다)을 말한다.
④ '전문스포츠'란 「국민체육진흥법」 제2조제4호에 따른 선수가 행하는 스포츠 활동을 말한다.

해 스포츠교육학에서는 체육 관련 법이 2~3문제, 정책과 제도와 관련하여 1~2문제 정도 출제됩니다.
법의 경우 주로 국민체육진흥법, 학교체육진흥법 등 5개의 법에서 출제되는데, 분량이 많아 학습 효율성이 다소 떨어집니다. 따라서 법은 학습의 마지막 단계나 자투리 시간을 활용해 제공되는 요약 자료를 참고하며 공부하는 것을 추천합니다. 또는 시간이 매우 부족하다면 생략해도 무방합니다. 문제에서 스포츠활동 중 건강과 체력 증진을 위해 행하는 자발적이고 일상적인 스포츠는 '생활스포츠'에 해당합니다.

정답 01 ① 02 ② 03 ①

04 스포츠 교육 프로그램의 지도 원리에 관한 설명이 적절하지 않은 것은? (2023-6번)

① 개별성의 원리: 개인차를 고려한 다양한 수준별 지도
② 효율성의 원리: 학습자 스스로 내용을 파악하고 문제해결
③ 적합성의 원리: 지도자의 창의적인 지도 활동의 선정과 활용
④ 통합성의 원리: 교수·학습 내용의 다양화와 신체 활동의 총체적 체험

해 스포츠교육의 프로그램은 크게 학교체육, 생활체육, 전문체육으로 나눌 수 있습니다.
이때 각 프로그램과 관련한 지도 원리, 프로그램 개발 방법, 유의점 등이 출제될 수 있는데, 내용은 크게 다르지 않다고 보면 됩니다.
보기에서 효율성의 원리는 학습 목표를 효과적으로 달성할 수 있도록 프로그램을 계획하는 것을 의미하며, 학습자가 스스로 내용을 파악하고 문제를 해결하는 것은 '자발성(자율성)'에 관한 내용입니다.

05 <보기>에서 생활스포츠 프로그램의 교육목표 진술에 관한 설명으로 옳은 것만을 모두 고른 것은? (2022-4번)

㉠ 프로그램의 목표는 추상적으로 진술한다.
㉡ 학습 내용과 기대되는 행동을 동시에 진술한다.
㉢ 스포츠 참여자에게 기대하는 행동의 변화에 따라 동사를 다르게 진술한다.
㉣ 해당 스포츠 활동이 끝났을 때 참여자에게 나타난 최종 행동 변화 용어로 진술한다.

① ㉠, ㉡ ② ㉢, ㉣
③ ㉠, ㉡, ㉢ ④ ㉡, ㉢, ㉣

해 교육목표 진술에 관한 문제도 마찬가지로, 문제 설명이 생활스포츠가 아닌 학교스포츠나 전문스포츠로 제시되어도 본질은 동일한 문제로 볼 수 있습니다. 교육 목표는 반드시 측정 가능하고 구체적이어야 합니다. 학습 후 학습자가 보여줄 수 있는 기대 행동을 서술해야 수업의 이정표 역할을 할 수 있으며, 행동 변화 수준에 따라 동사를 구체적으로 진술하는 것이 바람직합니다.

06 <보기>에서 설명하는 생활스포츠 교육 프로그램의 지도 원리로 가장 적절한 것은? (2025-4번)

• 프로그램의 다양화를 지향한다.
• 직접 참여 활동과 간접 학습 활동을 균형 있게 제공한다.
• 스포츠 활동을 총체적으로 체험시켜 스포츠 학습의 질을 높인다.

① 개별성 ② 자발성
③ 적합성 ④ 통합성

해 '스포츠교육프로그램'과 '생활스포츠교육프로그램'은 용어상의 차이만 있을 뿐, 사실상 4번 문제와 동일한 문제입니다. 직접 체험과 간접 체험을 결합하여 총체적인 체험을 추구하는 원리는 '통합성'의 원리에 해당합니다.

07 <보기>는 마튼스(R. Martens)의 전문체육 프로그램 개발 단계이다. ㉠, ㉡에 들어갈 용어는? (2025-19번)

	㉠	㉡
①	선수 이해	우선순위 결정 및 목표 설정
②	선수 이해	전술 선택
③	종목 이해	우선순위 결정 및 목표 설정
④	종목 이해	전술 선택

해 전문체육 프로그램의 경우, 개발 단계가 가끔씩 출제됩니다. 내용 자체가 어렵지는 않으므로, 이러한 부분은 가볍게 읽으면서 간단한 암기법을 만들어두는 것이 효과적입니다. 예를 들어, 작년에는 각 단계의 앞 글자를 따서 "기이한 상우랑 지연"으로 강의하였는데 실제 시험에서 이 문장만 기억해도 충분히 풀 수 있는 문제가 출제되었습니다.

정답 04 ② 05 ④ 06 ④ 07 ①

08 <보기>의 내용에 해당하는 모스턴(M. Mosston)의 교수 스타일은? (2025-11번)

> - 지도자는 난이도가 다른 과제를 선정하고 조직한다.
> - 학생은 자신에게 맞는 난이도의 과제를 선택하고 참여한다.
> - 높이뛰기의 경우, 학생들은 바(bar)의 높이가 다른 연습 과제를 선택할 수 있다.

① 연습형　　② 포괄형
③ 자기점검형　　④ 상호학습형

해 스포츠교육학에서는 5단원 지도방법론에서 약 50%, 즉 10문제 이상 출제됩니다. 주로 살펴봐야 할 것은 '스타일', '모형', '교수기법' 등입니다. 비전공자의 경우 다소 생소할 수 있으나, 반복 학습을 통해 충분히 이해하고 문제를 해결할 수 있습니다. 제시된 보기는 '포괄형'에 해당합니다. 특히 비평형 줄넘기는 포괄형 스타일의 대표적인 수업 방법으로 설명됩니다.
- 연습형: 교사가 부여한 과제를 학습자가 개별적으로 연습하고, 교사가 이를 관찰하는 형태
- 자기점검형: 교사가 과제 평가 기준(과제활동지)을 제공하고, 학습자가 스스로 연습하는 형태
- 상호학습형: 두 명의 학생이 짝을 이루어, 한 명은 연습을 하고 다른 한 명은 교사의 역할을 수행하는 형태

※ 연습형과 자기점검형 구분 포인트
- 교사의 피드백이 연습 중 직접 제공되면 ☞ 연습형
- 교사의 피드백이 과제 활동지에 제시되어 있으면 ☞ 자기점검형

09 모스턴(M. Mosston)의 포괄형(inclusion) 교수 스타일에 관한 설명으로 적절하지 않은 것은? (2023-9번)

① 지도자는 발견 역치(discovery threshold)를 넘어 창조의 단계로 학습자를 유도한다.
② 지도자는 기술 수준이 다양한 학습자들의 개인차를 수용한다.
③ 학습자가 성취 가능한 과제를 선택하고 자신의 수행을 점검한다.
④ 과제 활동 전, 중, 후 의사결정의 주체는 각각 지도자, 학습자, 학습자 순서이다.

해 포괄형 스타일(E)은 모사 중심 클러스터에 속하며, 수업 결정군 구조는 T(교사) → L(학생) → L(학생) 순입니다. 포괄형은 기술 수준이 다양한 학습자의 개인차를 수용하여 모두를 포괄하는 것이 특징입니다. 문제에서는 학습자가 발견 역치를 넘어 창조 단계로 유도된다고 설명하고 있으나, 실제로 발견 역치는 유도 발견형(F) 단계에서 비로소 넘게 됩니다.

10 <보기>에서 모스턴(M. Mosston)의 교수 스타일에 관한 설명으로 옳은 것을 모두 고른 것은? (2025-9번)

> ㄱ. 교수 스타일은 비대비 접근 방식에 근거를 둔다.
> ㄴ. 교수 스타일마다 의사결정의 주도권은 교사에게 있다.
> ㄷ. 교수 스타일의 A~E까지는 창조(production)가 중심이 된다.
> ㄹ. 교수 스타일은 과제 활동 전, 중, 후의 의사결정으로 구분된다.

① ㄱ, ㄴ　　② ㄱ, ㄹ
③ ㄱ, ㄷ, ㄹ　　④ ㄴ, ㄷ, ㄹ

해 모스턴의 교수 스타일에 대한 기본 구조를 묻는 문제입니다.
ㄱ. 모스턴은 기존의 체육 수업이 '모 아니면 도'와 같은 대비적 수업이 되는 것을 비판하며, 비대비적이고 통합적인 관점을 강조하였습니다.
ㄴ. 의사결정의 주도권은 교사에게 있을 수도 있고, 학생에게 있을 수도 있습니다.
ㄷ. A~E까지는 모사 중심, F~K까지는 창조 중심으로 구분됩니다.
ㄹ. 의사결정은 과제 활동의 전·중·후 단계에서 이루어집니다.

정답　08 ②　09 ①　10 ②

11. 글로버(D. Glover)와 앤더슨(L. Anderson)이 인성을 강조한 수업 모형 중 <보기>의 ㉠, ㉡에 해당하는 것을 바르게 제시한 것은? (2024-4번)

> ㉠ '서로를 위해 서로 함께 배우기'를 통해 팀원 간 긍정적 상호의존, 개인의 책임감 수준 증가, 인간관계 기술 및 팀 반성 등을 강조한 수업
> ㉡ '통합, 전이, 권한 위임, 교사와 학생의 관계'를 통해 타인의 권리와 감정 존중, 자기 목표 설정 가능, 훌륭한 역할 본보기 되기 등을 강조한 수업

	㉠	㉡
①	스포츠교육 모형	협동학습 모형
②	협동학습 모형	개인적·사회적 책임감 지도 모형
③	협동학습 모형	스포츠교육 모형
④	개인적·사회적 책임감 지도 모형	협동학습 모형

해 메츨러의 체육 수업 모형은 이미 실천되고 있거나 연구되고 있는 여러 수업 방식을 모아, 하나의 주제인 '모형'으로 설명하고자 하였습니다. 모형은 크게 8개로 구성되며, 여기서 가장 먼저 알아야 할 것은 '모형의 주제'입니다. 모형의 주제는 해당 수업을 짧은 문장으로 표현한 것으로, 문제에 자주 출제될 뿐만 아니라 그 수업에서 무엇을 강조하는지 가장 쉽게 파악할 수 있는 단서가 됩니다. 문제에서 서로를 위해 함께 배우는 것은 '협동학습 모형'의 주제이며 통합, 전이, 권한 위임, 교사와 학생의 관계는 '개인적·사회적 책임감 모형'의 주제에 해당합니다.
- 스포츠교육 모형의 주제는 '유능하고 열정적이며 박식한 스포츠인으로 성장하기' 입니다.

12. 직접교수모형에 관한 설명으로 적절하지 않은 것은? (2023-7번)

① 학습 영역의 우선순위는 심동적 영역이다.
② 스키너(B. Skinner)의 조작적 조건화 이론에 근거한다.
③ 지도자 중심으로 의사결정이 이루어져 학습자의 과제참여 비율이 감소한다.
④ 수업의 단계는 전시과제 복습, 새 과제 제시, 초기 과제 연습, 피드백과 교정, 독자적 연습, 본시 복습의 순으로 진행된다.

해 모형과 스타일은 전반적인 내용을 물어볼 수도 있고, 하나의 모형이나 스타일을 자세히 묻는 형태로 출제되기도 합니다. 직접 교수 모형의 특징은 심동적 영역을 우선하며, 교사의 주도적인 지도 아래 학습자가 과제를 연습한다는 점입니다. 이 과정에서 학습자는 시종일관 과제에 참여하므로 과제 참여 비율이 높게 유지됩니다.
반면, 동료 교수 모형에서는 과제 참여 비율이 줄어듭니다. 학습자가 개인 교사의 역할을 맡으면서 실제 운동 수행에는 참여하지 못하게 되고, 그 결과 과제 참여가 절반으로 줄어듭니다. 그러나 참여 비율이 줄더라도 '가르치면서 배운다'라는 말처럼 인지적 참여가 늘어난다는 장점이 있습니다.

13. 메츨러(M. Metzler)가 제시한 '체육학습 활동' 중 정식 게임을 단순화 하고 몇 가지 기능에 초점을 두며 진행하는 것은? (2024-15번)

① 역할 수행(role - playing)
② 스크리미지(scrimmage)
③ 리드- 업 게임(lead - up game)
④ 학습 센터(learning centers)

해 체육 학습 활동에는 여러 가지 종류가 있습니다. 정식 게임을 단순화하여 몇 가지 기능에 초점을 두어 연습하는 형태는 리드업 게임에 해당합니다.
- 역할 수행은 고유한 포지션별 역할을 맡아 기능을 배우는 과정입니다.
- 스크리미지는 실제 경기 상황을 짧게 구성하여 집중적으로 연습하는 방법으로, 티칭 모멘트(Teaching Moment)가 발생할 때마다 경기를 정지할 수 있습니다.
- 학습센터는 스테이션이라고도 하며 각각의 장소에서 특정 기능을 연습하고 일정 시간이 지나면 순환하는 형태의 방법입니다.

정답 11 ② 12 ③ 13 ③

14 〈보기〉의 '수업 주도성 프로파일'에 해당하는 체육 수업 모형은?

(2024-12번)

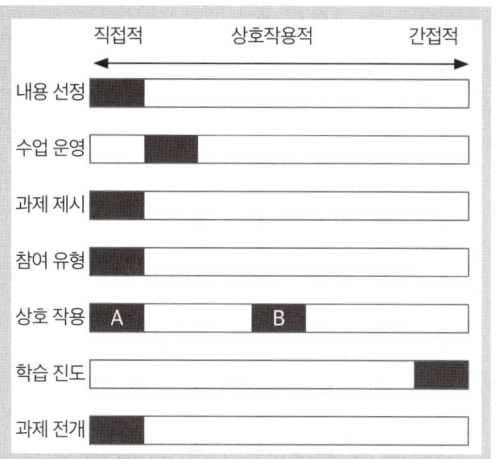

① 동료교수 모형 ② 직접교수 모형
③ 개별화지도 모형 ④ 협동학습 모형

🔍 수업 주도성 프로파일은 '수업 스타일의 의사결정 관계(O-T-L-O)'와 유사합니다.
수업 중에 해야 하는 여러 가지 의사결정은 스타일에서는 전·중·후 단계로 구분하는 반면, 모형에서는 7가지로 세분화됩니다.
따라서 8가지 모형은 각각 고유한 프로파일을 지니며, 이를 통해 프로파일을 보고 어떤 모형인지 유추할 수 있어야 합니다.
보기에서 주목할 점은 상호작용이 A와 B로 나누어져 있다는 것입니다. 이는 동료 교수 모형에서 나타나는 특징으로 (A)는 교사와 개인 교사 간의 상호작용이며 (B)는 학생과 개인 교사 간의 상호작용을 의미합니다.

15 링크(J. Rink)가 제시한 교수 전략(teaching strategy) 중 한 명의 지도자가 수업에서 공간을 나누어 두 가지 이상의 과제를 동시에 진행하는 것은?

(2023-4번)

① 자기 교수(self teaching)
② 팀 티칭(team teaching)
③ 상호 교수(interactive teaching)
④ 스테이션 교수(station teaching)

🔍 최근 들어 스타일과 모형 이외에도 링크(Link)의 교수·학습 전략이 자주 출제되고 있습니다. 스타일이나 모형만큼의 깊이는 아니지만, 수업이 이루어지는 형태를 기준으로 7가지로 구분합니다. 제시된 보기에서 한 명의 지도자가 공간을 나누어 두 가지 이상의 과제를 수행하는 것은 스테이션 교수(과제식 수업)에 해당합니다.

16 〈보기〉에서 설명하는 링크(J. Rink)의 교수 전략은?

(2025-8번)

> • 상황에 따라 지시형 또는 연습형 스타일로 활용될 수 있다.
> • 지도자는 과제의 단서를 선정하고 명확하게 전달해야 한다.
> • 주로 집단 전체를 대상으로 하는 움직임 과제를 내용으로 선정한다.

① 동료 교수(peer teaching)
② 상호작용 교수(interactive teaching)
③ 스테이션 교수(station teaching)
④ 자기교수 전략(self-instruction strategies)

🔍 2025년에는 상호작용 교수(적극적 수업)가 출제되었습니다. 보기의 설명에서도 알 수 있듯이, 스타일·모형·교수 전략은 서로 완전히 독립적인 개념이 아닙니다. 예를 들어, 동료 교수 모형은 스타일의 상호학습형(C), 교수 전략의 동료 수업(또래 교수)과 거의 유사한 모습을 보입니다. 따라서 스타일·모형·교수 전략에서 비슷한 점과 차별적인 점을 함께 파악하는 것이 중요합니다. 제시된 보기는 상호작용 교수를 의미하며, 말 그대로 학습자와 긴밀히 상호작용하면서 가르치는 형태입니다. 이는 학생들의 수행 정도를 지속적으로 평가하며 과제를 발전시키는 특징이 있습니다.
- 자기 교수 전략이란 학습 자료를 학생에게 제공하여 학습자가 스스로 배우는 수업 형태입니다. (스타일의 자기점검형, 개별화 지도 모형과 유사)

정답 14 ① 15 ④ 16 ②

17. 슐만(L. Shulman)의 '교사 지식 유형' 중 가르칠 교과목 내용에 관한 지식에 해당하는 것은? (2024-1번)

① 내용 지식(content knowledge)
② 내용교수법 지식(pedagogical content knowledge)
③ 교육환경 지식(knowledge of educational contexts)
④ 학습자와 학습자 특성 지식(knowledge of learners and their characteristics)

해 스포츠 지도를 위한 교수 기법에는 다양한 내용이 있으며, 크게 세 가지 단계로 구분할 수 있습니다.
- 계획 단계: 계획안 작성, 목표 설정, 과제 선정 등
- 실행 단계: 과제 제시, 주의 집중, 연습, 피드백 등
- 평가 단계: 관찰 및 교수 기능 연습

수업을 구상하기 위해 교사는 다양한 지식을 갖추고 있어야 하며, 일반적으로는 슐만(Shulman)의 구분 방식이 사용되고, 스포츠 분야에서는 메츨러(Metzler)의 구분 방식도 많이 활용됩니다.
보기에서 제시된 '가르칠 교과목의 내용에 관한 지식'은 내용 지식에 해당합니다.

18. 링크(J. Rink)의 내용발달 단계가 순서대로 연결된 것은? (2022-20번)

① 시작과제-확대과제-세련과제-적용과제
② 적용과제-시작과제-확대과제-세련과제
③ 세련과제-적용과제-시작과제-확대과제
④ 확대과제-세련과제-적용과제-시작과제

해 가르칠 과제의 유형과 난이도를 분류하는 방법에는 여러 가지가 있으며, 그중 젠타일의 분류 방식과 링크의 분류 방식이 시험에 출제된 바 있습니다.
주로 출제되는 것은 링크의 분류 방식으로, 단계는 크게 4단계 시작 과제 → 확대 과제 → 세련 과제 → 적용 과제로 구성되어 있습니다.

[19~20] 다음은 배구스포츠클럽을 지도하는 박 코치의 지도일지이다.

> 오늘 수업 내용은 배구 서브였다. ㉠ 출석 점검 후, ㉡ A팀은 서브 연습을 하였고, B팀은 서브 정확성이 낮은 학생이 많아 ㉢ 내가 서브 시범을 보여 주었다. C팀은 장난하는 학생이 많아 그때그때 ㉣ 손가락으로 학생의 부정적 행동을 가리키며 제지했다. 배구공이 부족해서 ㉤ D팀은 경기장 밖에서 대기하게 했다. 연습을 마친 후에는 ㉥ 학생들이 배구공과 네트를 정리하도록 했다.

19. <보기>의 ㉠~㉥ 중 수업 운영 시간에 해당하는 것을 모두 고른 것은? (2025-17번)

① ㉠, ㉣
② ㉡, ㉢
③ ㉠, ㉡, ㉢
④ ㉠, ㉤, ㉥

해 하나의 보기 지문에 두 개의 문제가 구성되어있는 형태입니다. 이와 같은 형식의 문제가 앞으로도 많이 출제될 수 있습니다. 보기엔 어려워 보이지만 한 문제씩 풀어나가다 보면 실제적으로 어려움은 없습니다. 수업 중 지도자 행동은 크게 두 가지 나눌 수 있습니다.
- 지도 행동(내용 행동): 운동 과제를 가르치는 행동
- 운영 행동(관리 행동): 교수·학습 환경을 조성하는 행동

제시된 보기에서 ㄱ, ㄹ, ㅁ은 운영 행동, ㄴ, ㄷ은 지도 행동에 해당합니다.

20. <보기>의 ㉣에 해당하는 온스타인(A. Ornstein)과 레빈(D. Levine)이 제시한 부정적 행동 관리 전략은? (2025-18번)

① 퇴장(time-out)
② 삭제 훈련(omission training)
③ 신호 간섭(signal interference)
④ 접근 통제(proximity control)

정답 17 ① 18 ① 19 ④ 20 ③

해 학자마다 제시한 여러 가지 학습자 관리 기법이 있습니다. 이를 공부할 때는 어떤 학자가 제시했는가보다, 어떤 기법이 제시되었을 때 그것이 의미하는 바를 유추할 수 있는 능력이 더 중요합니다.
문제에서 제스처나 행동을 통해 부정행동을 제지하는 것은 '신호간섭'에 해당합니다.
- 퇴장은 수업에서 배제하는 것을 의미합니다.
- 삭제훈련은 부정행동을 하지 않을 때까지 행동훈련을 하는 것을 의미합니다.
- 접근통제는 학습자에게 다가가 부정행동을 직접 제지하는 것을 의미합니다.

21. <보기>에서 설명하는 박 코치의 '스포츠 지도 활동'에 해당하는 용어는? (2024-3번)

> 박 코치는 관리시간을 줄이기 위해서 다음과 같이 지도 활동을 반복한다. 출석 점검은 수업 전에 회원들이 스스로 출석부에 표시하게 한다. 이후 건강에 이상이 있는 회원들을 파악한다. 수업 중에는 대기시간을 최소화 하기 위해 모둠별로 학습 활동 구역을 미리 지정 한다. 수업 후에는 일지를 회수한다.

① 성찰적 활동　② 적극적 활동
③ 상규적 활동　④ 잠재적 활동

해 스포츠 체육 수업이 성공적인가의 여부는 결국 그 수업의 목표를 달성했는가로 판단할 수 있습니다.
이때 목표를 달성하기 위해서는 과제 활동에 집중하고, 과제 외 활동에 소요되는 시간을 줄여야 합니다. 수업 중 빈번하게 발생하는 과제 외 활동을 '상규적 활동'이라고 하며, 좋은 체육 수업을 위해서는 이러한 상규적 활동을 사전에 규칙화하고 루틴화해야 합니다.

22. <보기>에서 안전한 학습환경 유지에 관한 설명으로 옳은 것만을 모두 고른 것은? (2022-7번)

> ㉠ 위험한 상황이 예측되더라도 시작한 과제는 끝까지 수행한다.
> ㉡ 안전한 수업운영에 필요한 절차를 분명히 전달하고 상기시켜야 한다.
> ㉢ 사전에 안전 문제를 예측하고 교구·공간·학생 등을 학습에 도움이 되는 방향으로 배열 또는 배치한다.
> ㉣ 새로운 연습과제나 게임을 시작할 때 지도자는 학생들의 활동을 주시하고 적극적으로 감독한다.

① ㉠, ㉡　② ㉡, ㉢
③ ㉠, ㉢, ㉣　④ ㉡, ㉢, ㉣

해 체육 수업에서는 안전사고가 발생하기 쉽기 때문에, 안전한 학습 환경을 조성하는 것은 목표 달성만큼 중요한 요소입니다. 특히 수업 중 위험한 상황이 예측된다면, 이를 발견하는 즉시 과제 수행을 중단해야 합니다.

정답　21 ③　22 ④

23. <보기>에서 설명하는 시덴탑(D. Siedentop)의 교수(teaching) 기능 연습법에 해당하는 용어는?

(2024-13번)

> 김 교사는 교수 기능의 향상을 위해 다음과 같은 절차로 연습을 했다.
> - 학생 6~8명의 소집단을 대상으로 학습 목표와 평가 방법을 설명한 후, 수업을 진행한다.
> - 수업에 참여한 학생들의 질문지 자료를 토대로 김 교사와 학생, 다른 관찰자들이 모여 김 교사의 교수법에 대해 '토의'를 한다.
> - 객관적인 자료를 근거로 교수 기능 효과를 살핀다.

① 동료 교수 ② 축소 수업
③ 실제 교수 ④ 반성적 교수

해 교수 기능을 향상시키기 위해 사용하는 연습법에는 여러 가지가 있습니다. 그중 반성적 교수는 교수 기능을 향상시킬 수 있는 실제적인 교수 경험을 제공합니다.
전체 인원을 6~8명을 기준으로 여러 소집단을 만들고, 각 소집단별로 한 명씩 교사를 지명합니다. 지명된 교사는 수업을 진행한 후, 수업에 참여한 학생과 관찰자와 함께 수업에 대해 토의합니다. 이 과정에서 실질적인 경험과 심도 있는 토론이 가능하므로, 예비 교사 교육에서 많이 활용됩니다.
- 동료교수는 교수 기능 연습을 동료교사나 전문가가 도와주는 형태입니다.
- 축소수업(마이크로티칭)은 소수의 실제 학생들을 대상으로 단순한 교수 기능을 연습하는 형태입니다.
- 실제 교수는 실제 수업과 동일한 조건에서 연습하는 것을 의미합니다.

24. 다음 설문지를 활용하는 데 가장 적절한 평가 단계는?

(2025-3번)

영역	질문 내용	응답 (√ 표기)
준비	준비된 개인 장비는?	□ 라켓 □ 운동화 □ 라켓
준비	테니스 강습 시 희망하는 강습 형태는?	□ 개인강습 □ 그룹강습 □ 상관없음
준비	최근 3년 이내 테니스 강습을 받은 경험은?	□ 있다 □ 없다
수준	포핸드 그립을 잡을 수 있는가?	□ 그렇다 □ 보통이다 □ 아니다
수준	백핸드 그립을 잡을 수 있는가?	□ 그렇다 □ 보통이다 □ 아니다
수준	스플릿 스텝을 할 수 있는가?	□ 그렇다 □ 보통이다 □ 아니다

① 진단평가 ② 종합평가
③ 형성평가 ④ 총괄평가

해 평가는 실시되는 단계에 따라 세 가지로 구분합니다.
- 진단 평가: 수업 전 학습자의 초기 상태를 파악하기 위해 실시
- 형성 평가: 수업 중 학습자의 학습 상황을 확인하기 위해 실시
- 총괄 평가: 수업 후 학습 정도를 판단하기 위해 실시
보기의 평가 방식은 체크리스트로 평가 방법 자체는 수업의 어느 단계에서도 활용할 수 있습니다. 그러나 질문 내용을 살펴보면, 이는 수업 전에 실시하는 진단 평가에 해당합니다.

25. <보기>에서 설명하는 스포츠 교육 평가의 신뢰도 검사 방법은?

(2023-1번)

> - 동일한 검사에 대해 시간 차이를 두고 2회 측정해서 측정값을 비교해 차이가 작으면 신뢰도가 높고, 크면 신뢰도가 낮은 것으로 판단한다.
> - 첫 번째와 두 번째 측정 사이의 시간 차이가 너무 길거나 짧으면 신뢰도가 낮게 나올 수 있다.

① 검사-재검사 ② 동형 검사
③ 반분 신뢰도 검사 ④ 내적 일관성 검사

정답 23 ④ 24 ① 25 ①

해 사용하는 평가 방식이 얼마나 좋은가를 '평가의 양호도'라고 합니다. 그중 타당도, 신뢰도, 객관도가 주요 개념이며, 문제에 자주 출제되지는 않지만 기본적인 개념은 반드시 알고 있어야 합니다.

신뢰도란 검사를 통해 얻은 결과를 얼마나 믿을 수 있는가를 의미합니다. 신뢰도를 측정하는 방법에는 대표적으로 검사-재검사, 동형 검사, 반분 신뢰도 등이 있습니다.

보기에서는 동일한 검사를 일정 시간 간격을 두고 두 차례 실시했으므로, 이는 검사-재검사 방법에 해당합니다. 다만 시간 간격이 너무 짧으면 첫 번째 검사 결과가 기억에 남아 오차가 발생할 수 있고, 반대로 너무 길면 그 사이에 피검자의 능력이 변할 수 있어 신뢰도가 낮아질 수 있습니다.

26 ☆☆☆ 〈보기〉에서 해당하는 평가기법으로 적절한 것은?

(2024-20번)

> • 운동 수행을 평가하는 데 자주 사용하는 평가 방법이다.
> • 운동수행의 질적인 면을 파악하여 수준이나 숫자를 부여하는 평가 방법이다.

① 평정척도 ② 사건기록법
③ 학생저널 ④ 체크리스트

해 평가 단원에서 평가기법은 자주 출제되는 부분입니다. 따라서 여러 가지 평가 기법의 종류와 활용 방법을 반드시 알고 있어야 합니다.

제시된 보기에서 운동 수행의 질적 측면을 수준이나 숫자로 부여하는 것은 평정 척도에 해당합니다.

- 사건기록법은 관찰방법 중 하나로 특정한 사건이 발생하였을 때 횟수를 기록하는 방법입니다. 27번 문제에 자세하게 나와있습니다.
- 학생저널은 일기와 같이 학습자가 수업에 관련된 내용을 작성하는 방법입니다.
- 체크리스트는 단순한 질문에 충족 여부를 기록하는 평가 방법입니다. 24번 문제의 평가기법이 체크리스트가 되겠습니다.

27 ☆☆☆ 〈보기〉에서 활용된 스포츠 지도 행동의 관찰기법은?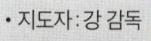

(2023-12번)

• 지도자 : 강 감독   • 수업내용 : 농구 수비전략
• 관찰자 : 김 코치   • 시간 : 19:00~19:50

	피드백의 유형	표기(빈도)	비율
대상	전체	✓✓✓✓✓ (5회)	50%
	소집단	✓✓✓ (3회)	30%
	개인	✓✓ (2회)	20%
성격	긍정	✓✓✓✓✓✓✓✓ (8회)	80%
	부정	✓✓ (2회)	20%
구체성	일반적	✓✓✓ (3회)	30%
	구체적	✓✓✓✓✓✓✓ (7회)	70%

① 사건 기록법(event recording)
② 평정 척도법(rating scale)
③ 일화 기록법(anecdotal recording)
④ 지속시간 기록법(duration recording)

해 스포츠교육학의 평가 단원에서는 기존에 주로 평가 기법이 출제되다가, 최근에는 관찰 기법까지 출제되고 있습니다. 관찰 기법은 일종의 평가 기법으로, 수업을 특정한 형식에 따라 관찰하고 이를 평가에 활용하는 방법을 의미합니다. 이는 전통적 관찰법과 체계적 관찰법으로 구분되며, 주로 체계적 관찰법이 출제될 가능성이 높습니다. 제시된 보기는 사건 기록법에 해당합니다.

- 평정척도법은 전통적 관찰법에 해당하며 수업을 관찰하면서 수준이나 정도를 판단합니다.
- 일화기록법은 전통적 관찰법에 해당하며 일기처럼 수업의 전 과정을 순서대로 서술하는 형태입니다.
- 지속시간기록법은 체계적 관찰법에 해당하며, 수업 중 행동이 얼마나 지속되는지를 시간 단위로 측정·기록하는 방법입니다. 같은 피드백을 기록하더라도 사건 기록법에서는 단순히 횟수만 알 수 있는 반면 지속 시간 기록법은 어떤 피드백이 얼마나 오래 지속되었는지까지 파악할 수 있는 장점이 있습니다.

 26 ①   27 ①

28. <보기>에서 '학교체육 전문인 자질'로 ㉠~㉢에 들어갈 용어를 바르게 제시한 것은?

(2024-09번)

(㉠)	(㉡)	(㉢)
학습자 이해 교과지식	교육과정 운영 및 개발 수업 계획 및 운영 학습모니터 및 평가 협력관계 구축	교직 인성 사명감 전문성 개발

	㉠	㉡	㉢
①	교수	기능	태도
②	지식	수행	태도
③	지식	기능	학습
④	교수	수행	학습

해 7단원 스포츠교육자의 전문적 성장은 비교적 출제 빈도가 낮은 편입니다.
출제되더라도 학문적인 내용보다는 일반적인 내용이 많아, 문제를 꼼꼼히 읽기만 해도 충분히 풀 수 있는 경우가 많습니다.
학교체육 전문인은 '지식·수행·태도'를 지녀야 하며, 제시된 보기에서 ㄱ은 지식, ㄴ은 수행, ㄷ은 태도에 해당합니다.

29. 국민체육진흥법(시행 2021.6.9.)에서 규정하는 생활스포츠지도사의 자격으로 옳지 않은 것은?

(2022-13번)

① 체육지도자의 자격은 19세 이상인 사람에게 부여한다.
② 생활스포츠지도사는 1급, 2급으로 구분한다.
③ 2급 생활스포츠지도사는 2급 생활스포츠지도사 자격 검정에 합격하고, 연수과정을 이수한 사람으로 한다.
④ 1급 생활스포츠지도사는 자격 종목의 2급 생활스포츠지도사 자격을 취득한 후 3년 이상 해당 자격 종목의 지도경력이 있는 사람으로 한다.

해 체육과 관련한 법 중에서는 국민체육진흥법이 항상 1문제 이상 출제됩니다. 그만큼 중요한 법이라고 볼 수 있습니다.
이 법은 다른 법에 비해 내용이 방대하지만, 그 속에 유익한 정보도 많기 때문에 시험 공부를 떠나 한 번쯤은 꼭 살펴볼 필요가 있습니다.
해당 법에서는 스포츠지도사의 자격에 대해서도 명시하고 있습니다. 생활스포츠지도사는 18세 이상이면 응시가 가능하므로, 해당 문제는 1번이 최초 정답으로 처리되었습니다. 그러나 4번 문항에서 1급 자격시험에 관한 내용이 누락되어 있었기에, 이의 신청 후 중복 정답으로 인정되었습니다.

30. <그림>은 '국민체력100'의 운영 체계이다. 체력인증센터가 이용자에게 제공하는 서비스가 아닌 것은?

(2022-16번)

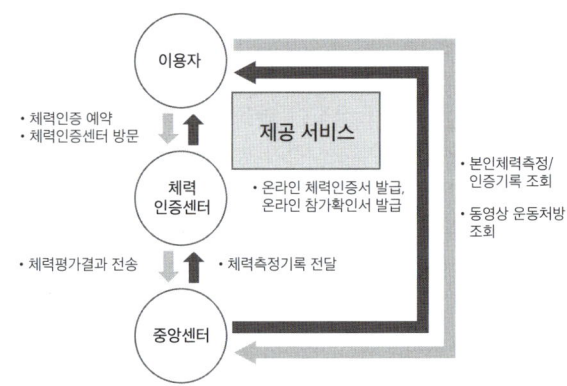

① 체력측정 서비스
② 맞춤형 운동처방
③ 국민 체력 인증서 발급
④ 스포츠클럽 등록 및 운영지원

해 스포츠 관련 정책과 제도는 매년 1~2문제 정도 꾸준히 출제되며, 내용 자체는 어렵지 않습니다.
국민체육진흥공단 사이트에서 운영 중인 주요 사업을 살펴보면 도움이 됩니다.
제시된 보기는 전 국민 맞춤형 체력관리 서비스인 '국민체력100'에 대한 설명입니다.
이 사업은 체력 측정과 맞춤형 운동 처방을 제공하며, 체력 인증서도 발급받을 수 있습니다. 반면, 스포츠클럽 등록 및 운영 지원과는 관련이 없습니다.

03 PART 스포츠심리학

1. 스포츠심리학의 개관

1) 스포츠심리학의 정의와 역사

정의		스포츠 상황에서의 인간 행동을 과학적으로 분석 및 탐구하는 학문
역사	광의의 스포츠심리학 (1980년대 이전)	운동학습, 운동발달, 운동제어와 스포츠심리 분야 모두를 포함하는 관점
	협의의 스포츠심리학 (1980년대 이후)	스포츠운동심리(건강운동, 수행심리, 사회심리) 분야로 전문화 및 세분화 ※ 운동학습과 제어 분리

2) 스포츠심리학의 하위분야 구분

구분	연구 주제	주요 출제 내용	
운동제어	움직임의 생성과 조절에 대한 원리	주요 이론(정보처리이론, 다이나믹시스템, 생태학적 관점), 주의와 각성, 운동기술의 분류, 속도와 정확성, 협응의 특징 등	
운동학습	운동기술의 효율적 수행과 학습	운동학습 단계(피츠와 포스너, 번스타인), 피드백, 연습방법, 전이와 파지	
운동발달	인간 생애에 걸친 운동 발달 과정	운동발달의 개념, 운동발달의 특징, 시기별 운동발달 단계	
운동심리 (건강운동)	운동을 하는 심리와 심리적 효과	운동의 심리적 효과 이론(모노아민 가설), 운동실천 중재 전략, 운동실천이론(행동이론, 건강신념, 자결성, 변화단계)	
스포츠 심리상담	심리 훈련 및 상담을 통한 경기력 향상	상담자의 역할, 상담기법, 상담윤리규정	
스포츠 심리학	스포츠수행에 영향을 미치는 심리요인	개인심리	성격, 정서, 불안, 동기, 심상, 목표설정, 자신감, 주의집중 등
		사회심리	집단응집력, 리더십, 관중효과, 사회성 발달 등

3) 스포츠심리학의 학자

구분	설명
노먼 트리플렛 (Norman Triplett)	1. 일반심리학자로 스포츠심리학 태동기의 대표 학자 2. 다른 사람의 존재가 사이클 수행에 미치는 영향 연구(최초의 스포츠심리 연구)
콜먼 그리피스 (Coleman Griffith)	1. 일리노이대학교 심리학 교수로 북미 스포츠심리학의 아버지로 불림 2. 최초의 스포츠심리학 실험실 설립, 최초의 저서 「코칭심리학」 책 출판 3. 시카고 컵스 야구팀 스포츠 심리 상담사
프랭클린 헨리 (Franklin Henry)	1. 미국 캘리포니아 버클리대학의 심리학 교수 2. 운동기술 연구의 선구자 및 후학 양성
레이너 마틴즈 (Rainer Martens)	1. 일리노이 대학교 스포츠심리학 교수 2. 스포츠경쟁불안 연구 및 측정도구(SCAT) 개발 3. 「코칭과학」 집필, 운동의 심리생리적 측면의 체계적 연구

2. 인간운동행동의 이해

1) 운동제어

① 운동학습제어 주요 이론

반사이론	1. 어떤 자극(Stimulus)이 주어졌을 때 특정한 반응(Response)을 일으킨다는 설명 2. 행동주의적 관점의 설명으로 자극과 반응 간의 간단한 연결을 강조 3. "뜨거운 물에 손이 닿으면 손을 뺀다" 수준의 설명 ☞ 움직임 생성의 원리나 인간의 능동적인 처리과정을 설명하지 못함		
정보 처리 이론	폐쇄회로	기억 체계에 저장되어 있는 동작을 피드백 정보를 통해 수정하면서 이루어짐 ▶ 피드백이 없을 때 일어나는 동작과 빠른 운동을 설명하지 못함	
	개방회로	피드백이 없어도 대뇌에 저장되어있는 운동프로그램에 의해서 동작이 생성됨 ▶ 수많은 프로그램을 저장하는 기억의 문제와 새로운 동작에 대한 신형의 문제	
	도식이론	1. "일반화된 운동프로그램"에 근거하여 폐쇄회로와 개방회로의 장점을 통합한 이론 2. 느린 운동은 재인도식(폐쇄회로), 빠른 운동은 회상도식(개방회로)으로 설명	
		일반화된 운동프로그램	기억의 문제를 해결하기 위한 아이디어로 수많은 프로그램을 저장할 때 각각의 동작을 따로 저장하는 것이 아니라 하나의 동작에서 변하지 않는 특징(불변매개변수)을 찾아내 저장한 뒤 다양한 상황에서 일부 동작의 조건(가변매개변수)을 조절하여 생성해낸다는 이론
다이나믹시스템	1. 인간의 자유도 높은 수많은 행동은 운동프로그램으로 설명할 수 없음 2. 과제-환경-유기체 간의 역동적인 상호작용 속에 적절한 움직임이 발생한다는 이론 ☞ 자유도의 문제, 맥락조건가변성, 운동등가, 자기조직화, 비선형성의 원리, 상변이현상		
생태학적이론	1. 유기체와 생태계는 하나의 단위이므로 환경 정보를 인지적으로 처리할 필요가 없음 2. 인간(유기체)이 유용한 정보를 지각하면 어떤 행동의 유용성이 나타남 ☞ 탐색과정, 직접지각, 불변특성, 어포던스		

② 정보처리이론

- 슈미트(Schmidt)의 도식이론(schema theory)
  - 인간은 특정 기억체계인 도식(schema)를 가지고 있고 이를 통해 운동에 필요한 정보를 처리함
  - 운동 수행 시 사용되는 4가지 정보원
    - ☞ 초기조건(수행 전), 반응명세(속도, 힘), 감각귀결(감각피드백), 실제결과(성공여부)
  - 도식의 종류

회상도식	1. 피드백 정보가 없는 빠른 움직임 → 개방회로적 관점 2. 과거의 반응명세와 실제결과를 비교하여 운동프로그램을 세움 3. 주로 빠른 운동을 조절하며 200ms 이상의 과제에도 초기에 사용됨
재인도식	1. 피드백 정보가 충분한 느린 움직임 → 폐쇄회로적 관점 2. 과거의 실제결과와 감각 귀결, 초기 조건을 통해 동작을 형성함 3. 200ms 이상의 모든 운동에 관여함

  - 매개변수

불변매개변수	요소의 순서(동작의 순서), 상대적 타이밍(≒시상, 근수축의 시간적 구조), 상대적 힘(전체힘의 배분 정도)
가변매개변수	선택된 근육군(동작에 따라 다르게 선택된 근육), 전체 동작 시간, 전체 힘(힘의 총량)

- 정보처리과정 3단계

```
감각-지각  ⇨  반응 선택  ⇨  반응 실행
```

① 감각-지각 단계
- 환경으로부터 많은 정보가 인간의 감각 시스템을 통해 병렬적으로 유입되는 단계

스트룹 효과	여러 감각 정보가 병렬적으로 처리되면서 반응선택에 간섭을 일으키는 현상 예 "빨강"이라는 글자를 초록으로 칠한 뒤 색을 빠르게 읽게 하는 경우
칵테일 파티 현상	여러 감각 정보 중 주의를 기울임에 따라 선택적으로 하나의 정보를 무시하거나 특정 정보에 민감하게 반응하는 현상 예 시끄러운 파티 속에서도 자신의 이름을 부르는 것을 인지하는 것

② 반응 선택 단계
- 받아들여진 여러 정보를 종합하여 특정 반응(행동)을 선택하는 단계
- 처리과정에 따라 통제적 처리와 자동적 처리로 구분할 수 있음

통제적 처리	주로 새로운 과제를 학습하는 학습의 초기 단계에서 주로 나타남 많은 주의가 요구되기 때문에 두 가지 이상의 과제에서 수행이 어려워짐
자동적 처리	주로 숙련된 수행자들의 의식적 노력없이 처리하는 능숙한 과제 많은 주의가 요구되지 않아 동시에 다른 과제에 주의를 더 기울일 수 있음

③ 반응 실행 단계
- 실제 움직임을 생성하기 위한 조직화 단계로 운동명령을 근육에게 전달하는 단계
- 정보처리 상황에 따라 병목현상이 발생할 수 있으며 하나의 자극에 대하여 반응 실행이 완료되기 전까지 다음 자극에 대한 반응 실행이 일어날 수 없음

심리적 불응기	자극의 시간차가 약 60ms일 때 첫 번째 자극의 처리로 인하여 두 번째 자극의 반응실행이 지연되는 것을 의미함 ※ 운동상황에의 적용 "페인트 동작" - 페인트 동작은 실제 동작처럼 수행해야 자극에 반응한다 - 페인트 동작과 실제 동작 간의 적절한 시간차를 유지한다 - 자주 사용하면 페인트 동작에 반응하지 않게 된다
집단화	자극의 시간차가 매우 짧을 때(40ms 이하) 1차와 2차 자극을 하나의 자극으로 간주하여 심리적 불응기가 나타나지 않는 것

- 정보처리이론 중 반응 시간의 유형 '25

단순 반응시간	사전 지정된 한 가지 자극에 대한 동작을 수행하는데 걸리는 시간
변별 반응시간	여러 개의 자극이 제시될 때 정해진 자극에만 반응을 하는 시간
선택 반응시간	별도의 반응이 필요한 여러 자극에 대해서 수행에 소요되는 시간 ▶자극 반응의 대안 수, 자극 반응의 부합성에 영향을 받음

- 정보처리이론의 단점
  - 수많은 도식에 대한 저장 문제와 처음수행하는 동작에 대한 해답이 불확실함
  - 수많은 인간의 자유도 높은 행동을 인간의 정보처리만으로 모두 설명하기에 어려움

④ 다이나믹시스템 이론 '23 '20 '19
- 인간의 수많은 행동은 과제, 환경, 유기체(개인) 간의 역동적인 상호작용 속에서 적절한 움직임이 발생한다는 이론
- 번스타인(berstien)의 연구

자유도의 문제	1. 수많은 자유도를 가진 행동을 어떻게 대뇌가 모두 통제할 수 있는가 2. 인간의 협동 동작은 수많은 구성 요인(신경, 근육, 관절)이 서로 조화를 이루면서 신체의 내-외적인 힘에 의해 생성된 효율적인 동작이다
맥락조건가변성	1. 중추적으로 전달한 동일한 명령이라도 다른 움직임을 생성할 수 있다 2. 영향을 미치는 조건들: 해부학적 요인, 역학적 요인, 생리학적 요인
운동등가	1. 중추적으로 전달한 다른 명령이 같은 움직임을 생성하는 것 2. 주어진 동작의 수행을 위해 수많은 근육과 관절이 서로 조화롭게 협응함

- 뉴웰(Newell)의 연구

자기조직화		1. 인간 운동 행동의 생성은 프로그램의 결과가 아니라 세 가지 제한요소의 상호작용 결과이다 2. 협응의 세 가지 제한요소: 유기체(개인), 과제, 환경
협응 구조의 형성	비선형성의 원리	시간에 따른 운동 행동 변화가 선형적이지 않음
	상변이 현상	- 자기조직화된 운동 동작은 질서 변수가 존재함 - 제어변수(속도나 힘 등)의 변화는 질서변수에 영향을 줌 - 특정한 임계점에서 협응구조가 안정 상태에서 불안정 상태로 변하였다가 다시 안정 상태로 돌아가는 것을 의미함

⑤ 생태학적 접근
- 다이나믹시스템 이론처럼 과제-환경-유기체를 강조하지만 유기체와 생태계를 하나의 단위로 봄
- 환경 정보 자체에 의미가 있기에 인간의 특별한 인지 과정없이 과제를 지각하는 것만으로 움직임이 생성될 수 있다는 이론
- 깁슨(Gibson)의 연구

직접지각	간접 지각과 다른 접근으로 눈으로 들어오는 광학적 정보(빛)는 이미 풍부한 의미를 가지고 있기에 특별한 인지과정없이 지각과 동작이 동시에 이루어짐
불변특성	1. 눈으로 들어오는 광학적 정보는 가변적인 속성과 불변적인 속성을 지님 2. 가변적인 속성: 물체나 관찰자의 움직임, 불변적인 속성: 환경의 영속성 ☞ 움직이는 상황이라도 공의 크기는 바뀌지 않고 같은 물체이다
어포던스	1. 유기체, 환경, 과제의 독특한 관계에서 나타날 수 있는 운동 동작의 가능성 2. 환경 상황에서 유기체가 의미를 바로 지각할 수 있다는 것을 보여줌 ☞ 계단을 보고 올라갈 수 있는지 가늠하는 것, 좁은 벽을 통과할 수 있는지

- 시각탐색을 위한 움직임 '22

매우 빠른 움직임	순간적으로 원하는 곳으로 안구를 이동시키는 움직임
느린 추적 움직임	움직이거나 정지한 목표 지점에 안구의 위치를 고정하는 움직임
전정 안구 반사	머리가 회전할 때 이와 반대방향으로 안구가 움직이는 움직임
조화로운 움직임	빠른 움직임과 추적 움직임을 적절하게 사용하는 움직임

2) 운동학습

① 운동학습의 의미 '23

> 운동 수행 목적을 달성하기 위하여 수의적이고 효율적인 신체의 움직임을 만들어 내는 것
> -구스리: 최소한의 시간과 에너지를 소비하여 최대의 확실성을 갖고 목표를 달성할 수 있는 능력
> -존슨: 속도, 정확성, 폼, 적응성의 다양한 차원에서의 효율적인 움직임

② 운동기술의 분류 '23 '19

1차원적 분류	근육의 크기	대근 운동(대부분의 스포츠 기능), 소근 운동(정확하고 세밀한 운동)	
	움직임 연속성	시작과 끝의 인지 여부에 따라 비연속적, 계열적, 연속적으로 나눔 비연속적(던지기, 슛), 계열적(피아노, 체조 연기), 연속적(수영, 자전거) - 연속적 운동은 파지가 무한하다는 특징(예 자전거 타기)	
	환경 안정성	환경이 변하는 개방기능과 변하지 않는 폐쇄기능으로 나눔 개방기능 : 구기 및 투기 기술 등 외부 상황에 유연하게 적응하고 대처하는 동작 폐쇄기능 : 양궁, 사격, 구기 종목 중 서브 등 정확하고 일관성 있는 동작	
2차원적 분류 (젠타일)	환경적 맥락	조절 조건	운동상태인가? 안정상태인가?
		동작 간 가변성	수행하는 동안 동작이 변하는가? 변하지 않는가?
	동작의 기능	신체이동	신체가 이동하는가? 이동하지 않는가?
		물체조작	물체를 조작하는가? 조작하지 않는가?

③ 운동학습 단계 '22 '20 '18

피츠 (Fitts)	인지 단계	특성 이해, 전략 개발, 교사는 연속적이고 체계적 조직, 학생은 적절한 단서에 주의, 일반 지능 능력
	연합 단계	수행전략을 선택, 해결책 탐구, 다양한 기술 요소 연관, 상황에 따른 동작의 형태 변화, 일부 오류 탐지 및 수정, 수행력 향상
	자동화 단계	의식적 주의가 필요없는 일관적인 수행가능, 남은 주의를 다른 측면에 활용, 수행 오류가 적음, 오류 탐지 및 수정 능력 완성
젠타일 (Gentile)	움직임 개념 습득 단계	운동 기술의 목표를 달성하기 위한 적절한 움직임 형태 이해 환경의 두 가지 특징을 구분하여 정보를 받아 움직임을 조절함 조절조건 : 날아오는 공의 궤적, 공의 속도 등 영향을 주는 환경 조건 비조절조건 : 공의 색깔, 주변 배경 상태 등 영향을 주지 않는 조건
	고정화 및 다양화 단계	기술의 환경적 요인에 따라 고정화 및 다양화를 달리 적용 폐쇄기술 : 운동 기술의 고정화, 일관된 수행을 만듦 개방기술 : 운동 학습의 다양화, 다양한 환경 조건에 적응하도록 함
번스타인 (Bernstein)	자유도 고정	새로운 운동 기술을 학습하고자 신체의 자유도를 고정하는 단계 (관절의 각도를 일정하게 하거나 여러 관절을 하나의 단위체로 제한)
	자유도 풀림	고정했던 자유도를 풀어 동작에 필요한 하나의 기능적 단위를 형성
	반작용 활용	관성이나 마찰력 같은 힘을 효율적으로 사용하며 환경 변화에 적응
뉴웰 (K. Newell)	협응 단계	과제의 목표를 달성하기 위해 신체의 기본적 협응 동작을 형성하는 과정으로 번스타인의 "자유도 고정 및 풀림" 단계의 총체적 표현
	제어 단계	다양하게 변하는 환경과 과제의 특성에 대해서 협응 형태를 달리 하면서 운동 기술 수행의 효율성을 발휘하는 단계 ≒ 매개변수화

④ 피드백 종류 및 특징 '23 '21 '20 '18

피드백 기능		정보제공, 안내, 동기유발, 강화, 주의집중, 의존생성	
정보출처에 따른 분류	내재적	감각적인 피드백, 시각 정보, 운동감각적 정보 (자신의 감각 수용기를 통해 느낌)	
	외재적	보강적인 피드백, 지도자의 조언, 정보제공 (외부에서 정보를 제공함)	
정보내용에 따른 분류	수행 지식 (KP)	동작의 유형에 대한 질적 정보를 제공하는 것	
		언어적 설명	"백스윙을 충분히 들지 않았어"
		영상자료활용	달리기 자세를 슬로우 모션으로 제공
		바이오 피드백	심박수, 혈압 등을 통해 실시간으로 오류 수정
	결과 지식 (KR)	동작의 결과에 대한 양적 정보를 제공하는 것	
		정밀성	학습자에 따라 다르나 학습 후기로 갈수록 세밀하게 제공하는 것이 좋음
		수용범위	특정 범위를 벗어났을 때 정보를 제공 (정보제공 및 동기유발의 효과)
		제시시기	운동 시행 후 오류탐색 및 인지적 처리의 시간 제공 후 결과지식 제시
		자기통제	학습자 스스로 수행하되 학습자의 요구에 따라 여러 정보를 제공하는 방법

⑤ 연습방법 '25 '24 '21 '20 '18

	기술 연습을 한 가지씩 하는지 여러 개를 한번에 하는지에 따라			
무선연습	무작위로 연습함 (과제 구분없이 30분) ▶ 맥락간섭많음(파지 및 전이에 효과적) 예 슛, 패스, 드리블 무작위 연습			
구획연습	과제별로 따로 연습함 (과제별 10분씩) ▶ 맥락간섭적음(수행연습에 효과적) 예 슛 10분, 패스 10분, 드리블 10분			
	연습 중간 휴식이 유·무에 따라			
집중연습	휴식 안 함	긴 연습을 버틸 수 있는 성숙한 사람	처음 배우거나, 수업 준비가 많이 필요하거나, 연습을 나누기에 복잡하거나, 연습의 양이 필요할 때	
분산연습	휴식 함	긴 연습을 버틸 수 없는 미성숙한 사람	나누기에 단순한 과제, 학습자가 피로할 경우 기술의 양보다 질적인 연습이 필요할 때	
	한 가지 기술을 연습할 때 통째로 연습하는지 또는 부분을 나누어서 연습하는지에 따라			
전습법	동작을 한번에 / 후기연습법 예 수영 100m 자유연습	과제 특징에 따라	연속적인 과제, 단순한 과제	
		학습자 특징에 따라	장기간 주의집중 가능, 숙련자	
분습법	동작을 나눠서 / 초기연습법 예 수영 킥 연습, 스트로크연습	과제 특징에 따라	개별적인 과제, 복잡한 과제	
		학습자 특징에 따라	장기간 주의집중 불가, 초보자	
3가지 분습법 종류	단순화	과제요소를 줄여서 난이도를 낮춰 연습하는 방법 예 자유형 킥과 스트로크를 지상에서 연습하기		
	부분화	하위 요소를 분리하여 각각 연습하는 방법 예 자유형 킥판을 잡고 킥 연습 후 킥판을 다리에 끼고 스트로크만 연습하기		
	분절화	전체 기술을 일정 구획 별로 나누어 연습 후 결합하는 방법		
		순수 분습법 (A-B-C-ABC)	각 부분들을 따로 연습 후 전체 기술을 종합연습하는 방법 예 자유형 킥, 스트로크, 호흡, 턴 등을 따로 연습 후 종합	
		점진적 분습법 (A-B-AB-C-ABC)	첫 부분과 두 번째 부분 연습 후 결합하여 연습하는 방법 예 킥 연습, 스트로크 연습, 킥-스트로크, 호흡, 킥-스트로크-호흡	
		반복적 분습법 (A-AB-ABC)	첫 부분 연습 후 두 번째 부분을 연결시켜 연습하는 방법 예 킥 연습, 킥-스트로크 연습, 킥-스트로크-호흡 연습	

⑥ 전이와 파지 개념 '23 '20 '19

파지	경험 및 연습한 내용을 기억하는 정도			
	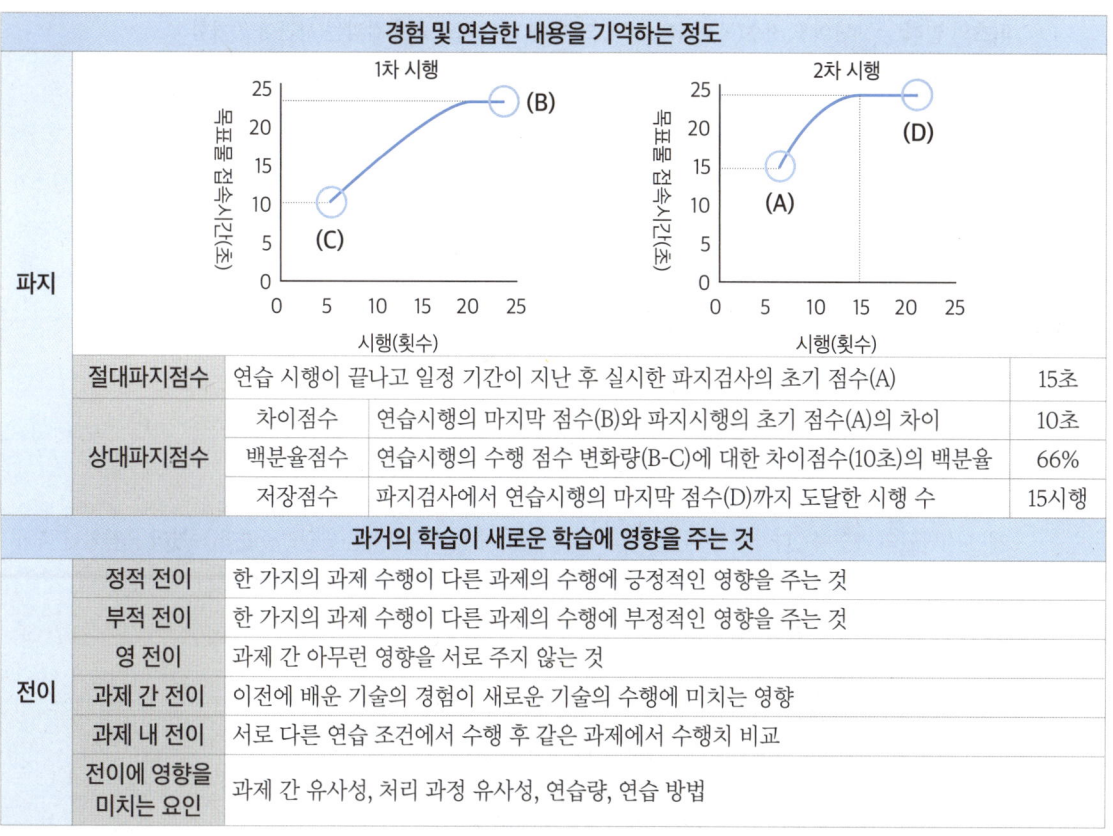			
	절대파지점수	연습 시행이 끝나고 일정 기간이 지난 후 실시한 파지검사의 초기 점수(A)		15초
	상대파지점수	차이점수	연습시행의 마지막 점수(B)와 파지시행의 초기 점수(A)의 차이	10초
		백분율점수	연습시행의 수행 점수 변화량(B-C)에 대한 차이점수(10초)의 백분율	66%
		저장점수	파지검사에서 연습시행의 마지막 점수(D)까지 도달한 시행 수	15시행
전이	과거의 학습이 새로운 학습에 영향을 주는 것			
	정적 전이	한 가지의 과제 수행이 다른 과제의 수행에 긍정적인 영향을 주는 것		
	부적 전이	한 가지의 과제 수행이 다른 과제의 수행에 부정적인 영향을 주는 것		
	영 전이	과제 간 아무런 영향을 서로 주지 않는 것		
	과제 간 전이	이전에 배운 기술의 경험이 새로운 기술의 수행에 미치는 영향		
	과제 내 전이	서로 다른 연습 조건에서 수행 후 같은 과제에서 수행치 비교		
	전이에 영향을 미치는 요인	과제 간 유사성, 처리 과정 유사성, 연습량, 연습 방법		

⑦ 기억의 유형 '24

감각기억	환경으로부터의 자극이 인간의 기억체계에 들어오는 첫 단계 청각정보가 시각 정보보다 조금 더 길며 시각 정보는 약 0.25초 이내에 사라짐 예 야구에서 심판이 공의 스트라이크 여부를 순간적으로 판단할 때	
단기기억	감각기억이 중추신경계에 잠시 저장되어있는 상태로 일종의 교차로로 볼 수 있음 부호화의 과정을 통해 단기기억으로 저장되며 이는 장기기억으로 넘어가기도 함	
장기기억	단기기억의 정보가 더 많은 주의를 기울이거나 특별한 과정을 통해 전환됨 오랫동안 보존되며 비교적 영속적이며 다시 수정되거나 더 강화될 수 있음	
	의미적 기억(어의적 기억)	"기억하는 것", 개인의 특정한 사건이나 경험에 대한 기억
	일화적 기억(사건 기억)	"아는 것", 사물의 의미나 사건의 일반적 정보에 대한 기억
	절차적 기억	"하는 것", 행동이나 기술을 수행하는 기억

⑧ 학습 및 수행과 관련된 내용 '25 '24

고원과 슬럼프	1. 고원: 수행능력의 향상이 이루어지고 있지 않는 상태
	  - 피로도 누적, 주의력 결핍, 습관의 위계와 관련, 학습이 이루어지고 있는 상태일 수 있음
	2. 슬럼프: 자신의 평균 실력보다 수행 능력이 현저히 저하된 상태
	  - 원인에 따라 처치해야하여 휴식을 제공하거나 연습 방법을 바꿔주면 좋음

천장 효과 및 바닥효과	1. 천장효과: 운동 기술 과제가 너무 쉬운 경우, 결과값이 최고점에 가까울 때 2. 바닥효과: 운동 기술 과제가 너무 어려운 경우, 결과값이 최저점에 가까울 때 ※ 측정도구나 처리방법 또는 학습자에 의해서도 일어날 수 있음

⑨ 운동학습제어와 관련된 기타 이론들 '24 '22

피츠의 법칙	난이도 지수(목표와의 거리, 크기)에 따라 목표물에 걸리는 시간이 증가함
힉의 법칙	자극에 대한 반응 대안 수가 증가할수록 선택 반응시간이 증가하는 것 예 투수가 여러 가지 구질의 공을 무작위로 던졌을 때 타자의 반응시간이 증가함
파워 법칙	운동 학습 중의 수행변화는 초기에 크게 일어나고 점점 감소함
임펄스 가변성 이론	운동동작의 속도(시간 가변성)와 생성된 힘(힘 가변성)이 임펄스 가변성을 결정하고 임펄스가 운동의 정확성을 좌우함 - 운동 정확성 개념에 근신경학적 요소를 도입함

3) 운동발달

① 운동발달의 개념 및 특징 '23 '22 '21

> 인간의 운동 발달은 양적인 변화(성장)와 질적인 변화(성숙)를 포함한다.
> 운동 발달은 일련의 연속적인 변화로 일어나며 특정 발달에 필요한 민감기가 존재한다.
> ※ 인간 발달 특징(NAPSE 기준)
> - 개인적(발달의 개인차), 다차원적(내적요인과 외적요인), 계열적(순차적인 발달), 종합적(과거의 움직임이 축적)
>   방향적(진보나 퇴보), 질적(동작의 수행능력 향상)

② 게셀과 에임스의 운동발달 원리 이론 '23

> 1. 운동발달은 일련의 방향성과 발달 순서가 존재함
>   - 머리-꼬리 원리: 머리에서 다리쪽으로 발달(머리→몸통→팔다리)
>   - 중앙-말초 원리: 신체의 중심에서 바깥쪽으로 발달(몸통→손가락)
> 2. 운동협응에도 일정한 발달순서가 있음
>   - 양측운동(좌우측을 동시), 편측운동(한쪽만), 교차운동(번갈아가며)

③ 시기별 운동발달 단계 '24 '21 '18

시기구분		갤러휴의 구분	특징
태아기 (임신~출생)			전 생애적 발달과정에서 매우 중요한 단계
신생아기 (0~1세)		반사 움직임	대뇌피질 하 불수의적 움직임, 정보처리 및 수용
영아기 (1~2세)		초보 움직임 (초기 움직임)	이동 기술의 시작, 양손사용 가능, 성숙에 의해 영향을 받은 유아적 움직임, 기기, 걷기, 내밀기, 잡기, 놓기
유아기 (2~6세)		기초 움직임 (기본 움직임)	기본적인 운동기술에서 지각 활동 등 다양한 기술발달 (민감기-결정적 시기) 아동의 기본적 움직임 기술 발달(걷기, 달리기, 점프, 던지기, 잡기, 차기 등)
아동기 (6~12세)		전문 움직임 (스포츠기술)	기본적 운동 기술이 세련되어짐, 기본적인 움직임이 더 발달함
청소년기 (12~18세)		성장과 세련	신체 성장과 더불어 운동 기술의 완성, 운동 발달이 급격한 시기, 2차 성징
성인기	초(18~40세)	최고 수행 (18~30세)	자아정체감 확립 및 신체적 완성(최고수행) 최상의 운동 수행 능력
	중(40~65세)	퇴보	운동 기능이 점차 감소, 적극적 운동 필요
	후(65세~)		

3. 스포츠 수행의 심리적 요인

1) 성격

홀랜더의 성격구조	1. 성격은 심리적 핵, 전형적 반응, 역할 행동의 3가지 수준으로 구분됨 2. 수준별 특징 - 심리적 핵: 깊숙이 내재되어 있는 개인의 실제 이미지로 일관성이 가장 높음 - 전형적 반응: 주변 환경과 상호작용하며 나타나는 행동, 심리적 핵 유추 가능 - 역할 행동: 주어진 환경에 가장 민감하게 반응하는 행동, 일관성 낮음
매슬로우의 욕구위계	1. 인간은 자유의지의 존재로서 자신의 목표를 추구하려는 욕구를 가짐 2. 인간이 추구하는 욕구에는 위계(서열)가 있으며 기본적인 욕구부터 충족이 되면 다음 욕구의 만족을 추구함 ※ 순서: 생리적→안전→소속과 사랑→존중→자아실현
프로이드의 정신역동	1. 인간의 무의식이 인간 성격과 행동을 결정하는 핵심 원동력 2. 무의식은 이드(id), 자아(ego), 초자아(super ego)로 구분 3. 인간의 행동은 무의식적 욕망인 이드와 도덕적 양심의 초자아 사이에서 역동하는 자아의 결과
카텔의 특성이론	1. 성격이란 선천적으로 타고난 성향으로 비교적 안정적이며 일관성이 높은 특징 2. 카텔의 16PF: 성격을 16개의 요인으로 나누어 구성한 질문지 검사 방법

2) 정서와 시합불안

① 웨이스(M. Weiss)와 아모로스(A. Amorose)의 스포츠 재미요인 '22

스포츠 행동 형성 과정	숙달성취, 사회적 소속, 동작감각 → 스포츠 재미 → 스포츠 전념 → 스포츠 행동

② 칙센트 미하이(M.Csikszentmihalyi)의 몰입 '23

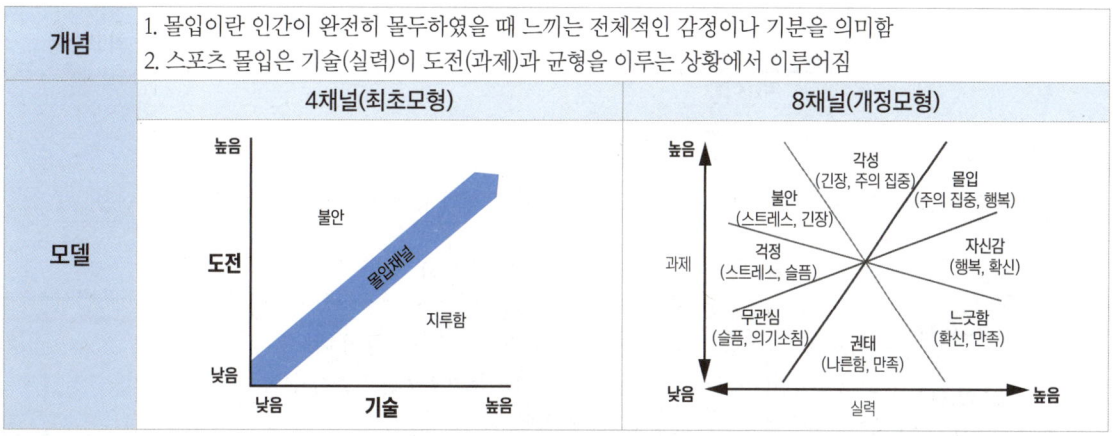

③ 불안의 개념 '21 '20 '18

특성불안	객관적으로 위협적이지 않은 상황을 위협적으로 지각하는 성격의 한 측면
상태불안	특정 상황 및 시점에 나타났다가 사라지는 일시적인 신체적, 인지적 불안
경쟁불안	경쟁 상황에서 느끼는 불안으로 경쟁특성불안, 경쟁상태불안으로 구분함 ▶ 경쟁상태 불안 원인 : 실패의 공포, 신체적 불만족, 부적합한 느낌, 통제력 상실, 죄의식 등

④ 불안이론 '25 '22 '21 '19 '18

욕구이론 (추동이론)		각성수준과 운동수행은 비례함 ※ 단 기술의 습관화(숙련) 정도에 따라 달라짐 - 초보자, 초기학습 ▶ 비례하지 않음 - 숙련자, 후기학습 ▶ 각성 수준과 비례함
적정수준 이론 (역U가설)		각성수준이 증가하면 운동수행도 증가하지만 적정 수준을 넘으면 감소함 - 너무 높은 각성 ▶ 근 긴장 증가 - 너무 낮은 각성 ▶ 긴장감 저하
최적수행 지역이론		개인마다 최고수행을 보이는 적정 각성 수준(상태불안)이 다름
다차원적 불안이론		불안은 실질적으로 신체적 불안과 인지적 불안으로 나눔 - 신체적 불안(정서) : 적정 각성 수준이 존재(≒역U가설) - 인지적 불안(걱정) : 높을수록 수행에 부정적
격변 이론		인지적 불안이 낮을 때 : 생리적 불안은 역U 모양(적정 수준) 인지적 불안이 높을 때 : 특정 불안 수준 이상 시 급격한 감소
반전 이론		각성을 인지적으로 어떻게 해석하냐에 따라 나눠짐 - 높은 각성 : 흥분(유쾌감) 또는 불안(불쾌감) - 낮은 각성 : 편안(유쾌감) 또는 지루함(불쾌감)
심리에너지 이론		각성을 어떻게 해석하느냐에 따라 나눠짐 - 긍정적 심리에너지가 높고 부정적 심리에너지가 낮을 때 최고수행

⑤ 불안 및 스트레스 관리기법 '25 '24 '22 '20 '19

바이오피드백	감지장치로 인체의 반응(온도, 혈압, 근전도, 뇌파 등)을 모니터링하며 반응 조절을 연습
인지재구성	부정적인 생각을 긍정적으로 바꾸는 것 예 내가 통제 가능한가? ▶ 아니라면 생각하지 말자
점진적 이완	차례로 한 근육씩 몸 전체를 이완하는 방법 4가지 조건 : 조용한 장소, 편안한 자세, 정신적 도구, 수동적 태도
자율훈련	스스로 최면(따뜻한 느낌과 무거운 느낌)을 통해 불안을 감소시킴 6단계 순서 : 무거움 따뜻함 심박수 호흡 복부 이마
심호흡	심호흡이 불안을 감소시킬 수 있는 방법 3가지 1. 생리적 : 체내의 산소와 이산화탄소 양을 조절하여 불안을 감소 2. 인지적 : 부정적 사고(근심 및 걱정)를 호흡으로 주의를 전환시킴 3. 정서적 : 호흡이 불규칙하고 얕을 때 일어나는 신체적 긴장을 완화함
체계적 둔감화	작은 불안에서 큰 불안으로 점진적으로 노출하여 불안에 둔감해지도록 훈련하는 방법
자화	나에게 하는 말을 의미하며 긍정적-부정적 자화 중 긍정적 자화를 통하여 불안을 극복하는 방법 ※ 3가지 자화: 지도적 자화(어깨에 힘을 빼자), 동기적 자화(끝까지 해보자), 긍정적 자화(좋아 이거야)
사고정지	부정적 생각을 일단 정지한 뒤 긍정적인 생각으로 대체하는 방법

3) 동기

① 동기 이론

성취목표 성향이론 '23 '21 '20 '19	개인이 성취하고자 하는 목표를 어느 것에 두는가에 따라 분류	
	과제목표 (학습목표)	새로운 것을 배우는 자체가 궁극적인 목표 ▶ 노력하면 성취할 수 있는 적절한 난이도 과제 추구
	수행목표 (자기목표)	남들보다 자신이 우수하다는 것을 증명하려는 성향 ▶ 성공이 보장되는 쉬운 과제나 아예 불가능한 과제 추구

자기결정성 이론(SDT) '25 '24 '23 '21 '19	인간에게는 자율성, 유능성, 관계성의 요구가 있으며 충족될수록 자기결정동기가 증가함					
	무동기	외적동기				내적동기
	무규제	외적규제	내사규제 (의무감 규제)	확인규제	통합규제	내적규제
	신체활동에 관심이 없음	외적 보상을 위해 행동	죄책감이나 창피함 기피	개인적으로 중요하다판단	자신의 가치와 일치	지식, 성취 자극을 추구

인지평가 이론 '23 '21 '18	1. 자기결정성이론의 하위 이론으로 내적동기는 유능감과 자율성의 심리적 욕구에 의해 결정됨
	2. 외적사건에 대해 인간은 통제적 측면과 정보적 측면에서 해석하고 유능성과 자율성에 영향을 줌
	  - 통제적 측면: 내적 통제는 자율성을 향상시키지만 외적 통제는 자율성을 감소시킴
	  - 정보적 측면: 긍정적인 정보는 유능감을 향상시키지만 부정적인 정보는 유능감을 감소시킴

내적동기 향상전략 '25	1. 성공경험 제공 4. 훈련내용과 순서를 바꿈 2. 구체적 수행에 대한 보상 5. 의사결정에 참여하게함 3. 언어적-비언어적 칭찬 6. 실현가능한 수행목표를 설정

폭스의 위계적신체 자기개념 '22	1. 전반적 자기존중감은 학문적, 정서적, 사회적, 신체적 자기가치의 하위 영역으로 구분 2. 신체적 자기가치는 4가지 하위요소로 다시 구분			
	스포츠 유능감	신체적 컨디션	신체적 매력	신체의 힘
	운동 기술 능력, 운동 학습 능력, 자신감 등	신체적 상태, 또는 운동을 유지할 수 있는 신체 능력	체격이나 외적으로 어떻게 생각하는가	근력 등과 같은 자신의 체력수준

동기 분위기 이론	자신이 처해있는 환경(동기 분위기)을 어떻게 인식하는가에 따라 결정됨 주요 변인 : 집단의 목표, 리더의 행동, 동료 간 상호작용, 개인의 인식 숙달적 분위기 : 개인적 목표나 기준, 노력 향상에 관심 수행적 분위기 : 타인과의 비교를 통해 남보다 잘하고자 하는 것

② 와이너의 귀인이론 '23 '22 '20 '19

구분	내적		외적	
	안정	불안정	안정	불안정
통제 가능	일관적인 노력	일시적인 노력	일관적인 도움	일시적인 도움
통제 불가능	능력	기분	과제 난이도	행운
성공했을 시 좋은 귀인	일관적인 노력 (내적 – 안정 – 통제 가능한 요인)			
실패했을 시 좋은 귀인	일시적인 노력 (내적 – 불안정 – 통제 가능한 요인)			
실패했을 시 좋지 않은 귀인	능력 (내적 – 안정 – 통제 불가능한 요인)			

4) 목표설정

① 결과목표와 수행목표 구분 '25 '23 '20

결과목표(성과목표)	수행목표(과정목표)
시합승리 등 조절할 수 없는 결과에 중점을 둔 목표	과거 수행과 같은 운동 수행 성취에 중점을 둔 목표
예 메달 획득, 5위 안에 들기, 국가대표 선발	예 성공률, 백스윙 천천히 하기, 팔꿈치 펴기

② 목표설정의 원리
- 구체적인 목표, 긍정적인 목표, 도전적이지만 실현 가능한 목표
- 장기목표 및 단기목표 세우기, 목표를 기록하고 부착하기, 결과목표와 과정목표 함께 설정하기

5) 자신감

① 스포츠 자신감 종류 '25 '24 '23

자기효능감 이론 (Bandura)	자기효능감: "개인이 어떤 일을 성공적으로 수행할 수 있다고 믿는 생각이나 기대"		
	자신감 정보원 4가지 (자신감 원천)	성공경험	자신감 향상에 가장 큰 영향을 미치는 요인으로 과거의 성공했던 경험이 현재 자신감에 영향을 줌
		대리경험	타인의 행동을 관찰하는 것을 의미하며 타인이 자신과 유사할수록 효과가 높음
		사회적 설득	주변 사람들의 격려나 칭찬을 의미하며 전문가나 주요타자가 해줄 때 효과가 큼
		신체·정서상태	운동 중 느끼는 신체적 정서적 느낌 등을 어떻게 생각하는가에 따라 달라짐
유능성 동기이론 (Hater)	1. 인간의 성취 심리는 기본적인 유능감을 바탕으로 동기화되어 있으며 스포츠에서도 마찬가지임 2. 성공 경험은 자기효능감과 긍정적 정서를 유발하여 유능성 동기를 높임 → 숙달을 유발 3. 실패 경험은 부정적 정서를 유발하여 유능성 동기를 낮춤 → 중도포기 유발		
스포츠 자신감 (Vealey)	1. 스포츠자신감이란 스포츠 환경에서 성공할 수 있다고 믿는 개인의 확실성이나 믿음을 의미함 2. 스포츠자신감의 원천: 성취, 자기조절, 사회적 분위기 3. 스포츠자신감의 형성과정 객관적 스포츠 상황 ↔ 특성스포츠자신감 / 경쟁성향 ↔ 상태스포츠자신감 → 행동반응 → 주관적 결과		

6) 심상

① 심상이론 및 활용법 '25 '24 '22 '20 '18

심상의 활용목적	1. 동기유발 및 강화와 집중력 향상 2. 감정의 통제와 자신감 구축 3. 스포츠기술 습득 및 시합 대비 연습 4. 통증과 부상에 대한 대처와 문제해결	심상의 활용법	1. 신체는 차분하고 이완되어 있어야 함 2. 모든 감각을 동원해야 함(선명성) 3. 이미지를 조절할 수 있어야 함(조절성) 4. 처음에는 쉽게 훈련을 시작해야 함
심상이론	심리신경근	이미지 트레이닝이 효과가 있는 이유는 실제로 심상을 하는 동안 뇌와 근육이 실제 동작과 유사한 전기자극을 발생한다는 이론	
	상징학습	동작에 대한 청사진을 그려보면서 동작의 상징적 요인을 기호화하여 운동 수행을 더욱 원활하고 자동화되게 만든다는 이론	
	생체정보	심리·생리적 정보처리 이론으로 심상을 하면 이미지의 내용이 주는 자극과 반응이 활성화되면서 이를 수정하고 향상시킨다는 이론	

7) 주의집중

① 주의집중 향상 방법 '25 '20 '18

주의집중 향상전략	모의훈련	실제경기와 유사한 상황을 만들어 연습하거나 수행 전 할 수 있는 루틴을 만듦
	과정지향	결과를 예측하기보다 스스로 통제 및 조절이 가능한 것에 집중하도록 연습
	과학습	기능의 과연습을 통해 주의를 분리함으로써 다른 곳에 주의를 사용하도록 함
	프로그램	스트룹 훈련, 격자판 훈련 등을 활용하여 평소 주의집중 훈련을 실시함
	신뢰훈련	동작의 의식적 수행의 사고를 중단하고 자신의 몸을 믿는 정신적 훈련
	연합·분리	주의를 과거의 즐거웠던 일이나 성공경험 등 자신의 내적인 변화에 집중하는 전략

② 니데퍼(Nideffer)의 주의초점모형 '21 '18

폭 방향	넓은	좁은
내적	분석 및 계획 예 과거 자신의 샷을 회상하고 분석	정신적 연습 및 정서의 조절 예 동작의 이미지 그리기
외적	상황에 따른 재빠른 평가 예 패스할 수 있는 동료 선수 파악	하나 또는 두 개의 단서에 집중 예 골프의 홀을 보고 퍼팅 준비

8) 루틴

① 수행루틴의 특징 '25 '19

	경기 전	수행 간	경기 후	미니 루틴
루틴 유형	광범위한 준비 요인 예 준비운동, 전술준비 장비세팅, 팀대화 등	경기력 유지 결정 요인 예 휴식, 재정비, 재집중	성장의 기회 요인 예 신체점검, 장비정리 심리적 해소, 경기 분석	동작의 일관성 예 우리가 아는 루틴 짧고 간결하게 구성
루틴 특징	1. 오랫동안 충분히 준비해야 하며 경기 중의 불안감소와 집중력 향상에 효과가 있음 2. 주로 심상이나 혼잣말(자화) 등이 포함되고 신체적인 준비도 포함이 됨 3. 잘 준비된 루틴은 수행 환경이 달라져도 활용이 가능함			

4. 스포츠수행의 사회 심리적 요인

1) 집단 응집력

① 사회적 태만현상 '25 '21 '20 '18

링겔만효과	집단의 크기가 커질수록 개인 수행의 평균이 감소하는 효과 (집단의 실제 생산성 = 집단의 잠재적 생산성 - 잘못된 과정으로 인한 손실)		
조정손실	타이밍이 맞지 않거나 잘못된 전략을 구사하면서 생기는 전체 팀의 생산성 저하를 의미		
동기손실	집단구성원의 개인성과가 확인이 안 될 때 최대 노력을 하지 않고 게으름을 피우는 것을 의미		
	원인	할당 전략	혼자일 때 더 잘하기 위해 안 함 (개인전을 앞두고 단체전을 소홀히 함)
		최소화 전략	적은 힘을 써서 목표 달성(비교적 약팀을 상대할 때 적은 힘을 쓰려 함)
		무임승차 전략	남들의 노력에 편승하려고 함(개인의 노력이 확인이 안 될 때)
		반무임승차 전략	무임승차하는 사람이 혜택을 얻는게 싫어 역으로 동기가 손실됨
극복방안	1. 개인 노력을 확인하고 인정하며, 사회적 태만 허용 상황을 사전에 규정해야 함 2. 팀 선수와 대화의 시간을 자주 갖고 팀원들에게 개인의 공헌을 강조해야 함		

② 캐런(Carron)의 팀 응집력 모형 '21 '19

팀 응집력 결정 요인	개인 요인	개인의 성향, 만족도, 개인차 등	4가지 요인은 팀 응집력을 결정하고 이는 팀의 과제적, 사회적 통합을 유발하여 팀과 개인의 성과에 영향을 미침
	리더십 요인	리더십행동, 리더십스타일, 코치와 선수 성격	
	환경 요인	계약이행의 책임, 조직의 성향	
	팀 요인	팀 목표, 팀 승부욕, 팀의 능력, 팀의 안정성	

③ 팀구축모형

응집력향상 중재전략	집단환경과 집단구조가 집단과정에 영향을 미치고 이를 통해 집단응집력이 결정된다는 이론		
	팀환경 요인	독특성	동일한 유니폼을 입는 것
		근접성	같은 포지션이나 같은 락커를 쓰는 것
	팀구조 요인	역할명료성	매주 미팅 후 역할논의를 하는 것
		팀규범순응	규범설정 및 불복종에 대한 지침 마련
		팀리더십	선수대표를 구성하고 협의하는 과정
	팀과정 요인	개인적희생	팀모임에는 필수적으로 참여하는 것
		목표/목적	매주 팀목표를 설정하는 것
		협동	팀의 체계를 가르치면서 협동을 유발하는 것
		상호작용	파트너 활동을 많이 하는 것

2) 리더십

① 피들러 상황부합 리더십 모형 '24

리더십이란	리더십은 집단목표의 달성을 위하여 리더가 영향력을 미치는 과정으로 설명함 리더의 성격 특성과 환경적인 통제 상황에 따라 집단의 성과에 영향을 미침	
리더의 유형	과제지향	명확한 과제 달성을 목표로 하는 리더는 낮거나 높은 수준의 통제상황에서 높은 성과를 보임
	관계지향	구성원과의 관계를 중요하게 생각하는 리더는 중간 정도의 통제상황에서 높은 성과를 보임

② 첼라두라이(P. Chelladura) 다차원리더십모형 '22 '18

선행변인	지도자행동	결과변인
상황요인	규정된 행동	수행결과 선수만족
리더 특성	실제 행동	
구성원 특성	선호된 행동	

규정 행동	실제 행동	선호 행동	결과
+	+	+	이상적
-	-	-	자유방임
+	-	+	지도자해임
+	+	-	수행
-	+	+	만족감

③ 강화와 처벌 전략 '25 '21 '19

바람직한 처벌 행동 지침	1. 사람이 아니라 행동 자체를 처벌함 2. 동일한 규칙 위반에 대해서는 동일하게 처리(일관성) 3. 신체활동을 처벌로 활용하거나 개인적 감정을 내세우지 않음 4. 규칙에 대한 처벌 규정은 선수의 의견 반영하여 만듦	
구분	내용	예시
정적 강화	좋은 것을 제공하여 행동 빈도를 증가	동작을 잘 했을 때 "잘했어 칭찬"
부적 강화	나쁜 것을 제거하여 행동 빈도를 증가	동작을 잘 했을 때 추가 훈련 제외
정적 처벌	나쁜 것을 제공하여 행동 빈도를 감소	동작을 못해서 체력 운동 실시
부적 처벌	좋은 것을 제거하여 행동 빈도를 감소	동작을 못해서 후보선수로 제외

3) 사회적 촉진

① 사회적 지지 유형 '18

정서적(격려), 도구적(웨이트 보조), 정보적(운동방법 조언) 비교동반자(함께 운동), 비교확인(다른사람 관찰)

② 사회적 촉진 효과(관중효과) '24

사회적 촉진	1. 타인(공행자 또는 관중)의 존재가 수행에 미치는 영향을 의미함
단순존재가설	1. 타인의 반응을 예상할 수 없어 경계반응이 자극되고 각성수준이 오름 2. 단순하거나 숙련된 과제 → 각성이 증가함에 따라 수행력 향상 3. 복잡하거나 초기 학습 과제 → 각성이 증가함에 따라 수행력 감소
평가우려가설	1. 타인이 자신에 대해 비판적으로 평가할 것을 우려하면서 미치는 영향 2. 타인의 전문성을 높이 평가 → 욕구상승 → 단순과제 수행 향상, 복잡과제 수행 저하 3. 타인의 전문성을 낮게 평가 → 욕구저하 → 단순과제 수행 저하, 복잡과제 수행 향상
주의 분산/ 갈등 가설	1. 타인의 존재가 과제에 두어야할 주의를 분산시켜 영향력을 미치는 가설 2. 주의 분산 정도 < 잘 하려는 욕구(노력) → 수행 향상 3. 주의 분산 정도 > 잘 하려는 욕구(노력) → 수행 저하

4) 사회성 발달

① 공격성 '23

공격행위 종류	적대적공격 : 승리와 관계없이 상대에게 피해를 가함 수단적공격 : 승리를 위해 상대에게 가하는 행동
공격성 심화 환경 조건	신체적 충돌이 많은 종목일수록, 스코어 차이가 많이 날 때, 원정경기, 팀의 순위가 강등 위기, 시합 초반보다는 경기 진행 후, 경력이 많고 경기 수준이 높을수록, 남자선수 일수록

② 여러 공격성 이론 '25 '23

생물학적 본능가설	1. 생물학적으로 인간은 공격 에너지를 가지고 있고 이것이 공격행동을 일으킴 2. "스포츠는 공격 에너지를 분출하는 일종의 사회적 밸브의 역할"과 같음
좌절-공격 가설	1. 목표를 추구하는 행동이 좌절되었을 때 그 경험이 공격행동을 일으킨다는 이론 2. 이때 공격행동이 성공하면 청정해지나 다시 실패 시 큰 좌절이 공격욕구를 증가시킴 → "수정된 공격 가설": 좌절은 공격행위를 일으키는 요인 중 하나이지만 가장 영향이 큰 편임
사회학습이론	1. 공격행위를 주어진 환경 속에서 관찰하고 강화되면서 학습한 것으로 설명함 2. 공격행위를 했을 때 벌을 받지 않고 강화되었다면 공격 행위의 가능성이 커짐
단서촉발이론	1. 공격행위는 "내적욕구(분노)"와 "상황적단서(학습결과)"에 의해 일어난다는 이론 2. 분노가 공격 행위를 준비시키고 상황적 단서가 맞춰지면 공격행동이 일어남

5. 운동심리학

1) 운동의 심리적 효과 '25 '18

열발생 가설	운동을 한 뒤 체온이 높아졌다는 정보가 뇌에서 근육을 이완시키는 반응을 유발하여 다시 이완된 근육이 뇌에 이완감 및 불안감소의 효과를 일으킴
모노아민 가설	모노아민(세로토닌, 노르에피네프린, 도파민)이라는 신경전달물질의 변화로 정서나 특히 우울증과 같은 증상에 긍정적인 효과를 유발한다는 이론
뇌 변화 가설	운동이 대뇌피질의 혈관의 밀도와 뇌 능력을 확산시켜 전반적인 뇌의 구조의 변화를 가져와 심리적 인지적 혜택을 얻는다는 이론
생리적강인함가설	운동을 하는 것은 일종의 스트레스인데 이런 스트레스에 자주 노출되면서 스트레스 자체에 대한 대처능력이 좋아지고 정서적으로 안정되면서 불안이 낮아진다는 이론
사회심리적 가설	운동을 하면서 타인과 상호작용이 많아지게 되는데 이때 소속감과 즐거움을 느끼며 정서적 효과를 보게 된다는 이론으로 특히 초보자의 경우 효과가 좋음
기타 가설	엔돌핀 가설, 기분전환 가설, 자신감 가설, 기대 가설, 인류학적 가설, 상호작용 가설 등

2) 운동실천 중재전략 '21

행동수정 전략	1. 의사결정 단서 제공 2. 출석상황 공공장소 게시 3. 보상 제공 4. 피드백 제공
인지행동 전략	1. 목표설정 2. 일지작성 3. 운동계획서 작성 4. 운동강도모니터링 ※ 행동(운동)계약: 적용방법에 따라 행동수정 전략으로도 볼 수 있음
내적동기 전략	1. 즐겁게 운동하도록 함 2. 몰입 체험 유도

3) 운동심리 이론 '25 '24 '22 '21 '20 '18

합리행동	개인이 가지고 있는 태도와 주관적 규범이 개인의 의도에 영향을 주고 이 의도가 운동 행동을 유발한다는 이론			
계획행동	개인이 가지고 있는 태도와 주관적 규범이 개인의 의도에 영향을 주고 이 의도와 더불어 개인이 행동에 대해 갖는 자기조절감 같은 행동통제 인식이 운동행동을 유발한다는 이론			
건강신념	운동이 개인에게 주는 혜택요인과 방해요인을 인식하여 질병의 위험성을 인식하고 이를 통해 운동의 실천까지 이루어진다는 이론			
자기효능감	4가지 조건(성공경험, 간접경험, 언어적 설득, 신체·정서 상태)이 자기효능감에 영향을 주고 이것이 운동행동 및 인지와 정서에 영향을 끼친다는 이론			
변화단계	운동 수행에서는 일정한 단계를 보이며 해당 단계에 맞는 전략을 활용해야한다는 이론			
	단계	운동여부	특징	중재 전략
	무관심	운동 ×	6개월 내 시작 의도 없음	혜택에 대한 정보 제공 및 상담
	관심	운동 ×	6개월 내 시작 의도 있음	실천에 대한 방법 강구해야 함 일과에 운동 시간을 포함
	준비	운동 ○	가이드 라인 못 채움(주3회) 1개월 내 채울 생각	실질적 도움을 주어야 함 회비제공, 동료매칭, 시간조정, 목표설정
	실천	운동 ○	가이드 라인 채움 운동기간 6개월 이전	퇴보하지 않게 조심해야 함 실천의 방해 요인 제거, 운동 계약 등
	유지	운동 ○	가이드 라인 채움 운동기간 6개월 이후	유지 및 하락 조심, 운동 상황 대비 웰빙 느낌 만들기, 멘토 역할 해보기
생태학	물리적 환경, 지역 사회, 정부 등 다른 차원의 요인을 고려해야 함			

6. 스포츠심리상담

1) 스포츠심리상담의 개념 '25 '22 '21 '20 '19

심리상담사의 역할	1. 내담자에게 공감과 이해, 적극적 경청을 하며 라포(친밀감)를 형성함
	2. 내담자와 사적인 관계를 맺어서는 안되며 지인을 상담하지 않음
	3. 내담자의 언어-비언어적 메시지의 관심을 갖아야 함
	4. 내담자의 개인차를 존중하며 인정받은 지식과 기법을 사용함
	5. 내담자의 이익을 최우선하며 비밀 보장의 원칙을 준수해야함
	※ 아동 발달 평가 및 심리 상담 시
	   - 대상 아동과 공감대를 형성하며 탐색할 시간을 충분히 부여한다
	   - 평가보다는 대화 또는 놀이 등의 단어를 사용하여 긴장하지 않도록 한다

심리기술훈련에 대한 4가지 오해	1. 심리기술훈련은 '문제가 있을 때' 받는다 → 평상 시 연습과 통합하여 실시한다 2. '엘리트 선수'만 받는다 → 장애가 있는 특수 집단, 어린 선수 모두 적용된다 3. '즉시 효과'가 나타난다 → 실제 시합에 적용하기 까지 최소 3~6개월 이상 소요 4. '경기력'과 관련이 없다 → 실제 경기력 향상에 큰 도움을 준다

2) 여러가지 검사 기법 '25 '23 '22 '21

질문지법	ABQ	1. 레디케(Raedeke)의 탈진을 측정하는 검사 방법 2. 3가지 요소를 측정함 (성취감 저하, 정서적-신체적 소진, 평가절하)
	SCQ	1. 마틴스(Martens)의 스포츠응집력을 측정하는 검사 방법 2. 평상 시에 측정하는 것이 특징이며 비슷한 측정도구로는 SCI, TCQ, GEQ 등이 있음
	SCAT	1. 경쟁특성불안(스포츠경쟁불안)을 측정하는 검사 방법 2. 평상 시에 측정하는 것이 특징이며 아동용과 성인용이 구분되어 있다
	CSAI-2	1. 경쟁상태불안을 측정하는 검사 방법 2. 시합 전 측정하는 것이 특징이며 3가지 요소를 측정함(인지불안, 신체불안, 자신감)
	16PF	1. 카텔(Cattell)의 성격을 측정하는 질문지 검사 방법 2. 성격을 16개의 요인으로 나누어 질문지를 구성
투사법	잉크반점 검사	1. 정신의학자 로르샤흐가 개발한 일련의 잉크반점무늬 그림의 검사 2. 그림의 위치, 결정 요인, 내용 3가지 차원에서 자세하게 분석함
	주제통각 검사	1. 모건과 머레이에 의해 개발된 검사로 주제가 있는 30장의 그림 검사 2. 그림을 보고 자유롭게 상상하여 그림의 과거-현재-미래를 이야기하도록 함
면접법		1. 면접자와 피면접자 간 대면을 통해 준비된 질문을 가지고 성격을 파악하는 방법 2. 가장 심층적으로 성격을 측정할 수 있으나 면접관의 편견이나 기술에 영향을 받을 수 있음

스포츠지도자 교육프로그램 (CET)	1. 스미스와 스몰 교수가 개발한 인지행동기반 스포츠지도자(코치) 교육프로그램
	2. 핵심원칙을 지켰을 때 팀 성적 향상에 큰 도움이 되었음
	  - 학습자의 발달을 고려하면서 질책 대신 칭찬하고 결과를 모니터링하여 과정에 반영하고 자신을 관찰함
	  - 핵심원칙: 발달모델, 긍정적 접근, 상호지원, 선수참여, 자기관찰

형성평가

01. 스포츠심리학의 역사에서 1980년대 이후의 협의의 스포츠 심리학은 이전처럼 모든 영역을 포함하지 않고 스포츠운동심리(건강운동, 수행심리, 사회심리)로 전문화 및 세분화되었다. ○ ×

02. 운동심리학은 전문 스포츠 선수들의 심리를 분석하여 경기상황에서 수행능력을 더 높게 향상시키는 것에 목적을 두고 있다. ○ ×

03. 정보처리이론은 자극과 반사 사이에 인간의 능동적인 처리과정이 존재하며 이 과정은 감각 및 지각 - 반응선택 - 반응실행의 과정으로 일어난다고 주장한다. ○ ×

04. 다이나믹 시스템 이론은 과제-환경-유기체 간의 상호작용 속에서 동작이 일어난다는 관점이나 많은 동작에 대한 각각의 저장 문제와 처음 수행하는 동작에 대한 해답이 불확실하다는 단점이 존재한다. ○ ×

05. 정보처리 3단계 중 반응 실행 단계에서 심리적 불응기란 자극의 시간 차가 길어질수록 첫 번째 자극이 상대적으로 잊혀지면서 반응을 하지 못하는 현상을 말한다. ○ ×

06. 피츠가 강조한 운동학습의 단계 중 연합 단계는 수행전략을 선택, 상황에 따른 동작의 형태를 변화하는 단계이다 ○ ×

07. 번스타인은 자유도의 상태에 따라 3단계로 구분하였으며 자유도 풀림 - 자유도 고정 - 자유도 활용으로 나누었다. ○ ×

08. 피드백은 정보제공 및 안내와 더불어 동기유발의 기능이 있으나 과도할 경우 의존을 생성할 수 있다는 단점이 있어 주의해서 활용해야 한다. ○ ×

09. 피드백을 제공할 때는 학습자가 숙련되고 시행 정도가 많아질수록 행동에 대한 피드백의 빈도, 즉 상대빈도를 낮추어야 효과적이다. ○ ×

10. 기술의 연습에 대하여 과제별로 연습하는 방법을 구획연습이라고 하며 과제별로 연습하는 만큼 기술 간의 맥락 간섭의 효과가 적어 수행 연습에 효과적이다. ○ ×

11. 한 가지 동작이라도 나누어 연습하는 방법을 분습법이라고 하며 그 중 기술을 일정 구획별로 나누고 연습하고 결합해나가는 방법을 분절화라고 한다. ○ ×

12. 파지는 경험하고 연습한 내용을 어느 정도 기억하는가를 뜻하며 연습 시행의 마지막 점수와 파지 후 최초 시행의 점수 차이를 절대파지점수라고 부른다. ○ ×

13. 전이는 과거의 학습이 새로운 학습에 영향을 주는 것으로 서로 다른 연습 조건에서 수행 후 같은 과제에서 수행치를 비교하는 것을 과제 간 전이라고 한다. ○ ×

14. 성인기는 자아정체감이 확립되고 신체적 완성이 이루어지는 시기로서 갤러휴는 이 시기를 '최고 수행'의 시기라고 불렀다. ○ ×

15. 홀랜더의 성격 구조에서 가장 일관성이 높고 깊숙이 내재 되어있는 개인의 실제 이미지는 '전형적 반응'이다. ○ ×

16. 특정 상황 및 시점에 나타났다가 사라지는 일시적인 신체적, 인지적 불안을 상태불안이라고 한다. ○ ×

17. 불안이론 중 각성을 인지적으로 어떻게 해석하냐에 따라 나눠지는 이론을 반전이론이라고 한다. ○ ×

18. 다차원적 불안이론에서 신체적 불안은 높을수록 수행에 부정적이며 인지적 불안은 적정 각성 수준이 존재한다. ○ ×

19. 불안 및 스트레스를 관리하는 방법 중 작은 불안에서 큰 불안으로 점진적으로 노출하여 불안에 둔감해지도록 훈련하는 방법을 체계적 둔감화라고 한다. ○ ×

20. 성취목표 성향이론에서 수행목표인 사람은 남들보다 자신이 우수하다는 것을 증명하려는 성향이 있다. ○ ×

21. 자기결정성이론에서 외적동기에는 외적 보상을 위한 외적규제, 내면적 보상을 위한 의무감 규제, 자신과의 약속을 위한 확인 규제 등이 있다. ○ ×

22. 와이너의 귀인 이론에 따르면 방향과 통제성에 따라 8가지로 나누며 그중 내적이며 안정적이고 통제가능한 것은 일관적인 노력이다. ○ ×

23. 경기에서 메달 획득, 국가대표 선발되기 등과 같은 목표는 수행목표와 결과목표 중 결과목표에 속한다. ○ ×

24. 반듀라의 자기효능감 이론에서 자기효능감에 영향을 주는 4가지 요인은 성공경험, 실패경험, 대리경험, 사회적 경험이다. ○ ×

25. 심상이론에서 실제로 심상을 하는 동안 뇌와 근육이 실제 동작과 유사한 전기자극을 발생시킨다는 이론은 심리신경근 이론이다. ○ ×

26. 니데퍼의 주의초점 모형에서 패스할 동료를 파악하는 등의 주의는 넓고 외적인 주의로 상황을 분석하고 계획하는 것이 그 예이다. ○ ×

27. 사회적 태만 현상에서 타이밍이 맞지 않거나 잘못된 전략을 구사하면서 생기는 생산성 저하를 조정손실이라고 한다. ○ ×

28. 정적 처벌과 부적 처벌 중 나쁜 것을 제공하여 행동 빈도를 감소시키는 것은 정적 처벌에 속한다. ○ ×

29. 변화단계 이론 중 가이드 라인을 채웠으나 운동기간이 6개월 이전인 단계를 준비 단계라고 말한다. ○ ×

30. 개체발생적 발달이란 어떤 생물이 원시적인 형태에서 성체의 모습까지 성장하는 과정이다. ○ ×

1	2	3	4	5	6	7	8	9	10	11	12	13	14	15
○	×	○	×	×	○	×	○	○	○	○	×	×	○	×
16	17	18	19	20	21	22	23	24	25	26	27	28	29	30
○	○	×	○	○	○	○	○	×	○	×	○	○	×	○

03 PART 핵심 기출문제 풀어보기

01 스포츠심리학의 주된 연구의 동향과 영역에 포함 되지 않는 것은? (2023-1번)

① 인지적 접근과 현장 연구
② 경험주의에 기초한 성격 연구
③ 생리학적 항상성에 관한 연구
④ 사회적 촉진 및 각성과 운동수행의 관계 연구

[해] 스포츠심리학에서도 정의나 연구 영역을 묻는 문제가 가끔 출제됩니다. 비교적 쉽게 풀 수 있는 편이지만, 난도가 높아질 경우에는 스포츠심리학의 하위 분야를 세부적으로 구분하는 문제가 나오기도 합니다.
보기에서 제시된 생리학적 항상성에 관한 연구는 스포츠심리학이 아니라 운동생리학에 해당하는 설명입니다.

02 <보기>에 해당하는 학자는? (2025-6번)

- 주요 활동은 1921~1938년
- 최초로 스포츠심리학 실험실 설립
- 북미 스포츠심리학의 아버지라고 불림
- 시카고 컵스 야구팀 스포츠 심리 상담사
- 코칭심리학(Psychology of Coaching, 1926) 책 출판

① 프랭클린 헨리(Franklin Henry)
② 콜먼 그리피스(Coleman Griffith)
③ 레이너 마틴즈(Rainer Martens)
④ 노먼 트리플렛(Norman Triplett)

[해] 스포츠심리학은 2급 스포츠지도사 시험 과목 중에서 가장 범위가 넓은 과목입니다. 따라서 다소 지엽적인 문제가 간혹 출제되기도 하며, 스포츠심리학자 문제도 마찬가지로 출제된 적이 없던 문제입니다. 실제 시험에서도 전혀 모르는 문제가 나올 수 있지만, 스포츠지도사 시험은 문항 분포를 비교적 균형 있게 구성하기 때문에 이를 활용하면 도움이 됩니다.
보기는 북미 스포츠심리학의 아버지, 콜먼 그리피스에 대한 설명입니다. 키워드 중심으로 가볍게 확인하고 넘어가면 충분합니다.

03 <보기>에서 정보처리이론에 관한 설명으로 옳은 것만을 모두 고른 것은? (2024-14번)

ㄱ. 정보처리이론은 인간을 능동적인 정보처리자로 설명한다.
ㄴ. 도식이론은 기억흔적과 지각흔적의 작용으로 움직임을 생성하고 제어한다고 설명한다.
ㄷ. 개방회로이론은 대뇌피질에 저장된 운동프로그램을 통해 움직임을 생성하고 제어한다고 설명한다.
ㄹ. 폐쇄회로이론은 정확한 동작에 관한 기억을 수행중인 움직임과 비교한 피드백 정보를 활용하여 움직임을 생성하고 제어한다고 설명한다.

① ㄱ, ㄴ
② ㄷ, ㄹ
③ ㄱ, ㄴ, ㄹ
④ ㄱ, ㄷ, ㄹ

[해] 2단원의 운동제어와 학습 단원은 다소 난이도가 높은 영역입니다. 특히 운동제어 이론들은 비전공자에게는 이해하기 어렵고 문제 풀이도 까다로운 부분입니다. 실제로 2023년과 2024년에는 이 단원에서 10문제 가까이 출제되면서 난이도가 매우 높았으나, 2025년에는 절반 가까이 줄어들며 심리학 과목 전체 난이도가 낮아진 경향을 보였습니다.
하지만 각 이론별로 강조되는 핵심 키워드가 있기 때문에 이를 중심으로 정리하면 충분히 대비할 수 있습니다.
보기의 경우, 기억흔적과 지각흔적의 작용으로 움직임을 생성·제어한다는 설명은 도식이론이 아닌 '폐쇄회로이론(폐쇄회로적 관점)'에 해당합니다.

정답 01 ③ 02 ② 03 ④

04 <보기>에 제시된 일반화된 운동프로그램 (Generalized Motor Program:GMP)에 관한 설명으로 바르게 묶인 것은?
(2022-3번)

> ㉠ 인간의 운동은 자기조직(self-organization)과 비선형성(nonlinear)의 원리에 의해 생성되고 변화한다.
> ㉡ 불변매개변수(invariant parameter)에는 요소의 순서(order of element), 시상(phasing), 상대적인 힘(relative force)이 포함된다.
> ㉢ 가변매개변수(variant parameter)에는 전체 동작지속시간(overall duration), 힘의 총량(overall force), 선택된 근육군(selected muscles)이 포함된다.
> ㉣ 환경정보에 대한 지각 그리고 동작의 관계(perception-action coupling)를 강조한다.

① ㉠, ㉡   ② ㉠, ㉢
③ ㉡, ㉢   ④ ㉢, ㉣

해 '일반화된 운동프로그램(GMP)'은 정보처리이론에서 제기되는 저장 문제와 신형 문제를 해결하기 위해 슈미트가 고안한 개념입니다. 수많은 운동 프로그램은 일반화된 형태로 저장되며, 실제 동작을 실행할 때는 매개변수(parameter)를 조절하여 다양한 동작을 생성한다는 이론입니다. 보기의 설명에서 ㄱ은 다이나믹 시스템 이론, ㄹ은 생태학적 이론에 해당합니다.

05 <보기>에서 설명하는 용어는?
(2023-16번)

> 번스타인(N. Bernstein)은 움직임의 효율적 제어를 위해 중추신경계가 자유도를 개별적으로 제어하지 않고, 의미 있는 단위로 묶어서 조절한다고 설명하였다.

① 공동작용(synergy)
② 상변이(phase transition)
③ 임계요동(critical fluctuation)
④ 속도-정확성 상쇄 현상(speed-accuracy trade-off)

해 다이나믹시스템 이론은 크게 번스타인의 연구와 뉴웰의 연구로 구분할 수 있습니다. 이때 사용되는 주요 용어들의 의미를 정확히 이해해야 합니다. 보기에서 자유도를 의미 있는 단위로 묶어서 조절하는 것은 시너지(공동작용)에 해당합니다.
- 상변이는 일정한 움직임 패턴이 환경이나 과제의 변화에 따라 변하는 현상을 의미합니다.
- 임계요동은 움직임 패턴이 변하기 직전, 임계점에서 움직임 패턴을 설명하는 지표가 흔들리는 현상입니다.
- 속도-정확성 상쇄 현상은 속도가 증가하면 정확성이 줄고, 정확성을 높이려면 속도가 감소하는 현상을 의미합니다.

06 <보기>에 제시된 번스타인(N. Bernstein)의 운동학습 단계에 대한 설명으로 바르게 묶인 것은?
(2022-5번)

> ㉠ 스케이트를 탈 때 고관절, 슬관절, 발목관절을 활용하여 추진력을 갖게 한다.
> ㉡ 체중 이동을 통해 추진력을 확보하며 숙련된 동작을 실행하게 한다.
> ㉢ 스케이트를 신고 고관절, 슬관절, 발목관절을 하나의 단위체로 걷게 한다

	㉠	㉡	㉢
①	자유도 풀림	반작용 활용	자유도 고정
②	반작용 활용	자유도 풀림	자유도 고정
③	자유도 풀림	자유도 고정	반작용 활용
④	반작용 활용	자유도 고정	자유도 풀림

해 인간이 움직임을 배워나가는 과정을 학자들은 저마다 자신의 아이디어에 따라 단계적으로 설명하고자 하였습니다. 운동학습 단계는 비교적 자주 출제되므로, 학자별로 어떤 기준으로 나누고 설명하는지 정확히 알고 있어야 합니다.
번스타인은 운동학습 단계를 '자유도 고정 - 자유도 풀림 - 반작용 활용'의 3단계로 구분하였습니다. 보기에서는 먼저 관절을 하나의 단위체로 묶는 자유도 고정 단계, 이후 관절을 독립적으로 활용하는 자유도 풀림 단계, 마지막으로 체중 이동을 통해 추진력을 활용하는 반작용 활용 단계로 설명하고 있습니다.

정답 04 ③ 05 ① 06 ①

07. <보기>에서 연습방법에 관한 설명으로 옳은 것만을 모두 고른 것은?
(2024-8번)

> ㄱ. 집중연습은 연습구간 사이의 휴식시간이 연습시간보다 짧게 이루어진 연습방법이다.
> ㄴ. 무선연습은 선택된 연습과제들을 순서에 상관없이 무작위로 연습하는 방법이다.
> ㄷ. 분산연습은 특정 운동기술과제를 여러 개의 하위 단위로 나누어 연습하는 방법이다.
> ㄹ. 전습법은 한 가지 운동기술과제를 구분 동작 없이 전체적으로 연습하는 방법이다.

① ㄱ, ㄴ ② ㄷ, ㄹ
③ ㄱ, ㄴ, ㄹ ④ ㄱ, ㄷ, ㄹ

해 연습법은 시험에서 자주 출제되는 영역입니다. 내용 자체는 어렵지 않지만, 문제로 출제될 경우 용어가 비슷해 혼동하기 쉽습니다. 기본적으로 무선연습-구획연습, 집중연습-분산연습, 전습법-분습법으로 짝지어 기억하면 문제 풀이가 한결 수월합니다.
보기에서 특정 운동 기술 과제를 여러 개의 하위 단위로 나누어 연습하는 것은 '분산연습'이 아니라 '분습법'에 해당합니다.

08. <보기>에서 설명하는 피드백 유형은?
(2023-18번)

> 높이뛰기 도약 스텝 기술을 연습하게 한 후에 지도자는 학습자의 정확한 도약 기술 습득을 위해 각 발의 스텝 번호(지점)을 바닥에 표시해주었다.
>
>

① 내적 피드백(intrinsic feedback)
② 부적 피드백(negative feedback)
③ 보강 피드백(augmented feedback)
④ 부적합 피드백(incongruent feedback)

해 운동학습·제어에서 피드백은 운동 수행 후 학습자가 받아들이는 정보를 의미합니다. 피드백은 자신의 감각을 통해 스스로 느낄 수도 있고, 외부에서 정보의 형태로 제공될 수도 있습니다. 이를 각각 내재적 피드백(감각적 피드백)과 외재적 피드백(보강적 피드백)이라고 부릅니다.
보기의 피드백은 지도자에 의해 제공되었으므로 보강 피드백에 해당합니다.

09. <보기>의 ㉠, ㉡에 들어갈 운동 수행에 관한 개념이 바르게 제시된 것은?
(2024-18번)

> • 운동 기술 과제가 너무 쉬울 때 (㉠)가 나타난다.
> • 운동 기술 과제가 너무 어려울 때 (㉡)가 나타난다.

	㉠	㉡
①	학습 고원 (learning plateau)	슬럼프 (slump)
②	천장 효과 (ceiling effect)	바닥 효과 (floor effect)
③	웜업 감소 (warm-up decrement)	수행 감소 (performance decrement)
④	맥락 간섭 효과 (contextual-interference effect)	부적 전이 (negative transfer)

해 운동학습이 이루어지면서 수행능력을 나타내는 수행곡선은 의미 있게 변화합니다. 이때 수행곡선이 정체되는 구간을 고원(plateau)이라고 하며, 오히려 감소하는 구간은 슬럼프(slump)라고 부릅니다. 또한 수행곡선이 그래프 상단에 위치하여 변화하지 않는 것을 천장 효과, 하단에 위치한 것을 바닥 효과라고 합니다. 천장 효과와 바닥 효과는 운동 기술 과제의 난이도가 지나치게 쉽거나 어렵거나, 측정 방법의 한계로 인해 발생할 수 있습니다.

정답 07 ③ 08 ③ 09 ②

10. 골프 퍼팅 과제를 100회 연습한 뒤, 24시간 후에 동일 과제에 대해 수행하는 검사는?
(2023-11번)

① 속도검사(speed test)
② 파지검사(retention test)
③ 전이검사(transfer test)
④ 지능검사(intelligence test)

해 운동학습에서 주로 관심을 두는 분야는 운동 기술 간에 어떤 영향을 주는지를 다루는 '전이'와, 운동 기술을 얼마나 오래 보유하는가를 다루는 '파지'가 있습니다. 자주 출제되는 개념은 아니지만 언제든 등장할 수 있으므로 잘 이해해 두어야 합니다. 보기의 사례에서 골프 퍼팅 과제를 100회 연습한 뒤 일정 시간이 지나 동일한 과제를 수행하는 검사는 파지 검사에 해당합니다.
- 전이 검사는 특정 연습 방법이나 과거의 학습이 새로운 과제 학습에 어떤 영향을 미치는지를 연구하는 것으로, 주로 비교군을 두고 실시합니다.

11. 인간 발달의 특징에 관한 설명으로 옳지 않은 것은?
(2022-10번)

① 개인적 측면은 발달에 영향을 미치는 요인이 개인마다 달라서 나타나는 현상이다.
② 다차원적 측면은 개인의 신체적·정서적 특성과 같은 내적 요인 그리고 사회 환경과 같은 외적 요인으로 나눌 수 있다.
③ 계열적 측면은 기기와 서기의 단계를 거친 후에야 자신의 힘으로 스스로 걸을 수 있게 되는 것이다.
④ 질적 측면은 현재 나타나고 있는 움직임 양식이 과거 움직임의 경험이 축적되어 나타나는 것이다.

해 인간 운동 발달의 특징은 미국 스포츠 및 체육협회(NAPSE)의 분류에 따라 개인적, 다차원적, 계열적, 종합적, 방향적, 질적 측면으로 나눌 수 있습니다. 보기에서 움직임 양식이 과거 경험의 축적으로 발현되는 것은 질적 측면이 아니라 종합적 측면에 해당합니다. 다소 지엽적인 문제이므로 가볍게 확인하고 넘어가면 충분합니다.

12. 운동발달의 단계가 순서대로 바르게 제시된 것은?
(2024-6번)

① 반사단계 → 기초단계 → 기본움직임단계 → 성장과 세련단계 → 스포츠기술단계 → 최고수행단계 → 퇴보단계
② 기초단계 → 기본움직임단계 → 반사단계 → 스포츠 기술단계 → 성장과 세련단계 → 최고수행단계 → 퇴보단계
③ 반사단계 → 기초단계 → 기본움직임단계 → 스포츠 기술단계 → 성장과 세련단계 → 최고수행단계 → 퇴보단계
④ 기초단계 → 기본움직임단계 → 반사단계 → 성장과 세련단계 → 스포츠기술단계 → 최고수행단계 → 퇴보단계

해 운동 발달 단원에서는 보통 1~2문제가 출제되며, 그중 가장 높은 비율로 출제되는 것이 갤러휴(Gallahue)의 운동 발달 단계입니다. 단계는 반사 → 기초 → 기본 → 스포츠 기술 → 성장과 세련 → 최고 수행 → 퇴보의 7단계로 구성됩니다. 암기할 때는 가운데 '스포츠 기술'을 기준으로, 앞에는 반사-기초-기본, 뒤에는 성장-최고 수행-퇴보로 구분하면 쉽게 외울 수 있습니다.

정답 10 ② 11 ④ 12 ③

13. <보기>가 설명하는 성격 이론은? (2024-1번)

> 자기가 좋아하는 국가대표선수가 무더위에서 진행된 올림픽 마라톤경기에서 불굴의 정신력으로 완주하는 모습을 보고, 자기도 포기하지 않는 정신력으로 10km 마라톤을 완주하였다.

① 특성이론 ② 사회학습이론
③ 욕구위계이론 ④ 정신역동이론

해 3단원에서는 다양한 심리적 요인이 스포츠 수행에 어떤 영향을 미치는지를 다룹니다. 첫 번째 주제인 성격은 많이 출제되지 않는데 성격과 스포츠 수행 간의 직접적인 인과관계를 찾기 어렵다는 한계가 있기 때문입니다. 그러나 성격은 심리 연구의 토대가 되는 중요한 요소이므로, 기출된 내용을 중심으로 키워드를 정리해 두는 것이 좋습니다.
보기는 사회학습 이론에 해당합니다. 사회학습 이론은 강화, 코칭, 모방, 관찰학습을 강조합니다.
- 특성이론: 성격은 선천적으로 타고난 성향으로 안정적이며 쉽게 변하지 않는다고 봅니다.
- 매슬로우의 욕구 위계 이론: 욕구에는 서열이 존재하며, 낮은 수준의 욕구가 충족되어야 다음 욕구를 추구할 수 있습니다.
- 프로이드의 정신역동 이론: 인간의 무의식을 강조하며, 무의식이 성격과 행동을 결정한다고 설명합니다.

14. 웨이스와 아모로스(M. Weiss & A. Amorose, 2008)가 제시한 스포츠 재미(sport enjoyment)의 영향 요인으로 옳지 않은 것은? (2022-7번)

① 인지능력
② 사회적 소속
③ 동작 자체의 감각 체험
④ 숙달과 성취

해 이번 문제는 다소 지엽적이었지만 단순한 개념을 묻는 내용이었습니다. 사람들이 스포츠를 좋아하고 지속적으로 참여하는 이유는 스포츠에서 재미를 경험하기 때문입니다. 이러한 재미를 형성하는 요소로는 숙달을 통한 성취감, 사회적 소속감, 동작 수행 시 느껴지는 감각적 즐거움 등이 있습니다.

15. 추동이론(drive theory)에 관한 설명으로 옳은 것은? (2025-12번)

① 각성수준과 운동수행은 비례한다.
② 각성을 어떻게 해석하느냐에 따라 각성과 정서의 관계가 달라진다.
③ 인지적 불안과 신체적 불안이 각성수준에 따라 수행에 다르게 영향을 미친다.
④ 적절한 각성수준에서는 최고의 수행을 보이고 각성수준이 낮거나 높으면 운동수행이 감소한다.

해 불안이론은 거의 매년 출제되는 중요한 내용입니다. 일반적으로 심리학 전공서에서는 7가지를 설명하고 있는데 어떤 것이 있는지 명칭을 모두 알아야 하며 각각의 이론의 내용 또한 잘 알고 있어야 합니다.
추동이론은 욕구이론이라고도 하며 각성수준과 운동수행이 비례한다는 설명입니다.
- 각성을 어떻게 해석하는가에 따라 각성과 정서가 달라지는 것은 '반전이론'에 해당합니다.
- 인지적 불안과 신체적 불안이 다르게 영향을 미치는 것은 '다차원적 불안이론'에 대한 설명입니다.
- 적절한 각성수준에서 최고 수행을 보이는 것은 '적정수준 이론(역U가설)'에 해당합니다.

16. <보기>에서 설명하는 심리기술훈련 기법은? (2024-5번)

> • 멀리뛰기의 도움닫기에서 파울을 할 것 같은 부정적인 생각이 든다.
> • 부정적인 생각은 그만하고 연습한 대로 구름판을 강하게 밟자고 생각한다.
> • 스스로 통제할 수 있는 것에 집중하자고 다짐한다.

① 명상 ② 자생 훈련
③ 인지 재구성 ④ 인지적 왜곡

해 불안 및 스트레스를 관리할 수 있는 심리기술훈련 기법은 거의 매년 출제되는 중요한 내용입니다. 보기에서 부정적인 생각을 중지하고 스스로 통제할 수 있는 것에 집중하는 것은 '인지 재구성' 기법에 해당합니다.
- 명상은 이미지 트레이닝, 심상과 유사합니다.
- 자생 훈련은 슐츠 박사가 고안한 기법으로, 자기암시를 통해 불안을 조절하는 연습입니다.
- 인지적 왜곡은 심리기술훈련 기법에 해당하지 않습니다.

정답 13 ② 14 ① 15 ① 16 ③

17. <보기>의 ㉠~㉢에 들어갈 개념을 바르게 나열한 것은? [2024-3번]

- (㉠) : 노력의 방향과 강도로 설명된다
- (㉡) : 스포츠 자체가 좋아서 참여한다.
- (㉢) : 보상을 받거나 처벌을 피하고자 스포츠에 참여한다.

	㉠	㉡	㉢
①	동기	외적 동기	내적 동기
②	동기	내적 동기	외적 동기
③	귀인	내적 동기	외적 동기
④	귀인	외적 동기	내적 동기

해 동기 이론은 거의 매년 출제되는 중요한 내용입니다. 관련하여 여러 가지 이론이 있으며, 그중에서 데시와 라이언의 자기결정성 이론이 자주 출제되는 편입니다. 이 이론에서는 동기가 자기결정 정도가 낮은 무동기에서부터 높은 수준의 내적 동기까지 점진적으로 향상된다고 설명합니다. 보기에서 노력의 방향과 강도로 설명되는 것은 동기입니다.
- 스포츠 자체가 좋아서 참여하는 것은 내적 동기에 해당합니다.
- 보상을 받거나 처벌을 피하고자 참여하는 것은 외적 동기에 해당합니다.
- 귀인이란 행동 결과의 원인을 어떻게 해석하는지를 의미합니다.

18. 와이너(B. Weiner)의 경기 승패에 대한 귀인이론에 관한 설명으로 옳지 않은 것은? [2022-14번]

① 노력은 내적이고 불안정하며 통제 가능한 요인이다.
② 능력은 내적이고 안정적이며 통제 불가능한 요인이다.
③ 운은 외적이고 불안정하며 통제 불가능한 요인이다.
④ 과제난이도는 외적이고 불안정하며 통제할 수 있는 요인이다.

해 와이너의 귀인이론은 비교적 자주 출제되는 이론 중 하나입니다. 이 이론은 행동의 결과를 3가지 차원에서 8가지 유형으로 구분합니다. 과제 난이도의 경우 외적 요인에 해당하지만, 통제가 불가능하며 잘 변하지 않는 안정적 요인으로 분류됩니다.

19. 목표설정 원리로 적절하지 않은 것은? [2025-4번]

① 수행목표보다 결과목표를 강조한다.
② 구체적이고 객관적인 목표를 설정한다.
③ 부정적인 목표보다 긍정적인 목표를 강조한다.
④ 단기목표, 중기목표, 장기목표를 함께 설정한다.

해 목표 설정은 가끔 출제되는 내용입니다. 목표는 크게 결과 목표와 수행 목표로 구분할 수 있습니다.
- 결과 목표는 메달 획득, 순위 달성 등과 같이 조절할 수 없는 결과를 대상으로 합니다.
- 수행 목표는 의도한 대로 동작하기, 연습한 기술을 정확히 수행하기 등 자신의 노력으로 성취할 수 있는 목표를 의미합니다.

결과 목표가 곧 부적절한 것은 아니지만, 개인의 노력에 의해 성취할 수 있는 수행 목표가 보다 바람직한 목표 설정 방식이라 할 수 있습니다.

20. <보기>의 ㄱ~ㄷ에 해당하는 베일리(R. Vealey)의 스포츠자신감 원천을 바르게 연결한 것은? [2025-17번]

ㄱ. 시합에서 좋은 성과를 낸다.
ㄴ. 주변 사람들이 나를 믿어준다.
ㄷ. 시합에 필요한 체력, 전략, 정신력을 갖춘다.

	ㄱ	ㄴ	ㄷ
①	성취 경험	자기조절	사회적 분위기
②	자기조절	사회적 분위기	성취 경험
③	성취 경험	사회적 분위기	자기조절
④	사회적 분위기	성취 경험	자기조절

해 대부분의 스포츠심리학 이론은 최초 연구에서 출발하여 이후 지속적으로 보완되고 발전해왔습니다. 따라서 시험에 출제될 때에도 초기 연구보다는 최근의 발전된 연구 성과가 주로 다뤄지는 경향이 있습니다. 리더십 연구에서는 첼라두라이의 다차원 리더십 모형이 대표적이며, 동기와 자신감 영역에서는 빌리(Vealey)의 스포츠 자신감 모형이 그 예입니다. 빌리는 스포츠 자신감의 원천을 성취 경험 (시합에서 좋은 성과), 사회적 분위기 (주변 사람들이 나를 믿어주는 것), 자기조절 (시합에 필요한 능력을 갖추는 것)으로 설명하였습니다.

정답 17 ② 18 ④ 19 ① 20 ③

21. <보기>에 제시된 심상에 대한 이론과 설명이 바르게 묶인 것은?

(2022-15번)

> ㉠ 심리신경근 이론에 따르면 심상을 하는 동안에 실제 동작에서 발생하는 근육의 전기 반응과 유사한 전기 반응이 근육에서 발생한다.
> ㉡ 상징학습 이론에 따르면 심상은 인지 과제(바둑)보다 운동 과제(역도)에서 더 효과적이다.
> ㉢ 생물정보 이론에 따르면 심상은 상상해야 할 상황 조건인 자극 전제와 심상의 결과로 일어나는 반응 전제로 구성된다.
> ㉣ 상징학습 이론에 따르면 생리적 반응과 심리 반응을 함께하면 심상의 효과는 낮아진다.

① ㉠, ㉡ ② ㉠, ㉢
③ ㉡, ㉢ ④ ㉢, ㉣

해 심상은 스포츠심리학에서 가장 활발히 연구되고 있는 주제 중 하나이며, 스포츠 수행과 밀접한 관련이 있기 때문에 시험에서도 자주 출제되는 개념입니다.
심상이 운동 수행에 영향을 미치는 방식은 크게 세 가지 관점에서 설명됩니다.
- 심리신경근 이론: 심상을 통해 실제 근육이 미세하게 활성화되며, 실제 동작과 유사한 신경 자극이 일어난다고 봅니다.
- 상징학습 이론: 동작의 상징적 요인이 기호화되어 저장된다고 설명하며, 운동 과제보다 인지 과제에서 더 효과적이라고 합니다.
- 생체정보 이론: 심상은 단순한 이미지가 아니라 생리적 반응과 심리적 반응을 함께 불러일으키는 코드를 포함한다고 설명합니다. 따라서 운동 과제에서는 심리적·생리적 반응을 함께 연습할 경우 심상의 효과가 더욱 커집니다.

22. 루틴(routine)에 관한 설명으로 적절하지 않은 것은?

(2025-8번)

① 다음 수행을 준비할 때 도움이 된다.
② 경기 직전에 수정하면 경기력 향상에 도움이 된다.
③ 정신이 산만해질 때 운동과 무관한 것을 차단해 준다.
④ 최고의 경기력을 위해 필요한 자신만의 심리적·행동적 절차이다.

해 루틴이란 일관되게 반복하는 행동이나 절차를 의미하며, 운동 수행 전·중·후에 모두 활용될 수 있습니다. 루틴은 오랜 시간 충분히 준비하고 습관화해야 효과를 볼 수 있기 때문에, 경기 직전에 루틴을 수정하는 것은 경기력 향상에 도움이 되지 않습니다.

23. <보기>의 ㉠, ㉡에 해당하는 용어가 바르게 나열된 것은?

(2025-13번)

> 교사: 줄다리기의 경우, 집단이 내는 힘의 총합은 개인의 힘을 모두 합친 것보다 작아지게 된다. 이것을 (㉠) 효과라고 해.
> 학생: "나 하나쯤이야." 하는 생각 때문에 힘을 덜 쓰는 거 같아요.
> 교사: 게으름을 피우는 사람으로 인해 집단 내에 동기의 손실이 생기는데 이것을 (㉡)이라고 해.

	㉠	㉡
①	링겔만	사회적 태만
②	링겔만	사회적 촉진
③	플라시보	사회적 태만
④	플라시보	사회적 촉진

해 링겔만의 사회적 태만 현상은 집단의 규모가 커질수록 개인의 노력이나 성과가 감소하는 현상을 의미하며, 스포츠 상황에서도 자주 나타납니다. 이 현상이 발생하는 원인은 다음 네 가지로 설명됩니다.
- 할당 전략: 혼자일 때 더 잘하려는 심리로 인해 집단 속에서는 노력을 덜 하게 됨
- 최소화 전략: 가능한 한 적은 힘으로 목표를 달성하고자 함
- 무임승차 전략: 다른 사람들의 노력에 편승하여 자신은 노력하지 않음
- 반무임승차 전략: 무임승차자가 얻는 혜택이 불공정하다고 생각해 오히려 동기를 잃는 경우

정답 21 ② 22 ② 23 ①

24. <보기>에 제시된 첼라드라이(P. Chelladerai)의 다차원리더십 모델에 관한 설명으로 옳게 묶인 것은? (2022-16번)

> ㉠ 리더의 특성은 리더의 실제 행동에 영향을 준다.
> ㉡ 규정 행동은 선수에게 규정된 행동을 말한다.
> ㉢ 선호 행동은 리더가 선호하거나 바라는 선수의 행동을 말한다.
> ㉣ 리더의 실제 행동과 선수의 선호 행동이 다르면 선수의 만족도가 낮아진다.

① ㉠, ㉡ ② ㉠, ㉣
③ ㉡, ㉢ ④ ㉢, ㉣

해 스포츠 수행의 사회심리적 요인에서 집단응집력과 함께 가장 많이 연구되는 주제 중 하나는 리더십입니다. 리더십은 눈에 보이지 않지만 집단의 생산성 향상과 밀접한 관련이 있으며, 이를 다양한 연구를 통해 확인할 수 있습니다. 리더십을 설명하는 여러 가지 모형이 있으나, 시험에서는 주로 첼라두라이의 다차원리더십 모형이 출제되는 편입니다. 다차원리더십에 따르면 지도자의 규정행동, 실제행동, 선호된 행동의 일치 여부에 따라 리더십 결과가 다르게 나타납니다.
- 리더의 특성은 리더의 실제 행동에 영향을 줍니다.
- 상황요인은 규정행동과 선호행동에 영향을 주며 규정행동은 선수가 아닌 지도자의 규정행동을 의미합니다.
- 선호 행동은 구성원이 바라는 지도자의 행동을 의미합니다.
- 리더의 실제행동과 선호행동이 다르면 선수의 만족도가 낮아집니다.

25. 지도자의 처벌 행동 지침으로 옳은 것은? (2025-19번)

① 처벌이 필요한 경우에는 처벌의 이유를 정확하게 말한다.
② 동일한 규칙을 위반하면 주장과 상급 학년 선수부터 처벌한다.
③ 규칙 위반에 대한 처벌 규정을 정할 때 선수의 의견은 반영하지 않는다.
④ 처벌이 필요할 때는 단호함을 보여주고 전체 선수 앞에서 본보기로 삼는다.

해 바람직한 처벌을 위한 행동 지침은 가끔 출제되는 내용입니다.
- 사람이 아니라 행동 자체를 대상으로 처벌해야 합니다.
- 동일한 규칙 위반에는 동일한 처벌을 적용하여 일관성을 유지해야 합니다.
- 체벌이나 개인적 감정을 근거로 해서는 안 됩니다.
- 또한 처벌 규정은 선수의 의견을 반영하여 만드는 것이 바람직합니다.

26. <보기>의 ㉠~㉢에 들어갈 개념을 바르게 나열한 것은? (2024-15번)

> • (㉠): 타인의 존재가 과제수행에 미치는 영향을 말한다.
> • (㉡): 타인의 존재만으로도 각성과 욕구가 생긴다.
> • (㉢): 타인의 존재가 운동과제에 대한 집중을 방해하기도 하지만, 수행자의 욕구 수준을 증가시키기도 한다.

	㉠	㉡	㉢
①	사회적 촉진	단순존재가설	주의 분산/갈등 가설
②	사회적 촉진	단순존재가설	평가우려가설
③	단순존재가설	관중효과	주의 분산/갈등 가설
④	단순존재가설	관중효과	평가우려가설

해 사회성과 관련하여 관중 효과나 공격성과 관련된 이론들도 출제됩니다. 출제 빈도는 비교적 낮은 편이지만 전반적인 내용을 알고 있어야 문제를 풀 수 있으므로, 종류와 의미를 숙지할 필요가 있습니다. 보기에서 타인의 존재가 과제 수행에 영향을 미치는 현상을 사회적 촉진이라고 합니다.
관중 효과에는 크게 단순 존재 가설, 평가 우려 가설, 주의/분산 갈등 가설이 있습니다.
- 단순 존재 가설: 타인의 존재만으로 각성과 동기가 유발되어 수행에 영향을 준다.
- 평가 우려 가설: 타인의 전문성이나 평가에 대한 기대 때문에 더 잘하려는 욕구가 생겨 수행에 영향을 준다.
- 주의/분산 갈등 가설: 타인의 존재가 운동 과제에 대한 집중을 방해하여 수행에 부정적인 영향을 준다.

정답 24 ② 25 ① 26 ①

27. <보기>가 설명하는 가설은?

(2025-5번)

> 운동은 세로토닌, 노르에피네프린, 도파민과 같은 신경전달물질 분비를 증가시켜 우울증을 개선한다.

① 열발생 가설 ② 모노아민 가설
③ 사회심리적 가설 ④ 생리적 강인함 가설

해 운동이 주는 영향은 생리적인 변화도 있지만 심리적인 변화도 존재합니다. 5단원 운동심리학은 운동이 주는 심리적 효과에 대해 연구하는 단원입니다. 다양한 연구 가설이 존재하는데 운동을 하면 세로토닌, 노르에피네프린, 도파민과 같은 신경전달물질이 생성되어 우울증을 개선한다는 설명은 모노아민 가설에 해당합니다.
- 열발생가설은 운동으로 인해 증가한 체온이 근육의 이완을 유발하여 불안을 감소시킨다는 주장입니다.
- 사회심리적 가설은 운동을 통해 타인과의 상호작용이 증가하면서 정서적인 효과를 볼 수 있다고 설명합니다.
- 생리적 강인함 가설은 운동을 일종의 스트레스로 보고, 반복적으로 경험하면서 스트레스 대처 능력이 향상되어 정서적으로 안정된다고 설명합니다.

28. 프로차스카(J. O. Prochaska)의 운동변화단계 모형(Transtheoretical Model)에 관한 설명으로 옳은 것은?

(2022-18번)

① 변화 단계와 자기효능감과의 관계는 U자 형태다.
② 인지적·행동적 변화과정을 통해 운동 단계가 변화한다.
③ 변화 단계가 높아짐에 따라 운동에 대해 기대할 수 있는 혜택은 점진적으로 감소한다.
④ 무관심 단계는 현재 운동에 참여하지 않지만, 6개월 이내에 운동을 시작할 의도가 있다.

해 운동심리학에서는 사람들이 운동에 참여하고 이를 지속하는 이유를 규명하고자 합니다. 주요 이론으로는 합리적 행동 이론, 이를 확장한 계획된 행동 이론, 건강신념 모델, 그리고 프로차스카(Prochaska)의 변화단계 이론이 있습니다. 출제 경향을 보면 변화단계 이론이 가장 빈출이지만, 골고루 나오는 편이므로 각 이론의 특징을 이해해 둘 필요가 있습니다. 프로차스카의 변화단계 이론은 운동의 참여 여부에 따라 무관심-관심-준비-실천-유지의 5단계로 구분합니다.
- 변화단계와 자기효능감은 정적인 관계에 있으며, 자기효능감이 높아질수록 변화단계도 상승합니다.
- 운동에 대한 기대 혜택이 증가할수록 운동 참여 단계는 향상될 수 있습니다.
- 현재 운동에 참여하지 않지만, 6개월 이내에 운동을 시작할 의도가 있는 단계는 관심 단계에 해당합니다.

정답 27 ② 28 ②

29. 미국 응용스포츠심리학회(AAASP)의 스포츠심리 상담 윤리 규정이 아닌 것은? (2024-9번)

① 스포츠에 참여하는 모든 사람과 전문적인 상담을 진행한다.
② 직무수행상 자신의 한계를 인식하고 한계를 넘는 주장과 행동은 하지 않는다.
③ 회원 스스로 윤리적인 행동을 실천하고 남에게 윤리적 행동을 하도록 적극적으로 권장한다.
④ 다른 전문가에 의한 서비스 수행 촉진, 책무성 확보, 기관이나 법적의무 완수 등의 목적을 위해 상담이나 연구 결과를 기록으로 남긴다.

해 스포츠심리학의 마지막 단원인 스포츠심리상담에서는 상담사의 역할이나 윤리 규정 등과 관련된 일반적인 내용이 출제됩니다. 보통 1~2문제 정도 출제되며, 새로운 내용이 등장할 가능성은 거의 없으므로 기출 문제 중심으로 공부하면 충분합니다.
보기에서 제시된 "스포츠에 참여하는 모든 사람과 전문적인 상담을 진행한다"는 설명은 바람직하지 않은 내용입니다. 상담은 전문적 필요성과 상황에 따라 제한적으로 이루어 집니다.

30. 스미스(R. Smith)와 스몰(F. Smol)이 개발한 유소년 지도자 훈련 프로그램인 CET(Coach EffectivenessTraining)의 핵심 원칙이 아닌 것은? (2023-9번)

① 자기관찰　② 운동도식
③ 상호지원　④ 발달모델

해 스포츠심리학의 범위가 워낙 넓다 보니 모든 내용을 깊이 공부하기는 어렵습니다. 그러나 기출되었던 내용은 다시 출제될 가능성이 높기 때문에 반드시 가볍게라도 정리해 두는 것이 좋습니다.
CET(Coaching Effectiveness Training)은 유소년을 가르치는 지도자를 훈련·지도하는 프로그램입니다. 결론적으로 유소년 코치는 학습자의 발달을 고려하면서 질책보다는 칭찬을 활용하고, 결과를 모니터링하여 과정을 개선하며, 학습자가 스스로를 관찰할 수 있도록 지도해야 합니다.
보기에서 제시된 운동도식(슈미트의 운동프로그램 이론)은 CET와 관련이 없습니다.

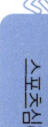

정답　29 ①　30 ②

한국체육사

1. 체육사의 의미

1) 체육사 연구 분야

체육사 정의 '24	체육과 스포츠를 역사적 방법으로 연구하는 학문으로 변화하는 역사에 대해 분석적이고 비판적이며 사변적인 방법으로 개별적인 사실을 서술하는 학문		
연구 내용	1. 스포츠를 통해 시대별 파생된 여러 문화 현상 스포츠의 기원 및 발달 과정 2. 종목의 발생 원인 및 조건, 체육 사상가, 스포츠 문화사, 스포츠 종목사 등		
연구 방법	1. 신체활동의 여러 현상을 문화사 또는 교육사의 측면으로 살펴봄 2. 시간, 인간, 공간을 고려하며 광복 이후 한국 체육사 연구가 본격화 되었음 3. 각 나라의 역사와 문화를 토대로 체육의 역사적 변화를 이해함으로써 교훈을 얻고자 함		
시대구분 '23 '21 '20	1. 고대, 중세, 근대의 삼분법이나 +현대를 추가한 사분법 2. 고대(부족국가 및 삼국시대), 중세, 전통, 근대 체육으로 구분 가능 3. 전통체육과 근대체육으로 나누는 기준은 갑오개혁(1894)으로 봄 4. 광복을 전후로 근대체육과 현대체육으로 나눌 수 있음		
사료구분 '25 '22 '21 '19	물적사료	유물이나 유적 등 현존하는 모든 상태의 물질적 유산 예 고구려 무용총 수렵도(벽화)	
	기록사료	문헌사료	고문헌, 고문서 등 문자로 기록된 사료 예 무예도보통지, 조선체육계(잡지)
		구전사료	민요, 전설, 시가, 회고담 등 기억이나 증언의 형태인 사료
역사관 '25 '23 '18	역사는 역사가의 가치관에 따라 사회·문화의 변화를 다르게 인식하고 해석함 여러 가지 사관 : 유물론적 사관, 관념론적 사관, 순환론적 사관, 식민사관, 민족사관 ▶ 학자별 마르크스(계급투쟁의 역사), 버클(자연환경의 역사), 라첼(유전과 환경의 역사)		

2. 선사·삼국시대

1) 선사 및 부족국가 시대의 체육

생활상	채집과 사냥 위주로 식량을 마련하였으며 씨족을 중심으로 부족 사회를 구성하여 무리 생활을 함		
수렵	도구(도끼, 활, 창)를 제작하여 동물을 사냥함 ▶『삼국사기』「고구려본기」: "나이 일곱 살에도 스스로 활과 화살을 만들어 쏘는데…"		
군사	제작한 도구로 동물을 사냥하는 것에서 나아가 전쟁에서도 사용됨		
축제 '25 '24 '22 '19	우주 만물에 신이 깃들어 있다는 애니미즘을 믿음 하늘과 태양을 숭배하고 춤과 노래를 하며 제사를 지냄 ▶『삼국지』「위지동이전」: "수십명이 땅을 밟고…"	국가별 제천행사	
		부여(영고), 고구려(동맹), 동예(무천), 신라(가배), 마한(10월제)	
주술 '25	만물의 신에게 기원하는 애니미즘에서 행해진 춤과 노래는 무용의 시원이 됨		
성년의식 '25 '20	일종의 성인식으로 부족의 문화를 배우고 육체적인 고통을 극복하면서 어른이 되는 과정 ▶『삼국지』「위지동이전」: "나이 어리고 씩씩한 청년들… 이를 큰사람으로 부른다"		
민속놀이 '21 '18	각저	씨름과 유사, 두 사람이 서로 맞잡고 힘을 겨루는 경기, 국가무형문화재(씨름)	
	수박	태권도와 유사, 주먹질로 상대편을 넘어뜨리는 형태	
	기마	말을 타고 행하는 기술이나 놀이	
	사예	활을 사용한 기술이나 놀이	
	격검	칼을 사용한 기술이나 놀이	
	저포	윷놀이와 유사, 나무로 만든 주사위로 승부, 제천의식과 관련된 민속 놀이	

2) 삼국 및 통일신라시대의 체육

생활상	국가의 기틀이 확립되던 때로 사상으론 유교와 불교 사상이 수용되었고 고구려, 백제, 신라가 서로 대립하고 대외적으론 대륙 및 왜구와 대립하면서 국방을 위한 무예가 강조되었던 시기이다					
교육 기관 '25 '22	신라		고구려		백제	
	국학	주로 귀족 자제의 유학 교수 및 관리양성	태학	중앙 국립 교육기관	박사 제도	모시박사, 의박사, 역박사, 오경박사(유교)
			경당	지방 평민 교육기관 경전 암송, 궁술(활쏘기)		
신라 화랑도 '25 '23 '22 '21 '20 '18	의미	신라 시대의 청소년으로 조직된 심신 수련 및 교육단체				
	대상	화랑(진골 출신의 귀족 자제)과 낭도(귀족 및 일부 평민의 자제)				
	목적	부국강병, 조화롭고 실천적인 인간, 심신의 단련				
	방법	입산수행, 편력(명산대첩을 두루 다니며 신체수련 및 야외활동), 주행천하				
	특징	① 국선도, 풍류도, 원화도 등의 다른 이름으로도 불리움 ② 진흥왕 시대에 와서 국가에 의해 정식으로 제정되었음 ③ 신체미 숭배. 심신일체론, 국가주의, 불국토 사상, 호연지기의 사상 ④ 유-불-도를 통합하는 삼이의 정신과 원광의 세속오계를 따름 ☞ 사군이충(임금에게 충성), 사친이효(부모에게 효성), 교우이신(친구 간의 믿음) 임전무퇴(싸움에 물러나지 않음), 살생유택(살생을 가려서 해야함)				
무예 '24 '19	기마술	말을 타는 기술이나 말 위에서 활을 쏘는 기술 ▶ 마희: 말을 조련하며 즐기는 다양한 놀이 / 기사: 말을 타고 달리며 활을 쏘는 것				
	궁술	활쏘기로써 매우 중요한 무예이자 일종의 교육 활동의 영역 ▶ 고구려의 경당: 활쏘기 교육 실시 / 신라의 궁전법: 활 쏘는 능력으로 인재 등용				
	방응	사나운 매를 길들여 꿩이나 새를 사냥하는 수렵 방법				
	수박	수벽타, 수벽치기로 불리며 무기를 사용하지 않는 맨손 무예				
민속 놀이 '25 '24 '23 '18	석전	돌팔매질, 편전, 편쌈, 돌싸움 돌을 던져 승부를 겨룸	널뛰기	축판희, 도판희 라고도 불리움 여성들이 즐기던 놀이 중 하나		
	추천	그네뛰기, 주로 젊은 여성이 즐김	풍연	연날리기		
	각저	썰렘, 쎄기유, 삼보, 스모 등으로 불림 두 사람이 맨손으로 잡고 힘을 겨룸	쌍륙 (악삭)	2개의 주사위와 30개의 말로 노는 놀이		
	격구	방희, 폴로, 타구 등의 명칭 말을 타고 막대기로 공을 골대에 넣는 놀이	투호	화살을 던져 항아리나 병 안에 넣는 놀이		
	축국	축구, 제기차기, 발로 차는 공놀이	저포	윷놀이, 나무로 만든 주사위를 던짐		
	마상재	달리는 말 위에서 재주를 부리는 것	위기	바둑		

3) 고려시대의 체육

생활상			사상으로 유·불교를 동시 수용하였으며 국가 차원에서 유교를, 개인의 삶은 불교를 따랐음 많은 문화의 발달을 이루었으며 특히 호족 중심의 귀족 사회에서 계층 문화가 발달하였음
교육기관 '24 '22 '21	관학	국자감	고려 최고의 고등교육기관 초기 7개 강좌 운영(1~6재 유학관련, 7재 강예재-무학 관련) 이후 6개 학과 개편(경사육학) : 국자학, 태학, 사문학, 율학, 서학, 산학
		향교	지방 설치 교육 기관 : 유학의 전파와 지방민의 교화 목적 주로 낮은 관리의 자녀나 서민의 입학
		학당	순수 유학 교육기관(동서학당, 5부학당) : 주로 서민을 위한 교육제도
	사학	12도	사설 고등 교육기관 : 유학교육 및 과거 준비를 위한 교육
		서당	사설 초등 교육기관 : 아이들이나 일반 민중의 교육
과거제도			제술업, 명경업, 잡업의 세 종류로 문관과 기술관의 시험만 존재
무예관련 '23 '22 '21 '20 '19	교육 기관	국자감-7재	일종의 무인 양성을 위한 과정으로 존재, 개편되면서 폐지됨
	궁술	향교-향사례	유교의 6예 중 하나인 활쏘기를 매년 봄, 가을에 한 번씩 하며 예를 지키고 향촌의 법도와 문화를 세우고자 실시함
	무신 정권		1. 고려시대 초에는 문신도 무예 수련을 할 만큼 무예가 발달하였음 2. 12세기 중엽부터 사회적으로 무신들이 천시받고 차별받는 분위기가 팽배함 3. 의종이 주최한 오병수박희(수박) 놀이에서 무신 이소응이 경기에서 지자 문신 한뢰가 이소응의 뺨을 때림 4. 이에 분노한 정중부, 이의방 등의 무신들은 반란을 일으키며 무신정권을 일으킴
	무예 체육	수박	맨손과 발을 이용한 무술, 무인에게 적극 권장되었던 무예활동 무신정권기 명종 시대엔 출세를 위한 중요과목으로 활용
		궁술	국난에 대비하여 활쏘기를 장려함 왕이 행차하여 궁술로 인재를 뽑기도 함(열사) 예종 - 양현고 설치(활쏘기교육), 대사례(임금), 향사례(지방행사) 행사
		마술	무마, 원기, 마상재라고도 하며 6예 중 어(御)에 속하는 승마능력은 군자의 중요한 덕목으로 강조되었음
민속놀이 '25 '24 '23 '22 '21 '20 '19 '18	귀족	격구	말을 타고 하는 하키의 모습, 귀족이 가장 좋아했던 유희적 행사, 마상격구와 보행격구, 군사훈련의 성격 - 귀족의 사치문화로 폐단
		방응	매를 이용한 사냥 놀이가 매우 성행함 (충렬왕 - 응방도감)
		투호	화살을 던져 항아리나 병 안에 넣는 놀이로 왕실과 귀족 사회에 성행
	서민	축국	축구, 공에 바람을 넣어 공으로 차고 놀던 놀이
		씨름	각저, 각력, 상박 등으로 불림, 민속 스포츠, 유희나 무예 형태
		추천	그네뛰기, 단오절 실시, 여성들의 유희, 연희에서 여흥 수단
		풍연	연날리기, 군사적 목적과 놀이의 성격을 띠고 있었음
		석전	돌싸움, 국속으로서 석전, 무로서 석전, 관중 스포츠로서 석전

4) 조선시대의 체육

구분			내용
생활상 '18			성리학과 유교를 받아들여 강력한 왕권 위주의 중앙집권국가 및 신분계급 사회제도를 정착함 불교를 배척하였으며 숭문천무 사상이 팽배했으나 문무겸전 사상과 대립이 이루어짐
교육 기관 '25 '23 '20 '21	유학	성균관	조선 최고의 고등교육기관, 국자감 계승, 주로 과거에 합격한 생원이 입학
		사학	고려시대 5부 학당 계승, 양반의 자제 입학, 승보시 합격 시 성균관 입학
		향교	고려의 중등교육기관, 크게 발전하여 전국 곳곳에 설치, 시문을 짓고 경전을 공부
		기타	서원(지방교육기관-성리학 연구 및 제사, 과거준비), 서당(기본교육과정)
	무학	훈련원	병조 예하 무관양성기관, 무과시험 주관(시재) 및 무예의 훈련 및 병서의 습독 관장
		사정	무사양성기관, 관설사정과 민간사정 존재, 전국에 사정을 설치 습사 장려
	기술	관청	해당 관청별로 별도 실시(외국어, 법률, 의학, 천문학), 유학교육에 비해 천시
체육문화 '25 '24 '23 '22 '20 '19 '18	과거 제도	문과	소과 응시 - 생원,진사 합격 - 성균관 진학 - 대과 응시 - 갑·을·병 3과 분류
		잡과	각각의 관서에서 교육 및 채용에 대한 시험을 실시
		무과	3단계: 초시(향시/원시 190명, 무예)-복시(28명, 무예 및 강서)-전시(28명, 무예) 3년마다 실시(식년시)하고 별도의 비정규시험도 실시함(증광시, 별시, 알성시 등) 무관의 자손이나 향리 등이 응시하였으며 일부 서얼까지도 응시가 가능하였음 초시-궁술, 마술, 총술 등 / 복시-무예 및 강서(무예경서) / 전시 -기격구 및 보격구
	체육 문화	격방	골프, 초기에 타구, 격구, 방희 등으로 혼용되었으나 후기에 격방으로 구분
		방응	매를 길 들여 사냥하는 방법, 왕실과 상류층의 여가문화, 응방(왕의 방응도 담당)
		투호	투호, 덕성의 함양과 경(敬)의 실천을 위한 스포츠
		활인 심방	이황이 도가류의 의서인 "활인심"을 구하여 직접 필사함 팔단도인법 : 정신통일, 목 돌리기, 마찰, 침 삼키기, 다리의 굴신 치료보다 예방의 목적을 둔 보건체조 사계양생가 : 춘하추동으로 나누어 호흡하는 방법 소개
	무예 관련	무예서	※ 무예이론서 : 무예제보 6기(선조), 무예신보 18기(사도세자) ※ 무예도보통지 : 무예제보와 신보를 발전시킨 24기의 종합무예서 - 정조의 명, 이덕무, 박제가, 백동수 편찬, 권법, 검법, 창 등의 무예와 마상기예
		궁술	임금도 갖춰야 할 덕목이자 무인이 되기 위해 반드시 익혀야 할 무예 6예(藝) 중 사(射)에 속함, 인성함양과 군사훈련의 목적으로 문무겸전 추구 편사 : 편을 나누어 활쏘는 경기, 사정에서 실시, 무과 인재 선발 실기 과목 서유구 농촌경제서 <임원경제지> : 활쏘기 과학적 방법 소개 육일각 : 활과 화살을 보관하던 곳으로 대사례를 실시한 곳
		격구	능숙한 말타기와 체력, 정신력이 필요한 무예적 가치가 높은 스포츠로 평가 무과시험의 한 과목으로 실시, 마상무예 연마술의 핵심
		수박희	고려시대부터 계승되어 온 무예를 중시한 선군 종목 조선 말 전국의 민속경기 보급
민속놀이 및 오락 '24 '23 '21 '19	구분		의미 / 종류
	민속 놀이		조상숭배와 농경문화를 반영한 세시풍속으로 풍년과 태평 기원 씨름(대중화-서민층의 놀이), 석전(민중의 경기-군사훈련적 성격), 연날리기, 줄다리기(삭전, 갈전, 촌락의 의례적 행사), 널뛰기(여성 위주-정월), 그네뛰기(여성 위주-단오절이나 한가위), 윷놀이(사희, 남녀노소, 부여의 사출도 관직명), 차전놀이(외바퀴수레) 등
	오락		체육, 무예, 민속놀이와 달리 정적이면서 유희적인 활동 장치기(필드하키-보격구 민중화), 바둑(일반민중에 보급), 장기, 종정도(관직이 쓰여진 말과 주사위로 놀던 놀이) 등

5) 개화기 시대의 체육

시대 구분	태동기(1876~1884)	수용기(1885~1904)	정립기(1905~1910)
	정규교육과정에 무예체육 포함 - 원산학사 무예반 - 동래 무예학교 - 별군관도시절목에 무예 과목	사립, 관립학교에 체조 과목 포함 여러 서구스포츠가 도입 운동회와 체육구락부 활성화	일반학교에 체조(학교,유희,병식) 과목이 필수교육과정으로 지정 - 일제의 식민지화에 대항하여 애국심 고취 및 민족주의적 노력
의미	1. 체육의 개념 및 가치의 근대적 각성	2. 교육체계 속 체육의 위상 정립	3. 근대적인 체육 및 스포츠 문화

주요 사건	갑오개혁(1894년)	교육입국조서(1895년)	운동회
	- 과거제 폐지, 임용제도 실시 - 신분계급 타파, 인재등용 - 문존무비 철폐, 청년유학장려	- 고종의 덕·체·지 3대 교육강조 - 소학교 및 고등과정 체조과목 - 전 국민 대상 교육기회 확대	- 1896 화류회 행사로 실시 - 주요종목은 육상(점차다양) - 성격: 축제적, 민족적, 사회적

각종 학교

관립	동문학	1883년, 묄렌도르프, 영어교육을 위해 세운 학교	
	육영공원	1886년, 관리의 외국어 능력 신장을 위해 세운 학교	
민간	원산학사	1883년, 최초의 근대식 사립학교, 문예반(50명)과 무예반(200명), 병서와 사격교육	
	기타학교	오산학교(이승훈), 대성학교(안창호), 휘문의숙(민영휘), 홍화학교, 낙연의숙, 중교의숙	
기독교계	배재학당	1885년, 아펜젤러, 일반교육의 목적, 체육은 정규과목 포함 안되고 과외활동에 편성	
	이화학당	1886년, 스크랜턴 부인, 최초의 여성 교육 기관, 체조를 교과목으로 편성	
	경신학교	1886년, 언더우드, 고아를 대상으로 설립, 정규 수업에 체조 수업 포함	

사상가

이기	한성사범학교 교관, 대한자강회 조직 지체덕 중 체육 강조	이종만	"체육의 국가에 대한 3가지 효력" 1.용맹한 국민 2.내부적 단합 3.강력한 국가
박은식	문(지식) 위주의 교육비판, 학교체육의 중요성	이종태	관립 외국어학교 교장, 근대교육의 선구자 "체육을 소홀히 하는 자… 퇴학 처분하라"
문일평	체육은 국가운명, 태극학보-"체육론" 신체는뿌리 정신은가지, 5가지 체육발전	노백린	무관학교 교관, 대한국민체육회 발기인 우리나라 최초의 체조강습회 개최
이기동	휘문의숙 체육교사, 체조 발전 및 보급 "신체조교수서"발간, 체조연구회 조직	조원희	휘문의숙 체육교사, 병식체조 문제점 제시 "신편유희법"발간, 근대식 학교체조 보급

체육 문화

체조	1895년 한성사범학교 체조 교과 채택	야구	1905년 질레트에 의해 "타구"로 소개 1906년 황성기독교청년회 vs 독어(덕어)학교
육상	1896년 영어학교 "화류회"에서 허치슨, 핼리팩스에 의해 소개	농구	1907년 질레트에 의해 소개 1909년 황성기독교청년회 vs 동경유학생
수영	1898년 무관학교칙령 "방학 중 수영연습" 1909년 무관학교 하계휴양 중 수영연습	유도	1906년 우치다 료헤이에 의해 소개 1908년 경시청 한일 순경 사이 시합
축구	1880년대 도입 1896년 외국어학교 운동회 종목 채택	정구 (연식)	1880년대 미국 공사 푸트 연식정구 소개 1884년 이전 미국 공사관 대 개화파
사이클	1890년대 도입 1913년 전조선자전거대회, 엄복동(1위)	검도	1890년대 무관학교, 군과 경찰에서 실시

체육 단체

황성기독청년회	1903 헐버트, 터너, 질레트, 개화기 대부분의 스포츠 도입, 1906 운동부 창설
대한체육구락부	1906 김기정 등 30인, 우리나라 최초의 근대적 체육단체
대한국민체육회	1907 노백린, 지-덕-체 3위일체의 체육의 올바른 이념 및 정책 개혁
대동체육구락부	1908 권서연, 조상호, "체육이 국가", 체육계몽운동, 국민체육진흥운동

6) 일제강점기의 체육

구분	무단통치기(1910~1919)	문화통치기(1919~1930)	민족말살기 (1931~1945)
시대 구분	1910년 한일병합 1911년 조선교육령, 사립학교규칙 ▶ 조선인 자주성 박탈 및 우민화 - 조선어 사용 금지 - 일본군 체조교원 채용 (통제) - 병식체조 → 서전체조 대치 - 각종 유희 및 과외활동 실시 1914년 학교체조교수요목 제정 ▶ 일제의 식민지 정책의 일환 - 어느정도 근대적 체육의 도입 - 목적과 내용 변화 및 필수과목 - 체조과목(체조, 교련, 유희로 구성)	1919년 3·1운동의 영향 ▶ 효율적 지배를 위한 회유정책 - 각종 운동경기 개최 - 과열화 조장 및 민족의 이간 수단 1922년 2차 조선교육령 공포 ▶ 조선인 융화정책, 교육열 진흥 - 조선어 과목 개설 - 일본의 학제와 형식상 동일 1927년 학교체조교수요목 개정 ▶ "유희 및 스포츠 중심의 체육" - 스포츠 중심의 활동요구증가 - 체조에서 스포츠 중심의 변화 - 내용은 발전했으나 체육시설부족 - 각종경기성행, 학교스포츠 열풍	1937년 중일전쟁 41년 태평양전쟁 ▶ 우리 민족의 전시체제 강화 1938년 3차 조선교육령 공포 ▶ 한반도의 대륙 침략 기지화 - 전시체제를 위한 군사훈련 강화 - 각종 체육단체 해산 및 억압 1937년 학교체조교수요목 개정 ▶ "교련을 통한 군사능력 강화" - 황국신민체조 실시 - 군국주의적 목표 및 무사도정신 1941년 국민학교령 반포 - 체조과 → 체련과 명칭 변경 - 체육의 군사훈련화와 각종 정책

구분	YMCA(기독교청년회)	1936년 베를린올림픽 (일장기 말소사건)
민족주의 스포츠 활동	1. 외국인선교사 주축의 근대스포츠 도입 및 보급 ▶ "황성기독교청년회" : 야구, 농구 등 서구스포츠 도입 2. 1910년 한일병합 이후에도 스포츠 보급 기여 3. 1916년 최초의 실내체육관 건립 4. 전국적 확산 및 많은 스포츠 종목의 지도자 배출	1. 베를린 올림픽에서 손기정 남승룡 선수가 마라톤에서 각각 금메달과 동메달을 차지함 2. 동아일보 이길용 기자가 일장기 삭제 후 보도 3. 동아일보 무기정간, 관련자 연행 및 사장단 고문 4. 일제에 항거하는 민족주의 정신이 표출된 사례
	민중의 스포츠	경성운동장
	1. 씨름 : 민족 고유의 스포츠 - 주로 장터나 강변의 모래사장에서 실시 - 보건적 효과와 민중의 질서와 훈련의 의미 2. 보건조 : 덴마크의 닐스 북 체조에 영감 - 엘리트 위주의 체육 타파 및 민중 스포츠 보급	1. "동양 제일의 경기장" - 1925년 건설 2. 축구장, 야구장, 정구장, 수영장, 육상 등 3. 45년 "서울운동장" → 84년 "동대문운동장" 개칭 4. 전국규모의 각종 운동경기 개최

구분					
체육 문화	탁구	1914년 조선교육회 경성구락부 원유회	럭비	1923년 럭비구락부에 의해 소개
	배구	1914년 불분명, 전국적으로 행해졌음	역도	1926년 서상천(일본체조학교 졸업생) 도입
	스키	1921년 나카무라 소개, 유사 전통-설마	권투	1912년 박승필, 유각권구락부 설립
	골프	1921년 조선철도국 안도, 효창원골프코스	테니스	1919년 조선철도국에 의해 소개

구분			
사상가	서상천	조선체력증진법연구회 설립, 전국역도 보급 1926년 휘문고 체육교사 부임, 역도부 지도 "현대체력증진법" "현대철봉운동법" 발간 대한체조협회, 대한씨름협회 회장	유억겸	1925년 조선체육회 임원 조선체육계의 질적 향상 및 발전에 기여
			여운형	조선체육의 아버지, 각종 경기단체 지원 조선중앙일보 사장, "체육 조선의 건설" 강조 대한올림픽위원회 초대 위원장

구분		
체육 단체	조선체육회	1920년 창립되었으며 국내 운동가, 일본 유학 출신자 등에 의해 설립되었음 - 대한체육회 전신, 일본인 "조선체육협회" 대응, 고려구락부가 모체 - 체육에 관한 조사 및 연수, 각종 도서발행, 각종 경기주관, 기타 체육회 사업 1920년 11월 "제1회전조선야구대회" 첫 활동(전국체전의 시초) 1921년~ 축구, 정구, 육상 등 다양한 경기대회 개최 ▶ 1934년 전조선종합경기대회 개최 1938년 조선체육협회에 강제 통합·흡수 ▶ 1948년 광복 이후 "대한체육회" 명칭변경
	조선체육협회	1919년 경성야구협회 중심에 조선신문사(경성일보)의 후원으로 설립 1925년 경성운동장 개장 기념 조선 최초의 종합경기 "조선신궁경기대회" 개최
	관서체육회	1925년 창립, 평양기독교청년회관 1934년 전조선빙상대회, 씨름, 수상, 야구, 탁구 순차 개최 / 민족주의, 전국적 단체
	청년회 체육활동	1920년대 전국적 수많은 청년단체 조직 ▶ 반일 민족운동 단체의 성격 1920년 창립 "한용단": 전인천유년야구대회 개최 / 일본 경찰과 충돌

7) 광복 이후의 체육

① 연도별 정리

	연도	사건	특징
미군 정기	1945년	조선체육회 재건	1. 미국의 정책 반영, '신체육' 이념 영향 2. 각종 체육단체설립 및 국제활동 시작 3. 조선체육회 재건, IOC 대한올림픽위원회 가입
	1947년	제28회 전국체육대회 개최-올림픽예선전 성격	
이승만 정부	1948년	14회 런던올림픽 참가 ▶ 우리 국호 사용	1 공화국
	1948년	조선체육회 → 대한체육회 명칭 변경	1. 뚜렷한 진흥정책이나 스포츠 보급 및 발달 없음 2. 각 대학 체육학과 인가 및 체육지도자 양성 3. 학도호국단 결성 및 체육교사 훈련 후 교관배치
	1949년	제30회 전국체육대회(21개종목, 4천여명)	
	1950년	한국전쟁 발발 → 1960년 이승만 정권 붕괴	

박정희 정부	1961년	"체력은 국력" 슬로건 채택
		"국민재건체조" 제정 ▶ 대한체육회 예산지원
			제2, 3, 4공화국 - '체력은 정치'
			1. "스포츠혁명" 정도의 혁신적인 변화
			  - 국민체육진흥법 공포, 체육의날 제정
			  - 각종단체 통합, 사회체육진흥 5개년 계획 발표
			2. 국가주의 체육 체계화 "체력은 국력"
			3. 우수선수 육성을 통한 국위 선양
			  - 태릉선수촌, 병역면제, 연금제도, 한체대 등
			4. 스포츠의 대중화를 통한 건전한 국민
			5. 체육 교육 제도 반영
			  - 보건 체육의 시수 증가
			  - 71년 체력장 도입 73년 대학입시 반영

	1962년	"국민체육진흥법" 공포, "체육의 날" 제정	
	1966년	"태릉선수촌" 건립	
	1968년	"대한체육회관"건립, "대한체육회" 통합	
	1970년	"국민체육심의위원회" 구성	
	1972년	"서울올림픽 유치 계획"	
	1974년	"우수선수병역면제, 연금제도" 실시	
	1976년	"사회체육진흥 5개년 계획"	

전두환 정부	1981년	올림픽 유치 계획 검토 및 추진 ▶ 유치성공	제5공화국 - '스포츠공화국'
			1. 박정희 대통령의 체육 정책 기조 계승
			  - 체육부 신설, 프로구단 설립, 상무 창설
			2. 스포츠를 통한 국민 일체감 조성, 정권의 안정
			  - 3S 정책(Sex, Sport, Screen) 국민 우민화

	1982년	체육부 신설 (엘리트 중심 → 대중 스포츠)	
	1982년	프로야구(82), 축구(83), 씨름(83) 출범	
	1984년	국군체육부대(상무) 창설	
	1986년	서울 아시안게임 개최	

노태우 정부	1988년	서울 올림픽 개최 - 160개국 중 종합 4위	6 공화국
			1. 체육 정책 기조 계승
			  - 올림픽 개최, 국민체육진흥공단 설립, 지도자 양성
			2. 스포츠진흥운동(스포츠포올무브먼트)의 확대
			  - 국민생활체육진흥 3개년 계획(호돌이계획)

	1989년	국민체육진흥공단 설립, 체육지도자 양성	
	1990년	"국민생활체육진흥 3개년계획"▶호돌이 계획 - 국민생활체육협의회 창설 및 직장체육 보급	
	1990년	체육부 → 체육청소년부 명칭 변경	
김영삼	1993년	문화부+체육청소년부 ▶ 문화체육부 개편	체육행정의 대폭축소 및 학교체육의 위기 전문체육 → 생활체육의 급격한 변화추진비판 1급 생활체육지도자 양성
	1998년	체육청소년부 업무 ▶ 문화관광부 이관	
김대중	1998년~2003년	국민의정부 "제2차 국민체육진흥 5개년계획" "생활체육참여 환경 구축 및 지역공동체중심"	국민 체육활동 참여 기회확대, 체육지도자 양성, 여가생활을 위한 복합 체육시설 확충
노무현	2003년~2008년	참여정부 "제3차 국민체육진흥 5개년계획" "생활체육 활성화를 통한 국민 삶의질 향상"	주민친화형 생활체육 정책, 스포츠클럽 체계화, 생활체육지도인력 관리
이명박	2008년~2012년	정부조직 개편 "문화체육관광부", "문화비전" "15분 프로젝트 체육활동 여건 개선"	지역스포츠클럽 활성화, 전통무예지정, 레저시설 공간 확충, 맞춤형 체육복지 구현
박근혜	2013년~2017년	"스포츠비전2018", "스포츠로 대한민국을 바꾸다"	"스포츠활성화로 건강한 삶 구현" 생애주기별 맞춤 프로그램, 체력인증제, 종합형 스포츠클럽, 행복나 눔스포츠교실확대
문재인	2018년~2022년	"스포츠비전2030", 2018 평창동계올림픽 "사람을 위한 스포츠, 건강한 삶의 행복"	스포츠법제정(스포츠기본법, 스포츠클럽법, 체육인 복지법)

② 광복 이후의 스포츠 문화 특성 '25

특징	1. 스포츠 문화의 급진적인 발달 양상
	2. 선 엘리트스포츠 후 대중스포츠 발달의 도모
	3. 광복 이후 강조된 체육 사상
	  - 건민주의(건민사상): 부강한 국가를 건설하기 위하여 건전한 국민성을 길러야함
	  - 국가주의와 엘리트주의: 체육문화를 민족주의와 국가주의 운동과 결합
	    예 "체력은 국력" 슬로건, 태릉선수촌, 연금제도, 우수선수병역혜택
	  - 상무정신: 무예와 스포츠의 중요성을 강조하고 국가발전의 원동력으로 간주함

③ 올림픽 및 아시안게임 경기사 '23 '21 '20 '19 '18

하계올림픽		동계올림픽 및 아시안게임	
		47년	보스턴 세계 마라톤 대회 - 우리나라 국호 국제 경기 최초 참가: 서윤복
48년	런던 올림픽 - 하계 올림픽 최초 참여 최초의 동메달: 김성집(역도), 한수안(복싱)	48년	생모리츠 동계올림픽 - 실제적인 최초의 참가
52년	헬싱키 올림픽 - 한국전쟁 중에서도 참여	52년	오슬로 동계올림픽 선수단 미파견
		54년	마닐라 아시안게임 - 최초 아시안게임 참가
56년	멜버른 올림픽 - 최초의 은메달: 송순천(복싱)		
	60 로마, 64 도쿄, 68 멕시코시티, 72 뮌헨	70년	방콕 아시안게임 - 수영과 투포환에서 신기록 - '아시아의 물개': 조오련(수영) - '아시아의 마녀': 백옥자(투포환)
76년	몬트리올 올림픽 - 최초의 금메달: 양정모(레슬링)		
84년	LA 올림픽 - 최초의 여성 금메달: 서향순(양궁)		
		86년	서울 아시안게임 개최
88년	서울 올림픽 - 동서화합과 평화의 올림픽 종합순위 4위, 올림픽 마스코트: 호돌이 최초의 구기 종목 금메달: 여자 핸드볼	88년	캘거리 동계 올림픽 - 시범종목 금메달(쇼트트랙)
92년	바르셀로나 올림픽 - 광복 이후 첫 마라톤 금메달: 황영조	92년	알베르빌 동계 올림픽 - 최초의 금메달: 김기훈(쇼트트랙)
		94년	릴레함메르 동계 올림픽 - 하계와 개최 분리
00년	시드니 올림픽 - 태권도 정식 종목 채택 남북한 최초 올림픽 공동입장		
04년	아테네 - 양궁, 유도, 배드민턴, 레슬링, 탁구 등	02년	한일월드컵 개최 및 4강 진출, 부산 아시안 게임 개최
08년	베이징 - 양궁, 유도, 수영, 역도, 야구, 배드민턴 등	10년	벤쿠버 동계 올림픽 - 불모지 종목 첫 금메달 모태범, 이상화(스피드), 김연아(피겨)
12년	런던 - 양궁, 유도, 사격, 펜싱, 체조, 레슬링 등	14년	인천 아시안 게임 개최
16년	리우 - 양궁, 태권도, 사격, 펜싱, 골프 등	18년	평창 동계 올림픽 개최 올림픽 마스코트: 수호랑, 반다비
20년	도쿄 - 양궁, 펜싱, 체조 등		

④ 남북한 체육사 '25 '23 '21 '18

'64년	올림픽 배구 예선 17년 만의 첫 재개
'90년	남북통일축구대회 개최(남북체육회담의 계기) 서울과 평양을 오가며 2회전 경기 (1패 1승)
'91년	분단 이후 최초의 남북단일팀 기본합의서 채택 - 제41회 지바세계탁구선수권대회 ▶ 여자단체전 우승 - 제6회 포르투칼세계청소년축구대회 출전 ▶ 8강 진출 선전
	남북한단일팀 합의서 내용 — 국호 코리아(KOREA) 사용, 선수단기-한반도기, 선수단가-아리랑 — 경기를 통한 대표 선수선발, 서로의 훈련 방법 존중 등
'99년	남북통일농구대회(서울-평양, 민간주도 사업-현대그룹의 평양 체육관건설)
'00년	남북통일탁구대회(평양에서 실시, 삼성그룹과 북한관련단체 공동주최)
'02년	부산아시안게임 북한선수단 남한파견
'03년	대구유니버시아드대회 북한선수단 남한파견
'10년	남아공 월드컵 예선 북한 대 남한 경기 실시
'13년	아시아역도 대회(최초 남한선수단의 북한파견)
'18년	평창 동계올림픽 남북공동 여자하키팀결성

⑤ 여성 스포츠사 '24 '22

'64년	세계여자농구선수권대회 5위 및 세계 베스트 5위 선수 선정 ▶ 박신자 (67년 여자농구선수권대회에서 세계 베스트 1위 선정)
'70년	아시아경기대회 필드부문 포환던지기 신기록 ▶ 백옥자 (각종 대회에서 신기록을 수립하며 '아시아의 마녀' 별칭을 얻음)
'73년	세계탁구선수권대회 단체전 석권 및 스포츠 선수 최초 훈장 수여 ▶ 이에리사(최초의 여성 태릉선수촌장), 정현숙, 박미라 등
'76년	몬트리올 올림픽 여자 배구 동메달 ▶ 최초의 구기 종목 동메달 획득
'88년	서울 올림픽에서 여자 핸드볼 금메달 ▶ 최초의 구기 종목 금메달 획득
'89년	세계탁구선수권대회 혼합복식 금메달 ▶ 현정화 (탁구계의 그랜드슬램 달성)
'98년	4대 메이저 골프 대회 맥도널드 LPGA 우승 ▶ 박세리 (이어서 김미현, 박지은, 펄신 선수 등 여자프로골프의 성장 도모)
'08년	베이징 올림픽 역도 부문 금메달 ▶ 장미란 (인상 및 용상에서 세계신기록 수립)
'10년	벤쿠버 동계올림픽에서 불모지 종목에서 금메달 ▶ 이상화(스피드스케이팅), 김연아(피겨스케이팅)

⑥ 대한민국 스포츠 영웅 '22

연도	인물	내용
2011	김성집	• 1948년 런던올림픽 역도 동메달리스트 • 해방 후 최악의 조건에서 우리나라의 국호로 동메달을 딴 스포츠 영웅
	손기정	• 1936년 베를린올림픽 마라톤 금메달리스트 • 일제강점기 시대 국민들에게 큰 힘을 준 스포츠 영웅
2013	서윤복	• 1947년 보스턴마라톤대회 세계 신기록 수립 • 가슴에 태극기를 달고 세계에 대한민국을 알린 스포츠 영웅
2014	민관식	• 태릉선수촌 준공 및 대한체육회장으로 활동 • 다양한 활동을 통해 대한민국의 스포츠 발전을 이룩함
	장창선	• 1966년 세계레슬링선수권대회에서 금메달 획득 • 국민에게 열정과 투혼으로 귀감을 주며 추후 태릉선수촌장을 역임
2015	김운용	• 대한체육회장, 대한올림픽위원회 위원장 역임 • 올림픽 및 월드컵, 각종 세계대회를 유치하며 스포츠 외교의 공을 세움
	박신자	• 1964년, 1967년 세계선수권 대회 월드 베스트 선수 선정 • 여성스포츠회 초대 회장 및 추후 여성스포츠의 발전을 위해 힘씀
	양정모	• 1976년 몬트리올 올림픽 레슬링 부문 금메달 • 해방 이후 한국 최초의 올림픽 금메달리스트
2016	김연아	• 2010 벤쿠버 동계올림픽 피겨스케이팅 부문 금메달 • 동계올림픽의 불모지에서 세계신기록으로 금, 은메달 획득
2017	차범근	• 한국 축구선수 중 최초의 독일 분데스리가 진출 선수 • 10시즌 308경기 98골의 전대미문의 기록을 세움
2018	김진호	• 한국 양궁의 원조 신궁 각종 세계경기 석권하며 '양궁 여왕'에 오름 • 1986년 서울아시안게임 3관왕 후 한국체대 교수로 후배 양성
	김일	• 씨름선수 천하장사 출신에서 프로레슬링의 선구자로 세계챔피언을 획득 • 일본 무대에서 거구의 일본 선수들을 제압하면서 국민들에게 자긍심을 심어줌
2019	엄홍길	• 세계 최초 히말라야 16좌를 완등한 등산인 • 불가능한 도전을 성공하면서 국민들에게 희망을 준 스포츠 영웅
2020	조오련	• 1970년 74년 아시안게임 자유형 2관왕 및 한국 신기록 갱신 • 대한해협 횡단 및 독도 사랑 실천으로 애국심을 고취시킨 스포츠 영웅
2021	김홍빈	• 세계 최초 7대륙 최고봉 및 히말라야 14개봉을 완등한 장애인 • 불가능을 이뤄내면서 세상에 응원과 희망의 메시지를 전한 스포츠 영웅
2022	이봉주	• 아틀란타 올림픽 은메달, 방콕 아시안게임 금메달, 보스턴세계대회 1위 • 세계 마라톤 대회를 석권하며 한국 육상 발전에 큰 기여를 한 스포츠 영웅
2023	남승룡	• 1932년 조선신궁경기대회 1위, 1936년 베를린올림픽 마라톤 동메달 획득 • 어두운 시대적 상황에서도 국민에게 희망을 전달하였으며 이후에도 다방면으로 활약
2024	하형주	• 1984년 로스엔젤레스 올림픽 한국 유도 역사상 최초의 올림픽 금메달 • 당시 경제적으로 어려운 시기의 대한민국에 큰 감동과 희망을 안겨줌

형성평가

01. 체육의 시대사적 구분에서 전통체육과 근대체육으로 나누는 기준은 1876 강화도 조약을 기점으로 한다. ○ ✕

02. 우리나라의 근대체육과 현대체육에서 강조되는 중요한 역사관으로는 일제의 식민지에 대항한 민족사관이 있다. ○ ✕

03. 선사시대와 부족국가 시대에는 채집과 사냥 위주의 생활을 하였으며 생존을 위한 활동이 대부분으로 놀이나 무예의 모습은 나타나지 않았다. ○ ✕

04. 삼국 및 통일신라 시대에는 국방을 위한 무예가 강조되었는데 그 중 신라의 화랑도는 체육사적 의미가 큰 심신수련 단체였다. ○ ✕

05. 삼국시대에는 국방을 위한 무예가 강조되었는데 특히 신라에서는 향사례라는 활쏘기를 통해 인재를 등용했다. ○ ✕

06. 무신정변은 무인에 대한 차별과 억압이 수박희라는 무예 행사에서 폭발하여 일부 무신들에 의해 일어난 사건이다. ○ ✕

07. 고려시대에 말을 타고 하는 하키의 모습인 격구는 귀족이 가장 좋아했던 유희적 행사였으나 말과 넓은 공간이 필요한 특징으로 귀족만 즐겼고 후에는 귀족의 사치 문화로 전락하여 폐단을 밟았다. ○ ✕

08. 조선시대 무과제도는 초시-전시-복시의 3단계로 구성되어있으며 복시에서는 불합격자 없이 전시에서 합격한 자들의 순위를 매기어 관직을 부여하는 일종의 시험이었다. ○ ✕

09. 조선시대 무서 중 무예도보통지는 무예제보와 신보를 발전시켜 24기의 종합무예서로 발간되었으나 글로만 구성되어있어 다소 책을 보고 무예를 익히기에 어렵다는 단점이 있었다. ○ ✕

10. 조선시대 스포츠에는 활쏘기, 말타기 등과 함께 투호가 있었으며 궁중 오락으로 성행하였고 일종의 덕과 경을 쌓기 위한 스포츠로 성행하였다. ○ ✕

11. 개화기 시대는 태동기-수용기-정립기로 구분할 수 있으며 일반학교에 체조과목이 필수교육과정이 된 시기는 근대체육의 태동기이다. ○ ✕

12. 고종의 교육입국조서는 근대교육으로의 발전에 큰 역할을 하였는데 특히 소학교 및 고등과정에 체조과목을 편성하고 덕-체-지의 3대 교육을 강조한 것이 그 특징이다. ○ ✕

13. 원산학사에서는 무예반을 편성하고 병서와 사격교육을 실시했는데 이는 정규교육과정에 무예체육이 편성되는 모습을 보여준다. ○ ✕

14. 경신학교(언더우드학당)에서는 정규 수업에 체조 수업을 포함하기도 하였다. ○ ✕

15. 한성사범학교의 교관으로 대한자강회를 조직하고 지체덕의 교육 중 체를 강조한 인물은 이기 선생이다. ○ ✕

16. 야구와 농구는 미국 공사 푸트에 의해 정식으로 소개되었으며 황성기독교청년회에서 왕성하게 활동하였다. ○ ✕

17. 일제강점기에는 조선교육령 및 학교체조교수요목의 제정으로 근대적 체육의 도입이 시작되었지만 목적에는 일제의 식민지 정책의 일환으로 조선인의 자주성 박탈이라는 의도가 있었다. ○ ✕

18. YMCA는 외국인 선교사 주축의 활동으로 국권이 박탈된 나라에서 근대적인 스포츠 도입과 민족주의적 체육의 발달을 이루어 낼 수 있었다. ○ ✕

19. 무단통치기에는 효율적 지배를 위한 회유정책으로 체조교원을 조선인으로 두고 스웨덴식(서전)체조를 병식체조로 대치하는 등의 정책을 펼쳤다. ○ ✕

20. 민족말살기에는 한반도의 대륙 침략 기지화를 위하여 체조과목을 체련과목으로 바꾸어 교련화하였고 군사훈련의 성격을 갖게 만들었다. ○ ✕

21. 전국에 역도를 보급하고 조선체력증진법 연구회를 설립, 한국 스포츠 발전에 공헌한 인물은 서상천이다. ○ ✕

22. 1920년도에 창립되었으며 고려구락부를 모태로 일본의 조선체육협회에 대응하여 설립된 단체로 체육지도 및 장려 발전 등 체육사적 의미가 큰 이 단체의 이름은 대한체육구락부이다. ○ ✕

23. 광복 이후의 미군정기와 이승만 정부에서는 뚜렷한 진흥정책이나 국민적 스포츠의 보급은 없었으나 각종 민족적 체육회를 재건하고 런던 올림픽에 우리 국호를 사용하여 처음 출전하는 등의 모습을 보였다. ○ ✕

24. 박정희 정부는 체력은 국력이라는 슬로건 아래 국가주의적 체육을 체계화하였으며 국민체육법 제정, 태릉선수촌 건립, 엘리트 스포츠 양성 등 체육사적 의미가 있는 많은 정책을 시행하였다. ○ ✕

25. 전두환 정부와 노태우 정부는 박정희 정부의 정책 기조를 계승하였으며 국가가 주도하는 스포츠 발전을 강조하였으나 스포츠를 국가 운영의 도구적 수단으로 사용했다는 단점도 있다. ○ ✕

26. 대한민국이라는 국호로 최초로 참가한 올림픽은 1948년 스위스 생모리츠 동계올림픽이다. ○ ✕

27. 대한민국 최초로 구기 종목에서 금메달을 획득한 것은 92년 바르셀로나 올림픽에서 여자 핸드볼 종목이다. ○ ✕

28. 대한민국 최초로 동계올림픽에서 금메달을 딴 대회는 1992년 알베르빌 동계올림픽에서 쇼트랙이다. ○ ✕

29. 남북한 교류사적으로 봤을 때 최초로 남한 선수팀을 북한에 파견한 것은 2013년 아시안 역도대회이다. ○ ✕

30. 1970년 아시안게임부터 여자 투척경기에서 메달을 딴 '아시아의 마녀'라는 별명을 가지고 있는 운동선수는 백옥자이다. ○ ✕

1	2	3	4	5	6	7	8	9	10	11	12	13	14	15
✕	○	✕	○	✕	○	○	✕	✕	○	✕	○	○	○	○
16	17	18	19	20	21	22	23	24	25	26	27	28	29	30
✕	○	○	✕	○	○	✕	○	○	○	○	✕	○	○	○

04 PART 핵심 기출문제 풀어보기

01 <보기>에서 한국체육사에 관한 설명으로 옳은 것만을 모두 고른 것은? (2024-1번)

> ㄱ. 한국 체육과 스포츠의 시대별 양상을 연구한다.
> ㄴ. 한국 체육과 스포츠를 역사학적 방법으로 연구한다.
> ㄷ. 한국 체육과 스포츠에 관한 역사 기술은 사실 확인 보다 가치 평가가 우선한다.
> ㄹ. 한국 체육과 스포츠의 과거를 살펴보고, 이를 통해 현재를 직시하고 미래를 조망한다.

① ㄱ, ㄴ, ㄷ
② ㄱ, ㄴ, ㄹ
③ ㄱ, ㄷ, ㄹ
④ ㄴ, ㄷ, ㄹ

해 1단원 체육사의 의미 단원에서는 체육사의 정의, 시대 구분 방법, 사료 구분, 역사관 등을 묻는 기본적인 문제가 1~2문제 정도 출제됩니다. 한국 체육사는 가치 평가에 앞서 정확한 사실을 파악하는 것이 더 중요하며, 역사를 연구하는 학문으로서의 성격을 갖습니다.

02 <보기>의 (㉠)~(㉢)에 들어갈 용어가 바르게 연결된 것은? (단, 시대구분은 나현성의 방식을 따름) (2023-2번)

> • (㉠) 이전은 무예를 중심으로 한 무사 체육 등의 (㉡) 체육을 강조하였다.
> • (㉠) 이후는 「교육입국조서(敎育立國詔書)」를 통한 학교 교육에 기반을 둔 (㉢) 체육을 강조 하였다.

	㉠	㉡	㉢
①	갑오경장(1894)	전통	근대
②	갑오경장(1894)	근대	전통
③	을사늑약(1905)	전통	근대
④	을사늑약(1905)	근대	전통

해 시대 구분 방법은 체육사의 정의보다 더 자주 출제되는 편입니다. 역사를 시대적으로 구분하는 방법은 여러 가지가 있으나, 가장 일반적으로 사용하는 방식은 고대-중세-근대-현대와 같은 구분입니다. 다만 한국 체육사의 경우에는 나현성 교수의 구분 방법을 주로 따릅니다. 이 방법은 갑오경장(1894년)을 기준으로 하여 무사 체육 중심의 전통체육과 교육입국조서를 통해 학교 교육으로 이루어진 근대 체육으로 구분합니다.

03 <보기>에서 체육사 연구의 사료(史料)에 관한 설명으로 옳은 것만을 모두 고른 것은? (2022-2번)

> ㉠ 기록 사료는 문헌 사료와 구전 사료가 있다.
> ㉡ 물적 사료는 물질적 유산인 유물과 유적이 있다.
> ㉢ 기록 사료 중 민요, 전설, 시가, 회고담 등은 문헌 사료이다.
> ㉣ 전통적인 분류 방식에 따르면, 물적 사료와 기록 사료로 구분된다.

① ㉠, ㉡
② ㉡, ㉢
③ ㉠, ㉡, ㉣
④ ㉡, ㉢, ㉣

해 사료는 역사적인 자료를 의미하며, 역사 연구에서 매우 중요한 가치를 지닙니다. 사료를 구분하는 방식은 다양하지만, 전통적으로는 물적 사료와 기록 사료로 나눕니다. 물적 사료에는 유물과 유적, 기록 사료에는 문헌 사료와 구전 사료 등이 있습니다. 보기에서 민요, 전설, 시가, 회고담 등은 기록사료 중 '구전 사료'에 해당합니다.

정답 01 ② 02 ① 03 ③

04. <보기>에서 신체활동이 행해진 제천의식과 부족국가가 바르게 연결된 것만을 모두 고른 것은? (2024-2번)

> ㄱ. 무천-신라
> ㄴ. 가배-동예
> ㄷ. 영고-부여
> ㄹ. 동맹-고구려

① ㄱ, ㄴ
② ㄷ, ㄹ
③ ㄱ, ㄴ, ㄹ
④ ㄴ, ㄷ, ㄹ

해 한국체육사는 시대 순서대로 문제가 출제됩니다. 가장 먼저 선사 및 삼국시대 문제가 출제되는데, 시대가 오래되었을수록 전해지는 사료가 많지 않아 출제 비중은 적지만 항상 비슷한 내용이 반복되는 경향이 있습니다. 선사 및 삼국시대에서는 주로 신체활동이 어떤 방식으로 이루어졌는지, 그리고 국가별 제천의식이 무엇인지가 출제됩니다. 체육사 단원은 단순 암기 요소가 많으므로, 의미 있는 단어 연상법을 활용하면 효과적입니다. 부여는 영고, 고구려는 동맹, 동예는 무천, 신라는 가배, 마한은 10월제 등으로 불리었습니다.

05. 부족국가 시대에 신체활동이 이루어진 행사가 아닌 것은? (2025-3번)

① 대향사례(大鄕射禮)
② 성년의식(成年儀式)
③ 주술의식(呪術儀式)
④ 제천행사(祭天行事)

해 부족국가 시대의 신체활동은 크게 수렵, 군사, 축제, 주술의식, 성년의식 등으로 구분할 수 있습니다.
대향사례는 활쏘기를 겨루면서 임금과 신하, 스승과 제자 간의 예를 갖추고 법도를 세우는 신체활동이었는데, 이는 유교가 전파된 고려시대 사료부터 많이 등장합니다. 따라서 대향사례는 부족국가 시대의 신체활동으로 보기는 어렵습니다.

06. 화랑도에 관한 설명으로 옳지 않은 것은? (2023-4번)

① 진흥왕 때에 조직이 체계화되었다.
② 세속오계는 도의교육(道義敎育)의 핵심이었다.
③ 신체미 숭배 사상, 국가주의 사상, 불국토 사상이 중시되었다.
④ 서민층만을 대상으로 한 청소년단체로서 문무겸전(文武兼全)을 추구 하였다.

해 삼국 및 통일신라 시대에서 가장 많이 출제되는 주제는 신라의 화랑도입니다.
화랑도는 신라 시대 청소년으로 조직된 심신 수련 및 교육 단체로서 체육사적으로 큰 의미가 있어 거의 매년 출제되는 문제 중 하나입니다.
화랑도와 관련한 내용들은 이미 충분히 출제되었으므로 기출문제 위주로 학습하는 것이 효과적입니다.
또한 화랑도는 서민층만의 단체가 아니며, 진골 출신 귀족 자제인 '화랑'과 일반 귀족 및 일부 평민 자제인 '낭도'로 구성되었습니다. 다만 전체적으로 보면 귀족 자제가 중심이었습니다.

07. <보기>에서 삼국시대의 무예에 관한 설명으로 옳은 것만을 모두 고른 것은? (2024-4번)

> ㄱ. 신라: 궁전법(弓箭法)을 통해 인재를 등용하였다.
> ㄴ. 고구려: 경당(扃堂)에서 활쏘기 교육이 이루어졌다.
> ㄷ. 백제: 훈련원(訓鍊院)에서 무예 시험과 훈련이 행해졌다.

① ㄱ, ㄴ
② ㄱ, ㄷ
③ ㄴ, ㄷ
④ ㄱ, ㄴ, ㄷ

해 삼국시대에는 여러 나라가 서로 대립하였기 때문에 국방을 위한 무예가 강조되었습니다.
대표적인 신체 활동으로는 활쏘기, 말타기, 수박희 등이 있으며, 매를 활용한 사냥(방응) 또한 무예적 성격을 지니고 있었습니다.
특히 궁술·마술·수박희는 삼국시대 이후에도 지속적으로 행해졌기 때문에, 어떤 용어가 어느 시대에 해당하는지 구분하면서 학습할 필요가 있습니다.
신라 시대에는 궁전법(弓箭法)을 통해 인재를 선발하기도 하였으며, 고구려의 교육기관인 경당(扃堂)에서는 청소년들에게 활쏘기를 비롯한 무예 교육을 실시했습니다.
한편, 훈련원(訓鍊院)은 백제가 아니라 조선시대에 설치된 기관으로, 무예 시험과 군사 훈련을 담당했습니다.

정답 04 ② 05 ① 06 ④ 07 ①

08 <보기>에서 설명하는 신체활동은? (2023-5번)

- 가죽 주머니로 공을 만들어 발로 차는 놀이였다.
- 한 명, 두 명, 열 명 등 다양한 형식으로 실시되었다.
- <삼국사기(三國史記)>와 <삼국유사(三國遺事)>에 따르면 김유신과 김춘추가 이 신체활동을 하였다.

① 석전(石戰) ② 축국(蹴鞠)
③ 각저(角抵) ④ 도판희(跳板戲)

해 놀이의 설명을 주고 놀이의 명칭을 맞추는 문제는 거의 매년 출제됩니다. 문제 자체는 어려운 편은 아니지만 놀이를 부르는 명칭이 다소 생소할 수 있습니다. 보기의 설명은 축구와 유사한 '축국'에 해당합니다.
- 석전은 돌을 던져 상대방을 맞추고 승부를 겨루는 놀이입니다.
- 각저는 맨손으로 상대방을 넘어뜨리고 힘을 겨루는 놀이로 씨름과 유사합니다.
- 도판희는 널뛰기와 유사하며 여성들이 민속 명절에 즐기던 놀이 중 하나입니다.

09 고려시대 최고 교육기관과 무학(武學) 교육이 바르게 연결된 것은? (2024-5번)

① 성균관(成均館) - 대빙재(待賜齋)
② 성균관(成均館) - 강예재(講藝齋)
③ 국자감(國子監) - 대빙재(待聽齋)
④ 국자감(國子監) - 강예재(講藝齋)

해 고려시대에서 자주 출제되는 개념은 크게 세 가지입니다. 최고의 고등교육기관인 '국자감'에서 무예 교육이 이루어진 '강예재', 궁술과 마술(馬術, 말타기) 같은 무예 체육이 어떻게 전개되었는지, 그리고 귀족과 서민이 어떻게 나뉘어 놀이를 즐겼는지 등이 이에 해당합니다.

10 <보기>에서 고려시대 무예의 특징으로 옳은 것만을 모두 고른 것은? (2022-7번)

㉠ 격구(擊毬)는 군사훈련의 수단이었다.
㉡ 수박희(手搏戲)는 무인 인재 선발의 중요한 방법이었다.
㉢ 마술(馬術)은 육예(六藝) 중 어(御)에 속하며, 군자의 중요한 덕목 중 하나였다.
㉣ 궁술(弓術)은 문인과 무인의 심신 수양과 인격도야의 방법으로 중시되었다.

① ㉠ ② ㉡, ㉢
③ ㉡, ㉢, ㉣ ④ ㉠, ㉡, ㉢, ㉣

해 삼국시대부터 실시된 무예 체육은 고려시대에도 이어졌습니다. 궁술은 국난에 대비하여 문인과 무인을 가리지 않고 교육을 장려하였으며, 대사례와 향사례 등이 활발히 시행되었습니다. 특히 왕이 행차하여 궁술로 인재를 뽑는 열사(閱射)와 같은 행사도 있었습니다. 마술(馬術, 말타기)은 유교의 육예(六藝) 중 '어(御)'에 해당하였고, 말을 타고 공을 치는 폴로와 유사한 격구가 마술 훈련의 핵심이 되기도 하였습니다. 또한 수박희는 무인에게 적극 권장된 무예로서, 무신정권기에는 출세를 위한 과목으로도 활용되었습니다.

11 <보기>에서 민속놀이와 주요 활동 계층이 바르게 연결된 것으로만 묶인 것은? (2023-6번)

㉠ 풍연(風鳶) - 귀족 ㉡ 격구(擊毬) - 서민
㉢ 방응(放鷹) - 귀족 ㉣ 추천(鞦韆) - 서민

① ㉠, ㉡ ② ㉢, ㉣
③ ㉠, ㉣ ④ ㉡, ㉢

해 고려시대에는 호족 중심의 귀족 사회가 발달하였습니다. 이는 향유하는 놀이 문화도 달라지게 되었는데 귀족의 경우에는 격구, 방응, 투호 등을 즐겼고 서민의 경우에는 축국, 씨름, 추천, 풍연, 석전 등을 주로 즐겼습니다.

정답 08 ② 09 ④ 10 ④ 11 ②

12. 조선시대 무과제도에 관한 설명으로 옳지 않은 것은? (2022-8번)

① 초시, 복시, 전시 3단계로 실시되었다.
② 무과는 강서와 무예 시험으로 구성되었다.
③ 증광시, 별시, 정시는 비정규적으로 실시되었다.
④ 선발 정원은 제한이 없었으며, 누구나 응시할 수 있었다.

해 조선시대에서 주로 출제되는 내용은 무인 선발을 위한 무과 시험, 무예 교육 기관, 무예서, 그리고 다양한 민속 놀이입니다. 특히 고려시대와 비교하여 문제가 자주 출제되는데, 무과 시험은 고려시대에는 없던 제도이기 때문에 출제 비중이 조금 더 높습니다. 무과 시험은 초시-복시-전시의 3단계로 실시되었으며, 기본적으로 실기 시험이 중심이었으나 강서 시험도 포함되었습니다. 3년마다 정기적으로 치러졌으며, 상황에 따라 비정규적으로 열리기도 했습니다. 선발 정원에는 제한이 있었고, 응시 자격에는 일부 서얼도 포함되었으나 대부분은 무신 집안의 자제들에게 세습되는 경향을 보였습니다.

13. 조선시대의 훈련원(訓鍊院)에 관한 설명으로 옳지 않은 것은? (2025-8번)

① 국왕의 친위 부대였다.
② 군사의 시재(試才)를 담당하였다.
③ 무예 교육과 훈련을 담당하였다.
④ 『무경칠서(武經七書)』 등의 병서 습득을 장려하였다.

해 조선시대의 무예 교육 기관에는 훈련원과 사정이 있습니다. 훈련원은 무관을 양성하는 기관으로, 무과 시험을 주관하고 병서(兵書) 습독을 관장하였습니다. 사정은 무사를 양성하는 기관으로, 관설 사정과 민간 사정이 존재하였습니다.
이는 국왕의 친위 부대와는 관련이 없습니다.

14. <보기>에서 조선시대의 궁술에 관한 설명으로 옳은 것만을 모두 고른 것은? (2024-10번)

ㄱ. 군사 훈련의 수단이었다.
ㄴ. 무과(武科) 시험의 필수 과목이었다.
ㄷ. 심신 수련을 위한 학사사상(學射思想)이 강조되었다.
ㄹ. 불국토사상(佛國土思想)을 토대로 훈련이 이루어졌다.

① ㄱ, ㄴ　　② ㄷ, ㄹ
③ ㄱ, ㄴ, ㄷ　　④ ㄴ, ㄷ, ㄹ

해 조선시대에도 궁술은 계속해서 강조되었습니다. 군자가 갖추어야 할 여섯 가지 덕목 중 '사(射)'에 해당하며, 임금 또한 반드시 익혀야 할 덕목으로 여겨졌습니다. 전국의 사정에서는 편사가 이루어졌으며, 지방에서는 향사례가 진행되었습니다. 또한 농촌 경제서에도 활쏘기 방식이 소개되기도 하였습니다.
보기에서 불국토 사상을 토대로 훈련이 이루어진 것은 화랑도와 관련된 내용으로 볼 수 있습니다.

15. <보기>에서 설명하는 조선시대의 무예서는? (2023-10번)

- 24종류의 무예가 기록되어 있다.
- 정조의 명령하에 국가사업으로 간행되었다.
- 한국, 중국, 일본의 관련 문헌 145권이 참조되었다.

① 무예제보(武藝諸譜)
② 무예신보(武藝新譜)
③ 무예도보통지(武藝圖譜通志)
④ 무예제보번역속집(武藝諸譜翻譯續集)

해 조선시대에 와서 글과 인쇄술이 발달하면서 각종 도서가 발간되고 많은 사료가 만들어졌습니다. 특히 무예에 대한 관심은 무예서 편찬으로 이어졌는데, 정조는 기존에 존재하던 『무예제보』와 『무예신보』를 발전시켜 그림으로 쉽게 배울 수 있는 『무예도보통지』를 편찬하였습니다.

정답　12 ④　13 ①　14 ③　15 ③

16. <보기>에서 『활인심방(活人心房)』에 관한 옳은 설명을 모두 고른 것은? (2025-9번)

ㄱ. 『활인심(活人心)』을 근거로 하였다.
ㄴ. 도인법(導引法)은 신체 단련 방법이다.
ㄷ. 조선시대에 간행된 보건 실용서이다.
ㄹ. 양생지법(養生之法)과 도인법 등을 다루고 있다.

① ㄱ, ㄴ
② ㄷ, ㄹ
③ ㄱ, ㄴ, ㄷ
④ ㄱ, ㄴ, ㄷ, ㄹ

해 활인심방은 조선시대 이황이 도가류 의서인 『활인심』을 필사한 책입니다. 여러 내용 가운데 호흡 방법을 소개한 사계 양생가와, 체조 동작을 통해 신체를 단련하는 팔단도인법은 신체 활동과 밀접한 관련이 있어 의미가 있습니다.

17. <보기>에 해당하는 신체활동은? (2022-9번)

- 군사훈련의 성격을 지니고 실시된 무예 활동
- 조선시대 왕이나 양반 또는 대중에게 볼거리 제공
- 나라의 풍속으로 단오절이나 명절에 행해졌던 활동
- 승부를 결정 짓는 놀이로서 신체적 탁월성을 추구하는 경쟁적 활동

① 투호(投壺)
② 저포(樗蒲)
③ 석전(石戰)
④ 위기(圍碁)

해 보기는 석전에 대한 설명입니다. 석전은 여러 특징을 지니는데, 돌을 던져 상대방에게 위해를 가한다는 점에서 무예로서의 성격을 지닙니다. 또한 민속 명절에 온 마을이 함께 즐기는 놀이로 볼 수 있으며, 승부를 결정할 때 신체적 탁월성을 겨룬다는 점에서 스포츠적 특징도 지닙니다.
- 투호는 화살을 던져 항아리나 병 안에 넣는 놀이입니다.
- 저포는 나무로 만든 주사위를 던져 노는 윷놀이와 유사한 놀이입니다.
- 위기는 바둑과 유사한 놀이의 형태입니다.

18. 개화기의 체육사적 사실에 관한 설명으로 옳은 것은? (2023-12번)

① 동래무예학교는 문예반 50명, 무예반 200명을 선발하였다.
② 개화기 최초의 운동회는 일본인 학교에서 주관한 화류회(花柳會)였다.
③ 양반들이 주도하여 배재학당, 이화학당, 경신학당 등 미션스쿨을 설립하였다.
④ 고종은 「교육입국조서(敎育立國詔書)」를 반포하고, 덕양, 체양, 지양을 강조하였다.

해 한국체육사는 개화기 시기부터 문제가 많이 출제됩니다. 연도마다 단원 비중은 다르지만 개화기-일제강점기-광복 이후를 합치면 보통 10문제 이상이 출제되어, 가장 많은 비중을 두고 공부해야 하는 단원입니다. 개화기 시기 중요한 사건으론 고종의 교육입국조서가 있습니다. 전 국민을 대상으로 교육기회를 확대하고 덕양, 체양, 지양을 강조하였습니다.
- 문예반과 무예반으로 나누어 교육한 학교는 '원산학사'입니다.
- 최초의 운동회는 1896년 영어학교에서 실시한 화류회입니다.
- 배재학당, 이화학당, 경신학교 등의 미션스쿨은 외국인 선교사들에 의해서 설립되었습니다.

19. 고종(高宗)의 교육입국조서(敎育立國昭書)에서 삼양(三養)이 표기된 순서는? (2024-11번)

① 덕양(德養), 체양(體養), 지양(智養)
② 덕양(德養), 지양(智養), 체양(體劃)
③ 체양(體養), 지양(智養), 덕양(德養)
④ 체양(體養), 덕양(德養), 지양(智養)

해 다소 지엽적인 문제였습니다. 고종이 반포한 교육입국조서에서 강조하는 삼양의 표기 순서를 묻는 문제가 출제되었습니다. 순서는 '덕양-체양-지양'의 순입니다.
고종의 교육입국조서 내용
이제 짐이 교육의 강령(綱領)을 보이노니 헛이름을 물리치고 실용을 취할지어다. 곧, 덕을 기를지니, 오륜의 행실을 닦아 속강(俗綱)을 문란하게 하지 말고, … 다음은 몸을 기를지니, 근로와 역행(力行)을 주로 하며, … 다음은, 지(知)를 기를지니 사물의 이치를 끝까지 추궁함으로써 지를 닦고 성(性)을 이룩하고 …

정답 16 ④ 17 ③ 18 ④ 19 ①

20. <보기>의 설명에 해당하는 교육기관은? (2025-14번)

> 이 교육기관은 개항 이후에 일본인의 세력에 대응하고자 설립 되었다. 무예반에는 병서와 사격 과목이 편성되었고, 무예반의 비중이 컸다는 점에서 무비자강(武備自强)을 지향했다고 할 수 있다.

① 무예학교 ② 원산학사
③ 배재학당 ④ 경신학당

해 개화기 시기의 각종 학교와 관련된 문제도 자주 출제됩니다. 그중 원산학사는 개화기 최초의 사립학교로, 문예반과 무예반으로 나누어 운영되었습니다. 문예반의 정원은 50명이었지만 무예반은 그보다 많은 200명으로 편성되었으며, 병서와 사격 교육 등 무예교육이 이루어졌다는 점에서 중요한 의의를 지니며 가장 많이 출제되는 편입니다. 이외에도 여러 학교가 출제되므로 학교명과 설립자는 반드시 숙지해야 합니다.

21. 다음 중 개화기에 설립된 체육단체가 아닌 것은? (2024-14번)

① 대한체육구락부
② 조선체육진흥회
③ 대동체육구락부
④ 황성기독교청년회운동부

해 개화기에는 다양한 체육 단체가 설립되었습니다. 그중 가장 먼저 설립되어 활발히 활동한 단체는 황성기독교청년회(YMCA)이며, 우리나라 최초의 근대적 체육단체로는 대한체육구락부를 들 수 있습니다. 한편, 보기의 조선체육진흥회는 개화기가 아니라 1942년 일제강점기 말기에 일본의 주도로 설립된 단체입니다.

22. <보기>에 해당하는 시기는? (2025-12번)

> 황국신민체조와 함께 검도, 유도, 궁도 등을 여학생에게 실시하게 한 것은 일본의 군국주의를 드러낸 것이었다. 학교체육의 성격은 점차 교련에 가까워졌다.

① 무단통치기 ② 민족말살기
③ 문화통치기 ④ 체조교습기

해 개화기와 일제강점기의 시대 구분은 중요한 내용이지만 단일 문제로는 자주 출제되지 않습니다. 개화기는 태동기-수용기-정립기, 일제강점기는 무단통치기-문화통치기-민족말살기로 구분됩니다. 언제든 출제될 수 있는 내용이므로 정확히 알고 있어야 합니다. 특히 보기의 '황국신민체조', '일본의 군국주의'와 같은 용어는 민족말살기 시기와 관련됩니다.

23. 일제강점기 체육에 관한 사실로 옳지 않은 것은? (2023-14번)

① 박승필은 1912년에 유각권구락부를 설립해 권투를 지도하였다.
② 조선체육협회는 1920년에 동아일보사 후원으로 설립되었다.
③ 서상천은 1926년에 일본체육회 체조학교를 졸업하고, 역도를 소개 하였다.
④ 손기정은 1936년에 베를린올림픽경기대회 마라톤 종목에서 우승 하였다.

해 일제강점기 시기에 자주 출제되는 내용은 일장기 말소 사건, 주요 사상가, 조선체육회 등입니다. 특히 조선체육회는 대한체육회의 전신으로 1920년에 창립되었으며, 국내 운동가와 유학자들에 의해 다양한 체육 관련 업적을 이루었습니다. 또한 조선체육협회와 구분하는 문제가 자주 출제되므로 반드시 구별해야 합니다. 보기에서 동아일보사의 후원으로 1920년 설립된 단체는 조선체육회입니다. 다만 해당 문제에서는 서상천의 체조학교 졸업 연도가 잘못 기재되어 3번도 복수정답으로 처리되었습니다.

정답 20 ② 21 ② 22 ② 23 ②,③

24. <보기>에서 문곡(文谷) 서상천(徐相天)의 활동을 모두 고른 것은?
(2025-13번)

> ㄱ. 우리나라에 역도를 도입하였다.
> ㄴ. 조선체력증진법연구회를 설립하였다.
> ㄷ. 『현대체력증진법』, 『현대철봉운동법』 등을 발간하였다.
> ㄹ. 조선체육회의 임원으로 병식체조를 개선한 교육체조를 가르쳤다.

① ㄱ, ㄴ
② ㄴ, ㄷ
③ ㄱ, ㄴ, ㄷ
④ ㄱ, ㄴ, ㄷ, ㄹ

해 체육 관련 인물이나 사상가 역시 최소 1문제 이상 꼭 출제되는 내용입니다. 교재 뒤쪽의 대한민국 스포츠 영웅까지 포함하면 알아두어야 할 인물이 20명이 넘지만, 세세하게 암기하기보다는 핵심 키워드를 중심으로 반복 학습하는 것이 효과적입니다. 보기에서 ㄱ·ㄴ·ㄷ은 서상천에 대한 설명이며, ㄹ은 유억겸에 대한 설명입니다.

25. <보기>에서 일제강점기의 조선체육회에 관한 설명으로 옳은 것만을 모두 고른 것은?
(2024-17번)

> ㄱ. '전조선축구대회'를 창설하였다.
> ㄴ. 조선체육협회에 강제로 흡수되었다.
> ㄷ. 국내 운동가, 일본 유학 출선자 등이 설립하였다.
> ㄹ. 종합체육대회 성격의 전조선종합경기대회를 개최하였다.

① ㄱ, ㄴ
② ㄷ, ㄹ
③ ㄴ, ㄷ, ㄹ
④ ㄱ, ㄴ, ㄷ, ㄹ

해 보기의 모든 내용은 조선체육회에 대한 설명으로 적절합니다. 공부하는 방식으로 문제를 풀면 되겠습니다. 조선체육회의 주요 활동을 살펴보면, 1920년 창립 이후 전국체전의 효시가 되는 '제1회 전조선야구대회'를 개최하였고, 이어서 축구·정구·육상 등의 경기 대회도 열었습니다. 이후 1934년 전조선종합경기대회로 통합되었으며, 1938년에는 조선체육협회에 강제로 흡수되었습니다. 광복 이후 다시 재건되어 대한체육회로 명칭을 변경하였고, 오늘날까지 이어지고 있습니다.

26. <보기>의 (㉠), (㉡)에 들어갈 알맞은 용어로 바르게 연결된 것은?
(2022-18번)

> • (㉠)경기대회는 우리나라 여성이 최초로 금메달을 획득한 대회로, 서향순이 양궁 개인전에서 금메달을 획득했다.
> • (㉡)경기대회는 우리나라가 광복 후 최초로 마라톤에서 금메달을 획득한 대회로, 황영조가 마라톤에서 금메달을 획득했다.

	㉠	㉡
①	1984년 로스앤젤레스올림픽	1988년 서울올림픽
②	1984년 로스앤젤레스올림픽	1992년 바르셀로나올림픽
③	1988년 서울올림픽	1988년 서울올림픽
④	1988년 서울올림픽	1992년 바르셀로나올림픽

해 광복 이후의 체육에서는 주로 경기사(대회사), 인물사, 남북한 스포츠사, 여성 스포츠사 등이 출제됩니다. 특히 경기사의 경우, '최초'라는 타이틀이 붙은 사례는 문제로 출제될 가능성이 매우 높습니다. 우리나라 여성이 최초로 금메달을 획득한 대회는 1984년 LA 올림픽이며, 광복 이후 우리나라가 최초로 마라톤 금메달을 딴 대회는 1992년 바르셀로나 올림픽입니다.

정답 24 ③ 25 ④ 26 ②

27. <보기>는 국제대회에서 한국 여자 대표팀이 거둔 성과를 나타낸 것이다. <보기>의 ㉠~㉢에 들어갈 종목이 바르게 제시된 것은? (2024-20번)

- (㉠): 1973년 사라예보 세계선수권대회에서 단체전 우승 달성
- (㉡): 1976년 몬트리올 올림픽대회에서 구기 종목 사상 최초의 동메달 획득
- (㉢): 1988년 서울 올림픽대회에서 당시 최강국을 이기고 금메달 획득

	㉠	㉡	㉢
①	배구	핸드볼	농구
②	배구	농구	핸드볼
③	탁구	핸드볼	배구
④	탁구	배구	핸드볼

해 여성 스포츠사에 대한 내용도 교재 뒷부분에 정리되어 있습니다. ㄱ은 탁구, ㄴ은 배구, ㄷ은 핸드볼에 관한 설명입니다. 이 외에도 아직 출제되지 않은 대회나 인물들이 나올 가능성이 있으므로 가볍게라도 살펴볼 필요가 있습니다.

28. 1991년에 있었던 남북한 단일팀의 국제대회 참가에 관한 설명으로 옳지 않은 것은? (2025-15번)

① 단일팀은 '코리아', 'KOREA'라는 명칭을 사용하였다.
② 제6회 포르투갈 세계청소년축구대회에서 8강에 진출하였다.
③ 제41회 지바 세계탁구선수권대회의 여자단체전에서 우승하였다.
④ 제24회 서울 올림픽경기대회 중에 열린 남북회담을 계기로 이루어졌다.

해 남북한 체육사 역시 교재에 정리되어 있습니다. 다른 경기사에 비해 중요성은 낮은 편이며, 주로 출제되는 부분은 1991년 이루어진 남북 단일팀 관련 기본합의서입니다. 이후 남북한은 단일팀을 구성해 제41회 지바 세계탁구선수권대회 여자 단체전에서 우승했고, 포르투갈 세계청소년축구대회에서는 8강에 진출하는 성과를 거두었습니다. 서울올림픽 기간에는 남북 회담이 성사되지 않았으나, 1990년대 초반 소련의 몰락과 함께 남북한 고위급 회담이 이루어지면서 남북기본합의서가 채택되었고, 이 시기에 체육회담 또한 병행되었습니다.

29. <보기>의 설명과 관련 있는 정권은? (2022-19번)

- 호돌이 계획 시행
- 국민생활체육회(구 국민생활체육협의회) 창설
- 1988년 서울올림픽경기대회의 성공적인 개최
- 제41회 지바 세계탁구선수권대회 남북단일팀 출전

① 박정희 정권　② 전두환 정권
③ 노태우 정권　④ 김영삼 정권

해 광복 이후 미군정기부터 노태우 정부에 이르기까지 정권별 주요 사건을 구분할 수 있어야 합니다. 과거에는 박정희 정부의 특징이 주로 출제되었지만, 최근에는 다른 정부의 사건도 많이 다뤄지므로 비교하며 정리해 두는 것이 중요합니다. 보기에서 언급된 '호돌이 계획'은 노태우 정권에서 시작된 「국민생활체육진흥 3개년 계획」의 별칭입니다. 이 시기에는 국민생활체육회가 창설되었고, 1988년 서울올림픽을 성공적으로 개최하였습니다.

30. <보기>에 해당하는 인물은? (2022-14번)

- 제6회, 제7회 아시아경기대회에서 수영 종목 400M, 1,500 M 2관왕 2연패
- 2008년 독도 33바퀴 회영(回泳)
- 2020년 스포츠영웅으로 선정되어 2021년 국립묘지에 안장

① 조오련　② 민관식
③ 김 일　④ 김성집

해 스포츠 인물과 관련해서는 현대 인물도 출제될 수 있습니다. 이와 관련해 공부할 때는 대한체육회에서 매년 발표하는 '대한민국을 빛낸 스포츠 영웅'을 참고하면 좋습니다. 보기는 故 조오련 선수에 대한 설명입니다.

정답 27 ④　28 ④　29 ③　30 ①

PART 05 운동생리학

1. 운동생리학의 개관

1) 주요 용어

① 운동생리학의 개념 '23 '18

> 일정 기간 동안 운동 형태로 가해진 자극에 대해 인체가 적절하게 반응하고 적응하는 과정 속에서 나타나는 생리학적 현상을 연구하는 학문

- **반응** : 일시적 운동에 의한 신체의 일시적 변화
- **적응** : 장기적이고 규칙적인 운동에 의한 신체의 반영구적 변화
- **항상성** : 다양한 자극에 반응하여 개체 혹은 세포의 상태를 일정하게 유지하려는 성질을 의미
    - 예) 음성피드백(호르몬 작용, 체온 등), 양성피드백(출혈 시 심혈관 작용, 혈소판 작용, 분만)

② 건강체력과 운동체력요소 '25 '23 '22 '19

체력종류	내용요소와 측정방법
건강체력	근력(근육의 힘), 근지구력(근육의 피로저항), 심폐지구력(심폐의 피로저항), 유연성, 신체조성
운동체력	민첩성(빠르게 몸을 움직이는 능력), 평형성(균형을 유지하는 능력), 순발력(운동발휘 속도나 능력), 협응력(조화로운 신체분절의 사용), 반응시간(자극에 대한 반응개시시간), 스피드(짧은 시간에 동작수행)

③ 용어개념 설명

개념		설명
운동		건강이나 체력을 증진하고 유지하기 위한 계획적이고 규칙적인 신체활동 강도에 따라 분류 시: 저강도 운동 ↔ 고강도 운동 유형에 따라 분류 시: 지구성 운동 ↔ 저항성 운동 ▶ 유산소 트레이닝은 지구성 운동, 무산소 트레이닝은 저항성 운동으로 볼 수 있음
	최대 운동	최대 부하(가장 높은 강도)의 운동을 의미하여 운동 강도가 올라갈수록 산소섭취량이 증가하므로 최대 운동에서의 최대산소섭취량(VO_2max)를 측정하여 이를 트레이닝의 지표로 활용
	최대하 운동	최대 부하가 아닌 대부분의 운동으로 최대산소섭취량이 아닌 다른 일반적인 측정 방법을 활용하여 운동능력을 측정함(최대운동이 제한될 때에도 활용- 노약자, 장애인 등)

④ 여러 가지 트레이닝의 원리 '22 '19

명칭	내용	명칭	내용		
과부하	일상 생활의 자극보다 더 강한 자극으로 운동해야함	다양성	방법을 다양화하여 지루함을 예방하고 효과를 증대함		
특이성	트레이닝 효과가 운동을 한 신체에 한정되어 나타남	전면성	특정 능력보다 여러 측면으로 발달을 도모해야 함		
반복성	효과를 얻기 위해 규칙적으로 장기간 계속 해야함	점진성	운동의 질과 양을 늘려가야 함	질적요소	형태(양식), 강도
				양적요소	시간, 빈도, 기간
기타 트레이닝 원리	- 절제와 역작용: 무리한 트레이닝은 역작용을 야기시킴 - 구조휴식과 초과회복: 트레이닝 후의 휴식을 해야하며 이때 초과회복이 일어남 - 수확체감의 원리: 체력 수준이 올라갈수록 더 많은 트레이닝이 필요				

2. 에너지 대사와 운동

1) 에너지의 개념과 대사작용 '25 '24 '23 '22 '21 '20 '19 '18

ATP "에너지의 현금"	1. 인간은 생존 및 운동에 필요한 에너지를 "ATP"라고 하는 화합물을 분해해서 얻음
	2. 1개의 아데노신과 3개의 인산기가 에너지(E)로 결합되어있는 형태
	  = ATP(Adenosine triphosphate)
	3. 분해효소(ATPase)에 의해 ADP와 Pi로 분리되면서 에너지가 방출되고 이를 사용함
	4. 분리된 ADP와 Pi를 합치기 위해서 다시 에너지가 필요한데 크게 3가지 방법이 존재함
	  - ① 인원질과정 ② 무산소성 해당과정 ③ 유산소 과정

(1) 인원질과정(ATP-PCr시스템)

- 특징: 가장 빠른 ATP 공급이 가능, 다만 5~10초 안에 고갈되는 짧은 PCr의 저장량의 한계
- 과정

  ① PCr(포스포크레아틴)을 분해효소(CK, 크레아틴키나제)로 분해

  ② Cr(크레아틴)과 Pi(인산)으로 분해되면서 에너지(E) 방출

  ③ 방출된 에너지(E)를 ADP+Pi의 재합성에 사용 (1ATP 생성)

(2) 무산소성 해당과정(젖산시스템)

- 특징

  ① 세포 내에 있는 포도당을 바로 사용하며 비교적 빠른 과정에 속함
    ※ 혈액 내 포도당(혈당, 글루코스), 근육 내 포도당(글리코겐)

  ② 부산 물질인 젖산이 생성되고 수소이온(H^+) 다량 생성되어 근피로를 유발

  ③ 전체적인 과정은 근육세포의 원형질(세포질)에서만 일어나며 미토콘드리아에서 일어나지 않음

- 과정 (2ATP 생성)

에너지 투자단계 (2ATP 소모)	① 포도당에 1ATP를 사용하여 Pi(인산)를 결합시킴 (조절효소 PFK, 포스포프락토키나제) ※ 혈액에 있는 포도당(글루코스)은 원형질로 유입될 때 1ATP가 더 소모됨(헥소키나제) ② 다른 1ATP를 소모하여 구조를 재배열하고 두 개의 중간산물로 분해

에너지 생성단계
(4ATP 생성)
	① 분해된 중간산물(G3P, 글리세르알데히드삼인산)은 여러 효소 작용으로 더 분해됨
	② 분해과정에서 각각 2ATP, 1NADH, H_2O를 방출한다.
	③ 최종산물로 2개의 피루브산이 생성됨
	  - 산소가 충분하지 않을 때 NADH로부터 2개의 수소이온을 넘겨받아 젖산으로 환원됨
	  - 산소가 충분할 경우 피루브산은 크렙스사이클로, NADH는 전자전달계로 보내짐

(3) 유산소과정

- 특징

  ① 산소가 충분할 경우 미토콘드리아 내부에서 크렙스회로와 전자전달계를 통해 다량의 ATP를 생성함
  ※ 산소운반물질 : 혈액-헤모글로빈, 근육-마이오글로빈

  ② 3대 영양소(탄수화물, 지방, 단백질)를 모두 사용할 수 있으며 각각의 영양소에서 생성된 피루브산이 미토콘드리아 내부로 들어간 뒤 아세틸조효소 A(acetly-CoA)로 변하면서 시작됨

  ③ 아세틸조효소A는 크렙스회로를 순환하며 이산화탄소와 수소이온, 전자 등을 방출하며 산화반응을 일으킴

  ④ 전자전달계에서는 수소이온이 전자를 방출하며 다량의 ATP를 생성하고 산화반응을 일으킴

- 과정

크렙스회로	1. 피루브산이 CO_2를 방출하고 아세틸조효소 A를 형성함 2. 일련의 과정을 통해 ATP와 CO_2를 생성하고 다량의 전자와 수소이온을 방출함
전자전달계	1. 해당과정과 크렙스회로에서 생성된 전자 및 수소이온이 산소(O_2)와 결합하여 물(H_2O)을 생성 2. 전자전달계 내부에서 전자와 수소이온은 산화적 인산화 과정을 통해 다량의 ATP를 생성함

연료별 대사과정	1. 탄수화물의 유산소대사
	   - 연구마다 다른 경향이 있으나 현재의 교육과정에서는 1개의 포도당 기준 32ATP를 생성함
	2. 지방의 유산소대사
	   - 중성지방을 리파아제(분해효소)를 통해 글리세롤과 유리지방산으로 나눔
	   - "베타산화"의 과정을 통해 유리지방산으로 아세틸조효소A 생성함
	   - 지방산의 종류에 따라 130~147ATP가 생성되며 에너지 생산량이 뛰어나지만 그만큼 대사 과정에 많은 산소가 필요하게 됨
	   - 글리세롤은 대사 과정에 참여하지 않고 간으로 보내져서 당신생 과정을 거침
	3. 단백질 유산소대사
	   - 운동이 장시간 지속될 시 단백질 또한 에너지원으로 이용될 수 있음
	   - 아미노산이 탈아미노 반응을 통해 크렙스회로의 중간산물로 들어갈 수 있음
	   - 일부 아미노산의 경우 케톤체를 형성할 수 있고 이는 혈액을 산성화시킬 수 있음
	   - 따라서 단백질은 에너지원보다는 인체의 다른 기능에 중요한 역할로 활용함

2) 운동 상황에서의 에너지 시스템 사용 '25 '23 '21 '20 '18

에너지연속체	에너지 시스템은 어느 하나의 대사과정에 의존하는 것이 아니라 신체활동의 특성에 따라 여러 시스템이 서로 상호작용하면서 운동 수행이 일어남 - 운동강도가 높을수록: 인원질과정 > 무산소성해당과정 > 유산소과정(탄수화물>지방) - 운동지속시간이 길어질수록: 인원질과정 < 무산소성해당과정 < 유산소과정(탄수화물<지방)
운동종목과 주에너지시스템	- 30초 이내(투포환, 100m 달리기, 높이뛰기): 인원질 과정 - 30초~90초(200m~400m달리기, 100m 수영): 인원질과정, 젖산과정 - 90초~180초(800m 달리기, 체조연기, 복싱, 유도): 젖산과정, 유산소과정 - 180초 이상(마라톤, 1500m 수영, 크로스컨트리): 유산소 과정
고강도 운동 시의 대사특징	1. 해당과정의 참여도가 높아짐: 근육 내 탄수화물(근글리코겐)의 활용이 늘어나기 때문에 2. 젖산역치의 발생 원인: 근육 내 산소량 감소, 속근 섬유 사용률 증가, 무산소성 해당과정 의존, 코리사이클 감소

3) 트레이닝 후의 에너지 시스템 변화 '25 '23 '21 '20 '18

주요지표	최대산소 섭취량 (VO₂MAX)	1. 운동하는 동안 산소를 수송하고 이용하는 최대능력 2. 심혈관 체력 및 에너지 대사 능력 평가에 가장 타당한 지표 　※ 계산공식: 1회박출량*최대심박수*최대동정맥산소차 3. 증가요인: 심박출량증가에 따른 활동근 혈류량 증가, 골격근의 산소 추출량(사용량) 증가 ※ 운동 후 초과산소섭취량의 발생 원인 운동 중 증가한 다양한 요인(혈압, 젖산, 체온)을 다시 낮추기 위해 에너지를 소모
	젖산역치 (LT)	1. 젖산농도가 급격하게 증가하는 지점 2. 무산소성 해당과정이 많이 사용되고 있음을 혈액검사를 통해 알 수 있음
	호흡교환율 (RER)	1. 동일한 시간 동안 산소섭취량에 대한 이산화탄소 생산량의 비율 2. 지방과 탄수화물의 대사 시 생성되는 CO_2가 달라 이를 통해 이용 연료를 예측 　- 지방 0.7 탄수화물 1.0 (0.7에 가까울수록 저강도 1에 가까울수록 고강도)
운동수행 능력 향상요인	유산소 트레이닝	1. 모세혈관의 밀도 및 미토콘드리아의 수 증가 　원인: 젖산에 대한 완충능력 증가, 산화능력 향상에 따른 퍼포먼스 증가 2. 최대산소섭취량 및 최대동-정맥산소차, 최대심박출량 증가 　원인: 심장의 혈류 증가와 조직의 산소 추출능력 향상 3. 근육의 크기와 형태 변화 　원인: 지근섬유의 발달과 FTb→FTa의 변화(속근섬유의 지근섬유화)
	무산소 트레이닝	1. 근세포의 크기 증가 및 수 증가는 세포질 내 PCr 수의 증가 　원인: 초기 운동 및 고강도 운동 시 ATP-PCr 활용 능력 증가 2. 에너지 시스템 관련 효소 활성도 및 저장량 증가 　원인: 인원질과정-CK(크레아틴키나제), 해당과정-PFK(포스포프락토키나제) 3. 근육의 크기와 형태 변화 및 수축속도 증가 　원인: 속근섬유의 발달과 FTa→FTb의 변화
기타 에너지 소비량 측정방법	열량측정법	1. 직접열량측정: 동물의 신진대사를 열발생 측정과정을 통해 측정 　　　(밀폐된 방에서 활동으로 인해 발생한 열 측정) 2. 간접열량측정: 소비된 산소 또는 발생한 이산화탄소가 신체에서 발생한 열과의 상관관계를 　　　통해 열량을 측정
	이중표식수	동위원소 기법을 사용한 방법으로 농도를 알고 있는 물을 마시고 일정 시간 후 배출된 소변을 측정
안정 시 산소 섭취량 (METs) 계산방식		1. 1MET는 안정 시 산소섭취량의 의미로 3.5ml/kg/min을 나타냄 2. 운동 시 에너지 소비량은 안정 시 산소섭취량과의 곱으로 표시할 수 있음 　- 10MET=35ml/kg/min= 안정 시보다 10배의 대사작용을 의미 3. 10MET 운동에서 요구하는 산소섭취량은 개인의 체중을 곱하여 구할 수 있음 　- 10MET의 강도, 80kg 성인, 10분 간 운동 시: 35ml/kg/min×80kg×10min=28,000ml
트레드밀 운동량 측정방법		1. 경사도가 있는 트레드밀의 계산 방법 = 체중(힘) x 수직이동거리(거리) 　- 수직이동거리(이동한 총 거리에 경사도를 곱함, 경사도가 8%면 0.08을 곱함) 2. 체중 50kg, 트레드밀 속도 12km/h, 운동시간 10분, 트레드밀 경사 5%의 경우 　- 운동량 계산 공식에 의해 체중 50kg(힘)과 수직이동(거리)를 곱하여 구함 　- 총 수평이동거리: 12km/h=200m/min 이므로 2000m 　- 수직 이동거리: 2000m x 0.05(경사도) = 100m 　- 운동량(일) 계산 시: 50kg*100m=5,000kg·m 또는 5,000kpm

3. 신경조절과 운동

1) 신경계의 구조와 기능 '23 '21 '20 '18

구조	구조적 분류	중추신경계: 뇌와 척수 말초신경계: 체성신경(뇌신경, 척수신경), 자율신경(교감신경, 부교감신경)
	기능적 분류	중추신경계: 뇌와 척수 말초신경계: 체성신경(운동신경, 감각신경), 자율신경(교감신경, 부교감신경)
중추 신경계	뇌	운동, 감각, 언어, 기억, 정신기능, 각성, 항상성, 신진대사 등의 총체적 조절 ▶ 대뇌, 중뇌, 소뇌, 간뇌, 뇌하수체, 연수 등 각각의 고유 기능 및 역할
	척수	몸과 뇌 사이의 정보를 주고 받을 수 있게 하는 통로 ▶ 감각신경을 뇌로, 운동신경을 몸으로, 척수 수준에서 자동적 처리(척수반사)
말초 신경계 '21	감각신경	신체 말단에서 받은 감각 정보를 중추로 보내는 신경계 ▶ 빛, 소리, 냄새, 맛, 압력, 통증 등
	운동신경	중추에서 받은 정보를 신체 여러 부위로 전달함 ▶ 자율신경(교감신경 및 부교감신경), 체성신경(골격근의 운동 조절)

뇌구조 '23 '22	대뇌		좌뇌(이성)와 우뇌(감정) 두 개로 구성 정보를 통합 분석하여 운동 명령을 내림 서로 반대 신체의 운동 및 감각 지배(추체로)
	간뇌	시상	감각 통합 조절 중추 후각을 제외한 모든 감각 수용
		시상하부	"항상성" 자율신경계의 최고 중추 (체온, 감정, 갈증, 식욕, 수면 등)
	소뇌		소뇌 평형 및 운동자세, 수의적 운동 관여
	뇌간	중뇌	안구운동 조절, 신경전달물질 분비 및 조절(도파민 등)
		연수	심박동, 호흡 등의 생명유지 활동
		뇌교	소뇌와 대뇌 사이 신경 전달 수면과 각성, 얼굴 감각 및 운동

자율 신경계	교감	1. 흥분과 위험의 역할 2. 심박수 증가, 혈관 수축을 통한 혈압 상승 3. 신경절 이전섬유가 짧다 4. 말단에서 노르에피네프린(NE) 방출 5. 골격근으로 가는 혈류 확장
	부교감	1. 억제와 안정의 역할 2. 심박수 감소, 혈관 확장을 통한 혈압 감소 3. 신경절 이전섬유가 길다 4. 말단에서 아세틸콜린(Ach) 방출 5. 내장근으로 가는 혈류 확장

2) 신경전달의 과정 '23 '21

① 뉴런의 구조

구조	명칭	특징
(나) 세포핵 (다) 축삭돌기 (가) 수상돌기 (라) 축삭종말	(가) 수상돌기	가지돌기, 전기 신호를 수용함
	(나) 세포핵	신경세포의 유지 및 대사 활동
	(다) 축삭돌기	전기자극의 전도영역(도약전도) - 미엘린(말이집): 축삭을 감싼 막 - 랑비에결절: 미엘린 수초의 마디
	(라) 축삭종말	전기자극의 전달영역 - 화학물질이 연접틈새로 방출

② 전기적 과정

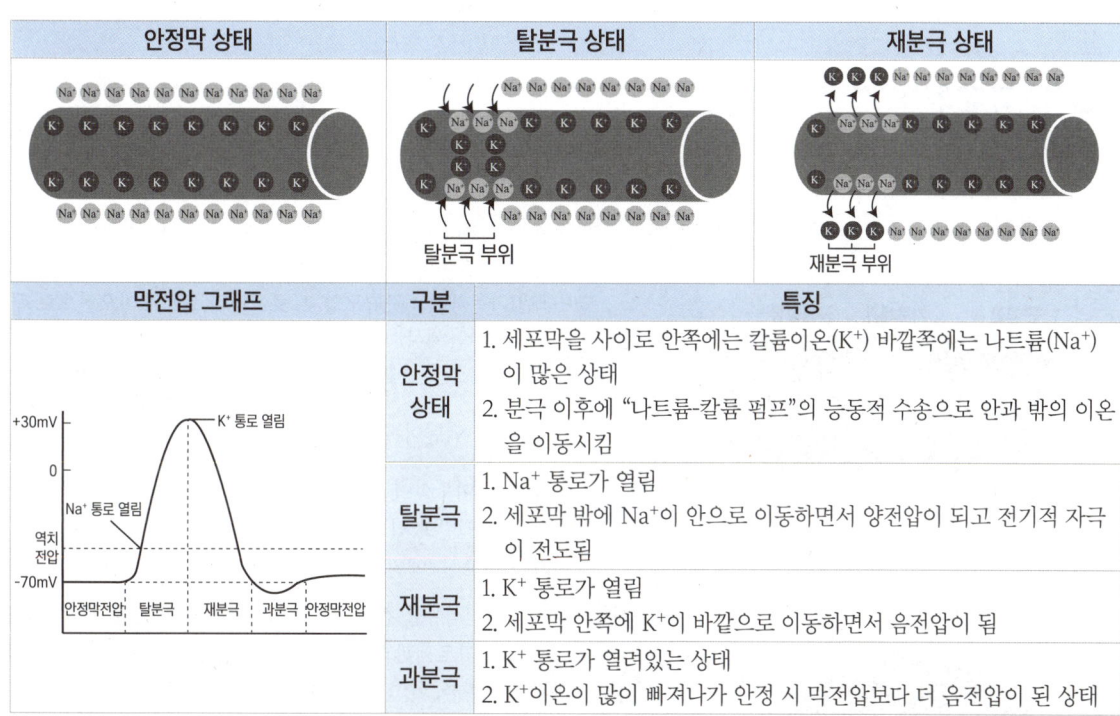

막전압 그래프	구분	특징
	안정막 상태	1. 세포막을 사이로 안쪽에는 칼륨이온(K^+) 바깥쪽에는 나트륨(Na^+)이 많은 상태 2. 분극 이후에 "나트륨-칼륨 펌프"의 능동적 수송으로 안과 밖의 이온을 이동시킴
	탈분극	1. Na^+ 통로가 열림 2. 세포막 밖에 Na^+이 안으로 이동하면서 양전압이 되고 전기적 자극이 전도됨
	재분극	1. K^+ 통로가 열림 2. 세포막 안쪽에 K^+이 바깥으로 이동하면서 음전압이 됨
	과분극	1. K^+ 통로가 열려있는 상태 2. K^+이온이 많이 빠져나가 안정 시 막전압보다 더 음전압이 된 상태

③ 연접부(시냅스)에서의 전달과정

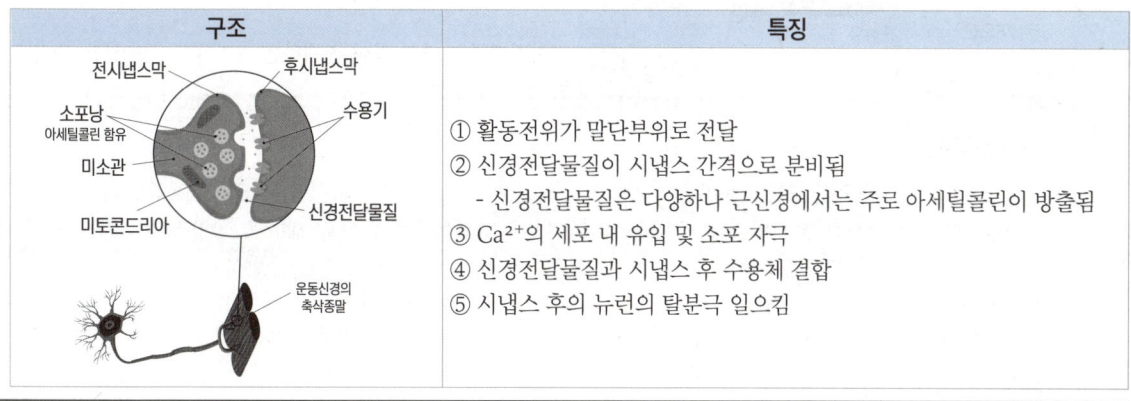

구조	특징
	① 활동전위가 말단부위로 전달 ② 신경전달물질이 시냅스 간격으로 분비됨 　- 신경전달물질은 다양하나 근신경에서는 주로 아세틸콜린이 방출됨 ③ Ca^{2+}의 세포 내 유입 및 소포 자극 ④ 신경전달물질과 시냅스 후 수용체 결합 ⑤ 시냅스 후의 뉴런의 탈분극 일으킴

3) 감각정보와 반사 '25 '24 '23

척수 반사	말초에서 들어온 특이한 움직임에 대한 정보를 척수 수준에서 제어하는 것을 의미함 반응의 경로를 반사궁(반사활)이라 하며 각 종 수용기로 들어온 정보(온도, 통증, 근육의 늘어남, 빛 등)에 대해 척수수준에서 반응하는 것을 의미함 예 통증반사, 무릎반사 등

고유수용기 구조	명칭	기능
(그림)	근방추	1. 골격근의 내부에 위치 2. 근육의 길이 감지 3. 급격한 신전 시 반사적 활동 촉발 예 무릎 슬개건 반사
	골지건 기관	1. 근육의 힘줄(건)에 위치 2. 과도한 장력 발생 시 주동근 억제 3. 저항성 운동 중 부상 예방의 역할

4. 골격근과 운동

1) 골격근의 구조와 기능 '25 '24 '23 '21

① 근원섬유 및 근섬유 구조와 기능

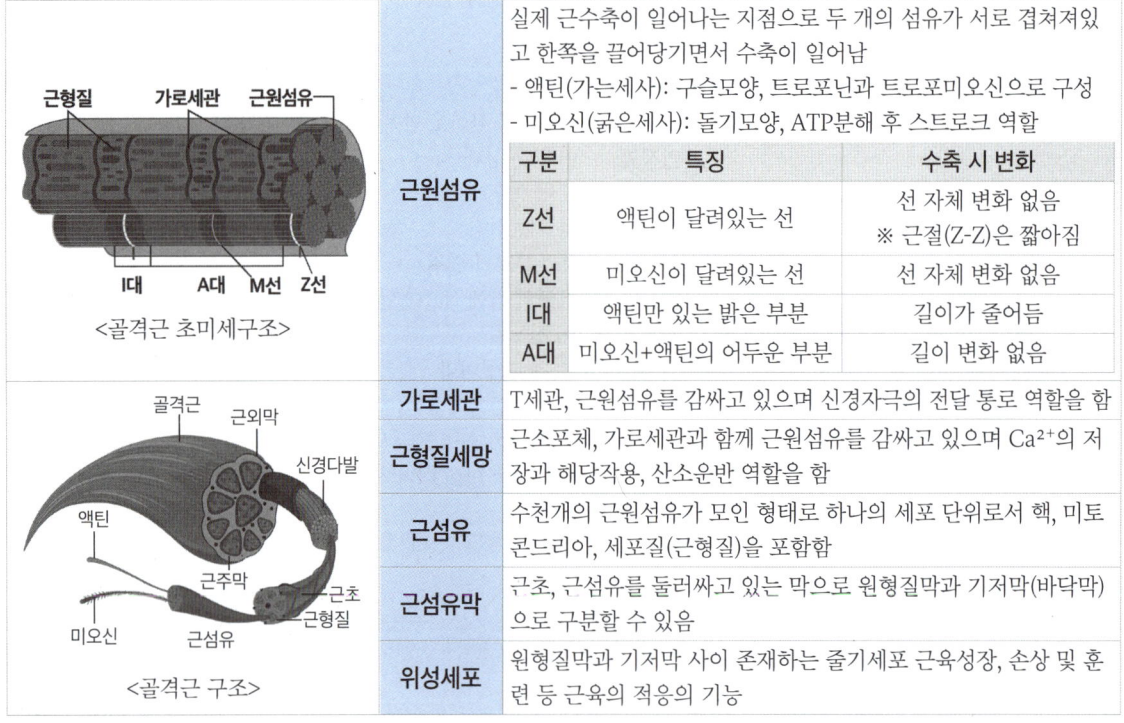

근원섬유	실제 근수축이 일어나는 지점으로 두 개의 섬유가 서로 겹쳐져있고 한쪽을 끌어당기면서 수축이 일어남 - 액틴(가는세사): 구슬모양, 트로포닌과 트로포미오신으로 구성 - 미오신(굵은세사): 돌기모양, ATP분해 후 스트로크 역할	

구분	특징	수축 시 변화
Z선	액틴이 달려있는 선	선 자체 변화 없음 ※ 근절(Z-Z)은 짧아짐
M선	미오신이 달려있는 선	선 자체 변화 없음
I대	액틴만 있는 밝은 부분	길이가 줄어듦
A대	미오신+액틴의 어두운 부분	길이 변화 없음

가로세관	T세관, 근원섬유를 감싸고 있으며 신경자극의 전달 통로 역할을 함
근형질세망	근소포체, 가로세관과 함께 근원섬유를 감싸고 있으며 Ca^{2+}의 저장과 해당작용, 산소운반 역할을 함
근섬유	수천개의 근원섬유가 모인 형태로 하나의 세포 단위로서 핵, 미토콘드리아, 세포질(근형질)을 포함함
근섬유막	근초, 근섬유를 둘러싸고 있는 막으로 원형질막과 기저막(바닥막)으로 구분할 수 있음
위성세포	원형질막과 기저막 사이 존재하는 줄기세포 근육성장, 손상 및 훈련 등 근육의 적응의 기능

② 근섬유의 형태

지근(적근, ST, Type1)	속근(백근, FT, Type II x)
- 모세혈관 밀도 높음, 산화 효소 및 능력 발달 - 유산소적 능력 뛰어남, 지구성 운동 유리 - 에너지효율성과 피로내성이 좋음 - 마이오글로빈 함유량 높음 - 걷기와 같은 저강도의 운동	- 모세혈관 밀도 낮음, 해당 효소 및 능력 발달 - 무산소적 능력 뛰어남, 순발성 운동 유리 - 큰 힘과 빠른 수축 시간의 장점 - ATP-PCr, 근글리코겐 함유량 높음 - 전력질주와 같은 고강도 운동

2) 근수축 과정과 종류 '25 '23 '21

① 근세사활주설 과정

	안정	1. 근원섬유가 서로 상호 작용하지 않는 상태로 ATP 분자가 십자형교에 뭉쳐있음 2. 근형질세망에 많은 칼슘 저장되어있는 상태
	자극-결합	1. 근신경연접부에서 아세틸콜린이 방출되고 근형질세망의 칼슘 유리 자극 2. 유리된 칼슘(Ca^{2+})이 액틴세사의 트로포닌에 부착, 트로포마이오신의 위치 이동 3. 액틴과 마이오신 결합(액토마이오신)
	수축	1. ATP가 분해되면서 에너지가 발생하고 에너지에 의해 십자형교가 회전 2. 액틴이 마이오신 쪽으로 당겨지면서 '수축(스트로크)', 힘이 생성됨
	재충전	액토마이오신이 액틴과 마이오신으로 분해되며 재순환, ATP는 재합성됨
	이완	아세틸콜린 분비 중지, 칼슘 펌프에 의해 칼슘의 소포 재이동, 안정 시 근육 상태

② 근수축 종류

등척성 수축	1. 근육의 길이 거의 변하지 않는 정적 수축 형태 (등척 = 동일한 길이) 2. 정적인 운동으로 지루할 수 있고 운동의 전 범위 내에서 근력 개선효과가 떨어짐 3. 부상의 위험은 적어 재활 프로그램이나 코어 근육 단련에 주로 사용됨
등장성 수축	1. 근육의 길이와 각도가 변하는 동적인 수축 형태 (등장 = 동일한 장력, 실제로는 변함) 2. 중량의 증가로 흥미가 있고 운동의 전 범위 내에서 근력을 강화시킬 수 있음 3. 과도한 중량이나 운동법으로 부상의 위험이 존재함 - 단축성 수축(구심성): 근육의 길이가 짧아지는 수축, 짧아지는 속도가 빠를수록 낮은 근력 발휘 - 신장성 수축(원심성): 근육의 길이가 길어지는 수축, 길어지는 속도가 빠를수록 높은 근력 발휘
등속성 수축	1. 관절의 각이 동일한 속도로 운동하는 동적인 수축 형태(등속 = 동일한 속도) 2. 등장성 수축의 경우 관절의 각이 변하면서 장력이 변하고 속도가 바뀌지만 등속성 수축은 관절각이 일정한 속도로 움직이므로 매 순간 최대근력을 발휘할 수 있음 3. 특별히 제작된 장비를 이용해야하며 여러 속도에서 근력을 개선시키고 부상의 위험이 적음

3) 근력조절 기전 '25 '24

근력의 발현		1. 근력 결정요인: 근육 횡단면적, 근절의 적정 길이, 근섬유 구성비 ※ 운동단위: 하나의 알파운동뉴런(수축자극) 신경에 연결된 근섬유 수, 연결된 섬유가 많으면 큰 힘 2. 기타 근력에 영향을 주는 요인: 운동부하량, 운동 전 근육길이, 적정속도, 적정온도, 피로도 3. 다중 운동 단위에 의한 가중: 큰 힘이 필요할 경우 많은 운동 단위를 자극하는 것 4. 파장에 의한 가중: 계속적인 운동신경자극으로 수축 빈도를 유지하는 것 (빈도- 단축, 파장가중, 강축)
근력의 측정	최대근력 발휘	1. 큰 근섬유는 작은 근섬유보다 큰 힘을 발휘함 2. 근섬유의 최대근력은 근횡단면적당 발휘하는 근력으로 계산함(특이장력 = 근력/횡단면적)
	최대파워 산출	1. 근력의 발휘에는 얼마나 빠른 시간안에 큰 힘을 내는가도 중요한 요소임 2. 동일한 힘이라도 수축속도가 빠르다면 근파워가 좋은 것 (파워 = 힘 x 수축속도)
	근섬유의 효율성	1. 같은 근력을 발휘하였더라도 사용한 에너지가 적으면 더 효율적으로 평가함 2. 전체 소모한 ATP양에서 발휘된 근력으로 나누면 근섬유의 효율성을 평가할 수 있음
	수축속도	1. 근섬유의 수축속도도 중요한 요인으로 볼 수 있으며 ATPase 효소의 활성도로 평가함 2. 속근 섬유의 경우 높은 ATPase 효소로 인하여 지근에 비해 수축속도 능력이 높음
근수축력 저하원인		젖산역치 조기 도달, 근육 세포 산성화, 에너지대사 효소 활성도 감소, 근육 내 ATP 저장량 저하 또는 고갈 ※ 예방법: 근육의 규칙적 스트레칭, 운동강도와 지속시간 조절, 수분과 전해질 보충, 탄수화물 저장량 증가

4) 트레이닝 후에 골격근의 변화

저항성 트레이닝	골 무기질 함량 증가, 액틴 단백질 양 증가, 신경근 연접부 크기 증가, 소포 수 증가, 근형질 양 증가, 근원섬유 수 증가, 속근섬유 단면적 증가, 해당과정을 통한 ATP 생산능력 향상
지구성 트레이닝	모세혈관 밀도 증가, Type1 섬유 발달, 마이오글로빈 수 증가, 미토콘드리아 수와 크기 증가

5. 내분비계와 운동

1) 내분비계 구조와 주요 호르몬

내분비샘별 주요 호르몬	
뇌하수체 전엽	성장호르몬, 각종 자극호르몬(갑상선, 부신피질 등)
뇌하수체 후엽	항이뇨호르몬, 옥시토신
갑상선	칼시토닌, 티록신, 트라이요오드타이로닌
부갑상선	부갑상선 호르몬
부신 수질	에피네프린, 노르에피네프린
부신 피질	알도스테론, 코티졸
췌장	인슐린, 글루카곤
신장	레닌, 에리스로포이에틴

(그림: 송과체, 시상하부, 뇌하수체, 부갑상선, 갑상선, 부신, 신장, 고환(남성), 난소(여성))

2) 내분비계 호르몬별 세부 특징

기관		호르몬		특징
뇌하수체	전엽	성장 호르몬 '22 '21		1. 시상하부에서 분비, 조직의 아미노산 흡수, 단백질 합성, 장골의 성장을 자극 2. 인슐린 억제, 단백질 합성 증가, 조직에서 지방 동원 및 사용 증가 3. 혈장 포도당을 비축하는 역할
		자극호르몬 '20		갑상선 자극 호르몬, 부신피질 자극 호르몬, 프로락틴, 난포자극, 황체형성
	후엽	항이뇨 호르몬 '18		1. 신장에 작용하여 인체 수분 보유 증가 2. 최대산소섭취량 60% 이상 시 급격히 증가하여 인체의 수분 손실 예방
		옥시토신		자궁의 근육을 수축하여 분만을 촉진하는 호르몬
갑상선		티록신(T_4) 트라이요오드 타이로닌(T_3)		1. 인체의 거의 모든 조직의 대사속도를 증가시키는 호르몬 2. 단백질 합성, 글루코스 이용 및 신생 합성 촉진 3. 미토콘드리아의 크기 및 수 증가, 지방 동원 촉진 등
		칼시토닌 '21	칼슘 농도가 높을 때	1. 뼈의 골파괴 세포 활동 저하 2. 신장의 칼슘 재흡수 억제하여 소변으로 배설 증가 3. 혈장 내 칼슘 농도를 감소시킴
부갑상선		부갑상선 '21	칼슘 농도가 낮을 때	1. 뼈의 골파괴 세포 활동 촉진 2. 칼슘과 인산염 혈장 내 방출 3. 혈장 내 칼슘 농도를 증가시킴
부신	수질	에피네프린 '25 '21 '20 노르에피네프린		1. 교감신경에 자극 - 카테콜아민(에피네프린 80%과 노르에피네프린 20%) 분비 2. 심박수 증가, 심장수축력 증가, 혈압 증가, 근혈관 확장 및 내장혈관 수축 3. 대사활동 촉진(글리코겐 분해, 지방산 혈액 내 방출)
	피질	알도스테론 '21		1. 부신피질 자극호르몬에 자극 - 세포 외액의 전해질(Na^+-K^+) 균형 유지 역할 2. 신장의 Na^+ 재흡수 - 탈수 현상 방지
		코티졸 '21		1. 조직에서의 유리지방산 동원 촉진 및 지방 에너지 사용 확대 2. 단백질 합성 억제 및 분해 촉진 (아미노산 생성) 3. 간에서 아미노산 + 글리세롤을 통한 포도당 신생 합성
췌장 '25 '22 '19 '18		인슐린	혈당이 높을 때 감소시키는 역할	1. 췌장의 베타세포에서 분비 2. 조직을 자극하여 혈액 내 영양소를 흡수함 3. 특히 조직 내부로 포도당(글루코스) 이동 촉진 4. 인슐린이 부족 → 혈당 높아짐 → 소변으로 나옴(당뇨) 5. 1형 당뇨(인슐린 생성 문제), 2형 당뇨(인슐린 저항성 문제)
		글루카곤	혈당이 낮을 때 증가시키는 역할	1. 췌장의 알파세포에서 분비 2. 조직을 자극하여 혈액으로 영양소를 방출함 3. 특히 간의 당원분해와 지방의 지질분해 촉진 4. 운동 중에는 인슐린 감소, 글루카곤 점차 증가한다

신장	레닌	알도스테론과 함께 혈압 조절
	에리스로포이에틴 '22	골수 세포를 자극하여 적혈구 생산 조절

3) 혈중 포도당 농도를 유지하기 위한 호르몬 '24

명칭	분비선	작용
에피네프린	부신수질	근육과 간의 글리코겐 분해 촉진
노르에피네프린		유리지방산의 동원 촉진
코티솔	부신피질	유리지방산 동원 촉진, 간에서 포도당신생합성 증가, 조직의 포도당 흡수 감소
성장호르몬	뇌하수체 전엽	유리지방산 동원 촉진, 간에서 포도당신생합성 증가, 조직의 포도당 흡수 감소
글루카곤	췌장(알파세포)	유리지방산 동원 촉진, 글리코겐 분해, 조직의 포도당 흡수 감소 ※ 인슐린은 반대의 작용을 하므로 인슐린의 감소는 혈중 포도당 농도를 유지함

4) 운동 시 호르몬 반응과 트레이닝 후 적응

반응	운동 시 변화는 대부분의 호르몬은 거의 변화가 없거나 운동강도가 증가하면 함께 증가함 ※ 인슐린의 경우 1시간 이상 중강도의 운동 시 혈중 농도가 점차 감소함
적응	트레이닝 후 적응 시 대부분 같은 강도에서 변화가 없거나 감소하는 특징을 보임 - 증가를 보이는 호르몬(티록신과 트라이요오드타이로닌, 코티솔) - 감소를 보이는 호르몬(성장, 항이뇨, 카테콜라민, 인슐린, 글루카곤)

6. 호흡계와 운동
1) 호흡계의 구조와 기능

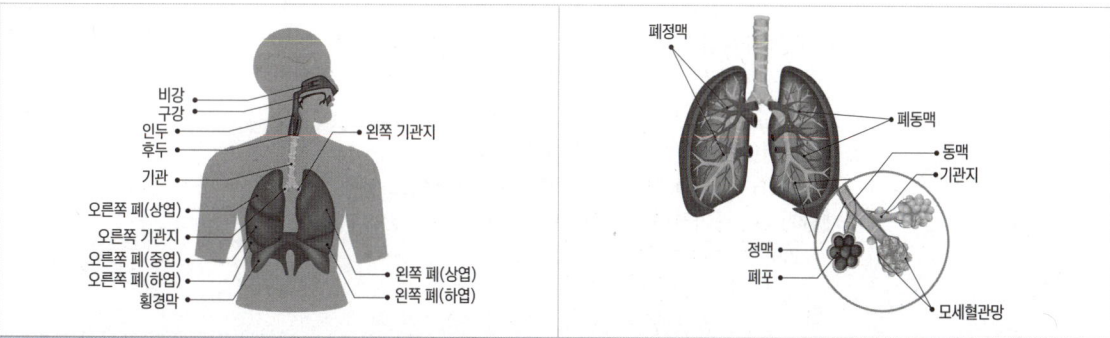

구분	설명
상기도	코(온도와 습도 증가, 불순물 제거), 비강(먼지 제거), 인두(목구멍)
하기도	후두(음식물은 식도, 가스는 후두), 기관(수축팽창하는 관), 기관지(전도영역과 호흡영역), 폐포(가스교환) ※ 기관지는 1번~23번 영역으로 나뉨 　1~16은 전도영역(통로역할), 17~23은 호흡영역(가스교환)

1. 가스교환이 일어나는 장소
   - 폐포(이산화탄소 주고 산소를 받음)
   - 조직(산소를 조직으로 주고, 이산화탄소를 받음)
2. 폐는 일정한 가스 분압을 유지하면서 분압차에 따른 가스교환
3. 직립 상태와 운동 시의 호흡능력 변화
   - 직립 상태에서는 '중력'의 영향으로 폐를 통과하는 혈액량이 비교적 적지만 운동 시에는 폐전체적인 혈류량이 증가하면서 폐-혈액 간 산소확산이 증가하는 모습을 보임

2) 호흡의 원리

	안정 시 관여 근육	운동 시 관여 근육	작용
흡기	외늑간근, 횡격막의 능동적 수축	사각근, 흉쇄유돌근의 추가 수축 작용	늑골과 흉골의 상방 이동 횡격막 수축하며 평평해짐 폐가 확장됨
호기	없음(탄성반동에 의해 수동적)	내늑간근, 복근, 횡격막의 능동적 호기	늑골과 흉골의 하방 이동 횡격막 이완되며 올라옴 폐가 수축됨

3) 폐용적과 폐용량의 관계

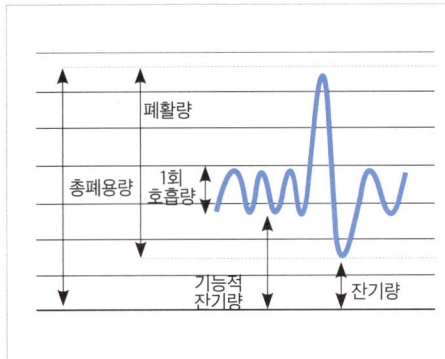

명칭	설명
총 폐용량	최대 흡기 시 폐의 잔여량
폐활량	최대 흡기 후 최대로 내보낼 수 있는 양
1회 호흡량	일반적인 호흡주기에 흡기와 호기량 ※예비용적: 1회 호흡 후 최대로 호흡할 수 있는 양
기능적 잔기량	일반적인 호기 후 폐에 남아있는 양
잔기량	최대 호기 후에도 남아있는 양
환기량	분당환기량=1회 호흡량 × 분당 호흡수 폐포환기량=(1회 호흡량-사강량) × 분당 호흡수 ※ 사강량: 호흡 교환이 이루어지지 않는 양

4) 호흡계 반응과 적응

반응	1. 운동 시작 직전: 운동 수행에 대한 기대감으로 환기량이 증가(대뇌피질의 자극) 2. 운동 초기: 근육이나 관절의 수용체(근방추, 골지건기관)로부터의 자극으로 증가 3. 운동 중: 대사과정의 산물(CO_2, H^+, K^+) 등에 의해 증가 4. 운동 후: 체내 생성된 수소이온과 이산화탄소의 배출을 위해		
산-염기조절	1. 운동 시 수소이온(H^+)의 증가로 인한 체액이 산성화됨 2. 중탄산염(HCO_3^-)이 수소이온에 완충작용 ※ $HCO_3^- + H^+ \blacktriangleright H_2O$(물)+$CO_2$(이산화탄소)로 분해 3. 폐환기량이 증가하면서 이산화탄소가 배출되고 산-염기가 조절됨		
산소-헤모글로빈 해리곡선 변화	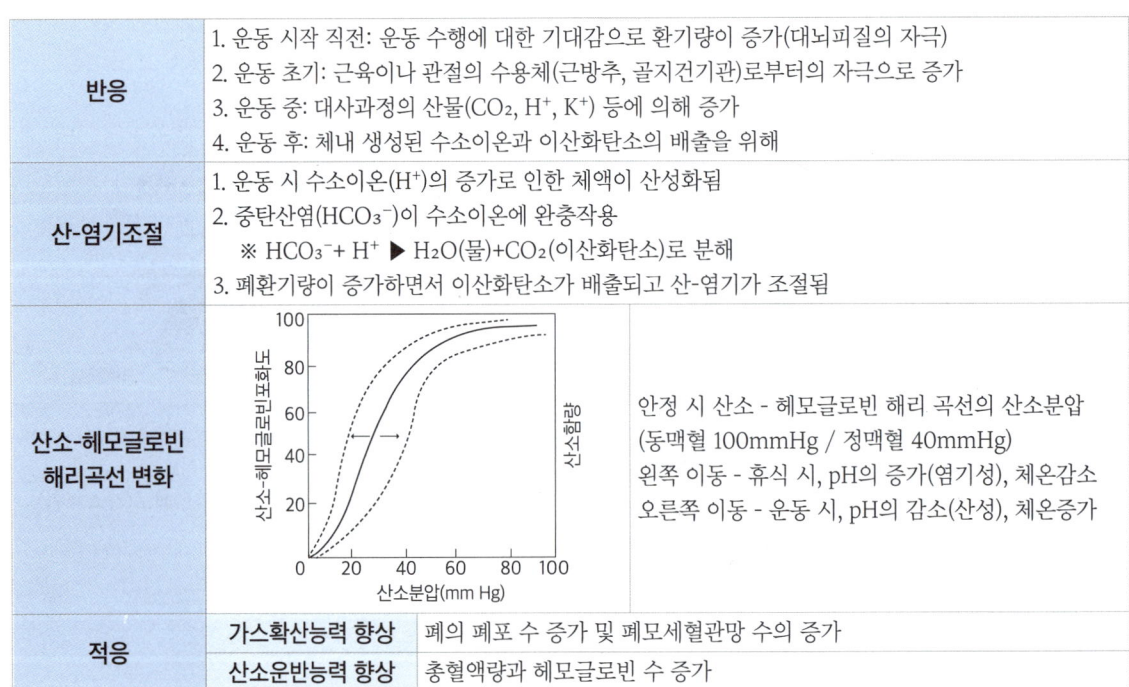		안정 시 산소 - 헤모글로빈 해리 곡선의 산소분압 (동맥혈 100mmHg / 정맥혈 40mmHg) 왼쪽 이동 - 휴식 시, pH의 증가(염기성), 체온감소 오른쪽 이동 - 운동 시, pH의 감소(산성), 체온증가
적응	가스확산능력 향상	폐의 폐포 수 증가 및 폐모세혈관망 수의 증가	
	산소운반능력 향상	총혈액량과 헤모글로빈 수 증가	

7. 순환계와 운동

1) 순환계의 구조와 기능

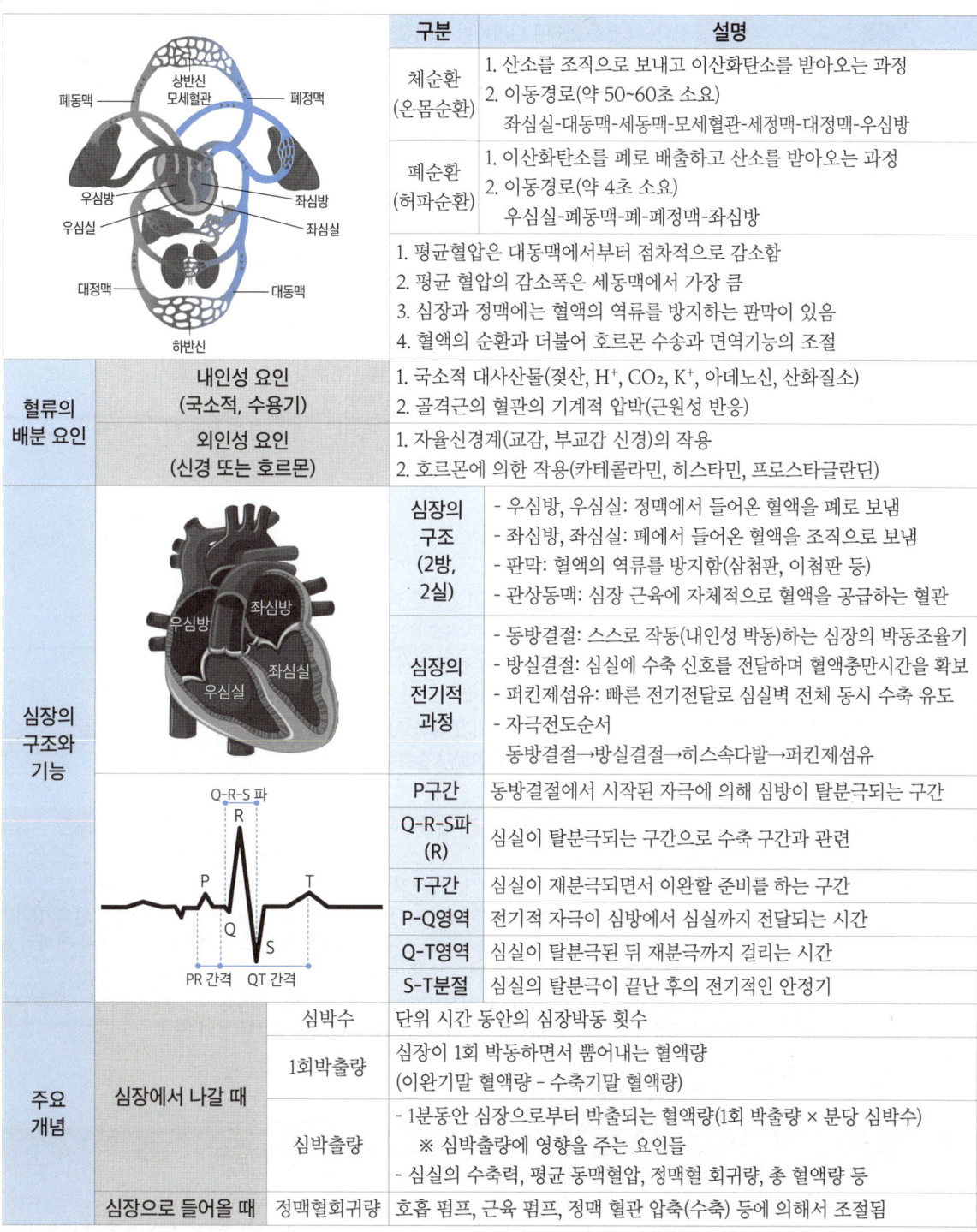

구분	설명
체순환 (온몸순환)	1. 산소를 조직으로 보내고 이산화탄소를 받아오는 과정 2. 이동경로(약 50~60초 소요) 　좌심실-대동맥-세동맥-모세혈관-세정맥-대정맥-우심방
폐순환 (허파순환)	1. 이산화탄소를 폐로 배출하고 산소를 받아오는 과정 2. 이동경로(약 4초 소요) 　우심실-폐동맥-폐-폐정맥-좌심방
	1. 평균혈압은 대동맥에서부터 점차적으로 감소함 2. 평균 혈압의 감소폭은 세동맥에서 가장 큼 3. 심장과 정맥에는 혈액의 역류를 방지하는 판막이 있음 4. 혈액의 순환과 더불어 호르몬 수송과 면역기능의 조절

혈류의 배분 요인	내인성 요인 (국소적, 수용기)	1. 국소적 대사산물(젖산, H^+, CO_2, K^+, 아데노신, 산화질소) 2. 골격근의 혈관의 기계적 압박(근원성 반응)
	외인성 요인 (신경 또는 호르몬)	1. 자율신경계(교감, 부교감 신경)의 작용 2. 호르몬에 의한 작용(카테콜라민, 히스타민, 프로스타글란딘)

심장의 구조와 기능	심장의 구조 (2방, 2실)	- 우심방, 우심실: 정맥에서 들어온 혈액을 폐로 보냄 - 좌심방, 좌심실: 폐에서 들어온 혈액을 조직으로 보냄 - 판막: 혈액의 역류를 방지함(삼첨판, 이첨판 등) - 관상동맥: 심장 근육에 자체적으로 혈액을 공급하는 혈관
	심장의 전기적 과정	- 동방결절: 스스로 작동(내인성 박동)하는 심장의 박동조율기 - 방실결절: 심실에 수축 신호를 전달하며 혈액충만시간을 확보 - 퍼킨제섬유: 빠른 전기전달로 심실벽 전체 동시 수축 유도 - 자극전도순서 　동방결절→방실결절→히스속다발→퍼킨제섬유
	P구간	동방결절에서 시작된 자극에 의해 심방이 탈분극되는 구간
	Q-R-S파 (R)	심실이 탈분극되는 구간으로 수축 구간과 관련
	T구간	심실이 재분극되면서 이완할 준비를 하는 구간
	P-Q영역	전기적 자극이 심방에서 심실까지 전달되는 시간
	Q-T영역	심실이 탈분극된 뒤 재분극까지 걸리는 시간
	S-T분절	심실의 탈분극이 끝난 후의 전기적인 안정기

주요 개념	심장에서 나갈 때	심박수	단위 시간 동안의 심장박동 횟수
		1회박출량	심장이 1회 박동하면서 뿜어내는 혈액량 (이완기말 혈액량 - 수축기말 혈액량)
		심박출량	- 1분동안 심장으로부터 박출되는 혈액량(1회 박출량 × 분당 심박수) 　※ 심박출량에 영향을 주는 요인들 - 심실의 수축력, 평균 동맥혈압, 정맥혈 회귀량, 총 혈액량 등
	심장으로 들어올 때	정맥혈회귀량	호흡 펌프, 근육 펌프, 정맥 혈관 압축(수축) 등에 의해서 조절됨

2) 운동 시 순환계의 반응과 적응

반응	고강도 운동 시 심박출량 증가 요인	심박출량의 증가 요소: 분당 심박수 증가와 1회 박출량 증가 심박수 증가 요소 : 에피네프린, 교감 신경 활성화 등 1회 박출량 증가 요소 : 정맥혈 회귀 증가, 교감 신경 활성화 등
	최대 운동시 주요 지표 변화	심박수 : 운동강도에 비례하며 최대강도까지 증가함 1회박출량 : 운동강도에 비례하나 최대산소섭취량의 40~60%에서 정체 심박출량 : 운동강도에 비례하며 최대강도까지 증가함(심박수의 증가로 인하여) 동정맥산소차 : 운동강도에 비례하며 최대강도까지 증가함
적응		1. 심장의 능력 향상(심장의 크기 증가, 심실벽의 두께 증가) ≒ 스포츠심장 ☞ 안정 시 1회 박출량의 증가는 안정 시 심박수의 감소를 유도함 ≒ 운동성 서맥 2. 골격근의 모세혈관 밀도 증가(산소 운반 및 이용능력 향상) 3. 총 혈액량 증가(적혈구 10~20%, 혈장량 20~30%)
	지구성 트레이닝 1회 박출량 증가 요인	1회 박출량 증가 = 이완기말용적↑ 또는 수축기말 용적↓ 이완기말용적 증가요인 : 심실용적증가, 충만 시간 증가, 총 혈액량 수축기말용적 감소요인 : 심실벽 두께증가, 수축력 증대, 평균동맥압 감소
	적혈구 용적률의 변화	1. 일반적으로 성인 남성이 성인 여성보다 용적률이 높음 2. 너무 높은 용적률(60%)은 혈류의 흐름을 방해함 3. 전체 혈액량 대비 혈장량이 비율이 높으면 혈구는 낮음 4. 트레이닝 시 적혈구 변화는 혈장량의 변화를 수반하여 혈류저항을 감소시키는 효과

8. 환경과 운동

체온 관련	심부온도	36~38도씨, 거의 변화 없음, 측정(고막,구강,직장)	
	피부온도	심부온도보다 낮으며 대기변화에 큰 폭으로 변함	
열전달 기전 '21	복사	물리적 접촉없이 온도차에 의해 열 전달(방사)	
	전도	물리적 접촉으로 온도차에 의해 한쪽으로 이동	
	대류	한 장소에서 다른 장소로 이동(공기가 상하로)	
	증발	물 증발을 통해 열방출(체온조절방법) / 습도에 영향	
열 관련 장애 '21	열경련	과다 발한, 무기질 손실 및 탈수	서늘한 곳, 음료수나 생리식염수
	열탈진	과다 수분, 무기질 상실, 심박수 증가, 혈압저하, 두통, 현기증, 무기력증	서늘한 곳, 발을 높게, 의식 있을 경우 소량의 소금이 포함된 음료 섭취
	일사병	37도~40도이나 체온조절 기전 작동, 두통, 어지럼증	서늘한 곳, 안정 휴식 수분 보충
	열사병	지나친 체온증가(40도 이상)에 체온조절 기전 이상, 생명위협, 땀이 멎고 피부가 건조	119 구조 신고, 빠르게 심부온도 낮추기(차가운 물에 몸 담그기, 전신 마사지, 선풍기 바람 등)
환경 구분	고온환경 '18	심박수 증가, 심박출량 및 심혈관 기능 감소, 열 배출을 위한 피부 혈류 증가 지속될 경우 피부온도 감소하면서 심부온도 증가의 불균형 젖산의 생성 증가 → 근피로도 증가, 알도스테론 및 항이뇨호르몬 분비 자극	
	저온환경 '22	심박수 감소, 심박출량 감소, 피부 혈관 수축 및 골격근의 수축 혈액 온도 감소에 따른 최대산소섭취량 감소 근육의 떨림 증가, 카테콜아민 분비 증가	
	고지환경 '25 '21 '19 '18	낮은 산소 분압, 폐환기량 증가, 동맥혈 산화헤모글로빈 포화도 감소 최대하 운동 시 심박수 변화 : 상대적 높은강도로 인식 심박수 증가 최대운동 시의 최대심박출량: 산소 부족으로 인한 이용능력 저하로 감소 적응 시 변화 : 적혈구 증가, 모세혈관 밀도 증가, 산소운반능력 향상, 절대강도의 운동 시 폐환기량 증가	
	수중환경 (열이동 활발) '23	생리적 방뇨 현상(혈액재분배-말단에서 심부로 이동) 알도스테론, 항이뇨호르몬 감소 유발, 교감신경의 자극 감소 수온에 따라 생리적 반응 다름(고온환경과 저온환경에서의 변화와 동일) 최대운동능력 및 무산소 능력 15% 감소	

형성평가

01. 반응은 일회성 운동 자극에 대한 인체의 일시적인 변화를 나타내며 적응은 장기적이고 규칙적인 운동 자극에 대하여 일어나는 인체의 반영구적인 변화를 말한다. 〇 ✕

02. 항상성이란 인체가 외부자극에 의해서 교란되었을 때 정상 상태를 유지하려는 성질을 말한다. 〇 ✕

03. 트레이닝의 원리 중 점진성은 운동의 질과 양을 늘려가야 하는 것을 의미하는데 이때 질적요소에는 운동시간, 운동빈도, 운동기간 등이 있다. 〇 ✕

04. ATP는 에너지의 현금으로서 우리 몸에서 에너지를 얻기 위해 사용하며 이를 분해하면 다시 합성할 수 있는 방법이 없어 영양 섭취를 통해 회복해야 한다. 〇 ✕

05. 유산소 시스템은 필수 영양소 모두를 분해하여 사용할 수 있다는 장점이 있지만 시간이 오래 걸려 단시간의 고강도 운동에는 적합하지 못하다. 〇 ✕

06. 에너지 소비량을 산소섭취량 대비 이산화탄소 생산량의 비율로 대략 계산할 수 있으며 이때 1에 아까울수록 높은 강도나 탄수화물 위주의 에너지 대사를 하는 중으로 볼 수 있다. 〇 ✕

07. 신경계의 구조 중 자율신경계의 최고 중추로 항상성을 관장하는 것은 간뇌의 시상 이다. 〇 ✕

08. 자율신경계 중 교감 신경이 활성화되면 일종의 흥분 상태가 되는데 이때 심박수가 증가하고 혈관이 수축하며 상황에 대처하려는 작용으로 내장근으로 가는 혈류보다 근육으로 가는 혈류량이 증가한다. 〇 ✕

09. 골지건기관이란 골격근의 내부에 있으며 근육의 길이를 감지하여 급격한 신전(늘어남) 시 반사적 근육활동을 촉발하고 척수수준의 반사를 담당한다. 〇 ✕

10. 심전도를 통해 심장의 수축과 이완 형태와 더불어 심혈관계의 문제를 사전에 미리 알 수 있다는 장점이 있다. 〇 ✕

11. 운동 뉴런 신경을 통해 흥분성 자극이 전달될 때 아세틸콜린 같은 신경전달물질이 이 후 신경의 탈분극을 일으킨다. 〇 ✕

12. 신경전달의 전기적 과정 중 Na^+ 통로가 열리면서 세포막 밖에 Na^+ 이온이 세포 안으로 이동하고 양전압이 되는 상태를 과분극이라고 부른다. 〇 ✕

13. 근수축 종류 중 등속성 운동은 속도와 근육의 길이가 항상 똑같으나 장력이 변하는 특징이 있다. 〇 ✕

14. 근세사활주설에서 액틴과 마이오신이 결합되어있는 상태에서 ATP를 분해하면서 얻은 에너지로 액틴을 마이오신쪽으로 당겨오면서 수축한다. 〇 ✕

15. 지근은 적근 또는 ST, Type1으로 불리우며 모세혈관 밀도가 높고 에너지효율성과 피로내성이 높아 무산소 운동에 더 효율적이다. 〇 ✕

16. 운동 수행 능력이 저하되는 시점을 여러 결과를 통해 유추할 수 있는데 그 중에는 젖산이 분해되지 못하고 쌓이는 지점을 젖산역치라고 부른다. 〇 ✕

17. 호르몬계는 신경계의 작용보다 느리지만 각 호르몬마다의 역할이 매우 다양해 인체 반응 및 적응에 매우 중요한 역할을 한다. 〇 ✕

18. 췌장에서 분비되는 호르몬은 인슐린과 글루카곤이 있으며 이는 혈당 조절에 중요한 작용을 한다. ○ ×
19. 심장의 구조 및 기능에 관하여 심장의 박동 조율기로서의 역할을 하는 것은 퍼킨제 섬유이다. ○ ×
20. 운동 중 호흡계 환기량이 증가하는 요인은 운동 초에는 혈관에서의 화학자극으로 인해 먼저 일어나고 운동 중에는 근육이나 관절 수용체의 신경성 자극이 증가되면서 일어난다. ○ ×
21. 잔기량과 기능적 잔기량의 차이는 잔기량은 호기 후의 폐의 잔여량이며 기능적 잔기량은 최대 호기 후의 잔여량이다. ○ ×
22. 심박출량은 1분동안 심장으로부터 박출되는 혈액량을 의미하며 운동 시 심박출량은 트레이닝 후에 증가한다. ○ ×
23. 1회 박출량의 증가는 이완기말 용적이 줄거나 수축기말 용적이 증가할 때 일어난다. ○ ×
24. 산소-헤모글로빈 해리 곡선의 이동에서 고강도의 무산소 운동이 지속될 시 오른쪽으로 이동하게 된다. ○ ×
25. 혈류 분배의 요인은 내인성 요인과 외인성 요인으로 나뉘는데 자율신경계에 의한 작용으로 혈류 분배가 이루어 지는 것을 내인성 요인이라고 부른다. ○ ×
26. 열 관련 장애 중 지나친 체온 증가로 체온조절 기전의 이상으로 땀이 멎고 피부가 건조한 상태를 일사병이라고 한다. ○ ×
27. 고온환경에서의 운동은 심박수 증가하지만 심박출량 감소하고 전체적인 심혈관 기능이 감소한다. ○ ×
28. 근수축 전의 근섬유의 길이가 적절하게 늘어나 있을 경우 평소보다 근력이 증가하는 모습을 보인다. ○ ×
29. 운동 시 환기량의 변화 요인 중 운동 중의 환기량이 증가하는 것은 대뇌피질의 자극에 의해서이다. ○ ×
30. 최대산소섭취량은 산소 운반 및 조직의 산소 이용 능력을 알 수 있는 좋은 지표이다. ○ ×

1	2	3	4	5	6	7	8	9	10	11	12	13	14	15
○	○	×	×	○	○	×	○	×	○	○	×	×	○	×
16	17	18	19	20	21	22	23	24	25	26	27	28	29	30
○	○	○	×	×	×	○	×	○	×	×	○	○	×	○

PART 05 핵심 기출문제 풀어보기

01 <보기>에서 건강관련체력 요인으로 옳은 것만을 모두 고른 것은? (2025-9번)

> ㄱ. 근력
> ㄴ. 유연성
> ㄷ. 근지구력
> ㄹ. 신체구성
> ㅁ. 심폐지구력

① ㄱ, ㄴ, ㄹ
② ㄱ, ㄷ, ㅁ
③ ㄴ, ㄷ, ㄹ, ㅁ
④ ㄱ, ㄴ, ㄷ, ㄹ, ㅁ

해 운동생리학의 첫 단원에서는 문제가 많이 출제되는 편은 아닙니다. 주로 운동생리학의 기본 개념, 체력의 종류, 여러 가지 트레이닝 원리 등을 묻는 문제가 가끔 출제됩니다. 체력은 신체의 능력을 의미하며, 크게 수명과 관련된 건강 체력과 운동 수행과 관련된 운동 체력으로 구분됩니다. 이 두 가지를 구분하는 문제가 종종 출제됩니다. 보기에 제시된 요인은 모두 건강 관련 체력에 해당합니다.
- 운동 관련 체력 요인에는 민첩성, 평형성, 협응력, 반응 시간, 스피드 등이 포함됩니다.

02 <보기>에서 설명하는 트레이닝의 원리는? (2022-1번)

> • 트레이닝의 효과는 운동에 동원된 근육에서만 발생 한다.
> • 근력 향상을 위해서는 저항성 트레이닝이 적합하다.

① 특이성의 원리
② 가역성의 원리
③ 과부하의 원리
④ 다양성의 원리

해 운동생리학에서는 트레이닝과 관련한 내용도 다수 출제됩니다. 트레이닝 원리는 여러 가지가 있는데, 보기에서 운동에 동원된 특정 근육에만 효과가 발생하는 것은 특이성의 원리에 해당합니다.
- 가역성의 원리: 트레이닝이 중지되면 원래대로 되돌아가려는 성질을 의미합니다.
- 과부하의 원리: 운동 효과를 내기 위해서는 일상의 자극보다 더 강한 자극으로 운동해야 합니다.
- 다양성의 원리: 트레이닝을 다양화하여 지루함을 예방하고 효과를 증대시키는 것을 의미합니다.

03 ATP를 합성하는데 사용되는 에너지원이 아닌 것은? (2023-1번)

① 근중성지방
② 비타민C
③ 글루코스
④ 젖산

해 운동생리학은 다른 과목처럼 복잡한 이론이나 학자의 주장보다는 생리적 메커니즘, 즉 사실을 공부하는 학문이기에 처음에는 다소 생소하고 어려울 수 있으나, 어느 정도 학습이 되면 공부한 개념들이 연결되면서 오히려 수월함을 느낄 수 있습니다. 보기의 문제처럼 기본 상식으로 풀 수 있는 문제도 출제됩니다. 에너지원은 탄수화물, 지방, 단백질 등이 있으며, 비타민 C는 에너지원에 속하지 않습니다.

04 <보기>에서 설명하는 에너지 대사 과정은? (2025-4번)

> • 무산소성 에너지 시스템이다.
> • 에너지 투자와 에너지 생산 단계로 구성된다.
> • 대사 과정의 최종 산물로 피루브산염 또는 젖산염을 생성한다.

① 지방분해(lipolysis)
② 해당과정(glycolysis)
③ 동화작용(anabolism)
④ 산화적 인산화(oxidative phosphorylation) 과정

해 에너지 대사 단원에서는 2~3문제 정도 출제됩니다. 기본적으로 산소의 필요 여부에 따라, 산소가 필요하지 않은 ATP-PCr 시스템과 젖산 시스템, 그리고 산소가 필요한 유산소 시스템으로 구분할 수 있습니다. 운동생리학을 공부할 때 어느 정도까지 깊이 공부해야 하는가에 대해 고민이 많이 됩니다. 에너지 대사도 마찬가지인데, 기본적으로 대사의 종류, 대사의 과정, 운동 시 어떤 에너지 대사를 많이 사용하는지 정도로 공부하고, 분자식이나 세부적인 과정까지 세세하게 외울 필요는 없습니다.

정답 01 ④ 02 ① 03 ② 04 ②

05

<보기>의 ㉠, ㉡에 들어갈 내용이 바르게 연결된 것은?

[2023-12번]

1개의 포도당 분해에 따른 유산소성 ATP 생성		
대사적 과정	고에너지 생산	ATP 누계
해당작용	2 ATP	2
	2 NADH	7
피루브산에서 아세틸조효소A 까지	2 NADH	12
(㉠)	2 ATP	14
	6 NADH	29
	2 FADH$_2$	(㉡)
합계		(㉡) ATP

	㉠	㉡
①	크랩스회로	32
②	β 산화	32
③	크랩스회로	35
④	β 산화	35

해 운동 중에 가장 많이 사용하는 에너지원은 포도당입니다. 단기간에 고갈되는 크레아틴인산에 비해 근육 내 저장량이 많고, 산소가 없어도 ATP를 생성할 수 있기 때문입니다. 보기에서는 하나의 포도당이 유산소 대사를 통해 ATP를 생성하는 과정을 간략하게 나타내고 있습니다. 무산소성 해당과정의 마지막 산물인 피루브산은 아세틸-CoA로 변한 뒤 크렙스 회로에서 산화 과정을 거칩니다. ATP 생성량은 전공서에 따라 과거에는 36 ATP 또는 38 ATP로 표현되기도 하였으나, 최근에는 막 수송 비용을 고려하여 국가 교육과정에서 32 ATP로 가르치고 있습니다.

06

<보기>의 ㉠, ㉡에 들어갈 용어가 바르게 나열된 것은?

[2022-17번]

> 지방의 베타(β) 산화는 중성지방으로부터 분리된 (㉠)이 미토콘드리아 내에서 여러 단계를 거쳐 (㉡)(으)로 전환되는 과정을 뜻한다.

	㉠	㉡
①	유리지방산 (free fatty acid)	아세틸 조효소-A (Acetyl CoA)
②	유리지방산 (free fatty acid)	젖산(lactic acid)
③	글리세롤(glycerol)	아세틸 조효소-A (Acetyl CoA)
④	글리세롤(glycerol)	젖산(lactic acid)

해 장시간의 저강도 운동에서는 주로 지방을 에너지원으로 사용합니다. 지방은 먼저 중성지방에서 글리세롤과 유리지방산으로 분해됩니다. 이때 글리세롤은 간에서 당신생(포도당신합성) 과정에 이용되고, 유리지방산은 β-산화를 거쳐 아세틸-CoA로 전환됩니다. 아세틸-CoA는 미토콘드리아 내 TCA 회로(시트르산 회로)와 전자전달계를 통해 산화되며, 이 과정에서 ATP가 생성됩니다.

07

<보기>의 ㉠, ㉡에 들어갈 내용이 바르게 연결된 것은?

[2023-9번]

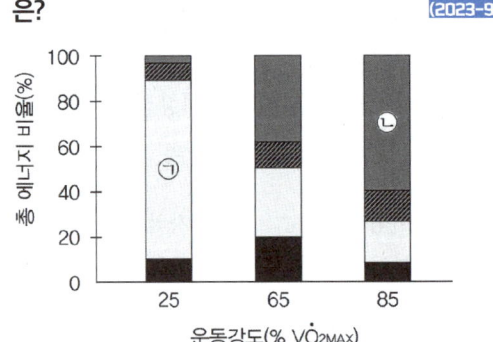

훈련한 운동 선수의 운동강도에 따른 에너지원 사용

	㉠	㉡
①	혈중 포도당	근중성지방
②	혈중 유리지방산	근글리코겐
③	근글리코겐	혈중 포도당
④	근중성지방	혈중 유리지방산

정답 05 ① 06 ① 07 ②

해 운동 강도에 따라 주로 사용하는 에너지원이 달라지는데, 이는 에너지 대사 파트에서 반드시 알아야 할 핵심 개념입니다. 운동 강도의 지표로는 주로 최대산소섭취량(VO₂max)을 사용합니다. 그래프에서 25%는 매우 낮은 강도의 운동, 65%는 중간 정도의 운동 강도, 85%는 매우 높은 강도를 의미합니다.
가장 낮은 운동 강도에서는 지방을 주된 에너지원으로 사용하며, 가장 높은 운동 강도에서는 탄수화물을 주로 사용합니다. 보기에서 ㄱ은 혈중 유리지방산(FFA), ㄴ은 근글리코겐을 의미합니다.

08 <보기>에서 장기간의 무산소 트레이닝에 따른 생리학적 적응으로 옳은 것만을 모두 고른 것은?

(2025-3번)

ㄱ. 산화 능력 증가
ㄴ. 근육의 수축 속도 증가
ㄷ. 미토콘드리아 밀도 증가
ㄹ. PCr 또는 PFK 효소의 양 및 활성도 증가

① ㄱ, ㄴ   ② ㄴ, ㄹ
③ ㄱ, ㄴ, ㄹ   ④ ㄱ, ㄷ, ㄹ

해 8번과 9번 문제는 운동생리학에서 가장 중요한 개념을 다루고 있습니다. 운동생리학은 운동 시 우리 몸에서 나타나는 다양한 변화와, 운동을 지속했을 때 나타나는 반영구적인 변화를 연구하는 학문입니다. 이를 각각 '반응'과 '적응'이라고 부릅니다. 8번과 9번은 적응 현상에 대한 문제입니다.
운동 형태에 따라 적응은 다르게 나타납니다. 예를 들어 웨이트 트레이닝과 같은 무산소 운동은 근세포의 크기와 수가 증가하고, 무산소 대사와 관련된 능력이 향상됩니다. 반면, 산화 능력 증가와 미토콘드리아 밀도 증가는 유산소 트레이닝에서 나타나는 적응입니다.

09 <보기>에서 장기간 유산소 트레이닝에 의한 생리적 적응 현상으로 옳은 것만을 모두 고른 것은?

(2025-6번)

ㄱ. 좌심실 용적 증가
ㄴ. 마이오글로빈 함유량 증가
ㄷ. 1회 박출량(stroke volume) 증가
ㄹ. 골격근 내 모세혈관 밀도 증가

① ㄱ, ㄴ   ② ㄱ, ㄷ, ㄹ
③ ㄴ, ㄷ, ㄹ   ④ ㄱ, ㄴ, ㄷ, ㄹ

해 걷기, 달리기, 자전거, 수영 등 오랜 시간 동안 지속하는 운동을 유산소 운동이라고 합니다. 유산소 트레이닝을 하면 미토콘드리아의 밀도와 수가 증가하고, 근육의 지근섬유 비율이 높아지는 등 유산소 대사와 관련된 능력이 향상됩니다. 보기의 내용은 모두 올바른 설명입니다.

10 <보기>의 최대산소섭취량 공식에서 장기간 지구성 훈련에 의해 증가되는 요소를 모두 고른 것은?

(2023-15번)

최대산소섭취량
= ㉠ 최대1회박출량 × ㉡ 최대심박수
× ㉢ 최대동정맥산소차

① ㉠   ② ㉠, ㉡
③ ㉠, ㉢   ④ ㉡, ㉢

해 현재 어떤 수준의 운동을 하고 있는지를 알 수 있는 여러 생리학적 지표들이 있습니다. 앞에서 본 최대산소섭취량(VO₂max)을 비롯해 젖산역치(LT), 호흡교환율(RER) 등이 그 예입니다. 이러한 지표들은 트레이닝을 통해 신체가 얼마나 유의미하게 변화했는지를 평가하는 데 사용됩니다.
그중 최대산소섭취량(VO₂max)은 가장 많이 활용되는 지표로, 구하는 공식은 '최대 1회 박출량 × 최대 심박수 × 최대 동정맥산소차'입니다. 지구성 훈련을 장기간 지속하면 심장의 용적과 수축력이 증가하고, 조직에서 산소 추출 및 이용 능력이 향상되어 최대 1회 박출량과 최대 동정맥산소차가 모두 증가합니다. 반면, 최대 심박수는 생리학적 한계가 있어 크게 증가하지는 않습니다.

정답 08 ②   09 ④   10 ③

11. <보기>의 조건으로 트레드밀 운동 시 운동량은?
(2024-10번)

- 체중 = 50kg
- 트레드밀 속도 = 12km/h
- 운동시간 = 10분
- 트레드밀 경사도 = 5%
  (단, 운동량(일) = 힘 × 거리)

① 300 kpm
② 500 kpm
③ 5,000 kpm
④ 30,000 kpm

해 계산하는 문제가 자주 출제되지는 않지만, 간혹 1문제 정도 출제되는 편입니다. 기본 공식만 알면 풀 수 있게 문제가 출제되지만, 많이 어렵게 느껴진다면 실제 시험에서는 과감하게 생략해도 좋습니다. 다른 문제를 먼저 풀고 남는 시간을 투자하는 것이 효율적입니다. 트레드밀은 우리가 흔히 말하는 런닝머신의 정식 명칭입니다. 트레드밀에서 운동량은 '힘 × 수직이동거리'의 곱으로 구할 수 있습니다.

운동량 계산 (힘 × 수직이동거리)
1) 트레드밀 속도: 12 km/h = 200 m/min
2) 10분간 이동거리: 10 min × 200 m/min = 2,000 m
3) 수직이동거리: 2,000 m × 0.05 = 100 m
4) 힘(체중): 50 kg
∴ 힘 × 수직이동거리 = 50 kg × 100 m = 5,000 kg·m (kpm)

12. 운동 중 소뇌의 기능에 대한 설명으로 옳은 것을 모두 고른 것은?
(2023-10번)

㉠ 골격근 운동 조절의 최종 단계 역할
㉡ 빠른 동작의 정확한 수행을 위한 통합 조절
㉢ 고유수용기로부터 유입되는 정보를 활용하여 동작 수정

① ㉠, ㉡
② ㉠, ㉢
③ ㉡, ㉢
④ ㉠, ㉡, ㉢

해 신경계 단원에서는 보통 2~3문제 정도 출제됩니다. 주로 신경계의 구조와 기능에서 1문제, 신경전달 과정에서 1문제, 고유수용기와 관련된 문제에서 1문제 정도 출제되므로 골고루 알아둘 필요가 있습니다. 중추신경계에 해당하는 뇌는 여러 개의 세부 기관으로 구분되어 있습니다. 그중에서 '소뇌'는 고유수용기로부터 유입되는 정보를 활용하여 수의적 운동에 관여하고, 평형 및 자세를 통합 조절합니다. 골격근 운동의 최종 명령을 내리는 역할을 하는 것은 '대뇌'입니다.

13. <보기>의 (㉠), (㉡)에 들어갈 용어가 바르게 나열된 것은?
(2022-18번)

운동 시 교감신경계가 활성화되면, 골격근으로의 혈류량은 (㉠)하고 내장기관으로의 혈류량은 (㉡)한다.

	㉠	㉡
①	감소	증가
②	감소	감소
③	증가	감소
④	증가	증가

해 신경계의 구조와 기능 단원에서는 뇌 구조보다는 자율신경계의 교감신경과 부교감신경이 더 많이 출제되는 편입니다. 두 신경이 어떻게 다르게 작용하는지를 잘 알고 있어야 합니다. 기본적으로 운동 상황에서는 교감신경이 활성화되며, 이는 흥분과 위협에 반응하는 역할을 합니다. 이때 심박수가 증가하고, 혈류 분배를 통해 골격근으로의 혈류량은 증가하며 내장 기관으로의 혈류량은 감소합니다.

14. <보기>에서 설명하는 감각수용기는?
(2025-5번)

- 주동근의 수축을 억제한다.
- 근육 손상을 예방하는 기능을 한다.
- 근육-건 복합체의 장력 변화를 감지한다.

① 근방추
② 파치니소체
③ 골지건기관
④ 마이스너소체

해 운동 상황과 밀접한 관련이 있는 감각 수용기는 3년 연속 출제되고 있습니다. 대표적으로 근방추와 골지건기관이 있는데 근방추는 골격근 내부에 위치하여, 근육의 길이가 순간적으로 늘어날 때 척수 수준에서 반사적 수축을 유발하는 역할을 합니다. 골지건기관은 근육의 끝부분인 힘줄(건)에 위치하며, 과도한 장력이 발생했을 때 근육의 수축을 억제하여 손상을 예방하는 역할을 합니다.
- 파치니 소체와 마이스너 소체는 피부의 감각 수용기로, 압력·진동·촉각 등을 감지하는 역할을 합니다.

15. <보기>는 신경 세포의 안정 시 막전위에 영향을 주는 Na⁺과 K⁺에 대한 그림이다. ㉠~㉣에 들어갈 내용이 바르게 연결된 것은?

(2023-14번)

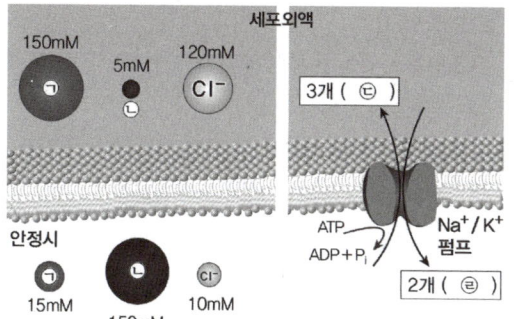

	㉠	㉡	㉢	㉣
①	K⁺	Na⁺	Na⁺	K⁺
②	Na⁺	K⁺	Na⁺	K⁺
③	K⁺	Na⁺	K⁺	Na⁺
④	Na⁺	K⁺	K⁺	Na⁺

해 보기의 그림은 안정 시 신경 세포 안과 밖의 이온 상태와, 안정 시 작동하는 Na⁺/K⁺ 펌프에 대해 묻는 문제입니다. 안정 시 세포 내액에는 K⁺ 이온(ㄴ)이 많고, 세포 외액에는 Na⁺ 이온(ㄱ)이 많습니다. 이러한 막전위를 유지하기 위해 Na⁺/K⁺ 펌프는 K⁺ 이온 2개를 세포 내액(ㄹ)으로 들여보내고, Na⁺ 이온 3개를 세포 외액(ㄷ)으로 내보냅니다.

16. 단축성 수축 시 그림의 골격근 초미세구조를 참고하여 <보기>에서 옳은 것만을 모두 고른 것은?

(2025-14번)

ㄱ. I 밴드의 길이는 변하지 않는다.
ㄴ. A 밴드의 길이는 변하지 않는다.
ㄷ. 근절(sarcomere)의 길이는 짧아진다.
ㄹ. 액틴(actin)과 마이오신(myosin)의 길이는 짧아진다.

① ㄱ, ㄴ   ② ㄱ, ㄹ
③ ㄴ, ㄷ   ④ ㄷ, ㄹ

해 2025년도 출제가 예상되는 골격근 초미세구조입니다. 헝그리스포츠에서는 기본적인 이론 강의와 더불어, 아직 출제된 적은 없지만 출제 가능성이 높은 내용을 시험 직전에 안내해드립니다. 기본 교재만으로도 합격에는 문제가 없지만, 학습이 충분히 되신 분이라면 출제 예상 문제까지 확인하는 것이 필승 전략이 될 것입니다.
골격근 미세구조에서는 크게 2개의 선과 2개의 띠를 기억해야 합니다.

2개의 선(Z선, M선)
- Z선: 액틴이 부착된 선, 근 수축 시 변화없음
- M선: 미오신이 부착된 선, 근 수축 시 변화없음

2개의 띠(I띠, A띠)
- I띠: 액틴만 보이는 밝은 부분, 근 수축 시 짧아짐
- A띠: 액틴과 미오신이 같이 보이는 어두운 부분. 근수축 시 변화없음

※ 근섬유의 단위인 근절은 Z선부터 Z선까지이며 근 수축 시에 짧아지게 됩니다.

17. <보기>의 ㉠~㉢에 들어갈 용어가 바르게 나열된 것은?

(2022-10번)

【근육수축 과정】
• 골격근막의 활동전위는 가로세관(T-tubule)을 타고 이동하여 근형질세망(sarcoplasmic reticulum)으로 부터 (㉠) 유리를 자극한다.
• 유리된 (㉠)은 액틴(actin) 세사의 (㉡)에 결합하고, (㉡)은 (㉢)을 이동시켜 마이오신(myosin) 머리가 액틴과 결합할 수 있도록 한다.

	㉠	㉡	㉢
①	칼륨	트로포닌	트로포마이오신
②	칼슘	트로포마이오신	트로포닌
③	칼륨	트로포마이오신	트로포닌
④	칼슘	트로포닌	트로포마이오신

해 4단원 골격근과 운동에서는 다른 단원보다 문제가 많이 출제되는 편입니다. 특히 근수축 과정은 근육이 수축하여 힘을 내는 기본 원리를 알 수 있기 때문에 반드시 자세히 알고 있어야 합니다.
보기에서 근형질세망(Sarcoplasmic Reticulum, SR)을 통해 유리되는 것은 칼슘 이온(Ca²⁺)입니다. 칼슘은 액틴 필라멘트의 트로포닌에 결합하여, 미오신의 결합 부위를 가리고 있는 트로포마이오신의 위치를 이동시켜 미오신과 액틴이 결합할 수 있도록 합니다.

정답 15 ② 16 ③ 17 ④

18. 지근섬유(Type I)와 비교되는 속근섬유(Type II)의 특성으로 옳은 것은? (2024-20번)

① 높은 피로 저항력
② 근형질세망의 발달
③ 마이오신 ATPase의 느린 활성
④ 운동신경세포(뉴런)의 작은 직경

해 근섬유의 종류에 따라 지근섬유와 속근섬유를 구분하는 문제는 거의 매년 출제되는 중요한 내용입니다. 지근섬유는 모세혈관 밀도가 높아 붉은색으로 보여 '적근'이라 불리며, 산소 활용 능력이 뛰어납니다. 피로에 대한 내성도 강해 지구성 운동에 유리합니다.
반대로 속근섬유는 적근에 비해 색이 밝아 '백근'이라 불리며, 모세혈관 밀도는 낮지만 근형질세망이 발달하여 근수축에 유리하며 큰 힘과 빠른 수축 속도를 통해 고강도의 순발성 운동에 유리합니다.

19. <보기>의 (㉠), (㉡)에 들어갈 내용이 바르게 나열된 것은? (2022-14번)

- 골격근의 신장성 수축은 수축 속도가 (㉠) 더 큰 힘이 생성된다.
- 동일 골격근에서 단축성 수축은 신장성 수축에 비해 같은 속도에서 더 (㉡) 힘이 생성된다.

	㉠	㉡
①	빠를수록	작은
②	느릴수록	작은
③	느릴수록	큰
④	빠를수록	큰

해 근육의 길이가 변하는 수축을 등장성 수축이라고 합니다. 등장성 수축은 근육의 길이가 짧아지는 단축성 수축과, 근육의 길이가 길어지면서 힘을 내는 신장성 수축으로 나뉩니다. 근육이 얼마나 빠르게 수축하는가에 따라 발휘되는 근력은 달라집니다.
- 단축성 수축: 근육이 짧아지면서 힘을 내는 수축으로, 근수축 속도가 빨라질수록 낮은 근력을 발휘합니다.
- 신장성 수축: 근육이 길어지면서 힘을 내는 수축으로, 근수축 속도가 빨라질수록 높은 근력을 발휘합니다.

20. 골격근의 운동단위(motor unit) 동원에 관한 설명으로 옳지 않은 것은? (2025-18번)

① 동원된 운동단위의 증가는 근 수축력 증가로 이어진다.
② 운동단위는 운동신경과 그에 연결된 근섬유를 지칭한다.
③ 저강도 운동(예: VO_2max 30% 이하) 시 Type IIx 근섬유가 가장 먼저 동원된다.
④ Type I 근섬유의 운동단위는 Type II 근섬유 운동단위보다 활성화 역치가 낮다.

해 하나의 근신경에 연결된 근섬유를 운동 단위라고 합니다. 다시 말해, 하나의 근신경이 자극을 받으면 그와 연결된 근섬유는 모두 동시에 수축합니다. 따라서 운동 단위는 근수축력 발휘와 밀접한 관련이 있습니다. 기본적으로 낮은 운동 강도에서는 지근섬유(Type I)가 먼저 동원되며, 강도가 점차 올라갈수록 속근섬유(Type II)가 추가로 동원됩니다.

21. <보기>에서 설명하는 호르몬은? (2025-17번)

- 간의 글리코겐을 분해한다.
- 췌장 알파세포에서 분비된다.
- 혈중 글루코스 농도를 높인다.

① 인슐린   ② 코티졸
③ 글루카곤   ④ 에피네프린

해 호르몬 단원에서는 보통 1~2문제 정도 출제됩니다. 출제되는 비중에 비해 암기해야 할 내용이 다소 많은 편입니다. 먼저 호르몬 분비 기관과 호르몬의 명칭을 먼저 외우고 그 다음 호르몬별 기능을 정리하면 되겠습니다. 보기에서 췌장의 알파세포에서 분비되며 혈중 글루코스 농도를 높이는 호르몬은 '글루카곤'이 되겠습니다.
- 인슐린은 글루카곤과 반대의 역할을 합니다. 혈중 글루코스(혈당)을 낮추는 역할을 하며 췌장의 베타세포에서 분비됩니다.
- 코티솔은 부신 피질에서 분비됩니다. 조직의 유리지방산 동원을 촉진하여 지방 에너지 사용을 확대합니다.
- 에피네프린은 부신 수질에서 분비됩니다. 교감신경의 자극과 유사하며 심박수 증가, 심장수축력을 증가시키고 대사활동을 촉진합니다.

정답 18 ② 19 ① 20 ③ 21 ③

22
운동 자극에 관한 신체 내 기관(organs)과 기능에 대한 설명이다. ㉠~㉢에 해당하는 것으로 옳은 것은?

(2025-13번)

기능 \ 기관	뇌하수체	부신	㉠
고온다습한 환경에서 운동 중 체액량 조절을 위한 호르몬을 분비한다.	㉡	○	×
중강도 이상 운동 중 교감신경의 영향을 받아 호르몬 (㉢)을 분비한다.	×	○	×
부교감신경인 미주 신경(vagus nerve)이 위치하며, 운동 종료 후 심박수를 낮춘다.	×	×	○

○: 맞음, ×: 틀림

	㉠	㉡	㉢
①	연수	○	에피네프린
②	뇌간	×	알도스테론
③	대뇌피질	○	에피네프린
④	대뇌피질	×	알도스테론

해 호르몬과 관련하여 다소 난이도가 있던 문제입니다. 호르몬 분비 기관, 기능과 역할을 모두 알고 있어야 풀 수 있는 문제였습니다. ㄱ부터 살펴보면 부교감신경인 미주 신경이 위치하는 곳으로 운동 종료 후 심박수를 낮추는 부분은 '연수'가 되겠습니다. 뇌하수체에서 체액량 조절을 위해 분비되는 호르몬은 '항이뇨호르몬'이 있습니다. 교감신경의 영향을 받아 부신 수질에서 분비되는 호르몬은 에피네프린이 있습니다.

23
<그림>은 폐활량계를 활용하여 측정한 폐용적(량)을 나타낸 것이다. ㉠~㉣에서 안정 시와 비교하여 운동 시 변화에 대한 설명으로 적절한 것은?

(2022-11번)

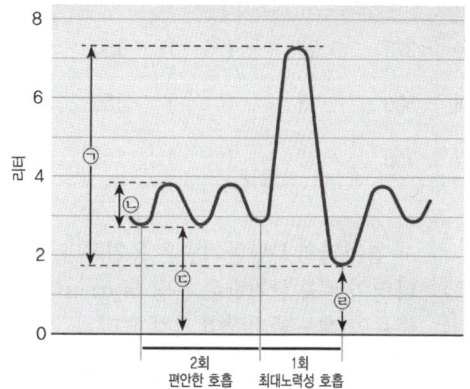

① ㉠: 증가
② ㉡: 감소
③ ㉢: 감소
④ ㉣: 증가

해 스포츠지도사 필기 출제 기준에 따르면 호흡·순환계는 하나의 큰 단원으로 구성되어있습니다. 보통 5문제 정도 출제되며 주로 순환계 문제 비중이 높지만 호흡계에서도 기본적인 구조나 호흡계의 반응과 적응 관련하여 문제가 출제되고 있습니다. 보기의 그래프는 폐용량에 대한 그래프로 각각의 그래프 구간이 어떤 것을 의미하는지를 잘 알고 있어야 합니다. ㄱ의 경우 폐 안에서 공기가 움직일 수 있는 공간으로 폐활량을 의미하며 안정 시와 운동 시 구분없이 일정한 편입니다. ㄴ의 경우 1회 호흡량을 의미하며 운동 중에는 호흡속도와 호흡량이 빨라지기 때문에 진폭이 증가하게 됩니다. ㄷ은 정상적으로 호흡 후에 폐에 남아 있는 가스의 양으로 '기능적 잔기량'이라고 부릅니다. 운동 시에는 호기 예비 용적이 감소하면서 함께 감소하는 특징이 있습니다. ㄹ은 최대 호기 후에도 폐에 남아있는 가스의 양을 의미하며 운동과 상관없이 일정합니다.

정답 22 ① 23 ③

24. ☆☆☆
<표>는 참가자의 폐환기 검사 결과이다. <보기>에서 옳은 것만을 모두 고른 것은? (2024-17번)

참가자	1회 호흡량 (mL)	호흡률 (회/min)	분당 환기량 (mL/min)	사강량 (mL)	폐포 환기량 (mL/min)
주은	375	20	( )	150	( )
민재	500	15	( )	150	( )
다영	750	10	( )	150	( )

ㄱ. 세 참가자의 분당환기량은 동일하다.
ㄴ. 다영의 폐포 환기량은 분당 6L/min이다.
ㄷ. 주은의 폐포 환기량이 가장 크다.

① ㄱ, ㄴ   ② ㄱ, ㄷ
③ ㄴ, ㄷ   ④ ㄱ, ㄴ, ㄷ

해 호흡계의 구조와 기능 문제 중 다소 난이도가 있던 문제였습니다. 분당 환기량과 폐포 환기량을 구분할 수 있어야 하며 계산까지 해야되는 문제였습니다.
먼저 분당 환기량은 분당 호흡 횟수에 1회 호흡량을 곱한 값이며 이 중에서 일부 공기는 가스교환이 일어나는 폐포까지 도달하지 못하게 됩니다. 이것을 사강량이라고 부르는데 1회 호흡량에서 사강량을 제한 것을 폐포환기량이라고 부릅니다.
참가자별 폐포환기량 계산
- 주은: (375-150)*20회=225*20= 4,500ml
- 민재: (500-150)*15회=350*15= 5,250ml
- 다영: (750-150)*10회=600*10= 6,000ml

25. ☆☆☆
그림의 산소-헤모글로빈 해리 곡선을 참고하여 <보기>에서 옳은 것만을 모두 고른 것은? (2025-8번)

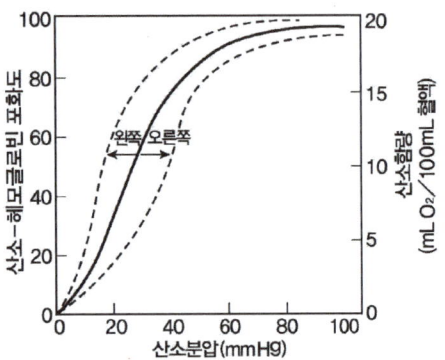

ㄱ. 운동에 의한 체온상승(예: 심부온도 상승)은 헤모글로빈의 산소 친화력(affinity)을 높인다.
ㄴ. 고강도 운동 시 동-정맥 산소 차이 (arteriovenous oxygen difference)는 안정 시와 비교하여 감소한다.
ㄷ. 고강도 운동에 의한 혈중 젖산 농도 증가는 산소-헤모글로빈 해리 곡선을 오른쪽으로 이동시킨다.
ㄹ. 운동 중 증가한 혈중 이산화탄소는 헤모글로빈의 산소 해리(dissociation)를 높이는데, 이를 보어 효과(Bohr effect)라고 한다.

① ㄱ, ㄴ   ② ㄱ, ㄷ
③ ㄴ, ㄹ   ④ ㄷ, ㄹ

해 산소-헤모글로빈 해리 곡선은 운동 상황에서 산소를 얼마나 조직에서 사용하는가와 관련된 유용한 지표로 사용됩니다. 해리 곡선의 이동방향에 따라 크게 운동 중과 휴식 중으로 구분할 수 있는데 왼쪽으로 이동 시에는 휴식 중, 오른쪽으로 이동 중에는 운동 중 생각하면 좋습니다. 고강도 운동 시 그래프는 당연히 오른쪽으로 이동하게 됩니다.
- 운동에 의한 체온상승은 산소 친화력을 감소시켜 그래프를 '오른쪽'으로 이동시킵니다.
- 고강도 운동 시 조직에서의 산소 사용이 증가하고 이에 따라 동정맥 산소차도 증가합니다.
※ 보어효과(Bohr effect)
  혈중 이산화탄소나 pH에 따라 산소 해리에 영향을 주는 현상

정답 24 ①   25 ④

26. 순환계의 구조와 기능에 관한 설명으로 옳지 않은 것은?

(2025-16번)

① 혈액의 역류를 막기 위해 하지동맥 내에 판막이 존재한다.
② 호르몬 수송 및 면역기능 조절은 순환계의 기능 중 하나이다.
③ 관상동맥(coronary artery)은 심장근에 혈액을 공급하는 혈관이다.
④ 폐순환의 주요 기능은 폐에서의 가스 교환(예:이산화탄소 배출)이다.

해 호흡·순환계에서는 순환계 문제가 에너지 대사와 관련하여 조금 더 많이 출제되는 편입니다. 내용으로는 기본적인 구조와 기능, 순환계의 반응과 적응 등이 있는데 보기에서 구조와 기능을 묻고 있습니다.
혈액 역류를 막기 위한 판막은 '동맥'이 아닌 '정맥'에 위치합니다.

27. 1회 박출량(stroke volume)에 관한 설명으로 적절하지 않은 것은?

(2022-5번)

① 심실 수축력이 증가하면 1회 박출량은 증가한다.
② 평균 동맥혈압이 감소하면 1회 박출량은 증가한다.
③ 심장으로 돌아오는 정맥혈 회귀(venous return)가 감소하면 1회 박출량은 감소한다.
④ 수축기말 용적(end - systolic volume)에서 확장기말 용적(end - diastolic volume)을 뺀 값이다.

해 트레이닝 후에는 심장의 능력이 향상됩니다. 지구성 운동의 경우 심장의 크기 향상과 관련이 있으며 순발성 운동의 경우 심실벽의 두께 증가와 관련이 있습니다. 심장의 크기가 증가하면 더 많은 혈액을 담을 수 있게 되며 심실벽의 두께가 증가하면 더 강한 수축력을 보일 수 있습니다. 보기에서 수축기말 용적에서 확장기말 용적을 뺀 것이 1회 박출량이라고 하는데 반대로 확장기말 용적에서 수축기말 용적을 뺀 값이 적절합니다.

28. <보기>에서 운동 중 혈류 재분배(blood redistribution)에 관한 설명으로 옳은 것만을 모두 고른 것은?

(2025-20번)

ㄱ. 운동 시 골격근의 산소 요구량을 충족하기 위해 비활동 조직으로의 혈류량은 감소한다.
ㄴ. 최대 운동 시 심박출량은 증가하지만 안정 시와 비교하여 기관별(예: 신장, 내장, 골격근 등) 혈류 분배 비율은 동일하다.
ㄷ. 고강도 운동에 참여하는 골격근의 세동맥(arterioles) 혈관 저항은 안정 시와 비교하여 감소한다.

① ㄱ, ㄴ ② ㄱ, ㄷ
③ ㄴ, ㄷ ④ ㄱ, ㄴ, ㄷ

해 운동 중에는 골격근으로 가는 혈류량을 증가시키기 위해 혈류 재분배가 일어납니다. 주로 산소 요구량이 많은 조직으로 혈류량이 증가하고 비활동 조직으로의 혈류량은 감소합니다. 특히 교감 신경의 작용으로 혈관의 수용체와 결합하여 골격근의 세동맥 혈관 저항이 안정 시와 비교하여 감소합니다. 최대 운동 시 심박출량은 증가하지만 안정 시와 비교하여 기관별 혈류 분배 비율이 동일한 것은 아닙니다.

정답 26 ① 27 ④ 28 ②

29. <보기>에서 고온 환경의 장시간 최대하 운동 시 운동수행능력을 저하시키는 요인으로 옳은 것만을 모두 고른 것은? (단, 심각한 탈수 현상은 발생하지 않는 환경)

(2024-9번)

> ㄱ. 글리코겐 고갈 가속
> ㄴ. 근혈류량 감소
> ㄷ. 1회 박출량 감소
> ㄹ. 운동단위 활성 감소

① ㄱ, ㄷ   ② ㄱ, ㄴ, ㄹ
③ ㄴ, ㄷ, ㄹ   ④ ㄱ, ㄴ, ㄷ, ㄹ

해 마지막 환경과 운동 단원에서는 보통 1문제 정도 출제됩니다. 특정한 환경 상황에서의 신체 반응과 적응은 다소 어려워 보일 수 있으나 사실 기본적인 내용을 학습한 상태에서 보면 상식적으로 접근할 수 있는 내용들이 많습니다. 보기는 고온 환경에서 장시간 최대하 운동이 조건입니다. 이 경우는 기본적으로 일반적인 상황보다 가혹한 상황으로 인체가 느끼는 운동 강도가 높다고 볼 수 있습니다.
- 장시간의 운동으로 글리코겐의 고갈이 가속될 수 있습니다.
- 발한을 위하여 피부로 가는 혈류가 늘어나 상대적으로 근 혈류량이 감소할 수 있습니다.
- 심각한 탈수 현상을 제외하였을 때 1회 박출량은 유의미하게 감소하지 않습니다.

30. <보기>에서 고지대 환경에서 장기간 노출 시 나타나는 생리학적 적응으로 옳은 것만을 모두 고른 것은?

(2025-12번)

> ㄱ. 심박출량 증가
> ㄴ. 모세혈관 밀도 증가
> ㄷ. 근육 단면적 증가
> ㄹ. 산소운반능력 증가

① ㄱ, ㄷ   ② ㄴ, ㄹ
③ ㄱ, ㄷ, ㄹ   ④ ㄴ, ㄷ, ㄹ

해 고지대 환경과 일반 환경의 가장 큰 차이는 산소 분압에 있습니다. 고지대에서는 산소 분압이 낮기 때문에 신체는 유산소 대사보다 무산소 대사에 더 의존하게 되며, 적응 현상은 유산소 트레이닝과 유사할 수 있습니다. 그러나 낮은 산소 분압은 최대 운동 능력 발휘에 걸림돌이 됩니다.
고지대 환경에 장기간 노출되면 산소를 더 효율적으로 이용하기 위해 모세혈관 밀도가 증가하고, 산소 운반 능력(예: 헤모글로빈 농도)이 향상될 수 있습니다. 그러나 트레이닝이 수반되지 않는 한 근육 단면적 증가나 심박출량 증가는 기대하기 어렵습니다.

정답 29 ②   30 ②

PART 06 운동역학

1. 운동역학 개요

1) 운동역학의 정의 '18

인체 움직임의 과학적인 원리를 알아내고 그 원리를 운동기술에 적용하여 효율적인 방법을 찾아내는 학문으로 스포츠 상황에서 인체가 가진 힘의 원인과 결과를 다룸

2) 운동역학의 목적과 내용 '25 '23 '22 '21 '20 '19 '18

목적		1. 운동기술향상 2. 운동수행 안정성 향상 및 손상 예방	3. 운동장비 개발 및 평가 4. 스포츠 동작 기술 분석 및 개발
내용	정역학	작용하는 힘들 사이의 평형 상태를 분석하는 학문 ▶ 정지상태, 무게중심, 안정성 등	
	동역학	작용하는 힘들 사이의 평형이 이루어지지 않아 운동 상태가 변화하는 것을 분석하는 학문 ▶ 인체가 움직이는 동작의 원인 분석	
		운동학	운동의 원인인 "힘"을 고려하지 않고 동작의 움직임이나 현상을 기술 ▶ 위치 변화, 변위, 속도, 가속도
		운동역학	운동의 원인인 "힘"을 다루는 분야로 인체에 작용하는 외적인 힘을 강조 ▶ 근력, 지면반력, 토크, 관성모멘트, 운동량, 충격량, 마찰력 등

2. 운동역학의 이해

1) 해부학적 기초 '25 '24 '23 '22 '21 '20 '19 '18

① 해부학적자세와 골격 및 근육계

해부학적자세	1. 인체의 위치나 자세에 대해 말할 때 기준이 되는 자세 2. 바르게 선 자세에서 팔을 몸 옆으로 떨어뜨리고 손바닥이 앞을 보는 자세
골격계	1. 인체의 뼈는 성인 기준 206개로 구성 2. 크게 머리뼈, 몸통뼈, 팔뼈, 손뼈, 다리뼈, 발뼈로 구분 가능 3. 척추는 경추 7개, 흉추 12개, 요추 5개, 천추 1개, 미추 1개 총 26개로 구성 4. 뼈와 뼈 사이에는 관절이 있으며 인대로 강하게 연결되어 있음
근육계	1. 근육은 크게 심장근, 내장근, 골격근으로 구분할 수 있음 　- 심장근(불수의, 가로무늬), 내장근(불수의, 민무늬), 골격근(수의, 가로무늬) 2. 뼈에 붙어 있는 근육을 골격근이라 하며 양 끝이 힘줄(건)로 붙어있음 3. 부착점에 따라서 기시부(기시점)와 정지부(착점)으로 구분할 수 있음 4. 움직임 특성에 따라 굴근, 신근, 외전근, 내전근, 회전근으로 나눔 5. 움직임 역할에 따라 주동근, 길항근, 협력근으로 나눔
방향구분	앞과 뒤, 위와 아래, 바깥쪽과 안쪽, 몸통쪽과 먼쪽

② 관절계 및 움직임 구분

관절계	구분	1축 관절	2축 관절	3축 관절
	종류	경첩관절, 중쇠관절	타원관절, 안장관절	절구관절(어깨, 엉덩)
움직임 구분	굽힘과 폄 (굴곡과 신전)	관절의 각이 작아지거나 커지는 동작 1. 관절의 각이 작아지면 굽힘, 커지면 폄 2. 주로 1축 관절의 운동 모습과 유사함		
	벌림과 모음 (외전과 내전)	팔, 다리가 몸 중심으로부터 가까워지거나 멀어지는 동작 1. 팔 다리가 몸 중심에 가까워지면 모음 2. 팔 다리가 몸 중심으로부터 멀어지면 벌림		
	엎침과 뒤침 (회내와 회외)	손바닥이 앞이나 뒤를 보도록 돌리는 동작 1. 엄지가 몸 안쪽으로 들어오면 엎침 2. 엄지가 몸 바깥쪽으로 나가면 뒤침		
	돌림과 휘돌림 (회전과 회선)	1. 어깨나 고관절을 축으로 팔이나 다리를 돌리는 동작 2. 축을 중심으로 전체가 돌면 돌림, 한쪽만 돌면 휘돌림		

③ 운동면와 운동축 구분

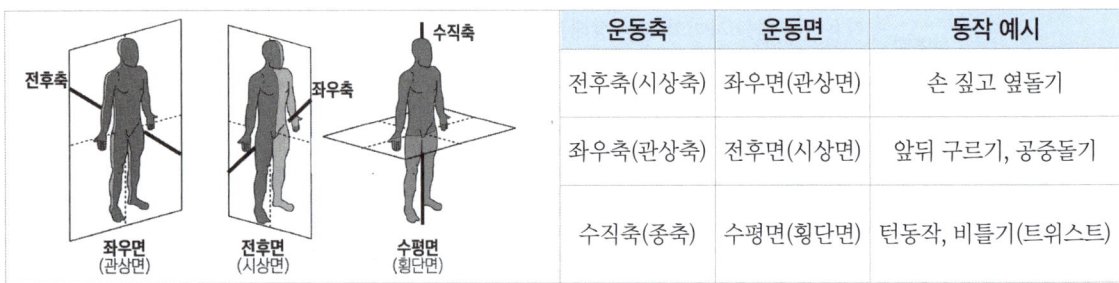

운동축	운동면	동작 예시
전후축(시상축)	좌우면(관상면)	손 짚고 옆돌기
좌우축(관상축)	전후면(시상면)	앞뒤 구르기, 공중돌기
수직축(종축)	수평면(횡단면)	턴동작, 비틀기(트위스트)

2) 운동의 종류 '25 '23 '21 '20 '19

병진운동 (선운동)	직선 운동	어떤 물체나 신체 내의 모든 점의 위치가 상하 혹은 좌우로 똑같이 변화하는 운동	
		등속운동	물체나 신체의 속도가 일정한 운동
		등가속운동	물체나 신체의 가속도가 일정한 운동
	곡선 운동	어떤 물체나 신체의 움직임이 좌-우, 상-하의 병진운동이 합쳐진 운동 ▶ 활강하는 스키어, 던져진 물체나 신체의 투사체 운동 등	
회전운동 (각운동)	물체나 신체가 한 점이나 한 축을 중심으로 움직이는 운동		
	축이 내부에 있는 경우	해머던지기	
	축이 외부에 있는 경우	철봉 대차돌기	
복합운동	병진운동 및 회전운동이 결합된 복합적 운동으로 신체 운동의 대부분이 속함 ▶ 보행, 다양한 체조 동작 등		

3) 물리량 구분 '24 '22

스칼라	크기만을 나타내는 물리량	거리, 속력, 길이, 넓이, 시간, 온도, 질량 등
벡터	크기와 방향을 나타내는 물리량	변위, 속도, 가속도, 힘, 무게, 운동량 등

3. 인체역학

1) 인체의 물리적 특성 '25 '24 '23 '22 '21 '20 '19

질량과 무게	질량(kg)	고유한 물리량, 어느 장소에서도 변하지 않음
	무게(kg·g)	질량과 중력가속도의 곱, 측정하는 장소에 따라 달라짐
무게중심		물체의 무게를 균등하게 나누어 균형을 이루게 하는 점 ≒ 토크의 합이 0인 지점
		1. 무게중심은 안정성과 밀접한 관련이 있음 2. 높이가 낮을수록, 몸무게가 무거울수록 안정성이 향상됨 3. 인체를 벗어나 위치가 가능하며 자세의 변화에 따라 달라짐

운동역학사슬
(kinetic chain)
		1. 힘의 작용할 때 영향을 주고 받는 연결된 신체 분절을 운동역학사슬이라고 함
		2. 하나의 역학사슬에서 가장 먼 부분이 다른 물체나 벽체에 고정되어있는지의 유무
		  - 닫힌형 운동역학 사슬: 고정되어있는 경우 예 걷기, 스쿼트, 팔굽혀펴기 등
		  - 열린형 운동역학 사슬: 고정되어있지 않은 경우 예 자유로운 인체의 움직임, 스포츠동작

역학적 부하		1. 신체에 작용하는 힘을 부하라고 표현하여 힘을 단면적으로 나눈 양을 응력이라고 함 2. 인장응력(양쪽에서 잡아당기는 힘), 압축응력(양쪽에서 중심으로 미는 힘), 전단응력(두 힘이 반대로 가해져 끊어지는 힘), 굽힘(두 힘이 축에서 벗어나 물체를 휘게하는 힘), 비틀림(물체의 양끝을 반대방향으로 회전하게 하는 힘)

2) 인체 평형과 안정성 '25 '23 '22 '21

균형 또는 평형		내력과 외력에 대하여 신체 무게중심을 유지하려는 인체의 자세조절				
안정성에 영향을 주는 요인		기저면 크기	무게중심 높이	중심선 위치	질량	마찰력
	안정성 높음	넓을수록	낮을수록	중앙쪽	클수록	클수록
	낮음	좁을수록	높을수록	가장자리쪽	작을수록	작을수록

3) 인체의 구조적 특성 '24 '23 '22 '21 '20 '19 '18

인체지레	일정한 길이의 지레를 활용하여 힘을 증폭시키는 조치(적은 힘으로 많은 일) 역학적 이점 = 힘팔 길이 / 작용팔 길이 (1보다 클 경우 힘에서 이득) 기계적 확대율: 힘의 확대율 (힘을 증폭시키는 것)	

구분	설명	인체 동작 예시
1종 지레 (힘점 받침점 작용점)	받침점이 가운데 있고 작용점과 힘점이 각각 양 끝에 위치 역학적 이점이 1보다 클 수도 작을 수도 있음	고개를 앞뒤로 끄덕이는 동작
2종 지레 (힘점 작용점 받침점)	작용점이 가운데 있고 받침점과 힘점이 각각 양 끝에 위치 역학적 이점이 1보다 항상 큼	발뒤꿈치를 들어 발끝으로 서있는 동작
3종 지레 (받침점 힘점 작용점)	힘점이 가운데 있고 받침점과 작용점이 각각 양 끝에 위치 역학적 이점이 1보다 항상 작음	대부분의 동작 (물체를 드는 동작)

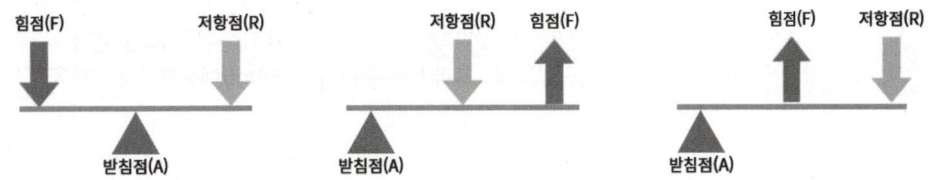

1종 지레   2종 지레   3종 지레

4. 운동학의 스포츠 적용

1) 선운동의 운동학적 분석 '25 '24 '23 '22 '21 '20 '19 '18

개념	거리	두 지점을 얼마나 움직였는가	속력	거리를 소요시간으로 나눈 값
	변위	두 지점을 잇는 최단 거리	속도	변위를 시간으로 나눈 값
	Q. 농구선수가 코트의 끝에서 직선으로 10m 드리블 후 돌아 제자리로 돌아오는 데까지 5초가 걸렸을 경우			
	A. 총 이동한 거리는 왕복 10m씩 총 20m이나 처음과 마지막의 위치가 같으므로 변위는 0m이다 이에 따라 속력은 거리를 시간으로 나눈 값이므로 속력은 4m/s, 속도는 0m/s 이다			

가속도	1. 단위시간 동안 변화하는 속도의 비율을 의미함 2. 공식: $a = \Delta v / \Delta t$ (a: 가속도, Δv: 속도의 변화량, Δt: 소요시간) 3. 가속도는 속도가 증가하는 양의 가속도와 속도가 감소하는 음의 가속도로 나눌 수 있음
	Q1. 단거리 주자가 출발하는 순간 2m/s의 속도에서 2초 뒤에 속도가 6m/s로 변화하였을 때 가속도를 구하면? A. 가속도 공식 $a = \Delta v / \Delta t$에서 속도의 변화량은 4m/s, 소요시간은 2초이므로 나누었을 경우 $2m/s^2$ 이다
	Q2. 야구선수가 슬라이딩을 할 때 처음속도가 5m/s였고 1초 뒤 플레이트에 도착할 때 0m/s인 경우 가속도는? A. 가속도 공식 $a = \Delta v / \Delta t$에서 속도의 변화량은 -5m/s, 소요시간은 1초이므로 나누었을 경우 $-5m/s^2$ 이다
	중력가속도: 지구의 표면을 향해 수직으로 물체를 끌어당기는 힘 - 물체의 질량, 모양, 크기에 관계없이 $9.8m/s^2$로 일정함 = "등가속도운동" - 지구 중심 방향으로 작용하고 물체의 상승 및 하강에 따라 음과 양으로 작용

2) 투사체 운동의 운동학적 분석

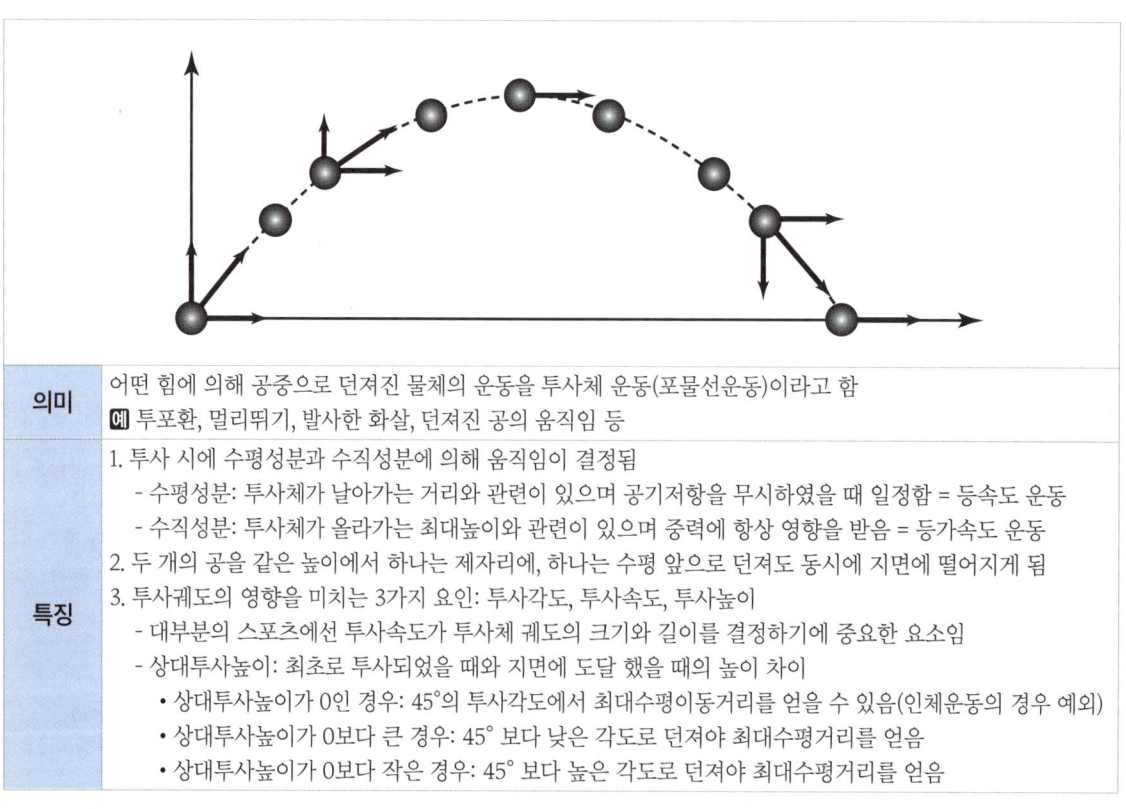

의미	어떤 힘에 의해 공중으로 던져진 물체의 운동을 투사체 운동(포물선운동)이라고 함 예) 투포환, 멀리뛰기, 발사한 화살, 던져진 공의 움직임 등

특징	1. 투사 시에 수평성분과 수직성분에 의해 움직임이 결정됨
	  - 수평성분: 투사체가 날아가는 거리와 관련이 있으며 공기저항을 무시하였을 때 일정함 = 등속도 운동
	  - 수직성분: 투사체가 올라가는 최대높이와 관련이 있으며 중력에 항상 영향을 받음 = 등가속도 운동
	2. 두 개의 공을 같은 높이에서 하나는 제자리에, 하나는 수평 앞으로 던져도 동시에 지면에 떨어지게 됨
	3. 투사궤도의 영향을 미치는 3가지 요인: 투사각도, 투사속도, 투사높이
	  - 대부분의 스포츠에선 투사속도가 투사체 궤도의 크기와 길이를 결정하기에 중요한 요소임
	  - 상대투사높이: 최초로 투사되었을 때와 지면에 도달 했을 때의 높이 차이
	    • 상대투사높이가 0인 경우: 45°의 투사각도에서 최대수평이동거리를 얻을 수 있음(인체운동의 경우 예외)
	    • 상대투사높이가 0보다 큰 경우: 45° 보다 낮은 각도로 던져야 최대수평거리를 얻음
	    • 상대투사높이가 0보다 작은 경우: 45° 보다 높은 각도로 던져야 최대수평거리를 얻음

3) 각운동의 운동학적 분석 '25 '24 '22 '20

주요 개념	각거리	물체가 움직인 전체 각도	각속력	각거리를 소요시간으로 나눈값
	각변위	처음과 마지막 위치 지점 간의 각도 차이	각속도	각변위를 소요시간으로 나눈값
	각가속도	각속도의 시간에 대한 변화율 "α"		
	Q. 체조선수가 철봉에서 회전운동을 할 때 지면과 수직인 상태부터 시작하여 시계반대방향으로 2초동안 1회전 한 경우			
	A. 총 움직인 전체 각거리는 360°이나 처음과 마지막의 지점이 같으므로 각변위는 0°이다. 각속력은 각거리는 소요시간으로 나눈 값이므로 각속력은 180°/s, 각속도는 0°/s 이다			
단위	r	원의 반지름 길이를 의미함(원지름: 2r)		
	θ(세타)	0°에서부터의 미지의 각도 표시할 때 씀		
	°(도)	60분법의 단위, 1바퀴 회전각을 360°로 정함		
	rad(라디안)	호도법의 단위, 호의 길이와 반지름 같을 때 중심각을 의미		
	π(파이)	원주율, 원의 지름에 대한 둘레의 비율, 2πr(원의 둘레), πr²(원의 넓이)		
	※ 각도변환 1. 호의 길이가 반지름과 같을 때 각도를 1rad ≒ 57.3° 로 표시한다 2. π = 180°, 2π=360° 로 표시할 수 있다 (π 가 각도 단위로 사용될 때 뒤에 라디안을 생략함) 3. 이에 따라 π=3.14rad 으로 표시할 수 있다			

4) 선운동과 각운동의 관계 '24 '22 '20

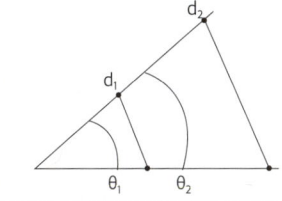

1. 각속도와 선속도의 관계 공식: V = r·w (V: 선속도, r: 반지름, w:각속도)
2. 물체가 각운동을 한다고 가정할 때 θ₁, θ₂의 각도는 같다.
   ☞ 중심과의 거리와 관계없이 각속도는 일정하다
3. 물체의 특정 지점이 호를 따라 이동하였을 때 d₁과 d₂의 길이는 다르다
   ☞ 중심과의 거리가 멀수록 선속도가 더 크다

※ 물체가 강체(크기나 모양이 변하지 않는 고체)일 경우
1. 각속도가 빨라지면 선속도도 빨라진다 (V=r·w)
2. 각속도가 동일한 경우 중심에 가까운 지점은 선속도가 작고 중심에서 멀수록 선속도가 커진다
   - 스윙 순간에 팔꿈치를 펴면 라켓 헤드가 중심에서 멀어지므로 선속도가 증가한다.
   - 각속도가 동일한 선수의 경우 팔 길이가 더 긴 선수는 야구공의 릴리스 순간의 선속도가 크다.
   - 골프 스윙에서 헤드와 샤프트의 각속도는 같고 선속도는 각속도와 샤프트 길이에 비례한다.

5. 운동역학의 스포츠 적용

1) 선운동의 운동역학적 분석 '25 '24 '23 '22 '21 '20 '19 '18

① 힘의 정의와 특성

정의	1. 힘은 물체에 작용하여 그 물체의 운동 상태를 변화시키는 외부 작용을 의미함 2. 정지한 물체를 움직이거나 물체의 속도나 방향, 형태까지 변형시킬 수 있음
특징	1. 힘의 기호는 F 이며 단위는 N(뉴턴)을 사용함 2. 벡터의 물리량(크기와 방향을 갖으며 합성과 분해 가능) 3. 짝(Pair)으로 작용: '작용'과 '반작용'이 존재함 4. 힘의 3요소: 크기, 방향, 작용점 5. 힘의 계산식: F=m*a (F:힘, m:질량, a:가속도) Q. 80kg의 남자가 정지된 상태에서 출발 해서 5초가 지난 뒤 8m/s의 속도가 되었을 때 작용한 힘의 크기는? A. F = 80kg × (8m/s - 0m/s)/5s = 80kg × 1.6 m/s² = 128kg·m/s² = 128N

② 힘의 종류

종류	내용
근력	1. 근육의 수축에 의해 발생하는 힘 2. 인체는 대부분 3종 지레의 형태로 힘에서는 손해를 보지만 거리와 속도에서 이로움
중력	1. 지구 중심으로 끌어당기는 힘을 의미하며 중력에 의해 변화하는 속도를 중력가속도라 함 2. 지구 중심으로부터 멀어질수록 작아짐(미세하지만 극지방은 크고 적도지방은 작음) 3. 물체의 질량에 비례하나 물체의 무게에 상관없이 상승 및 하강에서 동일하게 적용
마찰력	1. 물체가 움직이는 중이나 움직이려 할 때 작용하는 힘으로 물체의 이동 방향에 반대로 작용함 2. 종류에 따라 정지마찰과 운동마찰력으로 나눌 수 있음 　※ 최대정지마찰력: 물체가 움직이기 직전에 최대의 마찰력(운동마찰력보다 항상 큼) 3. 표면 위를 미끄러질 때의 미끄럼마찰력과 굴러가며 생기는 구름마찰력으로 나눌 수 있음 4. 마찰력의 계산 공식: 마찰력=마찰계수(표면의 거친 정도)*수직항력(물체가 누르는 힘)
부력	1. 유체(물과 공기) 속에 있는 물체 무게의 반대 방향으로 나타나는 힘(위로 들어올리는 힘) 2. 부력의 크기는 물체가 밀어낸 유체의 크기와 같음 3. 부력=유체의 밀도*유체에 잠긴 물체의 부피*중력가속도
항력	1. 물체가 유체 안에서 움직일 때 반대 방향으로 작용하여 운동을 방해하는 힘 2. 항력의 종류: 형상항력(형태항력), 표면항력(표면항력), 파도항력(조파항력) 등
양력	1. 유체 속을 운동하는 물체에 운동 방향과 수직 방향으로 작용하는 힘(항력에도 직각) 2. 밀도, 물체의 상대속도, 양력계수, 날개의 면적 등에 비례, 형태나 회전에 영향

③ 뉴턴의 운동법칙(선운동)

제1법칙	관성	물체는 처음의 운동 상태를 계속해서 유지하려는 성질을 갖고 있음 ▶야구의 배팅 동작에서 타격 이후에도 관성에 의해 팔로스루되는 팔동작
제2법칙	가속도	물체의 속도 변화는 작용한 힘의 크기에 따라 달라짐 ▶수영의 스트로크와 킥 동작에 의해 생긴 힘은 속도를 가속시킴
제3법칙	작용-반작용	물체들 사이의 크기는 같고 방향은 서로 다른 힘이 작용함 ▶배구 공을 스파이크했을 때 공은 날아가지만 손에도 충격이 전해짐

④ 선운동량과 충격량

운동량	1. 물체가 운동하고 있는 상태를 나타내는 물리량 2. 공식: P=m·v (P: 운동량, m: 질량, V: 속도)

충격량	1. 물체에 작용한 충격의 정도
	2. 공식:
	  ① I=F·t (I: 충격량, F: 충격력, t: 시간)
	  ② I=mv'-mv₁ (m: 질량, v': 나중속도, v₁: 처음속도)

특징	1. 충격량은 일정 시간 동안 힘을 작용하여 물체가 얻은 운동량 2. 충격량이 증가하는 경우: 충격력이 클 때, 접촉시간이 길 때, 운동량의 변화가 클 때 3. 충격량이 일정한 경우: 충격력과 접촉시간은 서로 반비례의 모습을 보임
	충격력을 크게 해야하는 경우 라켓이나 신체로 타격할 때, 라켓줄을 강하게 묶으면 접촉시간 짧아짐
	충격력을 작게 해야하는 경우 공을 받을 때, 신발이나 글러브 등은 접촉시간을 길게 하는 역할

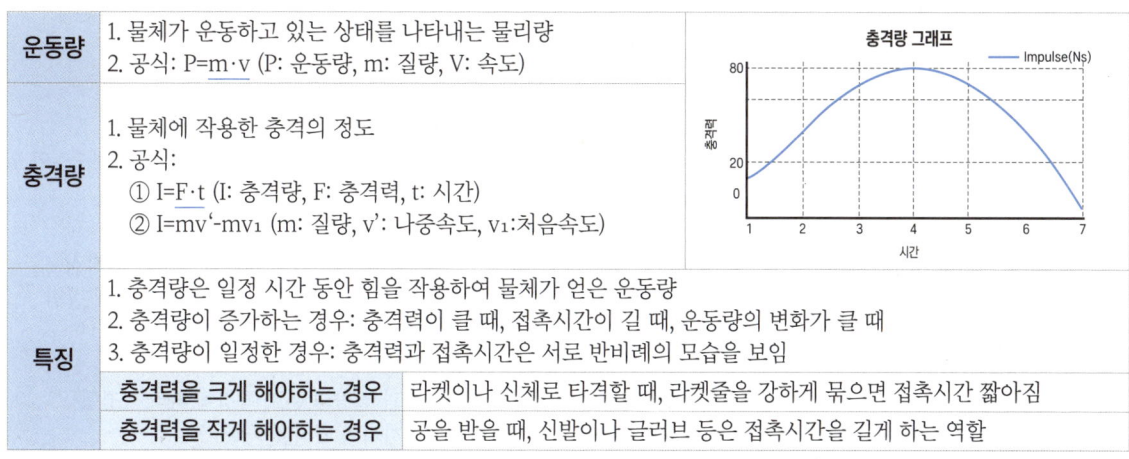

⑤ 탄성과 충돌

탄성	물체가 변형되었다가 원래 상태로 되돌아가는 정도로 재질, 온도, 충돌 강도에 따라 탄성계수(E)가 결정됨

충돌	1. 두 물체 사이의 부딪힘으로 일어난 현상으로 되튀어 나가는 정도를 e(반발, 충돌, 복원계수)로 표현함
	  - 완전탄성 충돌: e = 1 인 경우로 충돌 전후의 상대속도가 같음
	  - 불완전탄성 충돌: 0< e <1 인 경우로 일정한 에너지 손실이 있으며 대부분의 운동 상황에서 발생
	  - 완전비탄성 충돌: e = 0 인 경우로 충돌 후 물체가 분리되지 않고 붙거나 복원되지 않을 때
	2. 복원계수(e) 공식 = $\left|\dfrac{\text{충돌 후 상대속도}}{\text{충돌 전 상대속도}}\right|$
	
	※ 수직낙하 운동 시 반발계수 공식 = $\sqrt{\dfrac{\text{튀어오른 높이}}{\text{떨어뜨린 높이}}}$

	Q. 농구공 A를 5m/s의 속도로 던져서 정지해있는 농구공 B를 맞췄다. 그 후 농구공 A는 반대로 1.5m/s, 농구공 B는 2m/s의 속도로 움직였을 때 두 물체의 반발계수를 구하면? A. $e = \left|\dfrac{2m/s - (-1.5m/s)}{5m/s - 0m/s}\right| = \left|\dfrac{3.5}{5}\right| = 0.7$
	Q. 농구공을 1m에서 떨어뜨렸을 때 다시 64cm만큼 튀어올랐다. 이 경우 농구공의 반발계수(e)는? A. $e = \sqrt{\dfrac{0.64}{1.0}} = \sqrt{0.64} = 0.8$

리바운드	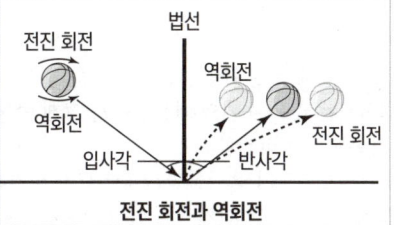
	전진 회전과 역회전
		1. 공의 회전형태가 공의 리바운드에 영향을 줌
		  - 정회전(탑스핀): 수평성분에 + 영향 → 멀리 나감
		  - 역회전(백스핀): 수평성분에 - 영향 → 짧게 나감
		2. 공의 회전 자체는 리바운드 높이에 직접적인 영향을 주지 않음
		  - 회전 자체는 공의 탄성계수에 영향을 주지 않음
		3. 공이 운동면과 접촉할 때 마찰력이나 에너지 변환 등의 측면으로 리바운드 높이가 변할 수 있음

2) 각운동의 운동역학적 분석 '25 '24 '23 '22 '20 '19 '18

① 토크의 정의와 특성

토크	1. 물체에 작용하여 물체를 회전시키는 원인이 되는 물리량 ※ 향심력(물체의 중심에 향하는 힘으로 회전을 일으키지 않음) 편심력(물체에 중심에 벗어난 힘으로 회전을 일으킴) 2. 토크 공식: $\tau = r \cdot F$ (τ: 토크, r: 중심까지의 거리, F: 회전힘) ▶ 선운동의 힘과 달리 각운동에서의 힘은 작용하는 힘과 중심축까지의 거리(모멘트암)를 곱해주어야 함
특징	1. 작용하는 힘이 회전중심축을 통과하면 모멘트암이 '0'이 되어 토크가 생기지 않음 2. 작용하는 힘이 동일할 때 모멘트암이 짧을수록 토크는 감소하고 길어질수록 토크는 증가함 ▶ 암컬 동작 시 모멘트암(팔꿈치관절과 상완이두근의 착점의 거리)의 길이에 따라 토크가 달라짐 - 신전 및 굴곡 상태: 모멘트암의 거리가 짧아서 토크가 감소 / 90도 상태: 토크가 가장 크게 발휘

② 관성모멘트

관성 모멘트	1. 회전운동에 대한 관성의 크기를 나타내는 물리량으로 질량과 질량의 분포 특징에 따라 결정됨 2. 관성모멘트 공식: $I = mr^2$ (I: 관성모멘트, m: 질량, r: 중심까지의 거리) ▶ 선운동의 질량과 달리 각운동에서는 질량과 질량분포(중심까지의 거리)의 제곱을 곱해주어야 함

특징	1. 질량이 클수록 회전에 대한 저항이 커서 정지해 있으려고 하거나 계속 회전하려고 함
	2. 질량분포는 회전축으로부터 가까울수록 관성이 작고 멀어질수록 관성이 커짐
	▶ 다이빙 공중 동작에서 자세에 따른 관성모멘트의 변화 분석
	  - 몸을 웅크리는 동작(터크): 질량분포가 회전축으로부터 가까워 관성이 줄고 빠른 회전이 가능
	  - 몸을 펴는 동작(레이아웃): 질량분포가 회전축으로부터 멀어져 관성이 커지고 빠른 회전이 어려워짐

③ 뉴턴의 운동법칙(각운동)

제1법칙	각관성	외부로부터 가해진 회전력에 대해 운동상태를 유지하려는 특성 ▶ 하루에 1바퀴씩 자전하는 지구는 속도를 계속 유지함
제2법칙	각가속도	토크에 비례하고 관성모멘트에 반비례함 ▶ 팽이가 넘어지지 않게 채찍으로 회전력을 주는 것
제3법칙	각작용-반작용	물체들 사이의 크기는 같고 방향은 서로 다른 힘이 작용함 ▶ 야구 스윙 시 상체와 하체에 크기는 같고 방향이 다른 토크가 발생

④ 각운동량 및 회전충격량

각운동량	1. 회전하는 물체의 운동량 2. $L = I \cdot w$ 또는 $m \cdot r^2 \cdot w$ (L:각운동량, I:관성모멘트, w:각속도, r:회전반경, 반지름)
각충격량 (회전충격량)	1. 주어진 시간 동안 가해진 회전력의 양 또는 각운동량의 변화량 2. 공식: ① $J = \tau \cdot t$ (J: 각충격량, τ: 토크, t: 작용시간) ② $J = \Delta L$ (각운동량 변화량)

각운동량
보존의 법칙
	1. 각운동하는 물체에 외부 토크가 작용하지 않으면 전체 각운동량은 변하지 않음
	  - 다이빙 동작에서 도약 시 몸을 최대로 신전시키는 것은 초기의 각운동량을 크게 만들기 위함
	2. 각운동량이 일정한 상태에서 관성모멘트와 각속도는 반비례함
	  - 다이빙 동작에서 몸을 최대한 굴곡 시키면 관성모멘트가 줄어들면서 각속도가 증가하게 됨
	3. 각운동량의 전이: 신체 일부가 각운동량을 생성하면 나머지 신체가 보상해 각운동량 유지
	  - 회전의자에서 허리를 돌리면 반대 방향으로 의자가 돌아감
	  - 다른 회전축으로도 전이 가능 (다이빙 동작에서 좌우측 공중회전 뒤 장축에 대한 트위스트 동작)
	4. 각운동량의 보상 "카운터밸런스"
	  - 멀리뛰기 도약 시 몸이 앞으로 넘어지려는 회전력이 만들어지는데 이때 팔과 다리를 앞으로
	    휘저으면서 몸이 앞으로 넘어지지 않게 하기 위한 동작
	  - 배구의 공중 스파이크 자세에서 강하게 스파이크하기 위해 상체를 뒤로 젖히는데 이때 몸의
	    밸런스를 위해 하체도 함께 뒤로 젖혀주는 동작

⑤ 구심력과 원심력

구심력	1. 물체가 원운동을 하게 하는 힘 (구심 방향으로 잡아당기는 힘) 2. Fc(구심력) $= \frac{mv^2}{r} = \frac{m(rw)^2}{r} = \frac{mr^2w^2}{r} = mrw^2$	
원심력	구심력과 크기가 같고 방향이 정반대인 힘 (원운동하는 물체의 관성력)	
운동상황 적용예시	해머던지기	1. 직선으로 운동하려는 해머의 관성을 이겨내려면 큰 구심력이 요구됨 2. 빠르게 회전하기 위해 해머를 당기면 해머도 선수를 당기는 작용-반작용이 일어남 3. 이때 후경자세를 취하여 무게중심을 낮추고 관성력(원심력)을 상쇄시킴
	사이클	벨로드롬의 곡선주로에서 지면마찰력은 구심력으로 작용
	쇼트트랙	곡선주로에서 원심력을 줄이려고 왼손으로 빙판을 짚음

6. 일과 에너지

1) 일과 일률 '25 '24 '23 '22 '21 '19 '18

일	1. 물체의 운동 상태를 변화시키기 위하여 저항을 극복하는 것 2. 일은 스칼라양으로 크기만 있고 방향성은 없음 　(일의 표현에서 양(+)과 음(-)은 작용한 힘과 움직인 방향에 대한 표현) 3. J(줄) = F×S = N×m(J: 일의 단위, F: 힘, S: 이동거리, N: 힘, m: 미터, 이동거리)
일률	1. 단위시간 당 행하는 일의 양을 의미, 얼마나 빠르게 일을 하는가 2. W(와트) $= \frac{J}{t} = \frac{F \cdot S}{t} = F \cdot V = P$(파워)
적용	Q. 농구공을 20N의 힘으로 수직으로 2m 들어올렸을 때의 2초가 걸렸을 경우 일과 일률을 구하면? A. 일: 20N*2m = 40Nm = 40J 　일률: 40Nm/2s = 20Nm/s = 20W

2) 에너지 '25 '23 '22 '21 '18

에너지	일을 할 수 있는 물리량으로 기호는 E, 단위는 J(줄)이다. 예 전기에너지, 열에너지, 빛에너지, 위치에너지, 운동에너지 등	
	위치에너지	위치를 변화시켜 일을 할 수 있는 에너지로 높이에 따라 잠정적으로 보유함 위치에너지 = m·g·h = mg·h(m: 질량, g: 중력가속도, h: 높이)
	운동에너지	운동을 함으로써 가지게 되는 에너지로 직선운동과 회전운동으로 분류할 수 있음 직선운동에너지 $= \frac{1}{2}mv^2$, 회전운동에너지 $= \frac{1}{2}mr^2w^2$
	탄성에너지	물체의 특성에 의해 가지고 있는 에너지로 원상태로 되돌아가려는 성질(장대높이뛰기)
역학적 에너지 보존	운동하는 인체의 총 에너지의 합은 일정하게 유지됨(운동에너지 + 위치에너지) - 트램펄린에서 점프를 할 때 운동에너지가 최대, 가장 높은 위치에서 위치에너지 최대 - 스키점프 도약 시 위치에너지와 운동에너지가 최대, 착지하면서 위치에너지 감소, 운동에너지 증가 　※ 단 수평 성분의 힘은 도약 후에 변하지 않음(공기 저항 무시) - 다이빙 동작에서 도약 시 위치에너지가 최대이며 수면에 도달 할 때까지 운동에너지로 전이됨 - 활쏘기와 같은 경우 줄에 저장 되어있던 탄성에너지가 화살에 전달되어 날아가게 됨	

7. 다양한 운동기술의 분석

1) 여러가지 운동기술 분석 방법 '25 '24 '23 '22 '21 '20 '19

분석방법	정성적 분석	1. 움직임을 주관적 관점에서 평가하는 것을 의미함 2. 즉각적이고 적절한 피드백을 얻을 수 있으나 객관성이 부족할 수 있음
	정량적 분석	1. 움직임을 구체적인 수치와 단위로 객관화시키는 것을 의미함 2. 다양한 정보를 얻을 수 있으나 다소 복잡하고 시간과 비용이 많이 필요함
영상분석 (운동학적)		인체의 움직임을 카메라 등의 장비를 통해 기록하고 시간·위치 정보를 이용하여 영상으로부터 인체 운동의 정보를 추출해내는 분석 방법 ▶ 측정 가능 변인: 가속도, 각도, 속도, 거리, 관절각 등 ※ 힘은 간접적으로 측정이 가능함

	2차원 영상 분석	1. 평면상의 운동을 분석하며 1대의 카메라를 활용함
		2. 주로 배율법을 사용하여 촬영함
		  - 실제 크기와 영상에서의 크기를 배율로 비교 분석하는 방법
		  - 동작 장면에 직교하게 놓지 않거나 영역 밖으로 나갈 시 측정 오차가 발생함
		3. 단일 운동면으로 관찰할 수 있는 보행동작 등에 유용함

	3차원 영상 분석	1. 3차원상의 운동을 분석하며 2대 이상의 카메라가 필요함 2. 2대의 카메라를 직교하여 영상을 촬영하거나 x,y,z축별로 1대씩 배치할 수 있음 3. 평면으로 측정하기 어려운 동작(체조의 비틀기)을 측정하기 용이함
힘 분석 (운동역학적)	지면반력분석	1. 지면이 신체에 가하는 반력을 측정하는 분석 방법 2. 뉴턴의 3법칙(작용 반작용의 법칙)을 통해 힘을 측정하는 방법 3. 인체가 수평 정지 상태이면 수직 지면반력의 크기는 몸무게와 같음 4. 달릴 때와 걸을 때의 지면반력의 크기와 형태(추진과 저항)가 다름 5. 수직점프를 할 때 반동을 주는 동작은 지면반력의 크기에 영향을 줌
	근전도 분석	1. 전극을 붙여 근수축과 관련된 전기적 신호를 측정하는 방법 2. 근육의 동원순서, 근력의 활성 시점, 근육의 활동 정도 등의 정보를 얻음 3. 극의 부착 방법은 표면전극과 삽입전극으로 나눌 수 있음 4. 측정된 값을 통하여 근피로에 대한 정보를 일부 추정할 수 있음 5. 활성도에 따라 양과 음의 값을 가지고 있음 6. 공간 상의 위치 좌표, 관절의 각도는 측정 할 수 없음

형성평가

01. 운동역학의 연구는 운동기술의 자체적 향상과 운동장비 개발 및 평가, 수행 중의 부상 예방 및 안정성 향상 등을 목적으로 한다. ⭕ ❌

02. 연구 분류에서 정역학은 작용하는 힘들 사이의 평형 상태를 분석하는 학문으로 세부적으로는 운동학과 운동역학이 있다. ⭕ ❌

03. 해부학적 자세에서는 엄지손가락이 새끼손가락보다 안쪽에 있다고 표현한다. ⭕ ❌

04. 어깨관절이나 고관절 같은 관절을 3축 관절 또는 구관절이라고 한다. ⭕ ❌

05. 안정성을 높게 하려면 기저면을 크게, 무게중심을 낮게, 중심선의 위치를 몸 안쪽으로, 질량과 마찰력을 크게 해야된다. ⭕ ❌

06. 인체지레의 대부분은 작용팔의 길이가 더 긴 3종 지레의 형태로 역학적 이점이 적은데 이는 다소 많은 힘이 들더라도 속도와 거리에서 이점을 얻기 위한 원리이다. ⭕ ❌

07. 400m 트랙에서 육상선수가 1바퀴를 50초 동안 돌고 제자리 왔을 때 속도는 8m/s 이다. ⭕ ❌

08. 투사체 운동에서 투사 순간의 수직성분과 수평성분에 의해 움직임이 결정되며 수직성분과 수평성분은 모두 등속운동하려는 성질이 있다. ⭕ ❌

09. 각운동은 회전축이 내부에 있는 운동과 외부에 있는 운동으로 나눌 수 있으며 철봉의 대차돌기 같은 경우 회전축이 외부에 있는 각운동 중 하나이다. ⭕ ❌

10. 기계체조 선수가 철봉에서 대차돌기 1바퀴를 했을 때 각거리는 0°로 표시할 수 있다. ⭕ ❌

11. 각운동에서의 단위인 π와 rad을 60분법의 도로 환산하였을 때 π는 180도, rad은 약 57.3도가 된다. ⭕ ❌

12. 각운동에서 선속도와 각속도는 비례하지만 동일한 회전을 하였을 때 중심에서 멀리 있는 물체는 더 큰 각속도를 보인다. ⭕ ❌

13. 힘은 물체의 형태를 변형시키는 작용을 하는 물리량을 말하며 힘의 3요소는 크기와 방향, 각도이다. ⭕ ❌

14. 중력은 지구 중심으로 끌어당기는 힘으로 물체에 등가속의 작용을 하지만 지구 중심으로부터 멀어질수록 그 힘의 크기가 다르게 작용한다. ⭕ ❌

15. 뉴턴의 선운동 법칙 중 물체는 처음의 운동 상태를 계속해서 유지하려는 성질은 제1법칙 관성의 법칙이다. ⭕ ❌

16. 물체가 가지고 있는 운동량이 충돌하였을 때 충격량으로 변하는데 이때 충격량은 운동량의 변화량과 같다. ⭕ ❌

17. 공을 받을 때 팔을 쭉 뻗었다가 당기면서 받는 행위, 글러브로 받는 것 모두 충격력을 크게 하기 위한 행동이다. ⭕ ❌

18. 충돌과 관련하여 두 물체가 충돌 후에 다시 튀어 나가는 정도를 탄성이라고 하며 이를 탄성계수로 표현한다. ⭕ ❌

19. 토크란 물체를 회전시키는 힘을 의미하며 선운동과 달리 토크(회전력)에 중심축까지의 거리를 곱해주어야 한다. ⭕ ❌

20. 관성모멘트는 회전운동에 대한 관성의 크기를 나타내는데 몸을 굽히는 동작은 쭉 편 동작에 비해 관성모멘트가 크다고 표현할 수 있다. ○ ×

21. 외부에서의 추가적인 힘이 없을 때 각운동량은 보존되며 이때 관성모멘트의 변화에 따라 각속도가 변화할 수 있다. ○ ×

22. 각운동량은 인체 움직임에서 전이나 보상의 모습을 보여주는데 야구의 투구 동작에서 신체가 만든 각운동량이 손 끝에서 공으로 전해지면서 공이 운동하는 것을 각운동량의 보상이라고 한다. ○ ×

23. 구심력은 물체를 원운동하게 하는 힘이며 원심력은 이에 대항하여 물체가 관성을 유지하려고 함에 따라 일어나는 가상적인 힘을 일컫는다. ○ ×

24. 쇼트트랙의 곡선주로에서 왼손으로 빙판을 짚는 것은 몸을 기울여 무게중심을 안쪽으로 두면서 원심력에 대항하기 위한 동작이다. ○ ×

25. 일은 물체에 어떤 힘이 작용하여 물체의 거리에 변화가 이루어진 경우를 말하며 벡터의 물리량으로 크기와 방향성을 갖는다. ○ ×

26. 다이빙 동작에서 도약할 때 가장 높은 위치에너지를 갖고 있고 수면에 도달할수록 작아진다. 이때 인체의 운동에너지는 초기의 도약 시에 정해지며 변하지 않는다. ○ ×

27. 운동기술의 분석 방법에는 여러 가지가 있으며 그 중 대표적으로 동작분석과 같은 영상분석, 힘과 관련된 지면반력 분석, 근력과 관련된 근전도 분석 등이 있다. ○ ×

28. 영상분석은 힘의 측정이 불가하나 단위 시간동안의 물체의 이동 등을 계산하여 근삿값으로 구할 수는 있다. ○ ×

29. 근전도 분석은 근육에 전극을 붙여 근수축과 관련된 전기적 신호를 측정하는 방법이나 근육의 피로 정도는 측정할 수 없다는 단점이 있다. ○ ×

1	2	3	4	5	6	7	8	9	10	11	12	13	14	15
○	×	×	○	○	○	×	×	○	×	○	×	×	○	○

16	17	18	19	20	21	22	23	24	25	26	27	28	29	
○	×	×	○	×	○	×	○	○	×	×	○	○	×	

06 PART 핵심 기출문제 풀어보기

01 운동역학의 내용과 목적이 아닌 것은? (2025-1번)

① 운동 기술의 향상
② 운동수행 시 힘의 측정
③ 운동수행 안전성의 향상
④ 인체 내 에너지 대사의 측정

해 운동역학의 정의와 목적을 묻는 문제입니다. 비교적 쉽게 출제되는 유형이므로 반드시 맞춰야 하는 문제입니다. 제시된 보기 중 '인체 내 에너지 대사의 측정'은 운동역학보다는 운동생리학과 관련된 내용입니다.

02 운동학적(kinematic) 분석과 운동역학적(kinetic) 분석에 관한 설명으로 옳지 않은 것은? (2024-5번)

① 일률, 속도, 힘은 운동역학적 분석요인이다.
② 운동학적 분석은 움직임을 공간적·시간적으로 분석한다.
③ 근전도 분석, 지면반력 분석은 운동역학적 분석 방법이다.
④ 신체중심점의 위치변화, 관절각의 변화는 운동학적분석요인이다.

해 운동역학의 기본 내용에서는 정역학과 동역학, 또는 운동학과 운동역학을 구분하는 문제가 자주 출제됩니다. 쉽게 정리하면, 정역학은 정지해 있는 상태를 분석하고, 동역학은 움직이는 상태를 분석합니다. 동역학에는 다시 운동학과 운동역학이 포함되는데, 운동학은 움직임의 정도나 현상을 설명하고, 운동역학은 그 움직임을 일으키는 힘을 분석합니다. 따라서 보기에서 제시된 '속도'는 운동역학적 분석이 아닌 운동학적 분석에 해당합니다.

03 인체의 움직임을 표현하는 용어로 옳지 않은 것은? (2022-2번)

① 굽힘(굴곡, flexion)은 관절을 형성하는 뼈들이 이루는 각이 작아지는 움직임이다.
② 폄(신전, extension)은 관절을 형성하는 뼈들이 이루는 각이 커지는 움직임이다.
③ 벌림(외전, abduction)은 뼈의 세로축이 신체의 중심선으로 가까워지는 움직임이다.
④ 발등굽힘(배측굴곡, dorsi flexion)은 발등이 정강이 뼈(경골, tibia) 앞쪽으로 향하는 움직임이다.

해 관절과 뼈의 움직임을 표현하는 데에는 여러 학문적 용어가 있습니다. 동작의 특징을 우리말로 표현하면 비교적 이해하기 쉽지만, 한자어나 전문 용어로 제시되면 다소 생소할 수 있습니다. 다행히도 문제에서는 두 가지를 병행해 표기하고 있지만 공부를 할 때에는 두 가지 모두 익혀두는 것이 좋습니다. 관절을 기준으로 뼈의 각도가 작아지는 것을 굽힘, 커지는 것을 폄이라고 합니다. 또 팔이나 다리 등이 신체의 중심선에 가까워지면 모음, 멀어지면 벌림이라고 합니다. 보기에서 신체의 중심선으로 가까워지는 것을 벌림이라고 설명한 부분은 잘못된 설명입니다..

정답 01 ④ 02 ① 03 ③

04 인체의 근골격계에 관한 설명으로 옳은 것은?
(2024-17번)

① 골격근의 수축은 관절에서 회전운동을 일으키지 못한다.
② 인대(ligament)는 골격근을 뼈에 부착시키는 역할을 한다.
③ 작용근(주동근, agonist)은 의도한 운동을 발생시키는 근육이다.
④ 팔꿈치관절에서 굽힘근(굴근, flexor)의 수축은 관절의 각도를 커지게 한다.

해 운동역학은 운동 상황에서의 역학적 원리를 분석하는 학문이므로, 신체 구조와 기능에 대한 이해가 매우 중요합니다. 우리 몸의 움직임을 일으키는 근육, 뼈대, 관절 등에 대한 지식이 밑바탕이 되어야 합니다. 주된 움직임을 담당하는 근육을 주동근이라 하고, 이에 반대되는 역할을 하는 근육을 길항근이라고 합니다.
- 골격근의 수축은 관절을 축으로 한 회전운동을 만들어냅니다.
- 인대는 뼈와 뼈를 연결하는 섬유성 조직이며, 골격근을 뼈에 부착시키는 역할을 하는 것은 힘줄입니다.
- 팔꿈치 관절에서 굽힘근이 수축하면 관절의 각도가 작아집니다.

05 운동의 종류에 관한 설명으로 옳지 않은 것은?
(2025-3번)

① 직선운동은 병진운동의 한 종류이다.
② 곡선운동은 회전운동에 포함되는 운동이다.
③ 병진운동은 직선운동과 곡선운동 모두를 말한다.
④ 복합운동은 병진운동과 회전운동이 혼합된 운동이다.

해 운동의 종류를 구분하는 것은 기본 개념인 만큼 문제로 자주 출제됩니다. 어려운 내용은 아니지만 역학 공부의 기초가 되므로 반드시 알고 넘어가야 합니다. 물체의 움직임은 크게 선운동(병진 운동), 각운동(회전 운동), 그리고 이 두 가지가 합쳐진 복합 운동으로 나눌 수 있습니다.
선운동은 어떤 물체의 모든 점이 동일한 방향으로 같은 거리를 이동하는 운동으로, 선의 형태에 따라 직선 운동과 곡선 운동으로 나눌 수 있습니다.
각운동은 물체가 축을 중심으로 회전하는 형태의 운동을 의미하며, 이때 축이 물체 내부에 있을 수도 있고 외부에 있을 수도 있습니다.
보기의 설명에서 곡선 운동이 회전 운동에 포함된다고 제시되어 있으나, 곡선 운동은 선운동에 포함되는 운동입니다.

06 운동학적(kinematic) 및 운동역학적(kinetic) 변인에 대한 설명으로 옳지 않은 것은?
(2022-5번)

① 질량(mass)은 크기만을 갖는 물리량이다.
② 시간(time)은 크기만을 갖는 물리량이다.
③ 힘(force)은 크기만을 갖는 물리량이다.
④ 거리(distance)는 시작점에서 끝점까지 이동한 궤적의 총합으로 크기만을 갖는 물리량이다.

해 역학에서는 여러 가지 현상을 측정하여 그 특징을 수치로 표현하는데, 이를 물리량이라고 합니다. 물리량에는 크기만 나타내는 경우와 크기와 방향을 함께 나타내는 경우가 있으며, 각각을 스칼라와 벡터라고 부릅니다.
스칼라에는 거리, 속력, 길이, 넓이, 질량 등이 속하고, 벡터에는 변위, 속도, 가속도, 힘, 무게 등이 속합니다. 따라서 보기에서 제시된 힘은 크기뿐 아니라 방향도 갖는 벡터 물리량입니다.

07 인체의 시상(전후)면(sagittal plane)에서 수행되는 움직임이 아닌 것은?
(2023-5번)

① 인체의 수직축(종축)을 중심으로 회전하는 피겨스케이팅 선수의 몸통분절 움직임
② 페달링하는 사이클 선수의 무릎관절 굴곡/신전 움직임
③ 100m 달리기를 하는 육상 선수의 발목관절 저측/배측굴곡 움직임
④ 앞구르기를 하는 체조 선수의 몸통분절 움직임

해 생체역학에서는 운동면과 운동축을 구분하는 문제가 자주 출제됩니다.
움직임이 일어나는 3차원 공간을 운동면이라 하고, 특정한 움직임이 일어나는 기준선을 운동축이라고 합니다.
운동면에는 좌우면(시상면), 전후면(관상면), 수평면(횡단면)이 있으며, 운동축에는 전후축, 좌우축, 수직축(종축)이 있습니다.
보기에서 제시된 수직축(종축)을 중심으로 회전하는 피겨스케이팅 선수의 몸통 분절 움직임은 수직축을 중심으로 한 수평면상의 운동에 해당합니다.

정답 04 ③ 05 ② 06 ③ 07 ①

☆★★
08 인체 무게중심에 대한 설명으로 옳은 것은? (단, 공기저항은 무시함)
(2023-7번)

① 무게중심은 항상 신체 내부에 위치한다.
② 체조 선수는 공중회전하는 동안 무게중심을 지나는 축을 중심으로 회전하게 된다.
③ 지면에 선 상태로 팔을 위로 올리면 무게중심은 아래로 이동한다.
④ 서전트 점프 이지(take - off) 후, 공중에서 팔을 위로 올리면 무게중심은 위로 이동한다.

해 3단원 인체역학에서는 주로 무게중심, 인체 평형과 안정성, 인체 지레와 같은 구조적 특성이 3~4문제 정도 출제됩니다. 먼저 무게중심에 대해 살펴보면, 인체의 무게를 균등하게 분배하는 특정 지점을 무게중심이라고 합니다. 이는 상대적인 개념으로, 자세에 따라 무게중심이 신체 외부에 위치할 수도 있습니다.
무게중심은 놀이터의 시소가 수평을 유지하는 지점으로 생각하면 이해하기 쉽습니다. 무게중심을 기준으로 특정 부분에 무게가 더해지면, 그 방향으로 무게중심이 옮겨가게 됩니다.

☆★★
09 인체 지레에 대한 설명 중 옳은 것은?
(2023-16번)

① 지레에서 저항팔이 힘팔보다 긴 경우에는 힘에 있어서 이득이 있다.
② 1종지레는 저항점이 받침점과 힘점 사이에 있는 형태로, 팔굽혀펴기 동작이 이에 속한다.
③ 2종지레는 받침점이 힘점과 저항점 사이에 있는 형태로, 힘에 있어서 이득이 있다.
④ 3종지레는 힘점이 받침점과 저항점 사이에 있는 형태로, 운동의 범위와 속도에 있어서 이득이 있다.

해 지레는 작은 힘으로 큰 물체를 움직이거나 드는 도구를 의미합니다. 지레의 작용에는 크게 힘점, 저항점, 그리고 받침점이 존재하는데, 인체의 근육과 관절, 뼈대가 이와 같은 역할을 하여 이를 인체지레라고 부릅니다. 인체지레는 거의 매년 출제되는 중요한 문제입니다. 지레는 힘점, 받침점, 저항점의 위치에 따라 3가지 종류로 나뉘며, 그에 따라 효과가 달라지게 됩니다. 그중 대부분의 인체 동작은 3종 지레의 형태를 띠는데, 3종 지레는 힘점이 받침점과 저항점 사이에 위치하며 운동의 범위와 속도에서 이득을 얻는 구조입니다.
- 힘에서 이득을 얻으려면 힘팔의 길이가 저항팔보다 길어야 합니다.
- 1종 지레는 받침점이 힘점과 저항점 사이에 존재합니다. 팔굽혀펴기 동작은 2종 지레의 형태입니다.
- 2종 지레는 저항점이 받침점과 힘점 사이에 존재하며, 힘에서 이득을 봅니다.

☆★★
10 인체의 안정성을 결정짓는 요인이 아닌 것은?
(2025-19번)

① 기저면의 크기와 관련이 있으며 형태와는 관련이 없다.
② 무게중심선이 기저면 밖에 있으면 불안정한 상태가 된다.
③ 무게중심선이 기저면의 중심에 가까울수록 안정성은 높아진다.
④ 무게중심의 높이와 관련이 있으며 낮을수록 안정성은 높아진다.

해 스포츠 동작에서 인체의 안정성은 수행력과 밀접한 관련이 있습니다. 어려운 내용은 아니지만 자주 출제되므로, 안정성에 영향을 주는 요인이 어떤 것이 있는지 잘 알고 있어야 합니다. 안정성에는 기저면의 크기와 형태, 무게중심의 높이, 신체 중심선의 위치, 질량, 마찰력 등이 영향을 미칩니다. 따라서 문제에서 '기저면의 형태와는 관련이 없다'는 설명은 옳지 않습니다.

정답 08 ② 09 ④ 10 ①

11. 운동역학 사슬(kinetic chain)에 관한 설명으로 옳지 않은 것은? (2025-4번)

① 힘의 적용 대상이 연결된 일련의 사슬고리이다.
② 사슬에 있는 연결 동작은 힘 전달에 영향을 미친다.
③ 닫힌형 운동역학 사슬(CKC)은 기능적이며, 스포츠에 특화될 수 있다.
④ 열린형 운동역학 사슬(OKC)에는 스쿼트, 팔굽혀펴기와 같은 동작이 있다.

해 운동역학 사슬은 2025년도에 처음 출제된 내용입니다. 이는 우리 몸에서 힘을 생성할 때, 관절과 분절을 통해 힘이 연속적으로 연결되어 움직임을 만들어내는 구조를 의미합니다. 문제로 자주 출제되지는 않지만, 한 번 기출된 만큼 가볍게 알아둘 필요가 있습니다. 크게 개방사슬(열린형)과 폐쇄사슬(닫힌형)이 있는데 열린형은 움직임의 끝부분이 자유로운 형태이고 닫힌형은 끝부분이 지면이나 물체에 고정된 상태입니다. 보기의 스쿼트와 팔굽혀펴기 등은 팔과 다리가 지면에 고정되어있는 닫힌형 운동역학 사슬에 해당합니다.

12. 단위 시간당 이동한 변위(displacement)를 나타내는 벡터량은? (2023-3번)

① 속도(velocity)
② 거리(distance)
③ 가속도(acceleration)
④ 각속도(angular velocity)

해 스포츠의 운동학적 분석은 물체나 인체의 움직임 현상을 기술하는 것입니다. 이러한 현상은 거리, 변위, 속력, 속도, 가속도와 같은 물리량으로 표현할 수 있으며, 각각의 개념을 정확히 이해해야 합니다. 단위 시간당 이동한 변위는 '속도'를 의미하고, 단위 시간당 이동한 거리는 '속력'에 해당합니다. 가속도는 단위 시간 동안 변화하는 속도의 비율이며, 각속도는 단위 시간당 변화하는 각변위를 의미합니다.

13. <보기>에서 설명한 A 선수의 이동 거리와 변위가 옳은 것은? (2025-17번)

> 육상 장거리 종목의 선수 A는 트랙의 길이가 400m인 경기장을 총 25바퀴를 달렸고, 28분 30초의 기록으로 결승점을 통과했다.

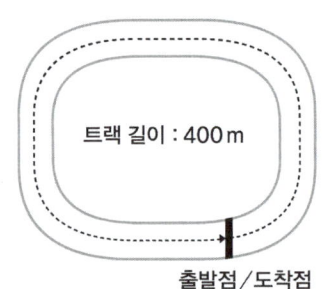

출발점/도착점

	이동거리(m)	변위(m)
①	0	400
②	0	10,000
③	10,000	10,000
④	10,000	0

해 운동학적인 개념인 거리와 변위를 구분하고 간단한 계산을 할 수 있는지를 묻는 문제였습니다. 운동역학에서는 계산 문제가 1~2문제 정도 출제되며, 비교적 어렵지 않게 나오는 편입니다. 이동거리는 전체 이동한 거리를 의미하고, 변위는 출발 지점과 도착 지점을 잇는 최단 거리를 의미합니다. 보기에 따르면 트랙의 길이가 400m인 경기장을 25바퀴 달렸으므로, 이동거리는 400×25=10,000m가 됩니다. 문제의 조건에서 출발점과 도착점의 위치가 같기 때문에 변위는 0m가 됩니다.

정답 11 ④ 12 ① 13 ④

14
<보기>에서 제시한 A 학생의 항속 구간 평균 보행속도는? (단, 반올림하여 소수점 둘째 자리까지 표기)

(2025-7번)

학생이 총 30m의 직선 구간을 걸었을 때, 가속과 감속 구간 각 5m씩 총 10m를 제외한 항속 구간에서의 스텝 수는 25회였고, 16초가 소요되었다.

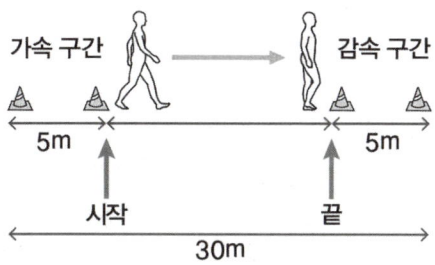

① 0.80 m/s　② 1.25 m/s
③ 1.56 m/s　④ 1.88 m/s

해 운동학적 분석에서 속도를 구하는 계산 문제였습니다. 속도는 변위를 단위 시간으로 나눈 값을 의미합니다. 문제에서 항속 구간의 평균 보행 속도를 구하라는 조건이 주어졌는데, 항속 구간이란 속도가 일정하게 유지되는 구간을 뜻합니다. 제시된 조건에 따르면 전체 30m 중 가속과 감속 구간이 각각 5m씩이므로, 이를 제외한 20m가 항속 구간이 됩니다. 이때 20m의 항속 구간에서 스텝 수는 25회, 소요 시간은 16초이므로 평균 속도는 20m ÷ 16s = 1.25m/s가 됩니다.

15
투사체 운동에 대한 설명으로 옳은 것은? (단, 공기 저항은 고려하지 않음)

(2022-7번)

① 투사체에 작용하는 외력은 존재하지 않는다.
② 투사체의 수평속도는 초기속도의 수평성분과 크기가 같다.
③ 투사체의 수직속도는 9.8 m/s로 일정하다.
④ 투사높이와 착지높이가 같을 경우, 38.5°의 투사각도로 던질 때 최대의 수평거리를 얻을 수 있다.

해 투사체 운동은 어떤 힘에 의해 공중으로 비스듬히 던져진 물체가 움직이는 것을 의미합니다. 물체의 궤적에 영향을 미치는 요인은 투사 각도, 투사 속도, 투사 높이입니다. 특히 투사 속도는 수평 속도와 수직 속도로 나눌 수 있는데, 투사체 운동의 경우 공기 저항을 무시하면 수평 속도는 등속도 운동을 하고, 수직 속도는 중력의 일정한 작용으로 인해 등가속도 운동을 하게 됩니다.
- 투사체에 작용하는 주요 외력은 중력입니다.
- 투사체의 수직 속도는 중력가속도의 영향으로 일정하게 변화합니다.
- 투사 높이와 착지 높이가 같을 경우, 45°의 각도에서 최대 수평 거리를 얻을 수 있습니다.

16
30m/s의 수평투사속도로 야구공을 던질 때, 야구공의 체공시간이 2초라면 투사거리는? (단, 공기저항은 무시함)

(2023-18번)

① 15m　② 30m
③ 60m　④ 90m

해 투사체 운동과 관련한 계산 문제입니다. 수평거리는 수평 속도와 비행 시간을 곱하여 구할 수 있습니다. 주어진 조건을 공식에 대입해보면
$R = v_x \times T = 30m/s \times 2s = 60m$
따라서 투사체의 수평거리는 60m가 됩니다.

17 각운동에 대한 설명으로 옳지 않은 것은? (2022-6번)

① 각속도(angular velocity)는 각변위를 소요시간으로 나눈 값이다.
② 각가속도(angular acceleration)는 각속도의 변화를 소요시간으로 나눈 값이다.
③ 1라디안(radian)은 원(circle)에서 반지름과 호의 길이가 같을 때의 각으로 57.3°이다.
④ 시계 방향으로 회전된 각변위(angular displacement)는 양(+)의 값으로 나타내고, 반시계 방향으로 회전된 각변위는 음(-)의 값으로 나타낸다. 근수축과정에 대한 설명이다.

해 각운동(회전 운동)에 대한 기본 개념을 묻는 문제였습니다. 선운동과 마찬가지로 각거리는 전체 움직인 각도를 의미하고, 각변위는 처음 위치와 마지막 위치 지점의 각도 차이로 정의할 수 있습니다. 각변위는 회전 방향에 따라 다르게 표시하는데, 시계 반대 방향은 +, 시계 방향은 -의 값으로 표현합니다.
- 각속도는 각변위를 소요 시간으로 나눈 값이며, 각속력은 각거리를 소요 시간으로 나눈 값을 의미합니다.
- 1라디안이란 원에서 반지름과 호의 길이가 같을 때의 각을 의미하며, 반지름의 크기와 관계없이 그 값은 일정하여 약 57.3°입니다.

18 힘(force)의 개념에 대한 설명으로 옳지 않은 것은? (2024-20번)

① 힘의 단위는 N(Newton)이다.
② 힘은 합성과 분해가 가능하다.
③ 힘이 작용한 반대 방향으로 가속도가 발생한다.
④ 힘의 크기가 증가하면 그 힘을 받는 물체의 가속도가 증가한다.

해 5단원 운동역학의 스포츠 적용은 가장 문제가 많이 출제되는 단원입니다. 따라서 힘에 대한 기본 개념을 잘 숙지하고 있어야 합니다. 힘이란 물체에 작용하여 물체의 운동 상태를 변화시키는 외부 작용을 의미하며, 속도·방향·형태까지 변형시킬 수 있습니다. 힘의 기호는 F, 단위는 N(뉴턴)을 사용하며, 벡터 물리량이므로 합성과 분해가 가능합니다.
힘의 3요소는 크기, 방향, 작용점이며, 힘의 계산식은 F=m×a(질량×가속도)입니다. 힘이 작용하면 힘의 작용 방향으로 가속도가 발생합니다.

19 마찰력(Ff)에 대한 설명으로 옳은 것은? (2022-11번)

① 아스팔트 도로에서 마찰계수는 구름 운동보다 미끄럼 운동일 때 더 작다.
② 마찰력은 물체 표면에 수직으로 작용하는 힘과 관계가 있다.
③ 최대정지마찰력은 운동마찰력보다 작다.
④ 마찰력은 물체의 이동 방향과 같은 방향으로 작용한다.

해 힘은 작용하는 형태에 따라 여러 가지 종류로 나눌 수 있습니다. 기본적으로 내력과 외력으로 구분하는데, 근력과 같이 직접적으로 발생하는 힘을 내력이라 하고, 중력·마찰력·부력·항력·양력 등을 외력이라 합니다. 각각의 특징은 자주 출제되므로 반드시 숙지해야 합니다.
마찰력은 물체가 운동할 때 작용하는 힘으로, 물체의 이동 방향과 반대 방향으로 작용합니다. 마찰력은 물체가 정지해 있을 때와 운동하고 있을 때로 구분할 수 있으며, 각각을 정지 마찰력과 운동 마찰력이라고 합니다. 정지해 있던 물체가 막 움직이기 직전에 나타나는 마찰력을 최대 정지 마찰력이라 하며, 이는 운동 마찰력보다 항상 크다는 특징이 있습니다.
- 구름 운동은 마찰력을 최소화할 수 있는 장점이 있습니다. 따라서 표면이 거친 경우 구름 운동은 미끄럼 운동보다 마찰 계수가 작습니다.
- 마찰력은 마찰 계수 × 수직 항력으로 계산할 수 있습니다.
- 최대 정지 마찰력은 운동 마찰력보다 항상 크다는 특징이 있습니다.
- 마찰력은 언제나 물체의 이동 방향의 반대 방향으로 작용합니다.

정답 17 ④ 18 ③ 19 ②

20. 양력에 대한 설명으로 옳지 않은 것은? (2022-12번)

① 양력은 물체가 이동하는 방향의 반대 방향으로 작용한다.
② 양력은 베르누이 원리(Bernoulli principle)로 설명된다.
③ 양력은 형태의 비대칭성, 회전(spin) 등에 의해 발생한다.
④ 양력은 물체의 중심선과 진행하는 방향이 이루는 공격각(angle of attack)에 의해 발생한다.

해 여러 가지 힘의 종류 중 '양력'에 대한 문제입니다. 양력은 일반적으로 유체 속을 이동하는 물체를 떠받치는 힘을 의미하며, 정확히는 물체의 이동 방향에 대해 수직으로 작용하는 힘을 말합니다. 양력은 물체의 형태나 회전에 의해 발생하며, 베르누이의 원리로 설명할 수 있습니다.
또한 공격각이란 물체가 유체를 만날 때, 물체의 중심선과 진행 방향 사이에서 형성되는 각도를 의미합니다.

21. 뉴턴(I. Newton)의 3가지 법칙과 관련이 없는 것은? (2024-1번)

① 외력이 가해지지 않으면, 정지하고 있는 물체는 계속 정지하려 한다.
② 가속도는 물체에 가해진 힘에 비례한다.
③ 수직 점프를 할 때, 지면을 강하게 눌러야 높게 올라갈 수 있다.
④ 외력이 가해지지 않으면, 물체가 가진 각운동량은 변하지 않는다.

해 2024년도에 출제된 뉴턴의 운동 법칙 문제입니다. 외력이 가해지지 않았을 때 정지하고 있는 물체가 계속 정지하려는 것은 '제1법칙(관성의 법칙)'에 해당합니다. 물체에 가해진 힘에 비례하여 가속도가 발생하는 것은 '제2법칙(가속도의 법칙)'에 해당합니다. 수직 점프를 할 때 지면을 강하게 눌러 반작용의 힘으로 높게 올라가는 것은 '제3법칙(작용·반작용의 법칙)'에 해당합니다.
이 문제는 최초에 4번이 정답으로 안내되었습니다. 외력이 가해지지 않았을 때 물체가 가진 각운동량이 변하지 않는 성질은 운동역학에서 각운동량 보존 법칙이라고 부릅니다. 다만, 각운동량 보존 법칙도 뉴턴의 운동 법칙, 특히 관성의 법칙이나 가속도의 법칙에 넓은 의미에서 속한다고 볼 수 있으므로 관련이 없다고 단정할 수는 없습니다. 따라서 이 문제는 이의가 제기되어 모든 보기를 정답으로 인정하는 것으로 정정되었습니다.

22. 선운동량 또는 충격량에 관한 설명으로 옳은 것은? (2024-4번)

① 선운동량은 질량과 속도를 더하여 결정되는 물리량이다.
② 충격량은 충격력과 충돌이 가해진 시간의 곱으로 결정되는 물리량이다.
③ 시간에 따른 힘 그래프에서 접선의 기울기는 충격량을 의미한다.
④ 충격량이 선운동량으로 전환되기 위해서는 먼저 충격량이 토크로 전환되어야 한다.

해 선운동량과 충격량에 대한 기본 개념을 묻는 문제입니다. 운동역학을 처음 공부하는 경우 용어나 개념이 다소 생소하고 어렵게 느껴질 수 있습니다. 하지만 개념을 익히고 반복해서 문제를 풀다 보면, 항상 강조되는 핵심 개념이 반복해서 출제된다는 것을 알 수 있습니다.
운동량은 물체가 운동하고 있는 정도를 나타내며, 질량과 속도의 곱으로 표현됩니다. 충격량은 물체에 작용한 충격의 크기를 의미하며, 충격력과 작용 시간을 곱하여 구합니다.
시간에 따른 힘-시간 그래프는 충격량을 의미합니다. 이 그래프에서 접선의 기울기는 힘의 변화율로 볼 수 있습니다. 충격량이 선운동량으로 전환되기 위해서는 먼저 충격력이 작용해야 합니다. 만약 충격력이 토크(회전력)로 작용한다면, 선운동이 아니라 각운동이 일어나게 됩니다.

정답 20 ① 21 모두정답 22 ②

23. 그림에 관한 설명으로 옳지 않은 것은? (단, 착지전략을 제외한 모든 조건은 동일함) (2025-9번)

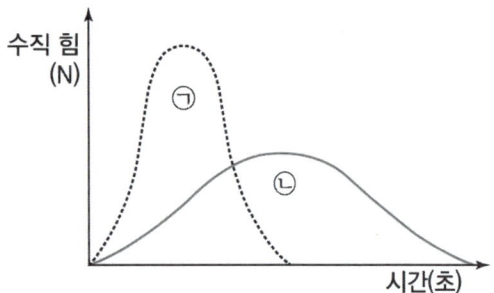

> 그림은 기계체조 선수가 경기 중 각 1회의 ⊙ 뻣뻣한 착지와 ⓒ 부드러운 착지를 수행하였을 때 착지구간에서 시간에 따른 수직힘의 변화를 나타낸다.

① ⊙과 ⓒ의 운동량의 변화량은 동일하다.
② ⊙의 경우 신체에 작용하는 수직 충격력이 더 크다.
③ ⊙의 경우 신체에 작용하는 수직 충격량이 더 크다.
④ 착지 직전의 무게중심의 속도는 ⊙과 ⓒ 모두 동일하다.

해 22번 문제에서 언급된 시간에 따른 힘-시간 그래프입니다. 이 그래프에서 면적은 충격량을 의미합니다. 보기에 제시된 그래프는 면적은 동일하지만, 단위 시간당 힘의 작용 방식이 다릅니다.
ㄱ은 짧은 시간에 큰 충격력이 작용하는 경우로 뻣뻣한 착지를 의미합니다. ㄴ은 긴 시간 동안 충격력을 분산시키는 경우로 부드러운 착지를 의미합니다.
두 경우 모두 운동량의 변화량(충격량)은 동일하지만, ㄱ의 경우 단위 시간당 작용하는 수직 충격력은 더 크게 됩니다. 다만 최종적으로 계산되는 수직 충격량은 ㄱ과 ㄴ 모두 동일합니다.

24. 그림에 관한 설명으로 옳지 않은 것은? (단, 공의 높이는 무게중심을 기준으로 함) (2025-14번)

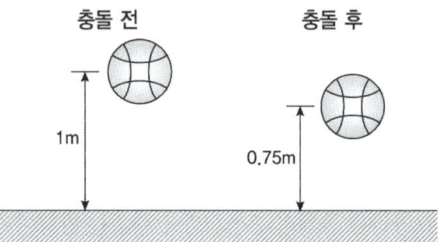

① 비탄성충돌이다.
② 충돌 전, 후 농구공의 속도는 다르다.
③ 운동에너지가 보존되지 않았다는 것을 의미한다.
④ 반발계수(복원계수, coefficient of restitution)는 0.75이다.

해 탄성과 충돌은 매년 1문제 정도 꾸준히 출제되고 있습니다. 기본적으로 충돌의 종류와 복원계수(반발계수)를 구하는 방법을 잘 알고 있어야 합니다.
충돌의 종류는 크게 3가지로 나눌 수 있습니다.
완전 탄성 충돌은 충돌 전후의 상대 속도가 같은 경우, 불완전 탄성 충돌(비탄성 충돌)은 충돌 후 속도가 일정 부분 줄어든 경우, 완전 비탄성 충돌은 충돌 후 물체가 분리되지 않는 경우입니다.
복원계수는 두 물체 간의 상대 속도의 비로 구할 수 있으며, 수직 낙하 운동에서는 속도를 몰라도 높이 만으로도 복원계수를 계산할 수 있습니다.
- 농구공의 속도가 달라졌으므로 불완전 탄성 충돌(비탄성 충돌)에 해당합니다.
- 충돌 전과 후의 농구공 속도는 서로 다릅니다.
- 운동에너지가 보존되지 않았음을 알 수 있습니다.
- 반발계수는 떨어뜨린 높이 대비 튀어오른 높이에 루트를 씌운 값 $\sqrt{\dfrac{0.75}{1.0}}$ 이므로 정답은 약 0.86입니다.

정답 23 ③ 24 ④

25. <보기>와 같이 조건을 (A)에서 (B)로 변경하였을 때, ㉠~㉢에 들어갈 내용으로 바르게 나열한 것은? (단, 각운동량 그리고 줄과 공의 질량은 변화가 없는 것으로 가정) (2024-11번)

(A)

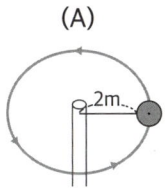

- 회전축에서 공의 중심까지 거리: 2m
- 회전속도: 1회전/sec

(B)

회전축에서 공까지의 거리를 1m로 줄이면, 회전반경이 (㉠)로 줄어들고 관성모멘트가 (㉡)로 감소하기 때문에 공의 회전속도는 (㉢)로 증가한다.

	㉠	㉡	㉢
①	$\frac{1}{2}$	$\frac{1}{2}$	2회전/sec
②	$\frac{1}{2}$	$\frac{1}{4}$	2회전/sec
③	$\frac{1}{4}$	$\frac{1}{2}$	4회전/sec
④	$\frac{1}{2}$	$\frac{1}{4}$	4회전/sec

해 각운동에서 각운동량이 보존될 때 회전반경과 관성모멘트의 관계를 명확히 알고 있는지를 묻는 문제입니다. 각운동량의 공식은 L = I*w(관성모멘토*각속도)이며 관성모멘트 I = mr² 으로 계산할 수 있습니다. 전체 각운동량이 일정한 상태에서 회전반경이 2m → 1m로 '1/2' 감소하면 관성모멘트는 회전반경의 제곱에 비례하므로 '1/4'로 감소하게 됩니다. 이 경우 각운동량이 일정하게 유지되므로 각속도는 4배 증가하게 됩니다.

26. 쇼트트랙 경기에서 원운동을 할 때 원심력과 구심력에 관한 설명으로 옳은 것은? (2024-3번)

① 원심력과 구심력은 크기가 같고, 방향이 반대이다.
② 원심력은 원운동을 하는 선수의 질량과 관계가 없다.
③ 원심력을 극복하는 방법으로 반지름을 작게 하여 원운동을 한다.
④ 신체를 원운동 중심의 방향으로 기울이는 것은 접선 속도를 크게 만들기 위함이다.

해 원심력과 구심력은 가끔씩 출제되는 문제입니다. 문제에서는 기본적인 개념을 묻고 있습니다. 구심력이란 물체를 원운동하게 하는 힘을 의미하며 원심력은 물체의 관성에 의해 바깥쪽으로 느껴지는 가상의 힘입니다. 이 둘은 크기는 같지만 방향은 반대입니다. 구심력의 계산 공식은 Fc=mv²/r(질량*속도의 제곱/반지름)입니다.
- 원심력은 원운동을 하는 선수의 질량과 관계가 있습니다.
- 원심력을 극복하기 위해서는 반지름을 크게 하여야 합니다.
- 신체를 원운동 중심 방향으로 기울이는 것은 원심력에 대항하여 구심 방향의 힘을 증가시키기 위한 동작입니다.

27. <보기>에서 수행한 일과 일률이 바르게 나열된 것은?

(2025-18번)

> 물체에 2초 동안 2N의 힘을 가하여 2m를 움직였을 때 수행한 일은 (㉠) J이며 일률은 (㉡) J/s이다(단, 힘의 작용방향과 물체의 이동방향은 일치함).

	㉠	㉡
①	2	1
②	2	2
③	4	2
④	4	4

해 일과 에너지 단원에서는 보통 1~2문제가 출제되며, 주로 기본 개념을 묻는 문제와 간단한 계산 문제가 나옵니다. 운동역학에서 말하는 일(work)의 개념은 물체에 일정한 힘을 가하여 일정한 거리를 이동시킨 것을 의미합니다. 일의 단위는 J(줄)을 사용하며, 이는 1N의 힘으로 1m를 이동시켰을 때의 일을 뜻합니다.
보기에서 2N의 힘으로 2m를 이동시켰으므로 일은 2N*2m=4Nm 또는 4J 이며 일률은 단위 시간 동안 한 일을 의미하기에 걸린 시간 2초로 나누면 4J/2s 로 2J/s 또는 2W로 표시합니다.
※ 난이도가 어렵게 출제될 경우 일을 성립 조건이 출제될 수 있습니다. 크게 세 가지로 볼 수 있는데 첫 번째는 힘이 작용하지 않은 경우, 두 번째는 힘이 작용하였지만 이동하지 않은 경우, 세 번째는 힘의 방향과 이동방향이 수직일 때가 있습니다.

28. 스키점프 동작의 역학적 에너지에 대한 설명으로 옳지 않은 것은?(단, 공기저항은 무시함)

(2023-14번)

① 운동에너지는 지면 착지 직전에 가장 크다.
② 위치에너지는 수직 최고점에서 가장 크다.
③ 운동에너지는 스키점프대 이륙 직후부터 지면 착지 직전까지 동일하다.
④ 역학적 에너지는 스키점프대 이륙 직후부터 지면 착지 직전까지 보존된다.

해 에너지도 일과 마찬가지로 기본 개념을 묻는 문제가 자주 출제됩니다. 에너지에는 여러 종류가 있지만, 운동역학에서 주로 다루는 것은 운동에너지, 위치에너지, 탄성에너지입니다. 이들을 역학적 에너지라고 하며, 실제 운동 상황에서는 서로 전환되기도 합니다. 운동하는 인체의 총 에너지의 합은 일정하게 유지되는데 이를 역학적 에너지 보존이라고 하며 가장 많이 출제되는 핵심 개념입니다.
- 최고점에서의 위치에너지가 운동에너지로 바뀌면서 착지 직전에 운동에너지가 가장 크게 됩니다.
- 위치에너지는 수직 최고점에서 가장 큽니다.
- 운동에너지는 이륙 후부터 착지 직전까지 증가합니다.
- 역학적 에너지는 보존됩니다.

정답 27 ③ 28 ③

29. <보기>의 (㉠), (㉡) 안에 들어갈 내용이 바르게 묶인 것은?
[2022-17번]

> (㉠)은 다양한 장비를 활용하여 동작 및 힘 정보를 수치화하고 분석하는 방법이다.
> (㉡)을 통해 객관적이고 정확한 정보를 획득할 수 있으며, 주관적인 판단을 배제할 수 있다.

	㉠	㉡
①	정성적 분석	정량적 분석
②	정량적 분석	정성적 분석
③	정성적 분석	정성적 분석
④	정량적 분석	정량적 분석

해 마지막 7단원 '다양한 운동기술의 분석'에서는 보통 1~2문제가 출제됩니다. 운동기술 분석은 크게 정성적 분석과 정량적 분석으로 나눌 수 있습니다.
정성적 분석은 주관적인 관점에서 평가하는 방법으로, 전문가에 의해 즉각적이고 적절한 피드백을 받을 수 있으나 객관성이 떨어질 수 있습니다.
정량적 분석은 구체적인 수치와 단위를 활용하여 객관화하는 방법으로, 다양한 정보를 얻을 수 있으나 복잡하고 시간과 비용이 많이 듭니다. 보기에서 설명하는 방법은 정량적 분석 방법에 해당합니다.

30. 달리기 출발구간 분석에서 <표>의 ㉠, ㉡, ㉢에 들어갈 측정장비가 바르게 나열된 것은?
[2022-18번]

측정장비	분석 변인
㉠	넙다리곧은근(대퇴직근, rectus femoris)의 활성도
㉡	압력중심의 위치
㉢	무릎 관절 각속도

	㉠	㉡	㉢
①	동작분석기	GPS 시스템	지면반력기
②	동작분석기	지면반력기	지면반력기
③	근전도분석기	GPS 시스템	동작분석기
④	근전도분석기	지면반력기	동작분석기

해 운동역학에서는 실제로 수많은 운동 기술 분석 방법이 사용됩니다. 하지만 내용이 다소 전문적이기 때문에 스포츠지도사 시험 수준에서 세세하게 공부하기에는 어려움이 있습니다. 가장 많이 활용되는 방법으로는 영상분석, 지면반력 분석, 근전도 분석이 있으며, 기출 수준의 내용을 정리해두면 충분합니다. 보기에서 제시된 사례를 보면 넙다리곧은근육의 활성도를 측정하는 것은 근전도 분석, 압력중심의 위치는 지면반력 분석, 무릎 관절의 각속도는 영상분석이나 모션 캡처를 사용하는 동작분석에 해당합니다.
- GPS시스템은 인공위성을 통해 지상의 위치, 속도, 고도, 시간 등을 계산하는 방법입니다.

정답 29 ④ 30 ④

PART 07 스포츠윤리

1. 스포츠와 윤리

1) 스포츠의 윤리적 기초 '23 '21 '20 '18

스포츠 윤리	개념	스포츠 행위에 대한 도덕적 판단, 표준, 규칙을 가리는 용어
	목적 및 역할	1. 스포츠인의 행위에서 요구되는 바람직한 행동과 규범적 기준 제시 2. 도덕적 문제에 비판적·자주적 사고를 할 수 있는 도덕적 자율성과 인격 향상
	특성	개인적(개인적 특성), 사회적(제도적 강제성), 직업적(투철한 사명감), 예방적(쟁점 분석)

2) 스포츠윤리의 이해 '25 '22 '21 '20 '19 '18

① 이론적 토대

구분	내용
도덕	일반적인 행동관습, 개인 심성이나 양심, 덕행, 사회적 기대
윤리	특정 사회나 직업에 요구되는 도덕, 개인적 특성, 사회 규범, 실천의 자율성
선	'착하다', '바람직하다'와 같은 의미, 도덕적인 좋은 상태를 의미함

② 판단의 종류

구분	내용		예시
사실판단	사실에 대한 객관적 진술 (진위)		배드민턴은 네트형 스포츠다
가치판단	마땅한 것에 대한 기준이나 표준·규범 등 (당위)		배드민턴은 재미있다
	3가지 가치판단	사리분별	신중한 판단을 돕는 현명한 이기심	고지방 음식을 피해야 한다
		미적	세상을 바라보는 특정 방식, 비실용적	다이빙의 공중동작이 아름다웠다
		도덕적	타인과의 상호작용에 관련있는 가치	경기가 끝나면 인사를 해야 한다

③ 도덕원리 검토방법

구분	내용	예시 "급하면 새치기를 해도 되는가"
포섭	개념이 상위 원리나 개념에 포함이 되는지	새치기는 공공질서에 어긋난다
반증사례	원리 근거가 맞지 않은 다른 사례를 제시함	급해도 안 하는 사람이 존재한다
역할교환	같은 원리가 다른 사람에게 적용되어도 적합한가	자신이 새치기를 당했을 때 이해하는가
보편화결과	같은 원리가 모두에게 적용되어도 적합한가	모든 사람이 새치기를 하면 어떻게될까

3) 윤리사상

① 윤리체계 '24 '23 '22 '21 '20 '19 '18

구분	내용
결과론적 윤리체계	1. 행위 그 자체보다 행위의 결과를 중시함 (결과가 유익하면 행위는 올바르다) 2. 난점 : 다수의 행복을 위해 비상식적인 판단 가능, 양립 불가한 근본 개념들 3. 대표이론 및 학자: 공리주의, 벤담과 밀, "최대 다수의 최대 행복을 추구"
의무론적 윤리체계	1. 행위가 도덕 규칙을 따르는가 (행위의 본질을 강조하는 이론) 2. 난점 : 도덕 규칙이 상충하는 경우, 사회 전체의 이익을 대변하지 못하는 경우 3. 대표이론 및 학자: 본질주의, 칸트, 정언명령(도덕적 의무 - 당연히 해야 하는 것)
덕론적 윤리체계	1. 행위 자체보다 행위자에 초점 (행위자가 스스로 유덕한 행동 판단을 하는지) 2. 난점 : 구체성 및 엄격한 분석의 적용이 어렵다 (미덕과 악덕의 구분이 모호함) 3. 대표이론 및 학자: 덕윤리, 아리스토텔레스, 맥킨타이어, 인간 내면 도덕성과 실천 강조

② 주요사상의 비교

구분	내용

공리주의	1. 윤리적 행위는 궁극적으로 개인의 이익과 쾌락을 추구하는 것
	2. 공리주의의 3가지 원리
	   - 결과의 원리: 행위의 도덕성은 오로지 행동의 결과로만 판단함
	   - 유용성의 원리: 도덕적으로 옳은 행위는 최대 다수에게 최대 행복을 주어야 함
	   - 공평성의 원리: 모든 사람의 권리는 동등하게 보장하며 공정과 평등해야함
	3. 공리주의 구분: 양적 vs 질적 / 행위 vs 규칙 vs 제도 / 직관적 공리주의(상식 도덕)

의무주의	1. 윤리적 행위는 객관적인 도덕 법칙을 의무에 따라 행동하는 것
	2. 의무주의의 3가지 원리
	   - 선의지: 선한 행동을 하려고 하는 동기 자체가 절대적인 도덕적 가치임
	   - 의무: 도덕적인 행동을 해야된다고 느끼는 마음이며 의무에서 나온 선한 행동이 중요
	   - 보편성: 도덕적 원칙은 모든 사람에 의해 똑같이 행해져도 통용되어야 함
	3. 주요개념: 행위 준칙, 정언명령(조건없는 명령)과 가언명령(조건이 붙는 명령)

③ 동서양의 윤리사상 '24 '23 '22 '21 '20 '19 '18

구분			내용	
동양 사상	유교	공자	1. "인"과 "예"를 강조함 2. 극기복례(스스로를 극복하여 예로 돌아가는 것이 인) 3. 10가지 덕 (인, 의, 효, 우, 충, 신, 관, 서, 공, 경) 4. 정명(正名) : 사회 구성원은 자신의 역할에 맞는 행동을 해야 함 5. 충(忠)과 서(恕) : 마음의 중심을 잡고(충) 다른 사람의 마음을 헤아리는 원리(서)	
		맹자	1. "인의예지"의 4덕 강조 2. 4단 7정론 3. 호연지기 : 의로운 인간이 되는 것	4단 1. 측은지심: 남을 불쌍히 여기는 마음 2. 수오지심: 옳지 못함을 부끄러워하는 마음 3. 사양지심: 겸손하여 남에게 사양하는 마음 4. 시비지심: 옳고 그름을 가릴 줄 아는 마음
	불교		1. 고통과 고난의 수레바퀴에서의 해탈을 강조 2. 행위자의 마음, 깨달음과 행복, 내세 등을 강조	팔정도(八正道) - 8가지의 올바른 실천수행방법 정견(正見) 정사(正思) 정어(正語) 정업(正業) 정명(正命) 정근(正勤) 정념(正念) 정정(正定)
	도교 (도가)	노자	무위 : 있는 그대로의 자연과 관계를 강조함 현묘한 덕 : 내면의 자연스러운 도덕성의 발현이 중요 겸양(謙讓) : 스스로를 낮추고 양보하는 자세 ≒ 스포츠맨십	
		장자	도 : 어떤 목적도 사유도 없는 상태 = 무위, 도는 실재하지만 눈으로 볼 수 없고 마음으로 체득해야 함	

구분	주요 철학		주장학자	주요 내용
서양 사상	개인윤리와 사회윤리		니부어	1. 개인이 도덕적이어도 사회가 비도덕적일 수 있음 2. 개인에게는 '도덕적 선의지', 사회는 '외적 강제'
	심정윤리와 책임윤리		베버, 요나스	1. 선한 의도의 행위는 결과에 관계없이 선하다고 봄(심정) 2. 예견할 수 있는 행위의 결과는 엄중한 책임 부여(책임)
	정의윤리와 배려윤리		콜버그	정의윤리: 도덕성 발달 이론(단계가 있음), 남성의 도덕성
			길리건, 나딩스	배려윤리: 타인의 감정을 이해하고 공감, 여성의 도덕성
	동물 윤리	인간중심	베이컨, 데카르트, 칸트	자연은 도덕적 권리가 없고 인간만이 도덕적 권리 존재
		동물중심	피터싱어	쾌고감수능력, 이익동등의 원칙
			레건	삶의 주체, 도덕적 권리(일부동물)
		생명중심	슈바이처	생명외경사상 강조
			테일러	생태윤리, 4가지 금지 행위 규칙
		생태중심	레오폴드	대지윤리, 인간은 생명공동체의 구성원
			네스	심층생태주의, 상호 연결, '큰자아'

③ 일반 윤리 사상

구분	내용			
레스트의 도덕성 '22 '21 '19	민감성	판단력	동기화	품성화
	도덕적 문제(딜레마) 감지	옳고 그름을 판단	도덕적 가치를 우선시 함	유혹에 저항 및 신념 실천
호네트의 자아실현 '22	1. "인정": 인간의 행위에 대한 탐구를 통해 성공적인 삶을 실현하는 사회적 조건 2. 인간은 누구나 타인에게 "인정"을 받고 싶은 욕구가 존재함 (스포츠에서 승리에 대한 욕구가 일종의 인정)			
셀러의 가치 서열 '22	지속성	변화하는 가치보다 지속적이고 영구적인 가치가 더 중요함		
	독립성	사람에 따라 다르지 않은 보편적이고 독립적인 가치가 좋음		
	분할 향유 가능성	많은 사람이 나누지 않고 그대로 향유 할 수 있는 가치가 좋음		
	근거성	다른 가치에 의존하지 않는 가치가 높은 가치임		
	만족의 깊이	만족의 정도가 클수록 높은 가치임		
롤스의 정의 '22 '21	1. "탁월성": 인간의 기능이 충분히 발휘되는 것(=덕) 2. 롤스의 원칙 - 제1원칙: 동등한 자유의 원칙을 추구함, 다수가 소수에게 희생 강요할 수 없음 예) 선거권 - 제2원칙 • 기회균등의 원칙: 우대받는 직책이나 지위는 모두에게 공개되어야 함 • 차등의 원칙: 재산이나 권력의 불평등도 허용하되 최소 수혜자에게 보상이나 이득이 가야함			

2. 경쟁과 페어플레이

1) 스포츠경기의 목적

① 카이요와의 놀이가 갖는 특징 분류

구분	요소	내용
아곤(Agon)	경쟁적(승리)	최고라는 것을 인정받기 위하여 놀이나 스포츠에서 승리를 추구함
알레아(Alea)	우연적(행운)	놀이에 빠져들게 하는 강력한 요소로서 아곤과 반대의 의미로 볼 수 있음
미미크리(mimicry)	모방적(역할)	자신에서 벗어나 놀이에서의 역할을 수행하면서 해방감을 느끼는 것
이링크스(ilinx)	감각적(현기증)	기분좋은 느낌이나 스릴 자체를 느끼게 되는 것 (스키, 그네타기 등)

② 경기에 참여하는 목적 '22 '21 '20 '18

구분	아곤(Agon)	아레테(Arete)
비교	경쟁에서 승리가 목적	자신의 한계를 넘는 최고의 성과
	1. 아레테가 아곤보다 더 포괄적인 개념 2. 아곤적 요소는 스포츠에서 긴장과 흥미를 유발하고 동기유발에 중요한 요소 3. 스포츠의 긍정적 의미를 갖게 하기 위하여 아곤보다 아레테를 추구하는 것이 좋음	

③ 철학 관련 용어 '25 '24 '20

관련용어		의미
아리스토텔레스의 설득의 핵심 요소	에토스(Ethos)	화자의 도덕성, 신뢰할 만한 성품
	로고스(Logos)	이성, 객관적 사실이나 논리적 근거
	파토스(Pathos)	감성, 감정적 호소력 및 공감
아리스토텔레스의 인간의 지식 유형	에피스테메(episteme)	일반적이고 학문적인 지식
	테크네(Techne)	기술력, 제작 활동
	프로네시스(phronesis)	실천적 지식, 판단력 ※ 아크라시아(acrasia): 도덕적 나약함, 자제하지 못함
여러 가지 법칙	황금률 법칙(golden rule)	"자신이 받고 싶은 대로 남을 대하라", 도덕의 출발
	탈리오 법칙(lex talionis)	"눈에는 눈, 이에는 이", 피해의 정도와 똑같은 벌을 부과

2) 스포츠맨십과 페어플레이 개념 구분 '23 '22 '21 '19 '18

스포츠맨십	스포츠인이 마땅히 지켜야 할 준칙과 태도 (일반적이고 보편적)
페어플레이	스포츠인이 지켜야 할 정정당당한 행위 (경쟁자에 대한 배려)

3) 공정한 시합 관련 개념 '25 '24 '21 '19 '18

구분		내용
규칙의 원리		임의성(변할 수 있음), 공평성(치우치지 않아야 함), 제도화(규칙화 되어 있음)
규칙의 종류	구성적 규칙	경기가 진행될 수 있도록 구성되어 있는 규칙 (공간, 시간, 용기구 등에 관하여)
	규제적 규칙	경기의 진행 중에 발생할 수 있는 행동을 규제하는 규칙 (반칙, 도핑, 승부조작)
규칙에 대한 입장	형식주의	정해진 공식 규칙을 어기지 않고 경기에 참여하는 것
	비형식주의	정해진 공식 규칙과 더불어 태도, 관습 등 포괄적 개념을 함께 포함하는 것
반칙		구성 반칙 / 규제 반칙
	의도적	1. 스포츠의 본질적인 성격을 부정한다 2. 실격, 몰수패, 출전 정지, 영구 제명 등 / 1. 명확한 의도를 가지고 이루어지는 반칙 2. 전술적인 반칙이 이에 해당함
	비의도적	1. 의도하지 않았으나 결과적 반칙에 해당 2. 규칙을 알지 못하여 발생할 수 있음 / 1. 의도하지 않았지만 일어나는 일반적인 반칙 2. 우연에 의해 일어날 수 있는 반칙도 포함

	1. 고의성 여부나 반칙의 판정과 상관없이 반칙 자체는 비난의 대상이 될 수 있음
	2. 의도적 반칙에 경우에도 오히려 "영특한 선수"로 불리우는 비윤리적 예시가 존재함
	※ 의도적 반칙에 찬성-반대하는 입장
	  - 찬성입장: 경기의 일부로 본질 및 가치를 손상시키지 않음, 팀의 전략적 능력과 선수의 수행능력의 일부
	  - 반대입장: 규칙 자체를 위반한 것으로 윤리적으로 정당화될 수 없음	

4) 정의의 종류 '25 '23 '22 '21 '20 '18

구분	의미	예시
분배적 정의	다른 것은 다르게	난이도 높은 기술에는 높은 점수를, 낮은 기술엔 낮은 점수를 부여하는 것
평균적 정의	같아야 하는 것은 같게	동일한 인원, 동일한 골대 사이즈, 동일한 교체 카드 등
절차적 정의	최대한 공정한 합의	공격과 수비의 결정, 전후반의 코트 교대, 경기 운영의 공정한 절차 등

3. 스포츠와 불평등

1) 성차별 '25 '24 '23 '20 '19

구분	내용

성차별 원인	1. 성역할의 고착화: "스포츠의 내재된 공격성, 경쟁적 요인이 여성에게 적합하지 않다"
	2. 신체 조건의 편견: "여성의 신체는 생리적으로 스포츠활동에 부적합하다"
	3. 여성성의 대립성: "스포츠의 참여하는 여성은 여성적이지 못하고 매력적이지 못하다"
	4. 생물학적 환원주의
	  - 남성은 여성에 비해 선천적으로 우월한 신체를 갖고 태어나 스포츠에서 남녀차별은 불가피하다는 이론
	  - 인간의 행동과 사회를 오로지 생물학적 요인의 결과로만 보려 하는 편협한 시각

성평등 방안	적극적 홍보, 성차별 문제에 대한 공론화, 지도자 교육 프로그램 운영, 부족한 시설의 확충
성폭력 예방	상황에서 이탈, 피해사실의 기록, 신고자 보호 및 2차 가해 예방, 모든 구성원의 예방 교육
역사적 사실	1. 고대 올림픽에서는 여성 참가 및 관람을 비허용 2. 근대올림픽의 창시자 쿠베르탱도 여성의 올림픽 참여를 반대함 3. 2012 런던 올림픽에서 비로소 모든 종목에서 여성이 참여 4. 현대에는 오히려 여성만 참가할 수 있는 경기 종목이 존재 5. Title IX: 1972년 미국에서 통과된 법으로 학교 내에서 성차별을 금지하는 법 조항이 포함되어 있음

2) 인종차별 '25 '24 '23 '22 '21

구분		내용
개념과 원인		인종이란 생물학적, 형태학적 특징에 따라 분류된 인간 집단을 의미한다 - 인종주의: 인종이 특정 종목에 유리하거나 불리한 인종이 실제로 존재한다는 사고 방식 - 인종차별: 선수의 능력 차이를 특정 인종의 우월이나 열등으로 과장하여 차등을 조장하는 것
주요 사례	아파르트 헤이트	남아공 국민당 정권이 실시한 백인우월주의 인종차별 정책으로 유색인종의 참정권, 혼인, 거주 등을 제한했던 정책
	블랙 파워 살루트	1968년 하계올림픽에서 미국인 선수 토미 스미스와 존 카를로스가 입상대에서 검은 장갑을 끼고 주먹을 높게 들며 흑인 차별에 항의했던 사건
극복방안		인종을 초월한 실력으로 경쟁, 인종에 대한 편견 해소, 차별 철폐의 이념과 방법론

3) 장애차별 '25 '23 '21 '20 '18

구분	내용
스포츠 조건	원하는 장소와 시간, 참여종목을 스스로 선택, 활동장비기구 지원, 타인과의 사회성 함양
인권향상방안	지속적인 예방교육, 안정적 지원, 시설확충 및 설계 ※ 장애인 차별 금지 조항(제한, 배제, 분리, 거부)

4. 스포츠에서 환경과 동물윤리

1) 스포츠와 환경윤리 '25 '24 '22 '20 '19

① 접근방식

구분	의미		내용
인간 중심	인간만 본질 그 외엔 도구적 "프로타고라스, 토머스아퀴나스", 베이컨, 데카르트, 칸트	페스모어	자연이 소중한 것은 인간이 자연을 사랑하고 아름답다고 느끼기 때문임 환경 문제를 해결하기 위해선 기본의 여러 윤리 규범을 잘 준수 해야 함
		베르크	지구의 생태계는 인간의 터로 존재할 때 의미와 가치가 있음 즉 인간의 터는 아름답고 살기 좋아야 하기에 인간은 이를 보전할 책임이 있음
자연 중심	인간은 만물 중 하나일뿐 "슈바이처, 한스 요나스, 네스," 레오폴드, 폴 테일러	슈바이처	생명을 해치지 않아야 하며 인간은 생명 전체의 확장된 책임이 있음
		테일러	모든 생명체는 고유한 가치를 가지며 인간은 4가지 의무가 있음 ※ 4가지 행위 규칙(생태윤리) : 비상해, 불간섭, 신뢰, 보상적 정의
		레오폴드	인간은 대지 위의 하나의 구성원으로 생태계의 오랜 균형을 지키고 안정성을 지켜나가야 함
		네스	지구 전체의 생태계가 나의 영역이며 자연과 모든 생명체는 상호 연결된 구성원임

② 부올제의 환경 분류

구분	내용
순수환경	자연 그대로의 스포츠 환경 (등산, 요트, 서핑)
개발환경	실외환경, 자연에 일정한 변형을 가한 환경 (골프, 스키, 야구)
시설환경	실내환경, 자연과 분리된 완전한 실내 공간 (체육관, 수영장, 빙상)

③ 지속가능한 발전

구분	내용
개념	1. 지속가능한 발전: 개체와 사회가 함께 영속적으로 생존할 수 있는 방법 - 스포츠 시설의 개발과 건강한 인간, 자연환경의 공존, 국가적-국제적 협력 2. 3가지 필수 계율: 필요성(꼭 필요한가), 역사성(자연의 역사도 중시), 다양성(다양성 보존)

2) 스포츠와 동물윤리 '25 '24 '19 '18

구분	의미	내용

종차별주의	자신이 속한 종의 이익은 옹호 하지만 다른 종의 이익은 배척하는 태도	1. 동물을 도구적으로 사용하는 경우
		  - 경쟁(동물싸움, 경기수단), 유희(밀렵, 동물원), 연구(실험체)
		2. 동물 실험 시 지켜야 할 윤리 기준
		  - 대체(동물 대신 식물이나 무생물), 감소(사용하는 동물의 수 감소)
		  - 개선(실험방법의 개선을 통해 피해를 줄임)

반종차별주의	인간과 동물 등 종간의 차이를 인정하고 적절한 처우와 대우를 강조하는 태도	1. 레건(T. Regan)의 '동물권리론'
		  - 동물도 내재적 가치를 가진 주체적인 행위자로 보는 이론
		  - 동물을 수단으로 취급하지않고 스스로 살아갈 동물의 권리를 보호해야함
		2. 피터 싱어(P. singer)의 '동물해방론'
		  - 공리주의적 시각으로 쾌락과 고통을 느낄 수 있는 정도에 따라 동물을 분류하고 대우해야함(쾌고감수능력)
		  - 인간과 동물의 이익을 최대한 동등하게 고려함(이익동등고려 원칙)

5. 스포츠와 폭력

1) 스포츠 폭력 '25 '24 '23 '22 '21 '20 '18

① 폭력의 종류

구분		내용
여러 가지 폭력의 종류	합법적 폭력	1. 스포츠 규칙에 의해 발생되는 불가피한 폭력 행위 2. 태권도의 발차기, 복싱의 주먹 타격 등
	직접적 폭력	1. 가시적이고 파괴적인 폭력 2. 상해를 입히려는 의도가 있는 행위
	구조적 폭력	1. 비가시적이며 장기간 이루어지는 폭력 2. 의도가 노골적이지 않지만 관습처럼 반복됨
	문화적 폭력	1. 언어, 행동양식 등 상징적 행위를 통해 가해지는 폭력 2. 폭력행위를 '옳은 것'이라 정당화하며 '문제가 되지 않게' 만들기도 함
윤리적인 공격의 조건		1. 타인을 해하려는 의도가 없고 규칙의 범위 내에서 이루어졌을 때 2. 타인의 탁월성 발휘를 침해하지 않으면서 공격과 방어의 교환이 가능할 때 3. 파괴적 요소 없이 합리적인 방법이나 전술의 개발 등의 생산적 요소가 포함될 때
폭력의이중성 "게발트"		1. 독일어로 폭력을 의미하며 폭력은 또 다른 폭력에 의해 진압되는 이중성을 의미함 2. 스포츠에서 일어나는 폭력을 억제하는 규칙이나 제재도 일종의 폭력으로 볼 수 있음

② 학자별 스포츠 폭력에 대한 입장

자기 본능적 행위	플라톤	국가론, 공격성은 본능적 기질, 교육으로 제어, "용기"
	아리스토텔레스	분노는 욕망에 앞서 나타나는 성질
	로렌츠	동물과 인간은 모두 공격적 유전적 기질 및 공격적 성격을 소유
사회적 관행 이나 문화	마르크스	폭력은 국가의 통치수단, 폭력이 없는 세상을 위한 폭력만 지지
	엘리스	폭력 형태가 스포츠로 감, 폭력을 통제하고 즐기며 이겨냄
	더닝	폭력 근절 시도는 폭력을 감소시키나 통제불가능한 폭력은 증가

③ 폭력을 성찰하는 방법

폭력을 성찰하는 방법	아리스토 텔레스	폭력이 폭력을 부르는 문제, 분노조절의 문제 ▶ 폭력은 인간 내면의 "분노"의 감정
	푸코	전통적 위계질서의 구조 속에서 자연스러움을 가장한 권력이 폭력을 생산함 ▶ "규율과 권력" : 규율을 근간으로 하는 권력
	한나 아렌트	사유하지 않는 것이 악의 근본(무사유) 잘못된 관행이 습관처럼 행해지는 문제 ▶ "악의 평범성" : 어느 사회에서 누구나 악을 행하는 상태
	홉스	인간은 자신 이외의 다른 사람을 잠재적 위험으로 생각하며 자신을 보호하려고함 ▶ "리바이어던": 통제되지 않는 인간의 본성을 압도할 수 있는 통치권자(국가)
	지라르	폭력의 원인은 공격 본능이나 자연상태가 아닌 모방적 경쟁 관계 ▶ 심각한 갈등을 불러 오는 모방 욕구 "모방적 경쟁"

2) 선수 폭력 및 관중폭력 '19

관중폭력	의미	선수나 심판에 대한 욕설이나 비방, 신체적 폭행, 경기 시설물 파괴, 훌리거니즘
	원인	개인보단 군중 형태에서 더 발생하기 쉬움
	예방	비윤리적 행위를 거부하기 위한 적절한 윤리적 가치관 고취

6. 경기력 향상과 공정성

1) 도핑 '25 '24 '23 '20 '19 '18

구분			내용
개념			성적 향상의 목적으로 한 약물사용 또는 특수한 이학적 처치, 더불어 이를 용인·은폐하는 총체적인 행위
여러 가지 도핑 종류	세계도핑 방지기구 구분방식	산소운반능력 향상	혈액 도핑, 인위적인 산소 섭취 운반능력 향상
		화학적 물리적 조작	채취 시료 변조, 정맥주사, 전혈을 순환계로 재주입
		유전자 도핑	핵산이나 세포의 사용 ※ 게놈, 체세포변형, 생식세포 유전 배아 선택
	기타종류	브레인 도핑	뇌에 전기자극을 주어 운동능력을 향상시키는 도핑방법
		기술도핑	발달된 스포츠의 장비나 도구가 선수의 기록에 비정상적인 영향을 주는 것
원인			1. 지나친 경기 참가 욕구 2. 수행능력의 향상 3. 경쟁에서의 승리 추구 4. 지나친 물질적 보상 추구
부작용			1. 건강 상의 부작용 2. 스포츠의 본질적 즐거움 감소 3. 경기의 공정성 문제 4. 모방과 강요의 문제
금지방법			1. 윤리 및 도덕교육 강화 2. 윤리적 의식 변화 3. 도핑검사의 강화 4. 적발 시 강경한 처벌

2) 용기구와 생체 공학 기술 활용 '21

과학기술의 긍정적효과	일관성 및 신뢰성을 획득할 수 있음, 부상을 방지 할 수 있음, 오심을 최소화 할 수 있음 ※ 3가지 과학 기술 원칙 : 안전을 위한, 감시를 위한, 수행증가를 위한

7. 스포츠와 인권

1) 학생선수의 인권 '24 '22 '19 '18

스포츠인권	모든 사람이 평등하게 스포츠와 신체활동에 참여하기 위해 국가 차원에서 체계적인 인권 정책 마련 필요 장애인의 스포츠활동 참여의 권리를 동등하게 보장하고 종목이나 대상에 상관없이 보편적으로 보장해야함
학생선수 소외문제	신체로부터, 스포츠활동으로부터, 유적 본질로부터, 인간으로부터, 자기로부터
학생선수 학습권보장	최저학력제(평균의 50%-초, 40%-중, 30%-고), 주말리그제, 모든 정규수업 참여, 합숙훈련 폐지

2) 스포츠와 인성교육 '25 '21

구분	내용
루소	1. 프랑스의 자연주의 사상가, 「사회계약론」,「에밀」 등의 저자 2. 스포츠와 신체활동이 갖는 도덕적 효과를 강조함
뒤르켐	1. 사회학의 아버지, 개인이 사회의 구성원이 되는 사회화 과정과 도덕적 사회화 강조 2. 적절한 도덕교육은 학교에서 이루어지며 '규율정신, 집단애착, 자율성'을 강조
베닛	1. 뒤르켐의 도덕적 사회화 이론을 근간으로 인성교육을 강조 2. 고전과 인문학에 중점을 둔 전통적인 인격교육을 강조
위인	1. 베닛과 유사한 관점으로 도덕적 위기가 전통의 포기에서 온다고 주장 2. '위대한 전통'으로 돌아가며 도덕교육도 인격교육의 형태를 띠어야 함
래스	1. 자신의 가치를 조사하고 분명히 하는 과정이 필요함 2. 가치명료화 단계 : 선택- 소중히하기 - 발표하기 - 행동하기
콜버그	1. 도덕적 딜레마의 제시, 도덕성의 계열적 발달 강조 2. 콜버그의 도덕성 발달 단계 <1. 벌과복종 2. 욕구충족 3. 대인관계 4. 법과질서 5. 사회계약 6. 보편적 원리>
맥페일	1. 도덕적 가치는 중요 타자들의 행동을 관찰하는 것에 의해 학습됨 2. 스포츠의 도덕성은 스포츠지도자로부터 학습되며 지도자는 모범을 보여야 함

8. 스포츠 조직과 윤리

1) 스포츠와 정책윤리 '25 '24 '23 '22 '21

① 스포츠 윤리센터 '25 '23

스포츠 윤리센터	개념	1. 체육의 공정성 확보와 체육인의 인권 보호를 위하여 스포츠윤리 센터를 설립 2. 문화체육관광부 장관이 감독하며 스포츠윤리 센터의 장은 장관의 승인을 받아 관계 행정 기관 소속 임직원의 파견이나 지원을 요청할 수 있음 3. "스포츠윤리센터"의 명칭은 다른 이가 비슷하게 사용할 수 없음
	역할	1. 스포츠비리 및 체육계 인권침해에 대한 실태조사와 예방교육 2. 신고 및 피해자에 대한 치료 및 상담

② 스포츠 기본법 '24

스포츠 기본법	1. 스포츠의 발전을 위하여 제정된 스포츠 3법(스포츠기본법, 스포츠클럽법, 체육인 복지법) 중 하나 2. 제1조(목적): "이 법은 스포츠에 관한 국민의 권리와 국가 및 지방자치단체의 책임을 정하고 스포츠 정책의 방향과 그 추진에 필요한 기본적인 사항을 규정함으로써 스포츠의 가치와 위상을 높여~"

2) 심판의 윤리 '25 '23 '20 '19 '18

개념	스포츠 경기 상황에서 규칙의 이행을 감시하고 경기의 흐름을 조율하는 사람		
심판의 윤리적덕목	개인윤리	공정성, 청렴성, 전문성, 편견이나 차별을 하지 않는 것, 자율성	
	사회윤리	판정의 신뢰성을 높이는 제도 마련, 제도적 강제성 및 사회적 중요성 강조	
심판의 오심극복 방안	심판의 판정능력 및 전문성 향상을 위한 오랜 경험과 반복 훈련	상임심판 제도의 확립과 적절한 보수를 통한 전문성 제고	심판의 질적 향상을 위한 교육 기회 확대

3) 스포츠조직의 윤리경영 '25 '22

경영윤리와 윤리경영	윤리경영	기업의 경영을 윤리에 최우선을 두어 투명하고 공정하며 합리적으로 업무를 수행하는 것
	기업윤리	기업의 경영에 필요한 수단과 방법의 옳고 그름을 판단하는 기준

형성평가

01. 스포츠 윤리는 스포츠 현장에서 일어나는 행위에 공정한 조건과 도덕적 원리나 덕목을 고찰하는 역할을 하며 나아가 개인으로 하여 비판적·자주적 사고를 할 수 있는 능력을 길러주는 것을 목적으로 한다. ○ ✕

02. 판단의 종류 중 마땅한 것에 대한 기준이나 표준·규범 등을 말하는 것을 사실판단이라고 한다. ○ ✕

03. 도덕원리를 검토하는 방법에는 해당 개념이 상위 원리나 개념에 포함이 되는가를 고려하는 것은 보편화 결과의 방법이다. ○ ✕

04. 행위 그 자체보다 행위의 결과를 중시하는 윤리 이론으로 다수의 행복을 위해 비상식적인 판단을 할 수 있다는 난점을 가진 윤리체계는 결과론적 윤리체계이다. ○ ✕

05. 덕론적 윤리체계에서는 행위 자체나 그 결과보다 행위자가 어떤 생각으로 행동했는가를 중요하게 다룬다. ○ ✕

06. 유교에서는 정의나 진리를 덕으로 표현하였는데 여기서 인과 예를 강조하고 정명사상과 10가지 덕을 갖는 것을 강조한 학자는 공자이다. ○ ✕

07. 레스트의 도덕성에 관련된 개념은 도덕적 민감성, 도덕적 책임성, 도덕적 판단력, 도덕적 동기화로 구분된다. ○ ✕

08. 셸러의 가치서열의 5가지 기준 중 다른 가치에 의존하지 않는 가치를 독립성이 높은 가치라고 한다. ○ ✕

09. 롤스는 정의의 원칙 중 제1원칙은 기회균등의 원칙, 제2원칙은 차등의 원칙이다. ○ ✕

10. 아곤과 아레테 중 아레테를 추구해야 하는 이유는 스포츠의 긍정적 의미를 갖을 수 있게 하며 아곤보다 더 포괄적인 개념이기 때문이다. ○ ✕

11. 공정한 시합에선 규칙이 중요한데 공간, 시간, 용기구와 같은 것의 기준을 둔 것을 구성적 규칙이라고 부른다. ○ ✕

12. 경기 중에 일어나는 의도적 반칙에 대하여 찬성하는 입장의 논리는 반칙은 경기의 일부로 본질이나 가치를 직접 손상시키지 않고 일종의 전략적 능력으로 볼 수 있다는 것이다. ○ ✕

13. 스포츠 상황 중 같은 조건에서 같은 수행을 할 수 있게 만드는 정의를 평균적 정의라고 한다. ○ ✕

14. 인종차별의 극복방안으로 인종을 초월한 실력으로 경쟁, 편견 해소, 차별 철폐의 이념과 방법론 교육 등이 있다. ○ ✕

15. 환경윤리학에서 자연중심주의 학자 중 인간은 대지 위의 하나의 구성원으로 생태계의 오랜 균형을 지키고 안정성을 지킨다는 대지윤리를 강조한 사람은 레오폴드이다. ○ ✕

16. 종차별주의 이론에서 이를 심화시키는 도구의 예로써 동물을 경쟁, 유희, 연구의 대상으로 삼기 때문이라고 한다. ○ ✕

17. 반종차별주의자 피터 싱어는 쾌고감수능력과 이익동등고려의 원칙을 주장하면서 이에 따른 적절한 처우와 대우가 필요하다고 하였다. ○ ✕

18. 폭력은 자기 본능적 행위에서 나타난다는 주장과 사회적 관행이나 문화로 인하여 일어난다는 두 가지 접근에 따라 분류 할 수 있다. ○ ✕

19. 한나 아렌트는 사유하지 않는 것이 악의 근본이며 이렇게 누구도 사유하지 않아 잘못된 관행이 습관처럼 행해지는 것이 문제라고 주장하였다. ○ ×

20. 산소운반능력을 향상 시킬 수 있는 혈액 도핑, 인위적인 산소섭취운반능력 향상, 과도한 훈련으로 인한 신체적 적응들은 도핑으로 분류할 수 있다. ○ ×

21. 과학기술의 발달은 안전을 위하거나, 감시를 위하거나, 스포츠 수행의 증가를 위하여 이루어져야 한다. ○ ×

22. 스포츠를 통한 도덕교육 방법 중 콜버그는 도덕적 딜레마에 대한 가치 판단으로 발달 단계를 6단계로 나누어 설명하는데 그 중 가장 낮은 단계는 보편적 원리에 따른 도덕적 판단 단계이다. ○ ×

23. 스포츠윤리센터는 체육의 공정성 확보와 체육인의 인권보호를 위하여 설립되었으며 관련한 다양한 업무를 수행 중이다. ○ ×

24. 지속가능한 발전이란 개체와 사회가 함께 영속적으로 살아갈 수 있는 것을 의미한다. ○ ×

25. 언어, 행동양식 등 상징적 행위를 통해 가해지는 폭력은 구조적 폭력에 해당한다. ○ ×

26. 미국의 육상선수 토미 스미스와 존 카를로스가 시상식에서 했던 블랙 파워 경례는 스포츠 현장에서 빈번하게 일어나는 장애차별에 대해 항의를 했던 대표 사건이다. ○ ×

27. 맥페일은 스포츠의 도덕성은 지도자로부터 학습되기에 지도자의 모범적 행동을 강조했다. ○ ×

1	2	3	4	5	6	7	8	9	10	11	12	13	14	15
○	×	×	○	○	○	×	×	×	○	○	○	○	○	○
16	17	18	19	20	21	22	23	24	25	26	27			
○	○	○	○	×	○	×	○	○	×	×	○			

07 PART 핵심 기출문제 풀어보기

01 <보기>에서 스포츠윤리의 역할로 적절한 것으로만 고른 것은?
(2023-5번)

> ⊙ 스포츠 상황에서 행동의 옳고 그름을 판단할 수 있는 원리 탐구
> ⓒ 스포츠 현상을 사실적으로 기술하는 방법 탐구
> ⓒ 스포츠 현상의 미학적 탐구
> ⓔ 윤리적 원리와 도덕적 덕목에 기초하여 스포츠인에게 요구되는 행위 탐구

① ⊙, ⓒ ② ⊙, ⓔ
③ ⓒ, ⓒ ④ ⓒ, ⓔ

해 스포츠윤리에서는 목적이나 역할과 관련된 문제가 가끔 출제됩니다. 난이도가 높은 편은 아니므로 문제를 꼼꼼히 읽으면 충분히 풀 수 있습니다. 스포츠윤리의 역할은 스포츠 상황에서 행동의 옳고 그름을 판단할 수 있는 원리와 도덕적 덕목에 기초하여, 스포츠인에게 요구되는 행위를 탐구하는 데 있습니다.
- 스포츠 현상을 사실적으로 기술하는 접근은 체육사나 스포츠사와 관련이 있습니다.
- 스포츠 현상의 미학적 탐구는 윤리학과는 거리가 있는 설명입니다.

02 '도덕적 선(善)'의 의미를 내포한 것은?
(2022-1번)

① 축구 경기에서 득점과 연결되는 '좋은' 패스
② 피겨스케이팅 경기에서 고난도의 '좋은' 연기
③ 농구 경기에서 상대 속공을 차단하는 수비수의 '좋은' 반칙
④ 경기에 패배했음에도 불구하고 상대팀에게 박수를 보내는 '좋은' 매너

해 '착하다', '바람직하다', '좋다' 등으로 표현되는 선은 도덕적으로 가치 있는 것을 의미합니다. 이 중 '좋다'는 어떤 경우에는 도구의 유용성이 뛰어날 때에도 사용되므로, 사용된 의미를 구분할 수 있어야 합니다. 예를 들어, 경기에 패배했음에도 상대 팀에게 박수를 보내는 매너는 도덕적 의미에서의 '좋은' 행동에 해당합니다. 반면, 나머지 설명은 모두 유용성을 강조하는 '도구적 선'에 해당합니다.

03 스포츠에 관한 가치 판단에 해당하지 않는 것은?
(2025-2번)

① 도핑을 이용한 실력 향상은 옳지 않다.
② 스포츠에서 희생과 헌신은 승리보다 가치가 있다.
③ 하얀색 복장 착용은 윔블던 테니스대회의 규정이다.
④ 스포츠에서 승리 추구는 규정 준수보다 더 중요하다.

해 스포츠윤리는 윤리학에 학문적 근거를 두고 있습니다. 윤리학은 무엇이 옳은 행동인지 탐구하는 학문으로, 가치 판단이나 도덕 원리를 검토하는 방법 등은 윤리학의 고유한 내용이며, 스포츠윤리에서도 동일하게 적용됩니다.
판단에는 사실판단과 가치판단이 있습니다. 가치판단은 마땅히 해야 할 것에 대한 기준이나 규범과 관련이 있습니다. 예를 들어, "하얀색 복장 착용은 윔블던 테니스대회의 규정이다"라는 설명은 누구에게나 동일하게 받아들여지는 객관적 진술이므로 사실판단에 해당합니다.

정답 01 ② 02 ④ 03 ③

04. <보기>에서 의무론적 도덕 추론에 해당하는 것만을 모두 고른 것은?
(2022-8번)

> ㉠ 의무론적 도덕 추론은 가언적 도덕 추론이라고도 한다.
> ㉡ 스포츠지도자, 선수 등의 행위 주체에 초점을 맞추고 있다.
> ㉢ 행위의 결과에 상관없이 절대적인 도덕규칙에 따라 판단을 내린다.
> ㉣ 선의지는 도덕적인 선수가 갖추어야 할 내적인 태도이자 도덕적 행위의 필요충분조건이다.
> ㉤ 정정당당하게 경기에 임하려는 선수의 착한 의지는 경기결과에 상관없이 그 자체로 선한 것이다.

① ㉠, ㉡, ㉢
② ㉠, ㉢, ㉣
③ ㉡, ㉣, ㉤
④ ㉢, ㉣, ㉤

해 도덕 추론은 어떤 행동이 가장 옳은가를 설명할 때 기준이 되는 관점을 의미합니다. 크게 결과론적 접근, 의무론적 접근, 덕론적 접근이 있으며, 관련 사상과 함께 스포츠윤리에서 핵심적으로 다뤄지는 내용이므로 반드시 숙지해야 합니다. 의무론적 도덕 추론은 행위가 도덕 규칙을 따르는지를 강조합니다. 칸트에 따르면, 올바른 행동을 하고자 하는 선의지를 중시하며, 절대적인 보편적 규칙과 정언명령을 강조하였습니다.

- 행위의 결과가 아니라 행위 주체에 초점을 두는 것은 덕론적 도덕 추론에 해당합니다. 다만 행위 주체가 어떤 의지를 가지고 행위를 했는가는 의무론적 도덕 추론에도 해당하므로, 시험에서는 중복 정답으로 인정되었습니다.

05. 칸트(I. Kant)의 의무론에서 <보기> 속 A와 B의 태도에 부합하는 행위 유형은?
(2025-9번)

> 선생님: 도핑을 하면 경기 결과가 달라질 수 있는데, 여러분은 왜 하지 않나요?
> A: 저는 도핑이 공정하지 못한 행위이기 때문에 하지 않아요. 제 실력으로 인정받고 싶어요.
> B: 저는 사실 도핑 검사에 걸리면 처벌을 받으니까 하고 싶어도 못하고 있어요.

	A	B
①	의무에서 나온 (aus Pflicht) 행위	의무에 합치하는 (pflichtmäßig) 행위
②	의무에 합치하는 (pflichtmäßig) 행위	의무에 위배되는 (pragmatische) 행위
③	의무에 합치하는 (pflichtmäßig) 행위	의무에서 나온 (aus Pflicht) 행위
④	의무에 위배되는 (pragmatische) 행위	의무에서 나온 (aus Pflicht) 행위

해 칸트의 의무론에 따르면 가장 도덕적인 행동은 바른 행동을 하고자 하는 선의지에서 비롯되어 의무에서 나온 것이어야 합니다. 겉으로 보기에 옳은 행동이라 하더라도 그것이 의무에서 자연스럽게 나온 것일 수도 있고, 그렇지 않을 수도 있습니다. 칸트는 이 중에서 의무에서 나온 행위만이 참으로 도덕적 행위라고 보았습니다.

보기에서 A의 경우 "도핑은 공정하지 못한 행위다"라는 인식에서 비롯된 선택이므로 의무에서 나온 행위에 해당합니다. 하지만 B의 경우는 "도핑 검사에서 걸려 처벌을 받을까 두렵다"라는 이유로 도핑을 하지 않는 것이므로, 이는 완전히 의무에서 비롯된 것이 아니며 단지 의무에 합치되는 행위로 볼 수 있습니다.

정답 04 ③, ④ 05 ①

06 <보기>의 괄호 안에 공통으로 들어갈 용어는?
(2023-6번)

> • 칸트(I. Kant)에게 도덕성의 기준은 (　　)이다.
> • 칸트에 의하면, 페어플레이도 (　　)이/가 없으면 도덕적이라 볼 수 없다.
> • (　　)은/는 도덕적인 선수가 갖추어야 할 내적인 태도이자 도덕적 행위의 필요충분 조건이다.

① 행복　　② 선의지
③ 가언명령　　④ 실천

해 보기의 설명은 칸트가 주장하는 '선의지'에 해당합니다. 칸트는 옳은 행동을 하고자 하는 의지 자체를 중요하게 생각하였습니다.
- 행복과 실천은 아리스토텔레스의 주장과 관련이 있습니다.

07 <보기>의 내용과 가장 밀접한 것은?
(2024-9번)

> • 정정당당하게 경기에 임하라.
> • 어떠한 경우에도 최선을 다해라.
> • 운동선수는 페어플레이를 해야 한다.

① 모방욕구　　② 가언명령
③ 정언명령　　④ 배려윤리

해 보기의 설명은 칸트의 정언명령에 해당합니다. 정언명령이란 "거짓말을 해서는 안된다"와 같이 조건이 없는 명령으로 마땅히 해야하는 행동을 말하고 있습니다. 이와 반대로 가언명령은 조건이 붙는 명령으로 "처벌받고 싶지 않다면 거짓말을 해서는 안된다"와 같습니다.

08 <보기>에서 스포츠에 관한 결과론적 윤리관에 해당하는 것으로만 고른 것은?
(2023-2번)

> ㉠ 경기에서 지더라도 경기규칙은 반드시 준수해야 한다.
> ㉡ 개인의 최우수선수상 수상보다 팀의 우승이 더 중요하다.
> ㉢ 운동선수는 훈련과정보다 경기에서 승리하는 것이 더 중요하다.
> ㉣ 스포츠 경기는 페어플레이를 중시하기 때문에 승리를 위한 불공정한 행위를 해서는 안된다.

① ㉠, ㉡　　② ㉠, ㉣
③ ㉡, ㉢　　④ ㉢, ㉣

해 결과론적 윤리관은 행위의 결과를 중시하는 윤리 체계로, 벤담과 밀이 주장한 공리주의에 해당합니다. 시험에서는 주로 의무론적 윤리관과의 비교로 출제되므로, 두 관점을 확실히 구분하는 연습이 필요합니다.
- 경기 규칙을 반드시 준수하는 행동 → 의무론적 윤리관
- 개인의 만족보다 팀의 만족을 우선하는 행동 → 결과론적 윤리관
- 과정보다 결과를 중시하는 태도 → 결과론적 윤리관
- 승리를 위해 불공정한 행위를 하지 않고 페어플레이를 지키는 행동 → 의무론적 윤리관

09 <보기>의 내용에 해당하는 윤리적 태도는?
(2023-16번)

> 나는 경기에 참여할 때마다, 나의 행동 하나하나가 가능한 많은 사람이 만족하는데 기여할 수 있도록 노력한다.

① 행위 공리주의　　② 규칙 공리주의
③ 제도적 공리주의　　④ 직관적 공리주의

해 공리주의는 공리의 원리를 어느 곳에 두는 가에 따라 행위 공리주의, 규칙 공리주의, 제도적 공리주의로 나눌 수 있습니다. 보기를 살펴보면 '나의 행동 하나가 가능한 많은 사람이 만족하는데 기여할 수 있도록 노력한다'라고 되어있으므로 '행위 공리주의'에 해당합니다. 여기서 행위 대신 규칙이나 제도를 기준으로 삼으면 각각 규칙 공리주의, 제도적 공리주의가 됩니다. 이 부분은 시험에서 자주 출제되는 편은 아니므로 가볍게 개념만 알고 가도 충분합니다.

정답　06 ②　07 ③　08 ③　09 ①

10. 공리주의 윤리 규범을 스포츠에 바르게 적용한 것이 아닌 것은?
(2024-10번)

① 스포츠에서 결과에 따른 만족을 중시한다.
② 스포츠 규칙 제정은 공정과 평등의 원칙에 근거한다.
③ 스포츠 상황에서 행위의 유용성보다 인성의 바름을 강조한다.
④ 스포츠에서 소수보다 다수의 이익을 우선하는 것이 정당화될 수 있다.

해 공리주의 윤리 규범이 아닌 것을 고르는 문제는 곧 의무론이나 덕론을 설명하는 보기를 찾으라는 뜻과 같습니다. 공리주의는 스포츠에서 행위 결과에 따른 만족을 중시하며, 소수(개인)의 이익보다 다수(팀)의 이익을 우선시할 수 있습니다.
- 공리주의라고 해서 공평성을 무시하는 것은 아닙니다. 모든 사람의 권리를 동등하게 보장해야 하므로 공정과 평등을 강조합니다.
- 행위의 유용성보다 인성의 바름을 강조하는 것은 덕론적 윤리관과 관련이 있습니다.

11. 스포츠윤리 이론 중 덕윤리의 특징으로 적절하지 않은 것은?
(2023-4번)

① 스포츠 상황에서의 행위의 정당성보다 개인의 인성을 강조한다.
② 비윤리적 행위는 궁극적으로 스포츠인의 올바르지 못한 품성에서 비롯된다.
③ '어떠한 행위를 하는 선수가 되어야 하는가'보다 '무엇이 올바른 행위인지'를 판단하는 데 더 주목한다.
④ 스포츠인의 미덕을 드러내는 행동은 옳은 것이며, 악덕을 드러내는 행동은 그릇된 것으로 간주한다

해 윤리관에서는 주로 의무론과 결과론이 출제되는 편이지만, 최근에는 덕론적 관점도 매년 1문제 정도 꾸준히 출제되고 있습니다. 덕윤리는 행위 자체보다는 행위를 하는 사람(행위자)의 의도와 생각을 중시합니다. 따라서 개인의 인성을 강조하며, 미덕을 드러내는 행동을 옳은 것으로 설명합니다.
- '어떠한 행위를 하는 선수가 되어야 하는가'는 덕윤리의 특징입니다. 반면 '무엇이 올바른 행위인지'를 판단하는 것은 결과론적 윤리관이나 의무론적 윤리관에 해당합니다.

12. <보기>의 사례에서 나타나는 윤리적 태도와 가장 밀접한 관련이 있는 것은?
(2024-16번)

> 선수는 윤리적 갈등을 겪을 때, 우리 사회에서 오랫동안 본보기가 되어온 위인들을 떠올린다. 그리고 그 위인들처럼 행동하려고 노력한다.

① 맥킨타이어(A. MacIntyre)
② 의무주의(deontology)
③ 쾌락주의(hedonism)
④ 메타윤리(metaethics)

해 맥킨타이어는 아리스토텔레스와 함께 덕윤리의 대표적 학자입니다. 그는 공리주의와 의무론의 한계를 비판하며, 도덕적 실천의 중요성을 강조했습니다. 맥킨타이어에 따르면 도덕적 실천은 공동체의 가치로서, 이러한 가치는 여러 세대를 거쳐 전통의 담지자(위인)들에 의해 계승된다고 주장합니다.

13. <보기>의 ㉠~㉢에 해당하는 용어가 바르게 제시된 것은?
(2025-17번)

> 공자의 사상은 (㉠)(으)로 설명할 수 있다. (㉡)은/는 마음이 중심을 잡아 한쪽으로 치우치지 않는 상태를 의미하고, (㉢)은/는 나와 타인의 마음이 서로 다르지 않다는 뜻으로 배려와 관용을 나타낸다. 공자는 (㉢)에 대해 "내가 원하지 않은 일을 남에게 하지 말라(己所不欲 勿施於人)"는 정언명령으로 규정한다. 이는 스포츠맨십과 상통한다.

	㉠	㉡	㉢
①	충효(忠孝)	충(忠)	효(孝)
②	정의(正義)	정(正)	의(義)
③	정명(正名)	정(正)	명(名)
④	충서(忠恕)	충(忠)	서(恕)

정답: 10 ③ 11 ③ 12 ① 13 ④

해 스포츠윤리에서는 일반 윤리 사상과 연관된 문제가 출제되기도 합니다. 크게 동양 사상과 서양 사상으로 나눌 수 있는데, 과거에는 서양 사상이 주로 출제되었으나 최근에는 동양 사상이 많이 출제되는 경향이 있습니다. 동양 사상은 크게 유교, 불교, 도교로 구분할 수 있으며, 보기의 내용은 유교 사상가인 공자의 가르침에 해당합니다.

공자는 마음의 중심을 잡아 한쪽으로 치우치지 않는 상태를 '충(忠)'이라고 하였고, 타인의 마음이 본질적으로 다르지 않음을 뜻하는 '서(恕)'를 강조했습니다. 이 두 가지를 합친 '충서(忠恕)'는 넓은 의미에서 오늘날의 스포츠맨십과 상통한다고 볼 수 있습니다.
- 의(義)는 도덕적 행동 이전에 개인이 지닌 자질이나 본바탕을 의미합니다.

14 <보기>의 ㉠, ㉡과 관련된 맹자(孟子)의 사상이 바르게 연결된 것은? (2023-13번)

> ㉠ 농구 경기에서 자신과 부딪쳐서 부상을 당해 병원으로 이송되는 상대 선수를 걱정해 주는 마음
> ㉡ 배구 경기에서 자신의 손에 맞고 터치 아웃된 공을 심판이 보지 못해서 자기 팀이 득점을 했을 때 스스로 부끄러워하는 마음

	㉠	㉡
①	수오지심(羞惡之心)	측은지심(惻隱之心)
②	측은지심(惻隱之心)	수오지심(羞惡之心)
③	사양지심(辭讓之心)	시비지심(是非之心)
④	측은지심(惻隱之心)	사양지심(辭讓之心)

해 보기의 내용은 동양 윤리 중 유교 사상에서 맹자가 제시한 '4단(四端)'에 해당합니다. 맹자는 인간이 본래 선한 마음을 지니고 있으며, 이는 다음의 네 가지 마음에서 알 수 있다고 보았습니다.

측은지심은 남을 불쌍히 여기는 마음, 수오지심은 옳지 못함을 부끄러워하는 마음, 사양지심은 남에게 사양하고 양보하는 마음, 시비지심은 옳고 그름을 판단하는 마음이며 각각 인의예지로 볼 수 있습니다. 보기의 내용을 살펴보면 ㄱ의 상대 선수를 걱정하는 마음은 '측은지심', ㄴ의 스스로 부끄러워하는 마음은 '수오지심'에 해당합니다.

15 <보기>의 ㉠에 해당하는 레스트(J. Rest)의 도덕성 구성요소는? (2022-11번)

> (㉠)은/는 스포츠 현장에서 발생하는 특정 상황 속에 내포된 도덕적 이슈들을 감지하고 그 상황에서 어떠한 행동을 할 수 있으며 그 행동들이 관련된 사람들에게 어떤 영향을 미칠 수 있는가를 상상하는 것을 말한다.

① 도덕적 감수성(moral sensitivity)
② 도덕적 판단력(moral judgement)
③ 도덕적 동기화(moral motivation)
④ 도덕적 품성화(moral character)

해 서양 사상 중 시험에 가장 많이 출제된 내용은 레스트(Rest)의 도덕성 4요소입니다. 레스트는 인간의 도덕성이 다음의 네 가지로 구성된다고 보았습니다.
- 도덕적 감수성: 도덕적 문제를 알아차리고, 자신의 행동이 타인에게 어떤 영향을 미칠지 상상할 수 있는 능력
- 도덕적 판단력: 옳고 그름을 구별하고, 어떤 행동이 더 도덕적인지 평가할 수 있는 능력
- 도덕적 동기화: 여러 욕구나 이익보다 도덕적 가치를 우선하여 행동하려는 의지
- 도덕적 품성화: 상황에 관계없이 일관되게 도덕적 행동을 실천하는 성향

보기에서 "도덕적 이슈를 감지하고, 행동이 어떻게 영향을 미칠 것인가를 상상하는 능력"은 '도덕적 감수성'에 해당합니다.

정답 14 ② 15 ①

16. <보기>에서 (㉠), (㉡)에 들어갈 용어가 바르게 연결된 것은? (2022-2번)

> 롤스(J. Rawls)는 (㉠)이 인간 발전의 조건이며, 모든 이의 관점에서 선이 된다고 하였다. 스포츠는 신체적 (㉡)을 훈련과 노력으로 극복하며, 기회의 균등이 정의로 작용하고 있음을 보여준다. 즉 인간이 갖는 신체적 능력의 (㉡)은 오히려 (㉠)을 개발할 기회를 마련해주며, 이를 통해 스포츠 전체의 선(善)이 강화된다.

	㉠	㉡
①	탁월성	평등
②	규범성	조건
③	탁월성	불평등
④	규범성	불평등

📖 롤스의 정의론도 서양사상과 관련하여 많이 출제되는 내용입니다. 롤스는 두 가지 원칙을 제시하였는데 제1원칙은 자유의 원칙으로 모든 사람은 기본적 자유를 동등하게 누려야 하며 제2원칙은 차등과 기회균등의 원칙으로 사회경제적 불평등은 항상 존재하는데 최소 수혜자에게 최대 이익이 되도록 허용해야함을 주장합니다. 보기에서 ㄱ은 인간 발전의 조건인 '탁월성'이며 ㄴ은 '불평등'이 되겠습니다.

17. 아곤(agon)과 아레테(arete)에 관한 설명으로 옳지 않은 것은? (2022-5번)

① 아곤은 경쟁과 승리를 추구한다.
② 아곤은 타인과의 비교를 전제하지 않는다.
③ 아레테는 아곤보다 더 포괄적인 개념이다.
④ 아레테는 신체적·도덕적 탁월성을 추구한다.

📖 아곤과 아레테는 철학에서 자주 사용되는 고대 그리스어입니다. 아곤은 경쟁을 의미하며, 아레테는 탁월성을 의미합니다. 경쟁과 탁월성의 추구는 스포츠 참여 목적을 잘 설명해주는 개념이기도 합니다. 이 두 가지를 구분하는 문제가 가끔씩 출제됩니다. 아곤은 경쟁과 승리를 목적으로 하기에 타인과의 비교를 전제합니다. 반면 신체적·도덕적 탁월성을 추구하는 아레테는 아곤보다 더 포괄적인 개념으로 이해할 수 있습니다.

18. <그림>은 스포츠윤리규범의 구조이다. ㉠~㉢에 해당하는 용어가 바르게 연결된 것은? (2023-16번)

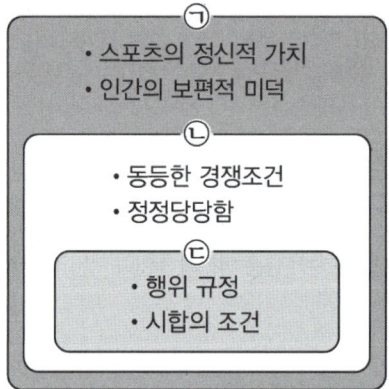

	㉠	㉡	㉢
①	규칙준수	스포츠맨십	페어플레이
②	스포츠맨십	페어플레이	규칙준수
③	페어플레이	규칙준수	스포츠맨십
④	스포츠맨십	규칙준수	페어플레이

📖 비슷한 의미로 사용되는 규칙 준수, 페어플레이, 스포츠맨십의 개념을 명확히 구분하도록 한 적절한 문제입니다. 그중에서 특히 페어플레이와 스포츠맨십의 의미를 구분할 필요가 있습니다. 페어플레이는 동등한 경쟁 조건에서 공정하게 승부하는 것을 의미합니다. 스포츠맨십은 보다 포괄적인 개념으로, 스포츠를 하는 사람이라면 지켜야 할 정신적 가치이자 인간의 보편적 미덕에 해당합니다.

19. <보기>의 사례로 나타나는 품성으로 스포츠인에게 권장하지 않는 것은? (2024-8번)

> • 경기 규칙의 위반은 옳지 않음을 알면서도 불공정한 파울을 행하기도 한다.
> • 도핑이 그릇된 일이라는 점을 알고 있지만, 기록갱신과 승리를 위해 도핑을 강행한다.

① 테크네(techne)
② 아크라시아(akrasia)
③ 에피스테메(episteme)
④ 프로네시스(phronesis)

해 스포츠 윤리는 윤리학을 토대로 한 학문입니다. 윤리학의 시초가 고대 그리스 철학이기 때문에 이와 관련된 개념이나 용어가 출제되기도 합니다. 문제는 대체로 단순한 개념이나 정의를 묻는 수준으로 출제되지만, 용어가 다소 생소하기 때문에 이해하고 숙지할 필요가 있습니다. 문제에서 옳지 않음을 알면서도 파울을 범하는 행위는 아리스토텔레스의 '아크라시아(akrasia)'에 해당합니다. '아크라시아'는 자제력이 부족하고 프로네시스가 결여된 경우에 나타납니다.
- 테크네는 기술에 관련한 지식이나 제작 능력을 의미합니다.
- 에피스테메는 참과 거짓을 구분할 수 있는 학문적 지식을 의미합니다.
- 프로네시스는 실천적이며 반성적인 지식과 판단 능력을 의미합니다.

20 <보기>의 설명에 해당하는 반칙의 유형은? (2024-14번)

- 동기, 목표가 뚜렷하다.
- 스포츠의 본질적인 성격을 부정하는 의미로 해석할 수 있다.
- 실격, 몰수패, 출전 정지, 영구 제명 등의 처벌이 따른다.

① 의도적 구성 반칙
② 비의도적 구성 반칙
③ 의도적 규제 반칙
④ 비의도적 규제 반칙

해 스포츠의 규칙에는 경기가 진행될 수 있도록 구성되어 있는 '구성적 규칙'과 경기 진행 중 발생할 수 있는 행동을 규제하는 '규제적 규칙'이 있습니다. 이러한 규칙을 위반하는 것을 반칙이라 하며, 의도적인가, 비의도적인가에 따라 총 네 가지 반칙으로 구분할 수 있습니다. 규칙과 반칙은 자주 출제되는 개념이므로 반드시 숙지해야 합니다.
문제에서 제시된 조건에 따르면, 동기와 목표가 뚜렷하다는 점에서 의도적 행위임을 알 수 있습니다. 또한 스포츠의 본질적 성격을 부정한다는 설명은 구성 규칙을 위반한 행위로 판단할 수 있습니다. 따라서 문제의 반칙은 '의도적 구성 반칙'에 해당합니다.

21 <보기>의 ⊙~ⓒ에 해당하는 정의의 유형이 바르게 연결된 것은? (2022-9번)

⊙ 유소년 축구 생활체육지도자 A는 남녀학생 구분없이 경기에 참여하도록 했다. 또한 장애 학생에게도 비장애 학생과 동일한 참여 시간을 보장했다.
ⓒ 테니스 경기에서는 공정한 경기를 위해 코트를 바꿔가며 게임을 하도록 규칙을 적용한다.
ⓒ B지역 체육회는 당해 연도에 소속 선수의 경기실적에 따라 연봉을 차등 지급하기로 결정했다.

	⊙	ⓒ	ⓒ
①	평균적	절차적	분배적
②	평균적	분배적	절차적
③	절차적	평균적	분배적
④	분배적	절차적	평균적

해 정의의 유형은 거의 매년 출제되는 중요한 문제입니다. 여러 정의의 유형 중 스포츠에서는 분배적 정의, 평균적 정의, 절차적 정의가 자주 고려됩니다.
- 분배적 정의는 달라야 할 때 다르게 하는 것을 의미합니다. 예를 들어, 높은 난이도의 기술과 낮은 난이도의 기술에 각각 다른 점수를 부여해야 올바른 것으로 간주됩니다. 보기의 ⓒ의 예시에 해당합니다.
- 평균적 정의는 같아야 하는 것은 같게 하는 것을 의미합니다. 축구 경기에서 양 팀의 골대 크기와 인원 수는 동일해야 함을 뜻합니다. 보기에서 ㄱ에 해당합니다.
- 절차적 정의는 절차가 공정해야 한다는 것을 의미합니다. 공격과 수비의 결정이나 코트 위치 등 차이가 발생할 수 있는 부분은 최대한 공정하게 진행해야 합니다. 보기에서 ㄴ의 설명에 해당합니다.

정답 20 ① 21 ①

22. '타이틀 나인(Title IX)'에 따른 스포츠계의 변화로 가장 적절한 것은?
(2025-4번)

① 미국 프로야구리그의 도핑 실태에 관한 보고서 발간
② 남아프리카공화국에서 흑인에 대한 차별 정책의 시행
③ 학교 스포츠 프로그램에서 의도적인 성차별 발생 시 재정 지원의 제한
④ 공공 및 민간 스포츠 시설의 출입구 등에 휠체어 이동 통로의 설치 및 확충

해 타이틀 나인(Title IX)은 1972년 미국에서 통과된 법으로, 학교 내 성차별을 금지하는 조항을 담고 있습니다. 이는 법 조문에 성평등과 관련한 내용이 처음 포함된 사례로, 스포츠사회학이나 스포츠윤리 과목에서 성차별과 관련된 주제로 자주 출제되는 내용입니다.

23. 인종 차별과 관련된 사례로 맞지 않은 것은?
(2025-20번)

① 1936년 베를린 올림픽경기대회에서 히틀러는 육상종목 4관왕 제시 오웬스에게 시상 거부
② 1948년 런던 올림픽경기대회에서 독일과 일본 선수의 참가를 불허
③ 1968년 멕시코 올림픽경기대회 시상식에서 미국의 토미 스미스와 존 카롤로스의 저항 표현
④ 2008년 미국여자프로골프협회(LPGA) 출전 선수의 영어 사용 의무화

해 스포츠와 불평등 단원에서는 성차별, 인종차별, 장애차별과 같은 주제가 매년 한 문제씩 꾸준히 출제됩니다. 특히 인종차별과 관련해서는 역사적으로 유명한 사건을 숙지할 필요가 있습니다.
보기의 설명 중, 1948년 런던 올림픽 경기대회에서 독일과 일본 선수의 참가를 불허한 사례는 인종차별의 사례가 아니라 전범국에 대한 제재로 해석할 수 있습니다. 보기의 내용 외에도 남아공의 인종차별정책인 '아파르트헤이트'도 자주 출제되기에 잘 알고 있어야 합니다.

24. <보기>에서 장애 차별의 개선을 위한 스포츠 실천의 조건만을 고른 것은?
(2025-15번)

ㄱ. 참여 종목과 대회는 지도자의 결정에 맡겨야 한다.
ㄴ. 비장애인과 분리하여 수업하는 것을 원칙으로 한다.
ㄷ. 활동 장비와 기구에 대한 재정적인 지원을 확보해야 한다.
ㄹ. 다양한 사람과의 관계를 통해 사회성 함양의 기회를 제공해야 한다.

① ㄱ, ㄴ
② ㄴ, ㄷ
③ ㄴ, ㄹ
④ ㄷ, ㄹ

해 장애 차별과 관련된 문제는 비교적 상식적 수준에서 해결할 수 있는 난이도로 출제됩니다. 장애 차별을 개선하기 위해서는 참여 종목이나 대회를 스스로 선택할 수 있도록 하여 자율성을 존중해 주어야 합니다. 또한 활동 장비와 기구에 대한 재정적 지원이 필요하고, 사회성 함양의 기회를 제공하는 것도 중요합니다.
- 「장애인차별금지법」에 따라 장애인에 대한 '제한, 배제, 분리, 거부'는 금지됩니다.

25. 부올레(P. Vuolle)가 분류한 스포츠 환경이 아닌 것은?
(2025-10번)

① 시설(built) 환경 - 농구, 탁구
② 개발(developed) 환경 - 골프, 스키
③ 가상(virtual) 환경 - e스포츠, 버츄얼 태권도
④ 순수(genuine) 환경 - 스쿠버다이빙, 트레일러닝

해 스포츠와 환경윤리 단원에서 부올레의 환경 분류는 가끔 출제되는 주제입니다. 부올레는 환경을 크게 세 가지로 구분했습니다. 첫째, 자연 그대로의 순수환경, 둘째, 자연에 일정한 변형을 가한 개발환경, 셋째, 자연과 분리된 완전한 실내 공간인 시설환경입니다.
따라서 보기에서 제시된 가상환경은 부올레의 환경 분류에 포함되지 않습니다.

정답 22 ③ 23 ② 24 ④ 25 ③

26. <보기>의 대화에서 '윤성'의 윤리적 관점은?

(2024-15번)

> 진서: 나 어젯밤에 투우 중계방송 봤는데, 스페인에서 엄청 인기더라구! 그런데 동물을 인간 오락의 대상으로 삼는 것은 윤리적으로 허용될 수 없는 거 아니야?
> 윤성: 난 다르게 생각해! 스포츠 활동은 인간의 이상을 추구하기 위한 것이고, 그 이상의 실현을 위해 동물은 수단으로 활용될 수 있는 거 아닐까? 승마의 경우 인간과 말이 훈련을 통해 기량을 향상시키고 결국 사람 간의 경쟁에 동물을 도구로 활용 한다고 볼 수 있잖아.

① 동물해방론 ② 동물권리론
③ 종차별주의 ④ 종평등주의

해 스포츠와 동물윤리 단원에서는 동물에 대한 윤리적 관점과 학자별 윤리사상이 주로 출제됩니다. 대표적으로 레건의 '동물권리론'과 피터 싱어의 '동물해방론'이 있으며 두가지는 반종차별주의에 해당합니다. 윤성의 관점을 살펴보면 동물을 수단으로 활용할 수 있다고 표현하고 있습니다. 이는 종간의 차이를 인정하고 동물을 도구적으로 사용할 수 있는 '종차별주의'에 해당합니다.

27. 폭력을 설명한 학자의 개념과 그에 대한 설명이 바르게 연결된 것은?

(2022-14번)

① 푸코(M. Foucault)의 '분노'-스포츠 현장에서 인간 내면의 분노로 시작된 폭력은 전용되고 악순환을 반복하는 경향이 있다.
② 아리스토텔레스(Aristotle)의 '규율과 권력'-스포츠계에서 위계적 권력 관계는 폭력으로 변질되어 표출 된다.
③ 홉스(T. Hobbes)의 '악의 평범성'- 폭력이 관행화 된 스포츠계에서는 폭력에 대한 죄책감이 없어진다.
④ 지라르(R. Girard)의 '모방적 경쟁'-자신이 닮고자 하는 운동선수를 모방하게 되듯이 인간 폭력의 원인을 공격 본능이 아닌 모방적 경쟁 관계에서 찾는다.

해 스포츠와 폭력 단원에서는 한두 문제 정도 출제되며, 폭력의 종류나 학자별 폭력에 대한 관점이 문제로 다뤄집니다. 따라서 학자별 주장과 핵심 키워드를 반드시 숙지해야 합니다. 지라르는 폭력의 원인을 모방적 경쟁 관계에서 찾았으며 모방 욕구에 의해 갈등이 일어난다고 주장하였습니다.
- 인간 내면의 분노로 시작된 폭력이 전용되고 악순환되는 것은 아리스토텔레스의 '분노'의 감정입니다.
- 위계적인 권력 관계가 폭력으로 변질되는 것은 푸코가 주장한 내용입니다.
- 폭력이 관행화되어 무분별하고 습관처럼 행해지는 것은 한나 아렌트의 '악의 평범성'에 대한 내용입니다.

28. 세계도핑방지기구(World Anti-Doping Agency)가 정한 '금지 방법'의 분류 목록에 해당하지 않는 것은?

(2025-5번)

① 기술 도핑
② 화학적, 물리적 조작
③ 유전자 및 세포 도핑
④ 혈액 및 혈액 성분의 조작

해 도핑은 거의 매년 출제되는 중요한 문제로, 보통 한 문제 정도 출제됩니다. 출제 범위는 도핑의 원인이나 부작용과 같은 기본적 내용부터, 다양한 도핑을 분류하는 문제까지 포함됩니다. 세계도핑방지기구(WADA)에서 정한 3가지 금지방법에는 '산소운반능력향상, 화학적-물리적 조작, 유전자 도핑' 등이 포함됩니다. 한편, 기술 도핑은 도핑의 한 유형으로 볼 수 있으나, WADA의 공식 분류에는 포함되지 않습니다.

정답 26 ③   27 ④   28 ①

29. ⟨보기⟩에서 학생운동선수의 학습권 보호와 관련된 것으로 옳은 것만 모두 고른 것은? (2024-18번)

ㄱ. 최저 학력 제도
ㄴ. 리그 승강 제도
ㄷ. 주말 리그 제도
ㄹ. 학사 관리 지원 제도

① ㄱ, ㄴ, ㄷ
② ㄱ, ㄴ, ㄹ
③ ㄱ, ㄷ, ㄹ
④ ㄴ, ㄷ, ㄹ

해 스포츠와 인권 단원에서는 학생 운동선수의 학습권 보호 제도도 출제됩니다. 여러 가지 제도가 있지만 리그 승강 제도는 학습권 보호와 직접적인 관련이 없습니다.
- 최저 학력 제도는 학년 평균 점수 이상을 얻도록 하여 학생선수의 기초 학력 유지를 돕는 제도입니다.
- 주말 리그 제도는 대회를 주말에 실시함으로써 평일의 학습권을 보장하는 제도입니다.
- 학사 관리 지원 제도는 학생선수의 학업 능력 향상과 학교생활 적응을 지원하는 제도입니다.

30. 국민체육진흥법(시행 2022.8.11.) 제18조의3 '스포츠 윤리센터의 설립'에 관한 사항으로 옳지 않은 것은? (2023-17번)

① 스포츠윤리센터는 문화체육관광부 장관이 감독한다.
② 스포츠윤리센터의 정관에 기재할 사항은 국무총리령으로 정한다.
③ 스포츠윤리센터가 아닌 자는 스포츠윤리센터 또는 이와 비슷한 명칭을 사용하지 못한다.
④ 스포츠윤리센터의 장은 문화체육관광부 장관의 승인을 받아 관계 행정 기관 소속 임직원의 파견 또는 지원을 요청할 수 있다.

해 체육 관련 법과 정책은 주로 스포츠 윤리 과목보다는 스포츠 교육학 과목에서 출제되었으나, 최근에는 스포츠 윤리센터와 관련한 문제가 스포츠윤리 과목에서도 출제되었습니다. 스포츠윤리센터는 사회학, 교육학, 윤리 어떤 과목에서도 출제될 수 있기 때문에 기출 내용 중심으로 잘 알고 있어야 합니다.
스포츠 윤리센터는 문화체육관광부 장관의 감독을 받으며, 이와 유사한 명칭을 다른 기관이나 단체가 사용할 수 없습니다. 또한, 스포츠 윤리센터의 정관에 기재할 사항은 국무총리령이 아닌 대통령령으로 정해집니다.

정답 29 ③ 30 ②

스포츠지도사 2급 필기

02
실전모의고사

01 PART 스포츠사회학

01 스포츠사회학의 연구 영역 중 보기와 같은 내용을 연구하는 이론으로 알맞은 것은?

> 사회현상을 보다 명확하게 규명하는 것에 중점을 두며 진정한 이성의 강조를 통해 사회의 문제점을 지적한다. 다만 실제적이지 못하고 이상적인 면만 강조한다는 난점이 있다.

① 갈등이론
② 비판이론
③ 구조기능이론
④ 상징적 상호작용론

02 스포츠가 가지고 있는 사회적 역기능 중 다음 보기와 관련된 것은?

> 전두환 정부에서는 3S 정책을 실시했는데 그 중에서도 각종 프로스포츠를 도입하여 국민의 정치, 경제에 대한 관심을 스포츠로 분산시키려고 하였다.

① 성차별
② 상업주의
③ 신체소외
④ 사회통제

03 보기와 같은 사회학 이론의 관점에서 '스포츠 일탈 행동'을 바라봤을 때 가장 적절하게 대답한 것은?

> 스포츠에 참여하는 것은 현실에 대한 적합한 사고, 감정, 행동 양식을 학습시켜 사회 구성원으로서 적응할 수 있도록 도움을 준다.

① "사회적 규범을 따르지 않은 것은 잘못된 행동이며 합의를 어긴 일이야"
② "기득권이 부와 권력을 가지고 있고 선수를 혹독하게 착취해서 일탈이 일어난 거야"
③ "일탈행동이 일어난 원인을 분석해서 그 해결방법을 찾아봐야겠어"
④ "선수가 일탈 행동을 한 이유나 상황이 있지 않을까? 자세히 알아봐야겠어"

04 다음 보기에서 설명하는 프로스포츠 제도에 대해 알맞게 고른 것은?

> 한 팀 선수들의 연봉 총액이 일정 금액을 넘지 못하게 하는 제도로 부자구단의 선수독점을 막는 효과가 있다.

① 보류조항
② 트레이드
③ 드래프트
④ 샐러리캡

05 스포츠의 세계화 특징 중 옳지 않은 것은?

① 교통과 통신의 발달이 세계화에 큰 영향을 주었다.
② 스포츠 문화의 확산에는 종교의 전파도 영향이 컸다.
③ 나라별 전통 스포츠가 세계에 전파되었지만 모두 성행하지는 못하였다.
④ 스포츠에 대한 문화의식의 발달로 스포츠맨십이 발달하고 빈부격차가 줄어 들었다.

06 투민(Tumin)의 스포츠 계층이 갖는 특성 중 보기와 관련된 특성은?

> • 일종의 인기스포츠와 비인기스포츠로 나뉘게 된다.
> • 격투기 같은 종목에서는 체급이 구분된다.

① 사회성
② 역사성
③ 편재성
④ 다양성

07 스포츠의 교육적 역기능 중 보기와 관련된 것은?

> • 성과와 학업에 대한 편법과 관행 문제
> • 선수들의 일탈 행동에 대한 문제

① 부정행위 조장
② 사회선도 기능
③ 교육목표의 결핍
④ 편협한 인간의 육성

08 미디어의 수용과 관련된 개인차 이론에서 추구하는 심리적 욕구와 그 예시가 다른 것은?

① 인지적 욕구: 정보나 지식을 알거나 이해하기 위해
② 정의적 욕구: 규칙 준수와 사리분별을 하기 위해
③ 통합적 욕구: 가족이나 친구와의 소통을 위해
④ 도피적 욕구: 긴장완화 및 사회역할로부터 벗어나려고

09 스포츠 사회화 이론에 대한 설명으로 옳지 않은 것은?

① 사회학습 이론: 개인적 특징, 주요 타자, 사회화 상황에 따라 사회화된다.
② 사회학습 이론: 주요 방법으로는 강화, 코칭, 관찰학습 등이 있다.
③ 역할학습 이론: 스스로 경험하고 다른 구성원과 상호작용 하면서 개인의 역할을 학습한다.
④ 준거집단 이론: 준거집단 중 규범집단은 역할 수행의 기술적 의미를 제시해주는 집단이다.

10 다음 보기는 코클리가 제시한 과잉동조의 유형 중 어느 것에 속하는가?

> 선수로서 어떤 위험과 고통도 감수해야 하며 경기를 이겨내야 된다는 생각을 가져야 한다.

① 몰입규범
② 인내규범
③ 가능성규범
④ 구분짓기규범

11 케인이 구분한 스포츠 참가의 유형에 대한 설명으로 옳지 않은 것은?

① 참여에는 크게 행동, 인지, 정의적 참가로 나눈다.
② 행동적 참여는 1차와 2차로 나뉘는데 스포츠에 직접 참여하는 것은 1차이다.
③ 간접적으로 경기를 관람하거나 정보를 얻는 팬은 인지적 참가에 속한다.
④ 특정 선수나 팀에 개인의 감정적 태도나 성향을 표출하는 것은 정의적 참가에 속한다.

12 맥루한의 미디어 이론에서 매체스포츠의 개념 구분이 잘못된 것은?

		핫 매체 스포츠	쿨 매체 스포츠
①	정의성	높은 정의성	낮은 정의성
②	감각 참여성	낮은 감각 참여 및 감각 몰입	높은 감각 참여 및 높은 몰입
③	속도	빠른 속도 복선형	느린 속도 단선형
④	예시	육상, 체조, 태권도, 야구 등	농구, 축구, 핸드볼, 럭비 등

13 다음 보기 내용에서 찾아 볼 수 있는 사회계층의 이동 유형이 아닌 것은?

> 유복하지 않았던 가정형편에서 자란 박지성은 힘든 상황에서도 포기하지 않고 축구를 계속하였으며 무명선수에서 마침내 국가대표로 발탁되어 2002년 월드컵에서 그 이름을 알렸다. 현재는 은퇴 후 해설위원을 비롯한 다양한 방면에서 활동 중이다.

① 수평이동
② 수직이동
③ 개인이동
④ 집단이동

14 머튼의 아노미 이론의 유형과 그 예시이다. 다음 중 알맞게 짝지어진 것은?

① 의례주의: 승패에 집착 안 함, 목표행동의 포기, 노력하지 않는 모습
② 동조주의: 불법스카우트, 뇌물수수, 금지약물복용, 경기장폭력, 승부조작
③ 반역주의: 목표설정과 수단이나 방법 모두 거부하며 스트레스를 해소함
④ 혁신주의: 전략적인 시간 끌기, 파울 작전 등의 비윤리적 일탈행위

15 다음 보기는 투민의 스포츠계층 형성 과정 중 어느 단계에 속하는가?

> 개인의 특징에 따라 임무를 분화하는 단계
> 능력을 인정받고 팀공헌도가 높아 주전으로 활동함

① 지위분화
② 서열화
③ 평가
④ 보수부여

16 매킨토시의 스포츠 분류에 속하지 않는 것은?

① 기술스포츠(skill sports)
② 자연스포츠(nature sports)
③ 극복스포츠(conquest sports)
④ 율동적 무용체조(eurhythmics)

17 스포츠 경기의 지향성에 대한 비교 구분 중 내용이 바뀐 것을 하나 고르면?

	심미적 가치	영웅적 가치
①	운동의 미와 즐거움	운동의 위험과 흥미
②	지속적인 참여 중시	승리과 성공 중시
③	한계를 파악하려 함	한계를 뛰어넘으려 함
④	극적인 표현 및 완성도	기술적 능력 및 숙련도

18 쏘튼(thorton)의 역할 사회화 4단계 순서가 올바르게 연결된 것은?

① 예상단계-공식적단계-비공식적단계-개인적단계
② 예상단계-개인적단계-비공식적단계-공식적단계
③ 개인적단계-비공식적단계-공식적단계-예상단계
④ 개인적단계-예상단계-비공식적단계-공식적단계

19 집합행동의 이론 중에서 다음 보기가 설명하는 이론은?

> 개인과 집단(군중)은 다르므로 집단 상태에서 전염성과 모방성이 있다고 하더라도 개인은 다르다는 이론으로 특정 상황에서 동조압력에 따라 집합행동을 한다는 이론

① 전염이론
② 수렴이론
③ 규범생성이론
④ 부가가치이론

20 관중폭력이 잘 일어나는 사회적 상황에 대한 설명으로 옳지 않은 것은?

① 관중규모에 따라 인원이 많을 때 더 잘 일어난다.
② 관중소음에 따라 소란스러울수록 더 잘 일어난다.
③ 관중밀도에 따라 비좁고 밀집되었을 때 잘 일어난다.
④ 관중구성에 따라 소속 팀이 없을 때 더 잘 일어난다.

02 PART 스포츠교육학

01 다음 보기는 스포츠 교육의 역사 중 어떤 것을 의미하는가?

> 미국에서 시작되었으며 경험중심의 교육과정을 비판하며 등장한 주장으로. 기존의 "신체의 교육"이나 "신체를 통한 교육"에서 탈피하는 계기가 되었으며 학술적 연구의 정당화와 과학적 연구를 촉발하였다.

① 신(新)체육 운동
② 체육 학문화 운동
③ 인간중심의 스포츠 교육 운동
④ 휴먼 무브먼트(human movement)와 움직임 교육

02 스포츠 교육의 성격 중 '신체를 통한 교육'과 관련된 주장을 하는 사람으로 알맞게 짝지은 것은?

> - 규민: 축구를 배우면서 심폐지구력이나 순발력 같은 기능을 향상시켜야 된다고 생각해
> - 태이: 축구의 규칙을 이해하고 스포츠맨십을 준수하는 법을 알아야 된다고 생각해
> - 희두: 축구 기술 중 드리블, 패스, 슛팅을 정확히 하는 것이 중요한 것 같아
> - 원빈: 축구 경기를 하면서 포기하지 않고 끝까지 최선을 다하는 마음가짐을 배워야 된다고 생각해

① 규민 태이
② 규민 희두
③ 태이 희두
④ 태이 원빈

03 메츨러의 교사 지식 중 다음 보기와 관련된 것은?

> 1. 실제 수업 전·중·후에 사용할 수 있는 지식
> 2. 예시) 발달단계에 적합한 수업 지도 계획안을 작성할 수 있는 지식

① 명제적 지식
② 절차적 지식
③ 상황적 지식
④ 행동적 지식

04 리그를 활용한 스포츠 활동 지도 시 유형에 따른 특징으로 올바르지 않은 것은?

① 리그형은 토너먼트형보다 경기수가 많아진다.
② 넉다운 토너먼트의 경우 패자들의 순위 산출이 어렵다.
③ 스플릿 토너먼트의 경우 경기방식과 순위산출이 복잡하다.
④ 스플릿 리그는 통합리그보다 팀 간의 경기력 수준 차이가 크다.

05 생활체육 프로그램 개발 방법으로 옳지 않은 것은?

① 예산 등의 경비는 충분하다는 가정하에 준비함
② 프로그램 참여자의 근접성을 고려하여 결정함
③ 프로그램의 목적 및 목표를 사전에 고려해야 함
④ 시대에 적합한 프로그램 홍보 방법으로 홍보함

06 모스턴의 수업 스타일 이론에 관한 전반적인 설명 중 옳지 않은 것은?

① 지시형부터 포괄형까지는 모사 중심의 클러스터로 기존 지식의 재생산을 강조한다.
② 수업 후 결정군은 상호학습형에 처음 학습자에게 이양되는데 이는 관찰자의 역할을 하기 때문이다.
③ 자기점검형과 포괄형의 차이는 같은 과제에 대하여 어떻게 학습에 참여할지에 따라 구분 된다.
④ 유도발견형은 교사의 계열적인 질문에 해답을 하고 수렴발견형은 교사의 질문에 다양한 설계 및 해답을 한다.

07 다음은 협동학습의 모형 중 어떤 형태의 수업방법을 의미하는가?

> 학생 팀성취배분(STAD)의 수업과 유사하나 각 팀의 같은 등수의 구성원끼리 경쟁하면서 운동 기능이 낮은 사람도 공헌을 할 수 있다는 장점이 있다.

① 집단연구(GI)
② 팀게임토너먼트(TGT)
③ 팀보조수업(TAI)
④ 직소 모형(Jigsaw)

08 다음 보기의 괄호 부분의 순서로 알맞은 것은?

> **전술게임모형의 6단계**
> 게임소개 - 게임이해 -(㉠ - ㉡ - ㉢) - 실제게임

	㉠	㉡	㉢
①	전술이해	의사결정	기술연습
②	전술이해	기술연습	의사결정
③	기술연습	전술이해	의사결정
④	의사결정	전술이해	기술연습

09 보기와 같이 지도자의 행동을 분류할 때 그 예시가 올바르지 않은 것은?

> • 직접기여행동
> - 지도행동: 운동과제를 직접 가르치는 행동
> - 운영행동: 교수학습 환경을 조성하는 행동
> • 간접기여행동: 직접 기여하지 않는 행동
> • 비기여행동: 기여할 가능성이 없는 행동

① 설명, 관찰, 피드백 등은 지도행동에 속한다.
② 환경정리, 이동 및 집합, 팀구성은 운영행동에 속한다.
③ 부정행동 제지, 부상자 처리, 심판 활동은 간접기여행동에 속한다.
④ 소방연습, 전달방송, 외부 손님과의 대화 등은 비기여행동에 속한다.

10 헬리슨(D. Hellison)의 도덕성 발달단계 중 보기의 단계는 어디에 속하는가?

- 경청하고 대응할 수 있음
- 타인의 요구와 감정을 인정하며 도움

① 참여와 노력 단계
② 자기방향 설정 단계
③ 돌봄과 배려 단계
④ 전이 단계

11 평가기준에 따른 방법을 올바르게 짝지은 것은?

- ㉠ : 교육목표나 학습내용의 숙달수준을 평가하는데 초점을 두는 검사
- ㉡ : 학습자들의 개인차를 변별하는데 초점을 두는 검사
- ㉢ : 내적동기를 높이고자 학습자 스스로 자신의 성취수준을 평가하는 것

	㉠	㉡	㉢
①	준거	규준	자기
②	규준	준거	자기
③	규준	자기	준거
④	자기	규준	준거

12 보기와 같은 특징을 지닌 교수 연습법은?

- 그룹을 구성하고 각 집단에서 교사를 선출한다.
- 교사는 주어진 내용을 소집단 학생에게 가르친다.
- 일정 시간 후 학생의 학습 정도를 평가한다.
- 전체 학생이 모여 교수법에 대해 토의한다.

① 동료교수법
② 축소수업
③ 반성적 수업
④ 현장 소집단 교수

13 다음 중 실제학습시간(ALT)을 올릴 수 있는 방법으로 옳지 않은 것은?

① 학습자에게 적합한 난이도의 학습 과제를 부여한다.
② 이동 및 대기시간 같은 수업의 운영 시간들을 줄인다.
③ 학습자가 참여할 수 있는 기회를 다양하고 많이 제공한다.
④ 상규적 행동을 처음에 정해놓기보다는 상황에 맞게 제시한다.

14 다음의 검사의 경우 평가의 양호도 중 어떤 것이 가장 부족한 것인가?

> 김 코치는 팀 선수들의 운동기능을 측정하기 위해 특별한 훈련없이 1주일 간격으로 총 4번의 운동기능을 측정을 하였으나 매번 측정값이 달라졌고 선수들 간의 상대적 서열도 계속 바뀌어 유의미한 결과를 얻지 못하였다.

① 객관도
② 신뢰도
③ 내용 타당도
④ 준거 타당도

15 다음 중 생활체육 지도자의 발달단계 순서를 올바르게 설명한 것은?

① 생존 – 강화 – 갱신 – 성숙
② 생존 – 갱신 – 강화 – 성숙
③ 강화 – 생존 – 갱신 – 성숙
④ 갱신 – 강화 – 성숙 – 생존

16 국민체육진흥법 시행령 제16조에 따라 국가와 지방단체가 여가 체육의 육성과 지원을 위하여 마련해야 하는 시책이 아닌 것은?

① 레크리에이션의 지도와 보급
② 프로경기의 육성과 운영의 지도
③ 스포츠 윤리 센터 조직 및 운영
④ 경마ㆍ경륜 및 경정의 건전한 운영 지도

17 학교체육진흥법[2021. 6. 24] 제11조와 관련한 내용으로 옳지 않은 것은?

① 학교의 장은 학생선수가 일정 수준의 학력기준(이하 "최저학력"이라 한다)에 도달하지 못한 경우에는 교육부령으로 정하는 경기대회의 참가를 허용하여서는 아니 된다.
② 학교의 장은 최저학력에 도달하지 못한 학생선수에게 별도의 기초학력보장 프로그램을 제공하여야 한다.
③ 최저학력의 기준 및 실시 시기에 필요한 사항과 기초학력보장 프로그램의 운영 등에 필요한 사항은 교육부령으로 정한다.
④ 다만, 「초ㆍ중등교육법」 제2조제3호에 따른 초ㆍ중ㆍ고등학교 또는 이에 준하는 학교에 재학 중인 학생선수가 제2항에 따른 기초학력보장 프로그램을 이수한 경우에는 그 참가를 허용할 수 있다.

18 스포츠 관련한 보기의 법령 내용 중 빈칸에 들어갈 말로 알맞은 것은?

> - 생활체육진흥법[2022.6.16.] 제7조 생활체육진흥에 관한 다음 각 호의 사업과 활동을 수행하게 하기 위하여 문화체육관광부장관의 인가를 받아 (㉠)를 설립한다.
> - 스포츠기본법[2022.6.16.] 제3조 7항(㉡)이란 회원의 정기적인 체육활동을 위하여 「(㉡)법」 제6조에 따라 등록을 하고 지역사회의 체육활동 진흥을 위하여 운영되는 법인 또는 단체를 말한다.

	㉠	㉡
①	국민체육진흥공단	스포츠클럽
②	국민체육진흥공단	대한체육회
③	국민생활체육회	스포츠클럽
④	국민생활체육회	대한체육회

19 스포츠 복지 정책과 관련하여 보기의 내용과 알맞게 짝지어진 것은?

> ㉠ '언제나, 어디서나, 누구나 함께 즐기는' 생활체육환경 조성을 위한 캐치프레이즈
> ㉡ 국민의 체력 및 건강 증진을 목적으로 측정 평가 및 운동상담 및 처방까지 해주는 복지 서비스
> ㉢ 스포츠인을 위한 모든 강의가 있는 곳으로 체육인재 양성을 위한 이론교육과 더불어 현장실습 및 체육관련 교양과정까지 배울 수 있는 플랫폼

	㉠	㉡	㉢
①	스마일100	국민체력100	K스포에듀
②	스마일100	맞춤형인증제	온누리스포츠
③	스포츠비전	국민체력100	K스포에듀
④	스포츠비전	맞춤형인증제	온누리스포츠

20 다음과 같은 평가 기법을 무엇이라고 부르는가?

축구 평가	미흡	보통	우수	탁월
드리블(30점)	21	24	27	30
슛(30점)	21	24	27	30
패스(30점)	21	24	27	30
규칙(10점)	7	8	9	10

	드리블	슛	패스	규칙	총점
김선수	27	24	27	10	88점
이선수	24	24	30	9	87점

① 루브릭
② 평정척도
③ 관찰법
④ 체크리스트

03 PART 스포츠심리학

01 스포츠 심리학의 하위 분야와 관련 연구 주제 중에 알맞지 않은 것은?

① 운동제어: 움직임의 생성과 조절에 대한 원리 연구
② 운동학습: 운동기술의 효율적 수행과 학습 연구
③ 운동심리: 전문운동선수들의 심리적 기술에 관한 연구
④ 운동발달: 인간의 생애에 걸친 운동 발달 과정 연구

02 일반화된 운동프로그램에서 가변 매개변수로만 이루어진 것은?

① 요소의 순서, 시상, 상대적 힘
② 요소의 순서, 힘의 총량, 선택된 근육군
③ 전체 동작시간, 시상, 상대적 힘
④ 전체 동작시간, 힘의 총량, 선택된 근육군

03 캐런의 팀구축모형에서 팀과정요인에 속하는 것이 아닌 것은?

① 개인적 희생
② 목표와 목적
③ 협동
④ 역할명료성

04 운동의 심리적 효과에 관련하여 다음 보기가 설명하는 이론은?

> 세로토닌, 노르에피네프린, 도파민 등의 신경전달물질이 생성되면서 작용을 하여 우리의 정서에 영향을 주거나 특히 우울증에 효과를 볼 수 있음

① 모노아민 가설
② 생리적 강인함 가설
③ 사회심리적 가설
④ 뇌 변화 가설

05 운동심리 이론 중 변화단계이론에서 보기의 단계에 속하는 것과 그 중재전략으로 올바른 것은?

> • 트레이너: 회원님 요즘엔 어떻게 운동을 하시나요?
> • 회원: 현재 주 1~2회 정도 운동을 하는 것 같아요, 다음주 부터 주3회 꾸준히 운동을 하려고 합니다.

① 관심단계: 실천에 대한 방법 강구해야함, 일과에 운동 시간을 포함
② 준비단계: 실질적 도움을 주어야함, 회비제공, 동료매칭, 시간조정, 목표설정
③ 실천단계: 퇴보하지 않게 조심해야함, 실천의 방해 요인 제거, 운동 계약 등
④ 유지단계: 유지 및 하락 조심, 운동 상황 대비, 웰빙 느낌 만들기, 멘토 역할 해보기

06 보기의 경우 사회적 태만 현상의 동기 손실 중 어떤 것에 속하는가?

> • 김 선수: 이번 단체전 정말 어렵게 이겼다. 컨디션이 좀 안 좋아 보이네 괜찮아?
> • 이 선수: 사실 단체전 끝나자마자 바로 개인전이 있다보니 조금 체력을 비축했던거야

① 할당전략
② 최소화전략
③ 무임승차 전략
④ 반무임승차 전략

07 다음은 니데퍼의 주의초점모형을 나타낸 표이다. 빈칸 친 부분의 주의 동작으로 올바른 것은?

폭과 방향	넓은 주의	좁은 주의
내적방향	계획	연습
외적방향	( )	집중

① 골프의 퍼팅에서 홀을 보고 준비
② 다이빙 전 내 동작의 이미지 그리기
③ 야구 스윙 전 과거 홈런을 회상하고 분석
④ 축구 역습 상황에서 패스할 동료 선수 파악

08 심상의 활용법 중 적절하게 설명한 것은?

① 심상 훈련 시 신체는 적절하게 각성 되어있어야 한다.
② 모든 감각을 동원하는 것 보다 중요한 감각에만 집중하는 것이 좋다.
③ 심상 훈련 중의 떠오른 이미지를 스스로 조절할 수 있어야 좋다.
④ 초기 단계에서는 쉬운 훈련보다는 난이도 있는 훈련으로 빠른 적응 및 효과를 목표로 한다.

09 목표설정의 원리 중 옳지 않은 것은?

① 목표는 구체적이고 긍정적인 것이 좋다.
② 결과목표와 과정목표를 함께 설정해야 한다.
③ 장기목표와 더불어 단기목표도 함께 세워야 한다.
④ 다소 실현하기 어렵더라도 어려운 목표를 세워야 한다.

10 다음 보기와 같은 불안 및 스트레스 관리기법을 설명하는 명칭은?

> 다양한 감지 장치로 인체의 반응(온도, 혈압, 근전도, 뇌파 등)을 모니터링하면서 스포츠 상황에서의 불안 및 스트레스 반응을 조절하는 연습법

① 바이오 피드백
② 점진적 이완
③ 신경자율훈련
④ 체계적 둔감화

11 다음과 같은 특징을 보이는 불안 이론은?

> • 생리적 각성 수준이 증가할 때 인지적 불안 수준 상태에 따라 수행 능력에 차이를 보인다.
> • 인지 불안이 낮을 때: 적정 수준 존재 (역U모양)
> • 인지 불안이 높을 때: 특정 수준에서 급격한 감소

① 욕구 이론
② 격변 이론
③ 심리에너지 이론
④ 최적수행지역 이론

12 피드백에 관련된 설명으로 옳지 않은 것은?
① 출처에 따라 내재적과 외재적 피드백으로 나눈다.
② 특정 범위를 벗어날 때 피드백을 주는 것을 수용범위 피드백이라고 한다.
③ 학습 후기로 갈수록 더욱 구체적으로 피드백하고 상대빈도도 높이는 것이 좋다.
④ 동작에 대한 질적 정보를 제공하는 것은 수행지식, 양적정보를 제공하는 것은 결과지식이라고 한다.

13 데시의 인지평가 이론에서 강조하는 인간의 4가지 전제에 포함되지 않는 것은?
① 자결성　② 유능성
③ 통제성　④ 보상성

14 와이너의 귀인 이론에 따라서 보기에 상황에 해줄 수 있는 가장 적절한 귀인으로 옳은 것은?

> 3개월간 배드민턴 레슨을 열심히 들었던 수강생이 처음 나간 동호인 대회에서 좋은 성적을 내지 못했을 때

① "운이 없었던 것 같아요."
② "기본기랑 체력이 부족한 것 같아요."
③ "제가 조금 더 잘 알려드렸어야 했어요."
④ "조금 더 꾸준히 배우시면 잘 하실 거에요."

15 일반상담과 심리기술훈련의 차이점에 대해 올바르게 서술한 것은?
① 일반상담은 선수의 심리 상태를 조절하여 최상 수행을 발휘하도록 하는 것을 의미한다.
② 심리기술훈련은 경기력 향상을 목표로 두나 대상자의 인간적 성장을 위한 상담도 가능하다.
③ 상담에서는 자화, 목표설정, 심상, 루틴, 사고조절 등의 방법을 활용한다.
④ 심리기술훈련은 도움이 필요한 사람의 생활과제 해결과 행동 및 감정 측면의 성장을 돕는 과정이다.

16 캐런(Carron)의 홈어드밴티지의 주요 특징에 대한 설명으로 옳지 않은 것은?
① 규모가 큰 팀이 작은 팀보다 영향을 작게 받는다.
② 기술 수준이 높은 선수는 홈에서 향상된 수행을 보인다.
③ 관중의 기대 정도는 결승전에서 유리한 작용을 한다.
④ 관련 요인으로는 선수요인, 팀요인, 관중요인이 있다.

17 다음 보기와 관련된 칙센트미하이의 몰입이론의 선행조건은?

> • 몰입은 인간이 완전히 몰두하였을 때 느끼는 전체적인 감정이나 기분을 말한다.
> • 신체활동에 참여할 때 느끼는 최상의 경험과 만족감을 몰입이라고 할 수 있다.
> • 몰입에는 (㉠)과 (㉡)의 선행조건이 있다.

	㉠	㉡
①	도전감	유쾌함
②	도전감	숙련도
③	편안함	유쾌함
④	편안함	숙련도

18 보기에 대화에서 알 수 있는 내용이 아닌 것은?

> • 김 선수: 나는 대회 당일까지도 긴장되지 않는데 꼭 경기장에 들어올 때만 조금 떨려
> • 박 선수: 그 정도야 뭐, 나는 어제 잠도 못 잤는걸, 대회가 뭐라고 이렇게 떨리는 걸까

① 김선수는 현재 상태불안을 느낀다.
② 박선수는 평소 특성불안이 있는 편이다.
③ 김선수는 경쟁불안이 높을 것으로 예상된다.
④ 박선수는 시합불안이 높을 것으로 예상된다.

19 다음과 같은 파지검사 수행에 대한 설명으로 옳지 않은 것은?

조건 : 20m 콘 드리블 후 체스트 패스하며 하프코트로 이동한 뒤 좌,우측 레이업 슛 성공의 시간을 측정한다.					
	1차	2차	3차	4차	5차
1차검사	32초	27초	24초	23초	23초
2차검사	26초	24초	23초	23초	23초

① 절대파지점수는 26초이다.
② 상대파지점수 중 차이점수는 6초이다.
③ 상대파지점수 중 백분율점수는 33.3%이다.
④ 상대파지점수 중 저장점수는 3시행이다.

20 다음 보기에서 설명하는 피드백이 올바르게 연결된 것은?

> • (㉠)피드백: 초보자에게 유용, 움직임 패턴에 관련된 기본적 학습정보 발달에 도움
>   예시) 팔을 손 보다 빠르게 움직여라
> • (㉡)피드백: 숙련자에게 유용, 움직임 패턴에 관련된 기본적 학습정보 적용에 도움
>   예시) 빠르게 스윙해라

	㉠	㉡
①	프로그램 피드백	매개변수 피드백
②	매개변수 피드백	기술 피드백
③	기술 피드백	처방 피드백
④	처방 피드백	프로그램 피드백

PART 04 한국체육사

01 체육사적 시대구분에 대한 설명으로 옳지 않은 것은?

① 고대, 중세, 근대의 3분법이나 현대를 추가한 4분법을 쓰기도 한다.
② 강화도 조약(1876년)을 기준으로 전통체육과 근대체육으로 나눌 수 있다.
③ 전통체육은 무예로서의 체육이라면 근대체육은 교육입국조서를 통한 학교교육에서 비롯된 체육이다.
④ 시대구분은 역사가에 관점에 의해 설정된 것으로 주관적인 해석에 대한 비판적 안목도 필요하다.

02 다음 보기를 읽고 해당 시대의 특징에 대하여 설명한 것 중 옳지 않은 것은?

> "언제나 5월 파종이 끝나면 귀신에게 제사한다. 사람들이 무리를 지어 노래하고 춤추며 밤낮으로 쉬지 않는다."
> - 『삼국지』 「위지동이전」 마한조

① 국가별로 제천행사가 벌어졌다.
② 수렵과 채집 위주의 생활을 하였다.
③ 일종의 성인식과 같은 성년 의식이 존재했다.
④ 생존이 중요하여 놀이 형태의 유희는 보이지 않았다.

03 다음과 같은 내용에 부합하는 사관(史觀)으로 적절한 것은?

> 일제의 식민지 지배로 우리나라의 스포츠가 근대화되었다는 주장에는 한계가 있다. 일제의 여러 체육 정책들은 근대적 모습을 보이고 있었던 것은 사실이나 그 목적에는 우리나라의 우민화하고 회유시키기 위함이 더 컸다. 우리나라는 이런 식민지 정책에 대항하여 민족의 자율성과 주체적 발전을 강조하며 체육 문화를 이어 온 것이다.

① 유물론적 사관
② 순환론적 사관
③ 민족주의 사관
④ 관념론적 사관

04 보기에서 설명하는 민속놀이는 어느 것인가?

> • "종실과 관원들을 초청하여 연회할 때 채붕을 매어 산같이 만들고, 수를 놓은 장막과 집 휘장을 둘러치고 그 가운데는 이것을 매어 무늬 놓은 비단과 채색 꽃으로 꾸몄다" - 『고려사』 열전 최이전
> • 주로 단오절에 가장 많이 행하여졌으며 젊은 여성의 유희로 인기가 있었다.

① 석전
② 추천
③ 격구
④ 풍연

05 조선시대 무과제도에 대한 설명으로 옳지 않은 것은?

① 정규시험과 비정규시험(증광시, 별시)이 존재하였다.
② 3단계의 시험으로 치뤄졌으며 초시(190명)-복시(28명)-전시(28명)로 이루어졌다.
③ 무관의 자손이나 향리 등이 응시를 많이 하였으며, 후기에 가서는 일부 서얼까지 응시할 수 있었다.
④ 궁술, 마술, 총술의 실기 위주의 시험으로 실시했으며 합격한 후 훈련원에서 병법을 배웠다.

06 조선시대에는 서민들의 민속놀이와 오락이 많이 성행하였다. 그 중 이름과 설명으로 알맞게 짝지어진 것은?

① 석전: 외바퀴 수레로 싸우는 놀이로 길흉화복을 점침
② 풍연: 연날리기로서 군사적·유희적 성격을 띠고 있음
③ 차전: 그네뛰기로서 주로 여성들이 단오절에 많이 즐김
④ 격방: 말을 타고 하는 하키로서 서민이 가장 즐겨함

07 다음은 체조와 관련된 도서나 방침이다. 관련된 역사적 사실이 올바르지 않은 것은?

① 활인심방: 이황 제작, 치료보다는 예방이 목적인 일종의 보건체조의 성격이 강했다.
② 신체조교수서: 휘문의숙 체육교사 이기동 제작하였으며 체조연구회를 조직하였다.
③ 신편유희법: 휘문의숙 체육교사 조원희가 제작하였으며 근대식 학교체조 보급에 힘을 썼다.
④ 학교체조교수요목: 1914년 제정, 체조와 교련과목을 보통체조와 병식체조로 변경하였다.

08 개화기 시대의 체육에 대한 설명으로 옳지 않은 것은?

① 태동기-수용기-정립기로 시대를 구분할 수 있다.
② 태동기에는 원산학사와 같은 일반학교에 체조가 필수로 지정되었다.
③ 서구스포츠가 도입이 되고 운동회와 체육구락부가 활성화되기 시작했다.
④ 각종 학교가 설립되었고 학교마다 체조 과목을 편성하거나 과외활동으로 체육을 편성하였다.

09 보기와 같은 시대에 우리나라에 도입된 스포츠가 아닌 것은?

> • 교육체계 속 체육의 위상이 정립되었던 시기
> • 체육의 개념 및 가치의 근대적 각성을 이룬 시기
> • 각종학교가 만들어졌으며 근대적인 체육 및 스포츠 문화의 발달을 주도함

① 야구
② 농구
③ 역도
④ 유도

10 다음 보기는 일제강점기의 시대별 특징을 설명한 것이다. 역사적 순서대로 바르게 나열한 것은?

> ㉠: 일제의 효율적 지배를 위한 각 종 회유정책을 실시하였으며 각종 운동경기 개최를 통하여 경쟁심과열 조장 및 민족의 이간을 하려 하였다.
> ㉡: 한반도의 대륙 침략 기지화를 하려했던 시기로 전시체제를 위한 군사훈련을 강화하고 각종 체육단체를 해산 및 억압하였다.
> ㉢: 조선인의 자주성을 박탈하고 우민화시키고자 하였으며 일본군을 체조교원 채용하고 병식체조를 서전체조로 대치하였다.

① ㉠-㉡-㉢
② ㉠-㉢-㉡
③ ㉢-㉠-㉡
④ ㉢-㉡-㉠

11 다음 보기와 관련된 인물로 알맞게 고른 것은?

> • 체육은 국가운명이다.
> • 신체는 뿌리요 정신은 가지이다.
> • 5가지 체육발전 태극학보-"체육론"

① 문일평
② 노백린
③ 서상천
④ 이종태

12 다음 보기에서 설명하는 체육단체의 이름으로 적절한 것은?

> • 1920년 창립되었으며 대한체육회의 전신이다.
> • '조선체육협회'에 대응하여 조직되었으며 조선인의 체육 지도 및 장려와 발전을 도모하였다.
> • 체육에 관한 연구 및 도서 발행도 실시하였다.

① 조선체육회
② 관서체육회
③ 대한체육구락부
④ 대한민국체육회

13 다음 보기의 시대에서 시행한 정책으로 옳지 않은 것은?

> • 스포츠 혁명 정도의 체육의 급성장을 가져온 시기
> • 국가주의와 엘리트 위주의 체육이라는 한계점 존재
> • "강인한 체력은 바로 국력이다"
> -제47회 전국체육대회 대통령 치사

① 국민재건체조 제정
② 국민체육진흥법 공포
③ 국민체육진흥공단 설립 구성
④ 국민체육심의위원회 구성

14 우리나라의 올림픽 참여 역사와 관련한 설명으로 옳지 않은 것은?

	1948년 스위스 생모리츠 동계올림픽
①	최초로 우리나라 국호로 참여한 올림픽이다.
	1952년 핀란드 헬싱키 하계올림픽
②	한국전쟁 중으로 올림픽에 참여하지 못하였다.
	1976년 캐나다 몬트리올 하계올림픽
③	레슬링의 양정모 선수가 대한민국 최초로 금메달을 획득하였다.
	2000년 호주 시드니 하계올림픽
④	남북한이 '코리아'라는 명칭으로 최초로 함께 입장하였다.

15 다음 보기의 남북한에 관련된 체육사적 사건을 일어난 연도에 따라 알맞게 나열한 것은?

> ㉠ 남북 단일팀 기본 합의서를 채택하였다.
> ㉡ 올림픽에 남북한이 최초로 공동입장하였다.
> ㉢ 올림픽에서 남북공동 여자하키팀을 구성하였다.

① ㉠-㉡-㉢
② ㉠-㉢-㉡
③ ㉡-㉠-㉢
④ ㉡-㉢-㉠

16 보기에 해당하는 여성 스포츠인이 바르게 연결된 것은?

> ㉠ • 1973년 세계탁구선수권대회에서 김순옥, 박미라, 정현숙과 함께 대한민국 구기 종목 사상 처음 단체전 금메달 획득한 선수
> • 최초의 여성 체육 훈장 수여자이며 체육행정가로 활동하면서 17대 태릉선수촌장을 역임함.
> ㉡ • 1998년 LPGA 투어에 참가하여 첫 해에 LPGA 챔피언십과 US 여자 오픈에서 우승함.
> • IMF로 실의에 빠진 국민들에게 악전고투 끝에 우승하는 모습으로 큰 힘을 북돋아주었음.

	㉠	㉡
①	이에리사	박세리
②	이에리사	김미현
③	현정화	박세리
④	현정화	김미현

17 보기에 해당하는 인물은?

> • 1989년 에베레스트(8,848m) 등반
> • 2009년 빈슨매시프(4,897m) '7대륙 최고봉 완등'
> • 2021년 '세계최초 히말라야 8,000m 이상 14개봉을 등정한 장애인' - 하산 도중 실종
> • 2021년 체육훈장 청룡장, 올해의 '스포츠영웅' 선정

① 허영호
② 강기석
③ 김홍빈
④ 엄홍길

18 다음 보기에서 설명하는 단체의 특징으로 옳지 않은 것은?

> "서로 도의를 닦고, 서로 가악(歌樂)으로 즐겁게 하며, 명산과 대천(大川)을 찾아 멀리 가보지 아니한 곳이 없으며 …『삼국사기』중

① 신라 시대의 청소년으로 조직된 심신 수련 및 교육 단체이다.
② 교육방법으론 입산수행과 명산대첩을 다니며 수련하는 편력이 있었다.
③ 유,불,도를 통합하는 삼이의 정신과 원광의 세속오계를 따랐다.
④ 국가에 의해 정식 제정되지는 않았지만 전국적으로 성황리에 행해졌다.

19 한국체육사의 시대별로 행해진 활쏘기 내용으로 옳지 않은 것은?

① 삼국시대: 활 쏘는 능력으로 인재를 등용하는 궁전법이 존재하였다.
② 고려시대: 유교의 6예 중 하나로 향촌의 법도와 문화를 세우고자 향교에서 향사례를 실시했다.
③ 조선시대: 서유구 농촌경제서인 <임원경제지>에서도 활쏘기 과학적 방법을 설명하고 있다.
④ 일제강점기: 총의 도입과 더불어 활쏘기 능력도 겸비하기 위해 진흥 정책을 추진했다.

20 우리나라의 동계 올림픽 참여 역사와 관련하여 올바르지 않은 것은?

① 1948년 생모리츠 동계올림픽에 우리나라의 국호로 최초 참가하였다.
② 1992년 알베르빌 동계올림픽 시범종목인 쇼트트랙에서 첫 금메달을 획득하였다.
③ 2010년 벤쿠버 동계올림픽에서 이상화와 김연아가 쇼트트랙이 아닌 종목에서 금메달을 따며 활약하였다.
④ 2018년 평창 동계올림픽에서 남북공동 여자하키팀을 결성하여 경기에 참여하였다.

05 운동생리학

01 보기에서 설명하는 운동생리학의 기초 용어로 올바르게 짝 지어진 것은?

> ㉠ 일시적 운동에 의한 신체의 일시적 변화
> ㉡ 장기적이고 규칙적인 운동에 의한 신체의 반영구적 변화

	㉠	㉡
①	반응	적응
②	반응	항상성
③	적응	반응
④	적응	항상성

02 보기는 트레이닝의 원리 중 어느 것에 속하는가?

> • 트레이닝을 할수록 운동의 질적인 측면과 양적인 측면을 늘려가야 한다.
> • 질적요소에는 형태나 강도, 양적요소에는 시간, 빈도 기간 등이 포함된다.

① 과부하
② 점진성
③ 반복성
④ 다양성

03 프로 마라톤 선수의 생리적 특성에 대해 유추할 때 가장 적절하지 않은 것은?

① 다른 종목의 선수보다 모세혈관의 밀도가 높을 것이다.
② 근세포 내 마이오글로빈의 함유량이 높을 것 같다.
③ 해당 효소(PFK)의 능력이 매우 발달해있을 것 같다.
④ 에너지효율성과 피로의 내성이 매우 좋을 것 같다.

04 다음 중 정맥혈 회귀량을 조절하는 요인으로 가장 적절하지 않은 것은?

① 호흡펌프
② 근육펌프
③ 정맥혈관의 수축
④ 중력에 의한 작용

05 신경과 관련된 기관 중 보기의 설명에 알맞게 짝지어진 것은?

> ㉠: 골격근 내부에 위치하여 근육에 급격한 신전이 일어나면 반사적 근육 활동을 촉발하는 역할
> ㉡: 근육의 끝(힘줄, 건)에 위치하여 과도한 장력이 발생하면 주동근의 수축을 억제하는 역할

	㉠	㉡
①	골지건기관	근방추
②	골지건기관	감각수용기
③	근방추	감각수용기
④	근방추	골지건기관

06 보기의 운동 상황별 주로 사용하고 있는 에너지 대사를 알맞게 짝지은 것은?

> ㉠: 약 10m의 도움닫기 후 도약하는 높이뛰기
> ㉡: 400M 달리기에서 마지막 직선주로 구간
> ㉢: 10,000M 장거리 달리기에서 중후반 구간

	㉠	㉡	㉢
①	ATP-PCr	해당과정	유산소시스템
②	ATP-PCr	유산소시스템	해당과정
③	해당과정	ATP-PCr	유산소시스템
④	해당과정	유산소시스템	ATP-PCr

07 지구성 트레이닝 후의 일어나는 신체적 변화에 대해 정확히 말한 사람을 모두 고른 것은?

> • 김선수: 조직의 산소추출능력 향상으로 최대산소섭취량과 최대동-정맥산소차가 증가하게 돼
> • 이선수: 미토콘드리아 수와 크기도 증가하지
> • 박선수: 근육은 주로 속근 섬유가 발달하고 근비대로 인한 근력 향상을 가져오기도 해
> • 최선수: PFK나 CK 같은 효소의 활성도도 증가하지

① 박선수, 최선수
② 김선수, 박선수
③ 이선수, 최선수
④ 김선수, 이선수

08 다음 보기는 유산소 에너지 대사 과정을 나타낸 도표이다. 이 중 빈칸에 들어갈 알맞은 말은?

> 1. (㉠)은 먼저 해당과정을 통해 피루브산으로 바뀐다.
> 2. 피루브산은 아세틸조효소A로 변한 다음 (㉡)의 내부로 이동한다.
> 3. 크렙스회로와 전자전달계라는 복잡한 과정에서 많은 ATP를 생성할 수 있다.

	㉠	㉡
①	탄수화물	미토콘드리아
②	탄수화물	세포핵
③	지방	미토콘드리아
④	지방	세포핵

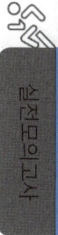

09 보기는 운동신경에서의 신경전달과정이다. 다음 빈칸에 들어갈 말로 알맞은 것은?

> 1. 운동 신경의 말단 부위에서 (㉠)이 방출된다.
> 2. 근섬유(세포)에 활동전위(탈분극)가 발생한다.
> 3. 근형질세망에서 (㉡)이 분비된다.
> 4. ATP 분해에 따라 근수축을 한다.

	㉠	㉡
①	아세틸콜린	K^+(칼륨이온)
②	에피네프린	K^+(칼륨이온)
③	아세틸콜린	Ca^{2+}(칼슘이온)
④	에피네프린	Ca^{2+}(칼슘이온)

10 수중환경에서의 운동생리적 반응 현상에 대한 설명으로 옳지 않은 것을 고르면?

① 교감신경의 활동 감소가 일어난다.
② 대부분의 최대운동 및 무산소 능력이 감소한다.
③ 찬물 입수 즉시 대사량이 감소했다가 다시 증가한다.
④ 혈액 재분배 과정으로 생리적 방뇨 현상이 일어난다.

11 다음 중 빈칸에 들어갈 호르몬과 특징을 고르시오.

> 부신피질에서 생성되는 2가지 대표적 호르몬
> - 코티졸: 조직에서의 유리지방산 동원 촉진 및 지방에너지 사용을 확대한다.
> -( ):_____

① 알도스테론: 간의 당원분해와 지방의 지질분해를 촉진하여 혈당을 증가시키는 역할
② 알도스테론: 세포 외액의 전해질 균형 유지의 역할로 신장의 Na^+의 재흡수 촉진 및 탈수 방지
③ 항이뇨호르몬: 신장에서 수분을 흡수하여 수분 손실을 예방하고 근수축을 통한 혈압상승역할
④ 항이뇨호르몬: 조직에서의 아미노산 섭취를 촉진하고 단백질을 합성하여 장골의 성장을 자극

12 심전도에 대한 설명으로 옳지 않은 것은?

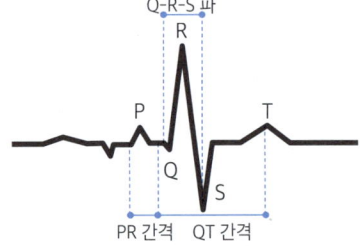

① P-Q 구간은 방실흥분 전달기이다.
② Q-R-S의 구간은 심방에 자극이 전달되어 수축을 한다.
③ S-T 구간은 전기적 등위성으로 특별한 반응을 하지 않는 구간이다.
④ Q-T 구간은 전기적 심실수축의 한 사이클이다.

13. 운동 시 호흡이 늘어나는 원인이 아닌 것을 고르면?

① 대뇌피질이나 변연계의 자극에 따라
② 관절이나 근육의 수용체의 자극에 따라
③ 심박수 증가에 따른 정맥 환류량 증가에 따라
④ 혈중 이산화탄소와 수소이온의 농도 증가에 따라

14. 산소-헤모글로빈의 해리곡선의 우측 이동요인을 설명한 것 중 올바르지 않은 것은?

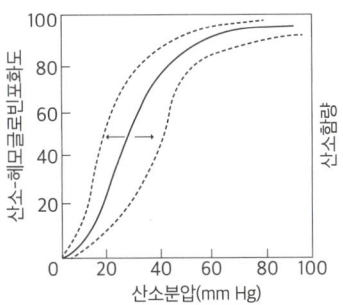

① 고강도의 운동에서 주로 일어날 수 있다.
② pH 수준이 감소하면 우측으로 이동한다.
③ 헤모글로빈의 산소친화력이 낮아질 때 이동한다.
④ 낮은 체온에서 우측으로 이동한다.

15. 심장의 흥분성자극이 전도되는 순서로 올바른 것은?

① 동방결절-방실결절-히스속-퍼킨제 섬유
② 동방결절-방실결절-퍼킨제섬유-히스속
③ 방실결절-동방결절-히스속-퍼킨제 섬유
④ 퍼킨제 섬유-히스속-동방결절-방실결절

16. 근수축 종류에 따른 특징을 다르게 서술한 것은?

① 단축성 수축에서는 수축속도를 빠르게 할수록 많은 힘을 생성할 수 있다.
② 신장성 수축은 근육의 길이가 길어지면서 힘을 발휘한다.
③ 등속성 수축은 근육의 길이는 변하지만 속도가 일정한 운동 형태이다.
④ 등척성 수축은 길이의 변화없이 수축상태를 유지하는 정적 수축을 의미한다.

17. 다음에서 설명하는 신체 기관은?

- 우리 몸의 평형과 운동 및 자세를 제어함
- 골격근의 활동을 조정하며 피드백 기구로 작용함

① 대뇌
② 간뇌
③ 소뇌
④ 뇌간

18. 다음 중 운동과 관련된 체력요소가 아닌 것은?

① 민첩성
② 순발력
③ 스피드
④ 유연성

19 지구성 트레이닝 후 1회 박출량 증가요인과 세부 내용이 알맞게 이어지지 않은 것은?

① 이완기말용적의 증가나 수축기말용적의 감소에 기인한다.
② 이완기말 용적의 증가요인으로는 심실비대와 총 혈액량 증가 등이 있다.
③ 수축기말 용적의 감소요인으로는 심실벽 두께 증가, 혈액의 충만 시간 증가 등이 있다.
④ 1회 박출량의 증가는 상대적으로 동일 강도에서 심박수의 저하를 가져 온다.

20 보기는 산-염기 조절에 관련된 내용이다. 빈칸에 들어갈 말로 알맞게 짝 지은 것은?

> 운동 시 증가한 수소이온(H^+)으로 인해 산성화가 이루어지는데 이에 대한 (㉠)의 완충작용으로 대사산물을 물과 (㉡)으로 완전히 분해할 수 있다.

	㉠	㉡
①	중탄산염(HCO_3^-)	이산화탄소(CO_2)
②	중탄산염(HCO_3^-)	산소(O_2)
③	피루브산염($C_3H_4O_3^-$)	이산화탄소(CO_2)
④	피루브산염($C_3H_4O_3^-$)	산소(O_2)

PART 06 운동역학

01 운동역학에서 사용하는 물리량의 개념 중 스칼라 물리량으로만 이루어진 것은?

① 길이, 속력, 질량
② 거리, 속도, 힘
③ 길이, 운동량, 충격량
④ 거리, 속력, 힘

02 다음의 운동 수행 동작은 인체역학적으로 어떤 동작에 속하는가?

> 뜀틀 도약 후 몸을 굽힌 자세로 앞방향의 2회전 기술

① 좌우축을 기준으로 전후면 상의 운동이다.
② 좌우측을 기준으로 수평면 상의 운동이다.
③ 수직축을 기준으로 수평면 상의 운동이다.
④ 전후축을 기준으로 좌우면 상의 운동이다.

03 운동역학의 목적으로 옳지 않은 것은?

① 운동 시 일어나는 스포츠 손상의 최소화
② 운동 참가자의 경기력 향상과 인간성 향상
③ 운동역학적 원리의 일반 사회 현상의 활용
④ 동작기술의 분석 및 경기력 향상을 위한 활용

04 보기는 무게중심과 안정성에 관한 대화이다. 다음 중 옳게 말한 사람으로 모두 고른 것은?

> - 기춘: 이번 대회에서 아쉽게 안다리 기술에 걸려 한판패를 당해버렸어
> - 원희: 그럴 땐 자세를 낮추는 것이 무게중심이 낮아 유리해
> - 바울: 무게중심이 몸 안에 있을 때도 잘 넘어질 수 있어, 상대방이 기술을 걸 때 무게중심을 몸 밖으로 둬봐
> - 창림: 순간적으로 다리를 넓게 벌려 기저면을 넓혀봐, 그럼 안정성이 올라갈거야
> - 구함: 체급 내에서 무게가 너무 나가니 동작이 어려워서 그럴 거야, 다음 대회에는 체중을 좀 줄여 나가봐

① 원희, 창림
② 바울, 구함
③ 원희, 창림, 구함
④ 바울, 창림, 구함

05 투사체 운동에 대한 설명으로 옳지 않은 것은?

① 전체 운동의 형태는 수직성분과 수평성분에 의해 결정된다.
② 수직성분은 중력이 있으며 이로 인해 등속운동을 하다가 지면에 떨어진다.
③ 수평성분은 투사 시에 생성된 초기 속도이며 비행거리에 큰 영향을 미친다.
④ 투사궤도에 영향을 미치는 요인으로 크게 투사각도, 투사속도, 투사높이가 있다.

06 다음 보기 상황을 통해 힘의 특징을 설명한 것 중 옳지 않은 것은?

> 80kg의 육상선수가 스타트하여 5초 동안 달렸을 때 가속도는 8m/s² 였다.

① 작용한 힘의 크기는 640kg·m/s²으로 힘의 단위로 표현하면 640N이다.
② 지면반력은 벡터의 물리량으로 크기 대신 방향을 갖고 합성과 분해가 가능하다.
③ 선수가 만들어낸 근력으로 지면을 밀면 이에 대한 반작용으로 몸이 가속하게 된다.
④ 출발 시에 안정성이 가용한 범위까지 상체를 앞으로 기울이면 수평성분이 증가하여 유리하다.

07 다음 보기의 상황을 운동학적으로 분석하였을 때 적절하지 않은 것은?

> - 야구 경기 중 타자는 잘 맞은 타구와 자신의 빠른 발을 이용하여 장내홈런을 만들었다.
> - 홈에서 각각의 루를 돌아 다시 홈까지 돌아오는 직선거리는 약 110m이다.
> - 홈까지 돌아오는데 걸리는 시간은 15초가 소요되었다.
> ※ 장내홈런≒인사이드더파크홈런

① 선수가 이동한 변위는 0m이다.
② 선수는 약간의 곡선으로 달리기 때문에 이동한 거리는 110m 이상일 것이다.
③ 선수의 이동한 거리를 어림잡아 120m로 계산했을 때 선수의 속도는 8m/s 이다.
④ 선수는 타격한 후 1루까지 양의 가속도 변화를 보인다.

08 운동에 종류에 대한 설명으로 옳은 것은?

① 병진운동은 이동하는 물체의 위치가 똑같이 변화하는 운동으로 철봉의 대차돌기를 예로 들 수 있다.
② 회전운동에는 곡선운동이 포함되며 활강하는 스키어가 그 예이다.
③ 복합운동은 병진운동과 회전운동이 결합된 형태이나 실제 상황에서는 거의 일어나기 어렵다.
④ 직선운동은 등속운동과 등가속운동으로 분류할 수 있다.

09 인체 구조의 특징 중 보기와 같은 형태의 지레에 대한 설명과 예시로 옳은 것은?

> - 힘점이 받침점과 작용점 사이에 위치한다.
> - 인체 움직임에 대부분이 여기에 속한다.

① 1종 지레의 형태이다.
② 역학적 이점이 1보다 항상 크다.
③ 힘보다 속도와 거리에서 유리한 작용을 한다.
④ 인체동작에서는 발뒤꿈치를 들고 서있는 동작이다.

10 각운동의 각도에 대해 표현할 때 주로 사용하는 단위가 아닌 것은?

① 라디안(rad)
② 파이(π)
③ 세타(θ)
④ 뉴턴(N)

11 다음 중 작용하는 힘의 형태가 다른 것을 고르면?

① 공중에 있는 다이빙 선수가 수면으로 떨어질 때
② 회전하며 날아가는 공이 마그누스 힘에 의해 휘어질 때
③ 떨어진 공이 반력의 힘으로 공중으로 튀어 오를 때
④ 벤치프레스 동작으로 바벨을 최대높이까지 올릴 때

12 다음은 뉴턴의 운동 법칙 중 어떤 것에 대한 설명인가?

> • 물체의 속도는 작용한 힘의 크기에 따라 달라진다.
> • 수영의 스트로크와 킥 동작에 의해 생긴 힘은 속도를 변화시킨다.

① 제0법칙 평형의 법칙
② 제1법칙 관성의 법칙
③ 제2법칙 가속도의 법칙
④ 제3법칙 작용반작용의 법칙

13 다음은 충격량에 대한 설명이다. 이 중 옳지 않은 것을 고르면?

① 충격량은 운동량의 변화량으로 설명할 수 있다.
② 충격량은 충격력과 시간의 곱으로 표현할 수 있다.
③ 충격량이 동일할 때 충격력과 접촉시간은 비례 관계이다.
④ 공을 글러브로 받는 동작은 시간을 길게하여 충격력을 감소시키기 위한 동작이다.

14 다음 보기에 해당하는 동작이 아닌 것은?

> 스포츠 상황에서 관성모멘트의 변화는 동작에 큰 변화를 준다. 특히 각운동량이 일정한 상태에서 관성모멘트를 줄이는 동작이 그 예이다.

① 다이빙에서 도약 시 팔, 다리를 쭉 펴는 레이아웃 동작
② 야구 스윙 시 배트를 몸 쪽에 가깝게 하고 몸을 회전하는 동작
③ 뜀틀 동작에서 손짚고 도약 후에 무릎을 팔로 잡아 몸을 동그랗게 만드는 동작
④ 해머던지기 동작에서 원심력에 이기고자 상체를 뒤로 비스듬히 젖히는 동작

15 다음에서 설명하는 힘의 종류로 알맞은 것은?

> 물체가 유체 안에서 움직일 때 반대 방향으로 작용하여 운동을 방해하는 힘이다.

① 중력
② 항력
③ 반력
④ 양력

16 힘과 관련된 내용 중 옳지 않은 것은?

① 힘의 단위는 N(뉴턴)이다.
② 힘의 3요소는 크기, 방향, 각도이다.
③ 힘은 질량과 가속도의 곱으로 표현할 수 있다.
④ 힘은 작용하면 짝의 힘으로 반작용이 존재한다.

17 영상분석을 통한 동작 기술을 분석할 때 특징으로 옳지 않은 것은?

① 영상분석 결과의 사용 방법에 따라 정성적·정량적 분석이 모두 가능하다.
② 2차원 분석은 카메라 1대로도 가능하며 동작의 모습이나 관절 각도 등을 쉽게 알 수 있다.
③ 3차원 분석은 카메라 2대가 필요하며 3차원 공간 상의 신체의 위치나 분절의 특성을 분석할 수 있다.
④ 근력, 각도, 속도, 거리 등 인체 운동의 다양한 정보를 직접 추출 해낼 수 있는 장점이 있다.

18 덤벨 암컬 동작에 대한 설명으로 옳은 것을 고르면?

① 덤벨을 드는 동작은 음의 일이라고 한다.
② 팔꿈치 관절은 가동관절 중 중쇠관절에 속한다.
③ 덤벨을 드는 동작에서 근육은 단축성 수축을 한다.
④ 팔꿈치 관절의 각도가 180도 일 때 가장 큰 토크가 생성된다.

19 야구의 투구 동작에 대한 역학적 설명으로 옳지 않은 것은?

① 옆으로 서서 던지는 이유는 신체를 회전하면서 운동량을 생성하기 위함이다.
② 발을 앞쪽으로 옮겨 딛는 동작은 몸 전체의 선속도를 증가시키기 위함이다.
③ 강하게 공을 던지기 위해선 신체의 각 분절이 동시에 가속해야 한다.
④ 신체 각 분절에서 생성된 힘은 마지막 순간에 공으로 전이된다.

20 다음 레그익스텐션 동작에서 근육이 발휘해야 하는 힘을 올바르게 계산한 것은?

1. 하지와 기구의 저항 무게의 합은 100N이다.
2. 축에서 무게중심까지의 거리는 20cm 이다.
3. 축에서 힘 작용점(슬개건 하단)까지 5cm 이다.

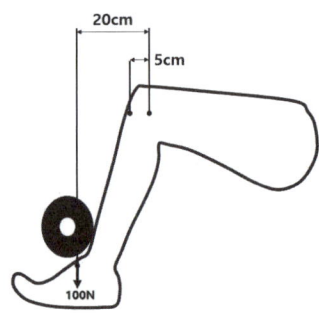

① 400N
② 600N
③ 800N
④ 1,000N

07 스포츠윤리

01 다음 보기에서 설명하는 스포츠윤리의 이론적 토대를 알맞게 짝지은 것은?

> ㉠: 개인적 특성, 사회 규범, 실천의 자율성, 특정 사회나 직업의 도덕
> ㉡: 착하다, 바람직하다와 같은 의미, 도덕적인 좋은 상태를 의미함
> ㉢: 개인 심성이나 양심, 덕행, 사회적 기대, 일반적인 행동관습

	㉠	㉡	㉢
①	도덕	윤리	선
②	도덕	선	윤리
③	윤리	도덕	선
④	윤리	선	도덕

02 다음 보기의 대화에서 밑줄 친 규정의 대답 윤리적 판단의 어떤 분류에 속하는가?

> • 태일: 방금 전 우리나라의 경기는 정말 멋졌어! 특히 마지막 순간에 역전하는 모습이 정말 대단하더라.
> • 규정: 나는 상대방이 아깝게 지긴 했어도 <u>경기가 끝난 뒤엔 서로 간에 인사는 꼭 해야 된다고 생각해.</u>

① 사실에 대한 판단
② 사리분별에 관한 판단
③ 미적 요소에 대한 판단
④ 도덕적 요소에 대한 판단

03 다음 보기의 사례에서 말하는 도덕원리 검토방법을 활용한 사례로 올바른 것은?

> • 동윤: 저렇게 축구경기에서 이기고 있다고 고의적으로 경기를 지연시키는 행동에 대해서 어떻게 생각해?
> • 태순: 나는 그럴 때 역할교환의 원리에 따라 검토하면 좋을 것 같아.

① 무엇보다도 경기를 지연시키는 행동은 스포츠맨십에 어긋나는 것이다.
② 경기 중에 이기고 있다고 해도 이런 고의 지연 전술을 하지 않는 다른 팀들도 많이 있다.
③ 반대로 경기에 지고 있는 중에 상대팀이 고의 지연 전술을 사용한다면 똑같이 느낄 것이다.
④ 축구 경기에서 한 점이라도 이기고 있는 모든 팀이 고의 지연 전술을 쓴다면 아무도 축구를 보려하지 않을 것이다.

04 다음은 레스트가 주장한 도덕성 요소에서 어떤 것에 관련된 내용인가?

> 유혹에 저항하고 자신의 신념을 실천할 수 있는 능력

① 도덕적 품성화
② 도덕적 판단력
③ 도덕적 동기화
④ 도덕적 민감성

05 다음 중 카이요와가 분류한 놀이 체계로 짝지어진 것은?

① 아곤, 아레테, 알레아, 이링크스
② 아곤, 미미크리, 알레아, 이링크스
③ 아곤, 아레테, 에토스, 로고스
④ 에토스, 로고스, 파토스, 이링크스

06 다음 보기에서 밑줄 친 부분에 해당되는 규칙으로 올바르게 짝지어진 것은?

> • 선수: 감독님 오늘 친선경기는 어떻게 진행되나요?
> • 감독: 오늘은 ㉠ 전, 후반 30분씩 진행하고 쉬는 시간은 전반전 마치고 10분 동안 갖게 될거야, 특히 오늘은 친선경기라 따로 심판이 없이 상대방 감독님과 내가 지켜볼게, ㉡ 심한 태클이나 반칙은 우리가 볼테지만 되도록 페어플레이하렴

	㉠	㉡
①	구성적 규칙	규제적 규칙
②	규제적 규칙	구성적 규칙
③	형식적 규칙	비형식적 규칙
④	비형식적 규칙	형식적 규칙

07 여성의 성차별과 관련한 사실로 옳지 않은 것은?

① 1972년 미국에서 통과된 Title IX은 학교 내에서의 성차별을 금지하는 법조항이 있었다.
② 고대에는 여성은 스포츠의 관람조차 비허용 되었으나 근대올림픽이 도입되면서 여성의 참여를 강조했다.
③ 성차별의 원인은 성역할의 고착화와 신체조건에 대한 편견, 여성성과의 대립성이 있다.
④ 성평등을 이루기 위해선 적극적 홍보와 문제에 대한 공론화, 열악한 환경 개선 등이 필요하다.

08 환경윤리학 학자와 그가 강조하는 내용이 적절하지 않은 것은?

① 슈바이처: 생명을 해치지 않아야 하며 인간은 생명 전체의 확장된 책임이 존재한다.
② 테일러: 모든 생명체는 고유한 가치를 가지며 인간은 4가지 의무를 지켜야 한다.
③ 레오폴드: 인간은 대지 위의 하나의 구성원으로 생태계의 오랜 균형을 지키고 안정성 지켜야 한다.
④ 베르크: 지구 전체의 생태계가 나의 영역, 자연과 모든 생명체는 상호 연결된 구성원이다.

09 폭력에 대하여 다음과 같은 주장을 하는 학자와 그 설명으로 알맞게 짝지어진 것은?

> ㉠: 전통적 위계질서의 구조 속에서 자연스러움을 가장한 권력이 폭력을 생산한다. 일종의 규율을 근간으로 하는 권력이다.
> ㉡: 사유하지 않는 것이 악의 근본이며 이런 잘못된 관행이 습관처럼 행해지는 문제 "악의 평범성"

	㉠	㉡
①	푸코	한나 아렌트
②	푸코	홉스
③	홉스	한나 아렌트
④	홉스	지라르

10 다음 중 도핑의 종류로 볼 수 없는 것을 고르면?

① 채취시료 변조 또는 교체
② 혈액도핑 등 인위적인 산소이용능력 향상
③ 정맥주사나 전혈을 사용한 순환계통 처치
④ 비인간적인 과훈련을 통한 인체 능력 향상

11 다음과 같은 주장을 하는 두 사람의 입장에 대하여 적절하지 않은 답변은?

> • 동윤: 사실 인간만이 가장 중요한 존재라고 생각해. 따라서 선택이 필요하다면 인간의 이익을 가장 우선 시 해야돼.
> • 태순: 인간과 동물 사이에는 어느 정도의 차이는 있다고 생각해. 우리 인간은 동물에 대해 적절하게 대우해 주어야 해.

① 동윤의 주장은 동물을 일종의 경쟁이나 유희, 연구의 수단으로 삼는다는 문제점이 있다.
② 동윤의 주장의 문제점을 개선하기 위해서 동물 관련 실험 시에는 가능한 윤리기준을 지킬 필요가 있다.
③ 태순은 궁극적으로 인간과 동물의 조건없는 평등을 주장한다.
④ 태순은 쾌고감수능력을 보유한 존재들에게는 이익동등의 고려 원칙으로 적절한 처우를 해야된다고 주장한다.

12 다음 보기의 사례는 인종차별 관련 사례 중 가장 적절한 것은?

> 남성은 여성에 비해 선천적으로 우월한 신체를 갖고 태어나 스포츠에서 남녀차별은 불가피하다는 이론, 인간의 행동과 사회를 "오로지 (　　)의 요인의 결과로만 보려 하는 것"

① 자연주의
② 종차별 주의
③ 반종차별 주의
④ 생물학적 환원주의

13 다음 보기에서 밑줄 친 부분이 의미하는 정의의 명칭이 올바르게 짝지어진 것은?

> • 운영위원장: 이번 리듬체조 대회를 잘 치를 수 있게 수고해줘서 매우 고맙습니다.
> • 경기위원: 별 말씀을요, 특히 심판 판정이 항상 제일 어려운데 이번 대회에서는 ㉠ 선수들이 발휘한 기량에 맞게 일관성 있고 적절한 점수가 부여되니 선수들도 만족하고 판정 시비도 없었습니다.
> • 운영위원장: 더불어 대회 규모가 크다보니 두 개의 체육관을 대여해야 했는데 ㉡ 경기장이나 여러 환경을 정말 똑같이 구성하여 선수나 지도자 분들도 대체로 만족하셨습니다.

	㉠	㉡
①	분배적 정의	평균적 정의
②	분배적 정의	절차적 정의
③	평균적 정의	분배적 정의
④	평균적 정의	절차적 정의

14 다음 보기에서 말하는 윤리적 관점으로 옳은 것은?

> • 인간 내면에 있는 도덕성과 인성이 가장 중요하다.
> • 행위의 규칙이나 결과보다는 행위자의 유덕한 행동판단이 중요하다.

① 덕론적 관점
② 결과론적 관점
③ 의무론적 관점
④ 상대론적 관점

15 벨러(Beller)와 스트롤(Stoll)이 주장한 사회적 인성과 도덕적 인성의 개념 중 사회적 인성에 속하지 않는 것은?

① 팀워크
② 충성심
③ 자기희생
④ 정직

16 스포츠 성폭력을 예방하기 위한 방법으로 옳지 않은 것은?

① 선수들의 의사표현과 저항의식을 교육한다.
② 내부고발자가 피해를 받지 않는 방안을 마련한다.
③ 성폭력 예방교육은 지도자 중심으로 철저히 실시한다.
④ 가해자에 대한 엄격한 처벌과 함께 피해자에 대한 전문상담 및 치료를 할 수 있는 시설을 마련한다.

17 다음과 같은 주장을 한 동양사상가는?

> • 인의예지(仁義禮智)의 4덕을 강조
> • 마음의 4가지 단서(측은, 수오, 사양, 시비)를 통해 4덕을 함양하여 윤리적 문제 상황에서 자연스러운 실천 강조

① 공자
② 맹자
③ 순자
④ 노자

18 다음과 같은 주장을 한 사상가로 알맞게 짝지어진 것은?

> ㉠ • 집단의 도덕과 행동은 개인의 도덕과 행동보다 눈에 띄게 도덕성이 떨어진다.
> • 현대 사회의 여러 문제는 개인의 양심 등으로만 해결하기 어려우므로 '외적 강제력'이 필요하다.
> ㉡ • 도덕 교육의 목표는 합리적 추론과 정의의 원칙에 대한 존중이 아닌 배려의 확산이 되어야 한다.
> • 배려는 다른 사람의 감정을 이해하고 공감하는 것으로 상호관계를 통해 완성된다.

	㉠	㉡
①	니부어	베버
②	니부어	나딩스
③	요나스	베버
④	요나스	나딩스

19 다음 보기에서 설명하는 내용에 설명한 것으로 옳지 않은 것은?

> • 스포츠인이 마땅히 지켜야 할 준칙과 태도를 의미한다.
> • 페어플레이, 존중, 공손한 태도 등을 포함한다.

① 스포츠맨십에 대한 설명이다.
② 스포츠맨십의 기본 정신적 바탕은 프로답게 행동하는 '프로페셔널리즘'에 있다.
③ 경기 중에 넘어진 선수를 일으켜 세워주는 행위는 스포츠맨십의 속하는 행동이다.
④ 스포츠맨십은 스포츠현장 뿐 아니라 우리 사회생활 전반에서 요구되는 사회적 규범이다.

20 아곤과 아레테에 대한 설명으로 옳은 것은?

① 아곤이 아레테보다 더 포괄적인 개념이다.
② 아레테는 경쟁에서 승리하는 것을 목적으로 한다.
③ 아곤은 한계를 넘어 최고의 성과를 내는 것이 목표이다.
④ 아곤의 경쟁요소는 스포츠에서 긴장과 흥미를 유발한다.

스포츠지도사 2급 필기

03
정답 및 해설

01 정답 및 해설

PART 1_스포츠사회학

01	②	02	④	03	①	04	④	05	④
06	③	07	①	08	②	09	④	10	②
11	③	12	③	13	④	14	①	15	②
16	②	17	④	18	①	19	③	20	④

01 비판이론에 대한 설명이다.

02 사회적 역기능 중 사회통제의 사례이다.

03 보기는 스포츠의 기능주의 중 '적응'에 대한 내용이다. ② 갈등이론 ③ 비판이론 ④ 상징적상호작용론

04 보기는 샐러리캡에 대한 설명이다. 보류조항은 구단의 선수관리, 트레이드는 구단 간의 선수교환, 드래프트는 신인선수의 지명에 관련된 제도이다.

05 스포츠의 상업화로 인하여 빈부격차는 늘어났다.

06 스포츠계층의 특성 중 '편재성'에 대한 설명이다.

07 교육적 역기능의 종류 중 부정행위 조장에 속한다.

08 정의적 욕구: 미적 감각의 충족, 즐거운 기분이나 경험을 하는 것이다.

09 준거집단의 종류: 규범집단(가치관형성), 비교집단(기술적 의미의 제시), 청중집단(관찰집단)

10 코클리의 윤리규범 중 인내규범에 속한다.

11 간접적으로 경기를 관람하는 자는 2차적 행동적 참여에 속한다.

12 핫 매체 스포츠: 느린 속도와 단선형의 게임 진행
쿨 매체 스포츠: 빠른 속도와 복선형의 게임 진행

13 집단이동은 보기의 내용에서 찾아 볼 수 없다.

14 ② - 혁신주의 ③ - 도피주의 ④ - 동조주의

15 스포츠계층의 형성과정은 총 4단계로 지위분화 - 서열화 - 평가 - 보수부여로 이루어진다.

16 매킨토시는 스포츠를 기술, 투쟁, 극복, 율동적 무용체조로 분류하였다.

17 ④번 보기의 내용이 서로 바뀌어 있다. 극적인 표현 및 완성도는 영웅적 가치에 해당한다.

18 역할사회화 4단계: 예상-공식-비공식-개인의 단계

19 규범생성이론에 대한 설명이다.

20 소속팀(응원하는 구단)이 있을 때 더 잘 일어난다.

PART 2_스포츠교육학

01	②	02	④	03	②	04	④	05	①
06	④	07	②	08	①	09	③	10	③
11	①	12	③	13	④	14	②	15	①
16	③	17	④	18	③	19	①	20	①

01 1960년대 중반 미국에서 시작된 주장으로 체육이 하나의 학문으로 독립되어야 한다는 운동

02 신체를 통한 교육은 체육활동을 통해 지적·정서적 사회적 발달을 도모하는 것을 의미한다.

03 명제적 지식(구두로 표현할 수 있는 지식), 상황적 지식(특수한 상황에도 적절히 판단할 수 있는 지식)

04 통합리그(기본적 리그 형태), 스플릿 리그(상위리그와 하위리그), 넉다운토너먼트(패자 경기 없음), 스플릿 토너먼트(패자들끼리 경기함)

05 프로그램 개발 시 예산이 충분하지 못할 수 있으므로 경비를 확대해서 예산을 편성하면 안 된다.

06 수렴발견형은 교사의 다양한 질문을 통해 하나의 해답을 발견하는 것을 의미한다.

07 ① 집단연구: 팀별로 과제 부여, 다른 팀과 공유가능
③ 팀 보조수업: 과제와 목표제시 후 협동하는 방식
④ 직소모형: 그룹별로 전문가를 정하여 서로 알려주는 과정에서 지적, 정의적 발달을 도모하는 방식

08 게임과 전술을 전반적으로 이해한 뒤에 필요한 기능을 숙달하기 위한 기술연습을 하기 때문에 실제게임 전에 기술연습을 한다는 것을 상기해야 함.

09 부정행동을 제지하는 행위는 직접기여행동 중 운영행동에 해당한다.

10 헬리슨의 도덕성 발달단계에서 타인을 도울 수 있는 단계는 돌봄과 배려 단계에서부터 가능하다.

11 준거지향검사는 절대평가, 규준지향평가는 상대평가의 특징이 있다.

12 반성적 교수법에 대한 설명이다. 축소수업과 다른 점은 그룹별로 진행이 되며 수업 후 토의과정이 포함된다.

13 상규적 행동은 되도록 사전에 약속하고 루틴화하여야 한다.

14 ① 측정하는 사람에 따라 측정결과가 달라지지 않는 특징
③, ④ 측정이나 검사하고자 하는 것을 정확하게 측정하는가에 대한 양호도이다.

15 전문스포츠지도자나 생활스포츠지도자의 발달단계를 생존-강화-갱신-성숙의 단계로 구분할 수 있다.

16 스포츠윤리센터의 조직 및 운영은 동법 제18조3에 의거 법인으로 설립 및 운영한다.

17 기초학력보장 프로그램 이수에 따라 참가를 허용하는 학교는 고등학교 또는 그에 준하는 학교이다.

18 국민생활체육회(생활체육회)와 스포츠클럽에 대한 설명이다.

19 스포츠 복지 정책과 관련한 내용이다.

20 루브릭은 영역을 세부영역으로 나누며 세부영역별로 일정 급간별 점수를 부여할 수 있다.

PART 3_스포츠심리학

01	③	02	④	03	④	04	①	05	②
06	①	07	④	08	③	09	④	10	①
11	②	12	③	13	④	14	④	15	②
16	③	17	②	18	③	19	②	20	①

01 운동심리는 일반인들이 운동에 참여하고 어떤 운동의 심리적 효과가 있는지에 대해 연구하는 분야이다.

02 가변매개변수는 전체동작시간, 전체 힘, 선택된 근육군이다.

03 팀과정요인에 속하는 개념은 개인적 희생, 목표, 협동, '상호작용' 이 포함된다.

04 모노아민 가설에 대한 설명이다.

05 운동변화단계이론에서는 운동을 처음 하는 단계는 준비, 주3회 운동 시에 실천, 6개월 이상 꾸준할 시 유지로 이해하면 쉽다.

06 최소화(가장 적게 힘을 쓰려고), 무임승차(남들의 노력에 편승하려고), 반무임승차(편승하는 사람 때문에 하고자 하는 동기가 떨어져서)

07 넓은 폭에 외적 방향의 주의는 상황에 대한 분석이다. 동료에게 패스를 주는 상황이 대표적이다.

08 심상 훈련에서는 이미지를 조절할 수 있는 능력인 조절성이 중요하다.

09 목표는 실현가능하며 적절한 난이도로 설정해야 한다.

10 바이오피드백에 대한 설명이다.

11 인지 불안이 높을 때 급격한 수행의 감소를 보이는 이론은 격변 이론, 또는 카타스트로피 이론이라고 부른다.

12 학습 후기로 갈수록 상대빈도를 낮추어 학습자 스스로 사고하고 행동할 수 있도록 도와주어야 한다.

13 보상성이 아니라 동기성이다. 보상이 주어졌을 때 동기가 감소하여 운동 참여가 줄어들 가능성이 있다.

14 와이너의 귀인 이론에서 실패했을 때의 가장 좋은 귀인은 일시적인 노력에 귀인을 하는 것이며 성공했을 때의 귀인은 일관적인 노력에 귀인을 하는 것이다.

15 심리기술훈련에서도 인간적 성장을 위한 상담이 가능하다.

16 관중의 기대가 클 경우 결승전이 홈에서 열리게 되면 수행에 불리한 작용을 하게 된다.

17 몰입의 2가지 선행 조건에는 '도전감'과 '숙련도'가 필요하며 과제의 도전 수준과 개인의 기술 수준이 모두 중간 이상의 경우 몰입이 일어나게 된다.

18 보기에 내용에서 김선수의 경쟁불안을 알 수는 없으나 특성불안이 낮은 것을 알 수 있으며 특성불안이 낮을 경우 보통 경쟁불안도 함께 낮은 경향이 있다.

19 차이점수는 마지막 시행과 파지 시행 처음의 값의 차이로 3초이다.

20 프로그램 피드백과 매개변수 피드백에 대한 설명이다.

PART 4_한국체육사

01	②	02	④	03	③	04	②	05	④
06	②	07	④	08	②	09	③	10	③
11	①	12	①	13	③	14	②	15	①
16	①	17	③	18	④	19	④	20	②

01 전통체육과 근대체육을 나누는 기준은 갑오경장(1895)이다.

02 부족국가 및 삼국시대에도 놀이는 행해졌다.

03 민족주의 사관에 대한 설명이다.

04 그네뛰기, 추천에 대한 설명이다.

05 무과시험에서는 강서라고 하는 병법서에 대한 시험도 치루었다.

06 ① 차전에 대한 설명
③ 추천에 대한 설명
④ 격방은 골프의 형태를 말하며 말을 타고 하는 하키인 격구는 서민들이 하기에 적합하지 않은 활동이었다.

07 학교체조교수요목의 제정으로 각종 학교의 보통체조와 병식체조가 체조와 교련이라는 명칭으로 변경되었다.

08 최초의 근대식 사립학교인 원산학사에서는 무예반을 편성하여 활쏘기와 총쏘기 등을 연마하였다. 일반학교에 체조가 필수로 지정된 것은 정립기가 돼서야 시행되었다.

09 개화기에 대한 설명이다. 역도는 일제강점기 시대 서상천에 의해 우리나라에 도입이 되었다.

10 ⊙ 문화통치기 ⓒ 민족말살기 ⓒ 무단통치기에 대한 설명이다.

11 개화기 시대에 사상가 문일평에 대한 설명이다.

12 대한체육회의 전신인 조선체육회에 대한 설명이다.

13 보기는 박정희 정권 시대를 설명한다. 국민체육진흥공단은 노태우 정부시절 1989년에 설립되었다.

14 우리나라는 한국전쟁 중에도 올림픽에 참여하는 모습을 보여주었다.

15 ⊙ 1991년 남북한기본합의서
ⓒ 2000년 남북한 최초 공동입장-시드니
ⓒ 2018년 남북공동여자하키팀 구성

16 이에리사와 박세리에 대한 설명이다.

17 히말라야 14봉을 최초로 등정한 장애인으로 2021년 스포츠영웅에 선정된 고(故) 김홍빈에 대한 설명이다.

18 화랑도는 이전부터 존재 해왔지만 진흥왕 시대에 비로소 제도적으로 인정되었다.

19 일제강점기 시대에는 민족정신의 말살을 위하여 무예적 성격의 스포츠는 통제하는 경향을 보였다.

20 쇼트트랙은 88년 캘거리 올림픽에서 시범종목으로 채택되었고 92년 알베르빌에서 정식 종목으로 선정되었다.

PART 5_운동생리학

01	①	02	②	03	③	04	④	05	④
06	①	07	④	08	①	09	③	10	③
11	②	12	②	13	③	14	④	15	①
16	①	17	③	18	④	19	③	20	①

01 항상성: 인체가 외부자극에 교란되었을 때 정상 상태를 유지하려는 성질이다.

02 트레이닝의 원리 중 점진성에 대한 설명이다.

03 해당효소(PFK)는 마라톤 선수와 같은 장시간 운동을 하는 종목에서 유의미하게 활성화되지 않는다.

04 정맥혈 회귀량 조절 요인에는 호흡에 의한 펌프, 근육의 수축으로 인한 펌프, 신경적 요인에 의한 정맥혈관의 수축 등이 있다.

05 근방추와 골지건 기관에 대한 설명이다. 무릎 슬개건 반사 같은 경우가 근방추가 작용한 예시이다.

06 에너지대사는 운동형태에 따라 한 가지만 사용하지는 않는다. 다만 주로 사용하는 에너지 대사 과정이 존재한다.

07 지구성 트레이닝과 저항성 트레이닝 후의 변화에 대한 문제이다.

08 유산소 에너지 대사는 세포의 미토콘드리아 내부에서 크렙스사이클에 의해 이루어지며 전자전달계를 거쳐 많은 ATP를 생성할 수 있다.

09 운동신경세포에는 축삭 말단에서 아세틸콜린이 배출되며 탈분극 후 근형질세망에서 칼슘 이온이 분비되면서 근수축 작용을 한다.

10 찬물에 입수 즉시 대사량이 급격히 증가하였다가 다시 평상시 수준으로 감소하게 된다.

11 대표적으로 인체 수분량을 조절하는 부신피질의 알도스테론에 대한 설명이다.

12 Q-R-S 구간은 심실에 자극이 전달되어 수축을 하는 구간이다.

13 혈액 환류량 증가는 호흡 증가의 직접적 원인이 아니라 호흡증가에 따라 정맥혈 환류량이 증가한다.

14 체온 증가 시 산소-헤모글로빈 해리곡선은 우측으로 이동한다.

15 심장의 흥분성 자극의 전도 순서에 대한 설명이다.

16 단축성 수축은 수축속도를 느리게 할수록 많은 힘을 생성한다.

17 소뇌에 대한 설명이다.

18 운동체력요소(평형, 민첩, 순발, 협응력, 스피드, 반응시간)

19 혈액의 충만 시간 증가는 이완기말 혈액의 증가 요인 중 하나이다.

20 중탄산염은 화학반응을 통해 수소이온과 분리결합하여 물과 이산화탄소로 완전히 분해된다.

PART 6_운동역학

01	①	02	①	03	②	04	①	05	②
06	②	07	③	08	④	09	③	10	④
11	④	12	③	13	③	14	①	15	②
16	②	17	④	18	③	19	③	20	①

01 스칼라 - 크기만 존재: 거리, 질량, 속력
벡터 - 크기와 방향 존재: 변위, 무게, 속도

02 움직임 형태에서 축과 면의 관계는 대부분 (좌우축-전후면), (전후축-좌우면), (수직축-수평면)으로 구성

03 인간성 향상은 운동역학 학문의 근본적인 목적으로 적절하지 않다.

04 안정성 영향 요인: 무게중심 높이, 위치, 기저면 크기, 형태, 질량의 크기, 마찰력 등

05 투사체 운동의 수직성분인 중력은 물체를 등가속한다.

06 지면반력은 힘의 종류로 크기와 방향을 가진 벡터의 물리량에 속한다.

07 선수의 속도는 변위/시간으로 변위가 0m 이므로 속도도 0m/s가 된다.

08 병진운동-회전운동-복합운동의 구분 문제이다.

09 인체 움직임의 대부분인 3종 지레는 힘에서는 손해를 보지만 속도와 거리에서 이점을 본다. 따라서 역학적 이점은 1보다 항상 작다.

10 뉴턴(N)은 힘의 단위이다.

11 힘을 내력과 외력으로 구분하였을 때 ④번 보기는 근육이 발휘하는 내력에 속한다.

12 가속도의 법칙에 대한 설명이다.

13 충격량은 충격력과 시간의 곱으로 표현하는데 이때 충격량이 일정할 경우 충격력과 시간은 서로 반비례의 관계이다.

14 팔과 다리를 쭉 펴는 동작은 관성모멘트를 크게하여 각운동량을 크게 생성하기 위해서 실시한다.

15 항력에 대한 설명이다.

16 힘의 3요소는 크기, 방향, 작용점이다.

17 영상분석에서는 각도, 속도, 거리 등의 정보를 추출할 수 있으나 근육이 발휘한 힘은 직접 측정이 불가하다.

18 ① 힘의 방향과 물체에 이동방향에 따라 같은 경우에 양의 일, 다른 경우에 음의 일로 표현한다.
② 팔꿈치 관절은 경첩관절에 속한다.
④ 관절의 각도가 90°일 때 작용팔의 길이가 가장 길어지면서 큰 토크가 발생한다.

19 인체에서 생성된 운동량이 전이될 때 신체의 각 부분은 순차적으로 가속하여야 가장 큰 선속도를 가질 수 있다.

20 100N×20cm=2,000N·cm =(근력)×5cm 이므로 즉 400N의 근육의 힘이 필요하다.

PART 7_스포츠윤리

01	④	02	④	03	③	04	①	05	②
06	①	07	②	08	④	09	①	10	④
11	③	12	④	13	①	14	①	15	④
16	③	17	②	18	②	19	②	20	④

01   윤리, 선, 도덕의 개념을 구분하는 문제이다.

02   가치판단의 종류: 사리분별(옳고 그름), 미적(아름다움, 멋지다), 도덕적(~것이 맞다, 좋다)

03   도덕원리 검토 방법의 종류: 포섭(상위도덕), 반증(아닌 사례), 역할교환(입장을 바꿔서), 보편화(모두에게 적용되면)

04   레스트의 4가지 도덕성 요소 중 품성화에 대한 설명이다.

05   카이요와의 분류: 아곤(승리), 미미크리(역할), 알레아(행운), 이링크스(스릴감)

06   구성적 규칙- 정해진 것(공간, 시간, 용기구 관련), 규제적 규칙- 해선 안되는 것(반칙, 도핑, 승부조작)

07   근대 올림픽의 창시자 쿠베르탱은 도입 초기에 여성의 올림픽 참여를 반대하였다.

08   베크르는 인간 중심의 윤리학자 중 하나이다.

09   폭력에 대한 학자별 주장: 푸코(규율과 권력), 한나 아렌트(무사유), 홉스(잠재적 위험), 지라르(모방적 경쟁)

10   비인간적인 과훈련은 도덕적으로는 옳지 못할 수는 있으나 도핑의 종류에는 속하지 않는다.

11   종차별주의와 반종차별주의 이론의 구분 문제이다.

12   인종차별 관련하여 생물학적 환원주의의 내용이다.

13   스포츠와 관련된 정의: 분배적(다른 것은 다르게), 평균적(같아야 하는 것은 같게), 절차적(최대한 공정하게 합의)

14   덕론적 관점은 행위자의 동기를 중요하게 생각한다.

15   사회적 인성(팀워크, 충성심, 자기희생, 인내)
도덕적 인성(정직, 정의, 연민, 존중)

16   성폭력 예방교육은 선수와 지도자 모두에게 실시하여야 한다.

17   유교 사상가 중 맹자에 대한 설명이다.

18   니부어는 개인과 집단의 도덕성 차이를 강조하였으며 배려의 윤리를 강조한 학자는 나딩스이다.

19   스포츠맨십의 기본 정신은 '아마추어리즘'에 있다.

20   스포츠경기에서 아곤과 아테레의 추구 중 아곤의 경쟁적 요소는 스포츠에서 긴장과 흥미를 유발하기 때문에 스포츠경기에서 필요한 요소라 할 수 있다.

2급 전문 체육지도사 자격검정 OMR 답안지

※컴퓨터용 검정색 수성 사인펜만 사용

※ 과목명 당 1개의 과목만 선택하여 표기(마킹)하시기 바라며, 과목을 표기(마킹)하지 않을 경우 해당과목은 0점 처리됩니다.

과목명 1		과목명 2		과목명 3		과목명 4		과목명 5	
스포츠사회학 ⑪		스포츠사회학 ⑪		스포츠사회학 ⑪		스포츠사회학 ⑪		스포츠사회학 ⑪	
스포츠교육학 ㉒		스포츠교육학 ㉒		스포츠교육학 ㉒		스포츠교육학 ㉒		스포츠교육학 ㉒	
스포츠심리학 ㉝		스포츠심리학 ㉝		스포츠심리학 ㉝		스포츠심리학 ㉝		스포츠심리학 ㉝	
한국체육사 ㊹		한국체육사 ㊹		한국체육사 ㊹		한국체육사 ㊹		한국체육사 ㊹	
운동생리학 ㊺		운동생리학 ㊺		운동생리학 ㊺		운동생리학 ㊺		운동생리학 ㊺	
운동역학 ㊻		운동역학 ㊻		운동역학 ㊻		운동역학 ㊻		운동역학 ㊻	
스포츠윤리 ㊼		스포츠윤리 ㊼		스포츠윤리 ㊼		스포츠윤리 ㊼		스포츠윤리 ㊼	
특수체육론(장애인) ①		특수체육론(장애인) ①		특수체육론(장애인) ①		특수체육론(장애인) ①		특수체육론(장애인) ①	
유아체육론(유소년) ②		유아체육론(유소년) ②		유아체육론(유소년) ②		유아체육론(유소년) ②		유아체육론(유소년) ②	
노인체육론(노인) ③		노인체육론(노인) ③		노인체육론(노인) ③		노인체육론(노인) ③		노인체육론(노인) ③	

각 과목명별 번호 1~20번, 선택지 ①②③④

자격·등급

고 사 장

성 명

수 험 번 호: 각 자리 ⓪①②③④⑤⑥⑦⑧⑨

결 시 ○

(서명 또는 날인)

감독 확인

참고문헌

- 권순용, 조욱연, 「스포츠사회학(2017)」, 대한미디어
- 김선진, 「운동학습과 제어(2023)」, 대한미디어
- 김병준, 「스포츠심리학의 정석(2021)」, 레인보우북스
- 김정효, 「스포츠윤리학(2024)」, 레인보우북스
- 도널드 뉴만 저/채윤원 등역, 「뉴만 kinesiology 근육뼈대계통의 기능해부학 및 운동학(2018)」, 범문에듀케이션
- 손환, 「한국근대스포츠의 발자취(2020)」, 경인문화사
- 예종이, 「생체역학(1999)」, 태근문화사
- 유정애, 「스포츠교육개론(2009)」, 대한미디어
- 유정애 등, 「체육수업모형(2021)」, 대한미디어
- 임번장, 「스포츠 사회학 개론(2010)」, 레인보우북스
- 임번장, 「스포츠 사회학 개론(2022)」, 한국학술정보
- 정일규, 「휴먼 퍼포먼스와 운동생리학(2011)」, 대경북스
- 정일규, 「휴먼 퍼포먼스와 운동생리학 제2전정판(2023)」, 대경북스
- 주명덕, 이기청, 「운동역학(2009)」, 대한미디어
- 최대혁, 최희남, 전태원, 「파워 운동생리학(2008)」, 라이프사이언스
- 최의창, 「체육교육탐구(2003)」, 태근문화사
- 하남길, 「체육사 신론(2010)」, 경상대학교 출판부
- 하남길 외, 「체육과 스포츠의 역사(2016)」, 경상대학교 출판부
- 한국스포츠교육학회, 「스포츠교육학(2020)」, 대한미디어
- 한국스포츠사회학회, 「스포츠사회학(2022)」, 레인보우북스
- 한국운동생리학회, 「운동생리학(2022)」, 대한미디어
- 한국운동역학회, 「운동역학(2021)」, 대한미디어
- 한국체육철학회, 「스포츠윤리(2022)」, 대한미디어
- 한국체육사학회, 「한국체육사(2022)」, 대한미디어
- 한국체육철학회, 「스포츠와 윤리적 삶(2015)」, 대한미디어
- 황진, 김상범, 김병준, 김영숙, 「스포츠심리학(2021)」, 대한미디어

7일 완성 생활스포츠지도사 필기 2급

발행일 2025년 9월 12일
발행처 직업상점
발행인 박유진
편저자 한현근
디자인 홍현애

※ 낙장이나 파본은 교환해 드립니다.
※ 이 책의 무단 전제 또는 복제행위는 저작권법 제136조에 의거하여 처벌을 받게 됩니다.

정 가 33,000원   **ISBN** 979-11-94695-18-9